KB069138

小學

천도

小學

小

立教

- 立胎孕之教
- 立保傅之教
- 年教育之目
- 立學校君政之教
- 立師弟子之教

學校階層之圖 ・ 司徒典樂倫樂 ・ 三物之圖 ・ 六禮之教 ・ 四衛四教之圖

五禮圖 ・ 六樂圖 ・ 五射圖 ・ 五御圖 ・ 六書圖 ・ 九數圖

明事親之禮 ・ 著服順序之圖 ・ 明為人子之禮書 ・ 明敬親命之禮圖 ・ 明慶愛敬之禮圖 ・ 明諫過之禮圖

三圖

圖

圖 ：小學
學 ：三學、四道
性圖 ：天道、人性
道圖

敬身

| 君臣之義 | 夫婦之別 | 長幼之序 | 朋友之交 | 通論 |

通論:
明禮之善物事之事
明三事之圖
身行坐之禮
齊掃飲食燕
明衣服之制
明威儀之則
明心術之要

長幼之序:
明敬兄之禮
凡進退應對

君臣之義:
言莫大於不教
言教親之道（層別）
明祭享大意圖　君子之祭

下段：

| 明事君之禮 | 明爲臣之節 | 明婚姻之禮 | 明男女之別 | 明去取之義 | 明賓婦之子 | 明心術之要 | 明威儀之則 | 明衣服之制 | 明飲食之節 |

2014 春 [署名]

小學
천도

이길구 지음

學古房

이길구(李吉九)

1960년 계룡산아래 충남 論山에서 출생하여 공주대학교 석사(記錄管理學), 충남대학교 박사(漢文學)과정을 수료했다.

30대에는 실크로드를 연구하였고, 40대에는 계룡산을 연구하였으며, 50대부터는 전통문학에 深趣되어, 畿湖儒學의 중심인 三禮〈禮記, 周禮, 儀禮〉 연구에 매진중이다.

저서로는, 新실크로드1(중국), 2(중앙아시아), 3(유럽), 4(일본/한반도)와 계룡산, 계룡산맥은 있다, 계룡秘記, 古典의 향기(대학 한문) 등이 있다. 현재는 금강대학교(논산), 계룡대, 서울대에서 강의하고 있다.
(연락처:gg2009@empal.com /010-7409-6652)

小學天道

초판 인쇄 2014년 3월 20일
초판 발행 2014년 3월 31일

저   자 | 이길구
펴 낸 이 | 하운근
펴 낸 곳 | 學古房

주   소 | 서울시 은평구 대조동 213-5 우편번호 122-843
전   화 | (02)353-9907 편집부 (02)353-9908
팩   스 | (02)386-8308
홈페이지 | http://hakgobang.co.kr/
전자우편 | hakgobang@naver.com, hakgobang@chol.com
등록번호 | 제311-1994-000001호

ISBN   978-89-6071-368-0 93150

값 : 35,000원

이 도서의 국립중앙도서관 출판시도서목록(CIP)은 서지정보유통지원시스템 홈페이지 (http://seoji.nl.go.kr)와 국가자료공동목록시스템(http://www.nl.go.kr/kolisnet)에서 이용하실 수 있습니다. (CIP제어번호: CIP2014009468)

■ 파본은 교환해 드립니다.

왜 이 책을 써야만 했는가?

내가 원고를 정리하면서 제일 고민한 것이 이 '小學天道'가 과연 필요한 것인가 하는 自問이다. 난 한문공부를 많이 한 사람도 아니고 그렇다고 한문을 많이 아는 것은 더욱 더 아니다. 내가 한 것이라곤 朱子小學을 공부하면서 선생님한테 배운 것을 1대 1대 기록했다는 한 가지 사실이다. 돌이켜보면 순전히 나 자신이 공부하기위해 했던 기록이 아까워 이 원고를 세상에 共有하고자 한다.

내가 감히 이 글을 공개하고자 한 것은 東洋學을 공부하시는 분들께 조금은 도움이 될 거라는 확신이 있어서다. 내가 고민해 본 바로는 文理通達의 근본요소는 論語·孟子등 四書三經이 아니라, 小學이라는 평범한 사실을 이 책을 통해 알려주고 싶은 것이다. 小學도 알지못하고 古典을 論한다는 것은 기본소양 없이 形而上學을 추구하는 양반(?)과 같다. 하여 동양고전을 접하려는 學童들에게 이 책을 꼭 권하고 싶다. 두 번 정도 精讀한 후, 중요부분을 暗誦 한다면 분명 동양고전을 理解하는데 큰 힘이 될 것이다.

끝으로 나를 小學의 길로 인도하여주신 小學선생님과 해봉선생님께 깊은 감사를 드리며 이 책을 빛내게 해주신 大山 柳訂印선생께 고마움을 전합니다.

2014. 春
鷄龍山 天皷山房 李 京九 書

伏羲・神農・黃帝

堯・舜 —— 臯陶

禹

萊朱　　湯　　伊尹

散宜生　文王　太公望

武王

周公

孔子

顏子　子思　曾子

孟子

周子・邵子

張子　　　　程子(二)

陸子　　楊時　謝顯道　譙定　呂原明

楊簡　胡仁仲　仲素　朱子　發　張敬夫　劉勉之　胡憲－魏掞之　呂好問　呂祖謙－徐僑

羅仲素

李愿中

朱子

真德秀　蔡元定　沈抗　黃榦　何基　王柏　金履祥　杜範　車若水　黃超然　輔廣　魏了翁　趙復　許衡

소卦천도

卷釋不手士碩

小學의 길

小學四十三圖

小學의 길

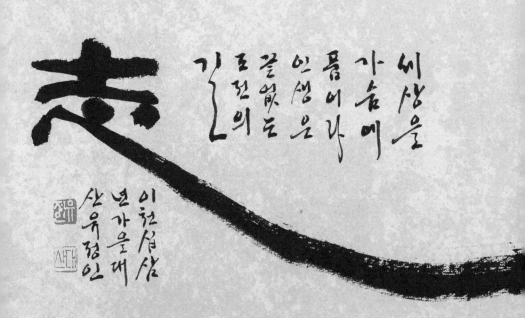

漁隱洞遺墟碑陰記

　　계룡산아래에 사는 이천태(李天台)는 현실에 적응하지 못하는 그런 사람이다. 대학 졸업 후 三年 만에 간신히 첫 직장을 잡더니 결혼 후 8년 만에 때려치운다. 본인은 아니라고 抗辯해도 남들은 결혼하기 위한 수단으로 직장생활을 했다는 평을 들었다. 대학도 졸업하고 괜찮은 직장을 다닌지라 남들이 부러워하는 맞벌이 아내를 구하기도 했다. 이런 아내를 믿어서 그런지 이후 직장을 밥 먹듯 다니다가 휴지 버리듯 그만두기 일쑤다. 그가 지금까지 다닌 회사는 줄잡아 열 군데가 넘는다. 이천태의 지금 나이는 55살이다. 남들은 한참 직장에서 눈치 보며 가족을 위해 봉사하는 시기이지만 그는 고향 시골에서 유유자적(悠悠自適)이다. 그가 하는 일은 지극히 단순하다. 비닐하우스에 텃밭을 가꾸고 친환경으로 논농사 10마지기(2천 평)에 과일농사도 조금 짓고 있다. 판매 목적이 아닌 손님 접대용이자, 친지들에게 보내는 것에 의미를 둔다. 수입은 고작 연 1천만 원을 넘지 않는다. 그가 꿈꾸는 시골은 돈벌이가 아닌 자연 즐기기이다. 고향에 내려온 지 벌써 8년째. 집은 3년 동안 주말을 이용 괜찮은 황토와 나무로 직접 지었다. 주변은 돌과 나무로 잘 조성해 볼만 것이 제법 있는데 주말이면 아는 친지나 손님들이 찾는 명소가 됐다. 처음에는 이런 이천태의 삶에 도시에 거주하는 친지나 친구들은 냉소적이었다. 그러나 지금은 이천태의 전원생활을 부러워한다.

　　시골에 들어와 어느 정도 자연과의 교감을 이룬 그는 거꾸로 시골에 대한 답답함과 무료함에 싫증을 느꼈다. 오히려 도시를 동경하며 기회만 있으면 都市 行(?)을 꿈꾸고 있다. 본인은 너무 일찍 고향에 돌아와 '인생에 대한 패배자'라는 생각에 사로잡힌다. 아직 젊은 그가 시골에 와서 할 일이 별로 없다는 이유에서다. 사실 귀촌한 젊은이가 할 일은 별로 없다. 논농사는 사람이 아닌 기계가 책임지고 있고 텃밭이야 주말이면 충분하다. 과일나무 역시 친환경 재배로 짓다보니 봄철 전지(剪枝)나 해주면 별로 손볼 일이 없다. 뭐니 뭐니 해도 그를 괴롭힌 것은 삶에 대한 뚜렷한 목표의식 不在이다. 시골에 있으니 자연히 경쟁심도 욕심도 없어졌다. 미래에 대한 불안감이 엄습해오는 것은 당연하다. 금전적으로는 다행히 아내가 해결하고 있지만 남자로서 체면을 구긴지 오래다. 아내 비우 맞추기에 한계에 도달했고 더 힘든 것은 남자로서의 자존심이다. 자식들에게도 큰소리 친 지도 꽤 오래된 것 같다. 그럭저럭 자연생활을 즐기다 지금은 염증(厭症)을 느낀지라, 도연명의 귀거래사(陶淵明 歸去來辭)를 비롯한 주옥(珠玉)같은 자연예찬론(自然禮讚論)에 대한 강한 부정론자가 된 것은 어쩌면 지극히 당연하다.

　　이천태는 다양한 이력의 소유자이다. 鄕里에서 초등학교를 나와 중학교에서는 농업분야를, 고등학교에서는 상고에 진학해 상업경제를 배웠다. 공부를 제법 잘해 학교를 졸업하기 전에 은행에 취직을 하기도 했다. 은행생활에 따분함을 느껴 군대를 지원해 갔으며 33개월이라는 세월을 보내기도 했다. 이천태의 삶의 큰 변화는 남들처럼 군대있을 때

다. 운 좋게도 부산에서 군대생활을 했다. 남들과 달리 군 생활이 항상 즐거웠다. 남들은 군 생활을 시간 때우는 지겨운 순간이었으나 그는 운동도 열심히 하고 맡은 바 임무에 충실했다. 틈틈이 공부하여 자격시험에 합격해 남들의 부러움도 받았다. 어느 날 부대 대대장은 그에게 남해안의 한 섬(島)으로 派遣을 보냈다. 평소 섬에 대한 동경이 있었는데 너무도 기뻤다. 따블 백(?)을 메고 기차와 버스를 번갈아 타고 바다를 건너 이름 모를 섬에 도착한 것은 이틀 후였다. 거기서 만난 이가 이천태의 사수(師手)인 원종관(元鍾寬)이다. 원종관은 서울의 명문대 법대를 졸업한 사법고시 준비생이다. 이력이 좋은 만큼 부대에서 그를 고시에 합격시키기 위해 이곳 섬에 파견을 보내 공부를 하게 했던 것이다. 군대에서 사수를 실력자로 만난 것은 행운이었다. 그만큼 배울 것이 많았다. 그러나 이런 시간도 잠시. 원종관은 당시 학도호국단 훈련 이수자라는 혜택에 남들보다 6개월이나 빠른 전역이 기다리고 있었다. 이천태와 원종관이 함께한 시간은 겨우 3개월에 불과했다.

　　이천태가 다시 원종관이라는 이름을 들은 것은 일 년 후인 두 번째 휴가에서이다. 우연히 친구와 서점에 들렀다가 한 考試雜誌를 보다가 그의 합격수기를 보았다. 首席합격이었다. 이걸 계기로 이천태의 모든 삶은 송두리째 바뀌어버렸다. 나도 '할 수 있다'는 동기부여가 된 것이다. 학벌이나 능력이나 모든 것이 부족했지만 그런 것은 따지지 않기로 했다. 그는 남은 군대 생활에서 영어공부에 전념했다. 제대 후 대학시험을 보아 법학과에 진학한 것은 당연한 일이다. 하지만 본인은 남다른 포부를 갖고 공부를 한다고 했지만 현실은 결코 녹록치 않았다. 세 번의 낙방이 준 선물은 백수(白手)와 회복할 수 없는 건강뿐이다. 간신히 고향에서 건강을 회복한 그는 다시 취직공부를 하여 여러 군데 합격하는 기뿜을 맛보았다. 평소 글 쓰는 데에 자신이 있던 그는 대전의 지방 신문사에서 한 동안은 잘 나가는 記者(?)로 활동했다. 이후 역마살을 몸에 달고 살면서 계속 직업을 바꿔 국회보좌관, 행정관청 공무원, 연구원 홍보담당 등을 반복하다가 최근 돌아온 곳이 계룡산아래 고향 시골이다.

　　다른 사람과 달리 시골에서 도시로 탈출을 꿈꾸던 이천태가 시골에 그냥 눌러 앉은 것은 정말 우연(偶然)이었다. 그가 살고 있는 곳은 계룡산 줄기 남쪽의 끝부분인 국사봉(國事峰) 서쪽 기슭이다. 사람들은 이곳을 어은리(漁隱里) 라고 하는데 인근에는 시골답지 않게 대명(大明)·대촌(大村)·상도(上道)·대우(大牛)·백석(白石)리 지명을 하고 있다. 어은리라는 것은 한자를 풀어보면 '고기가 숨어있는 곳'인데 산 아래 이런 지명이 있다는 것이 다소 이상해 하기도 했다. 여기에 '크게 밝아지고, 큰 마을을 이루고, 큰 道를 이루고, 큰 소가 있으며, 하얀 돌이 있는 마을'이라는 것은 더욱 신기하기도 했다. 그는 다른 마을은 그렇다 치더라도 자신이 살고 있는 '어은'이란 지명에 대해 무척 궁금해 했다. 하지만 자신이 살고 있는 부락민들이 왜 이곳이 '어은'이라고 했는가에 대해 아는 사람을 없었다. 문화원에서 발행한 향토지를 찾아보니 어은리에 대해 '지금 정미소 근처에 연못이 있었는데 선비들이 낙향하여 낚시를 즐겼다하여 '어은(漁隱)' 또는 '어곡(漁谷)'이라 했다'고 적혀있을 뿐이었다. 그가 자신이 살고 있는 지역에 대해 관심을 가진 것은 이 때부터다. 우선 '어은'이라는 지명에 대해 좀 더 자세히 알고 싶었다. 면사무소와 문화원에 찾아가 수소문해 보았지만 별 소득이 없었다. 이장님과 마을 노인 분들에게도 문의 했지만 자세한 설명은 누구한테도 들을 수 없었다. 다만 부락 앞 새뜸 부락에 高尚한 漢學者 한분이 계시는데 그분은 알지 모른다며 찾아가보라는 말만 들었을 뿐이다. 한번 찾아간다고 다짐했지만, 바로 거기까지 찾아가기 까지는 수개월이나 걸렸다.

"할아버지, 계십니까? 앞마을에 사는 이천태입니다."
"……"
"할아버지, 안 계시는지요? 할아버지."
"……"
"할아버지, 할아버지."
"……"

세 번이나 불렀는데도 인기척이 없었다. 너무 연로해서 병원에 가셨는지, 아니면 도시의 자식들이 집에 가서서 안 계시는 것 같았다. 마당을 한번 쭉 둘러보니 정원이 예사롭지 않았다. 넓지는 않았지만 오래된 구부러진 소나무도 보였고 다른 나무도 古木이 된 것이 있었다. 집도 오래된 韓屋 형식으로 된 작은 집이었는데 아담하였다. 우리 동네에 이런 집이 있었다는 것을 지금에나 알았다. 다시 한 번 집을 쭉 둘러보고 집을 나서는데 어디선가 나지막하게 말소리가 들렸다. 그는 할아버지가 집안에 계시는데 몸이 불편해 하시는 것을 알고 문을 열고 들어섰다. 방안에는 아주 나이가 많이 드신 한 할아버지가 방안에 누워 무언가 말을 하고 있었다. 주변에는 라디오소리가 꽤 크게 들렸다. 四角 방에는 꽤 묵직한 古書들이 즐비했다. 할아버지는 가까스로 말을 이었다.

"누구…, 누구여…."
"예 할아버지, 앞 동네에 사는 이천태입니다. 몸이 괜찮으신지요."
"아, …. 나는 몇 년 전 논두렁을 가다가 落傷해서 허리를 움직일 수가 없어. 늙고 병들어서 나을 수가 없다네. 이렇게 누웠다 간신히 일

19
小學의 길

어서기도 하고 반 송장이야 송장. 밥 먹고 지내는 것 자체가 힘들어."

"그럼, 누가 밥을 해주고 농사는 누가 짓는지요."

"응, 우리 집에 밥해주고 공부배우는 내 제자가 있어. 육십이 넘은 과부댁이지. 벌써 십년이 넘었어. 오늘은 내 약 타려고 보건소에 갔는데 조금 있으면 올 거야. 그런데 내게 무슨 볼 일이 있어. 나 자네가 우리 동네로 이사 왔다는 거 里長한테 들었는데 내가 몸이 이래서 다닐 수가 없어."

"아니에요, 할아버지. 마을 주민 한 사람이 할아버지 말씀을 하셔서 한번 찾아왔어요. 나중에 한번 다시 찾아뵐께요."

"알았어…. 그럼 나중에 봐."

이천태는 할아버지가 몸 상태가 좋지 않고 제자가 없어 궁금한 것을 여쭈어 볼 수가 없었다. 다시 인사를 하고 대문을 나서는데 어디서 자주 뵌 아줌마가 집으로 들어오고 있었다. 자세히 보니 한 번도 말문은 없었지만 마을 앞 버스승강장에서 자주 보았던 그 아주머니였다.

"누구신데…, 여기에 오셨는지요."

"예, 저는 얼마 전에 앞 동네에 집을 짓고 이사 온…."

"아, 알아요. 산 밑에 집지고 사시는 젊은 양반, 그런데 무슨 일로 우리 집을 다 오셨나요."

"예, 그냥…, 혹시… 이 동네 이름이 어은리 이잖아요. 어은리에 대해 궁금해서요. 다른 것도 아니고 우리 동네 지명에 대해서는 자세히 알고 싶은데, 동네 어른들이 잘 모르시는 것 같아요."

"아, 그거. 우리 선생님은 잘 아시는데. 한번 여쭈어보지 그러셨어요. 좀 까닭스러운 분이지만 공부하는 분들은 잘 반기시는데….”

“몸이 많이 불편하셔서요. 初面이기도 하구.”

“그래도 여기까지 왔는데 저랑 같이 다시 가시지요.”

사람들은 그를 ‘해봉(奚奉)아줌마’라 불렀다. 처음에는 할아버지가 그에게 號로 준 것인데 할아버지가 해봉, 해봉하고 부르니 자연히 동네에서도 해봉아줌마로 불렀다. 해봉아줌마의 성함은 알지 못한다. 함께 다시 방문을 들어서니 할아버지는 다시 힘을 내시면서 우리를 반겼다. 해봉에게 내 용건을 듣고는 아주 자연스레 한 말씀만 하셨다.

“허허허 그거…. 자네 집 앞에 산 있지. 산 아래 光山金氏 집성촌이잖아. 그곳에 樓閣이 하나있는데 본 적이 있는지? 가본 적이 있는가. 자네.”

“예, 누각은 집에서도 보이고. 그런데 사실 한 번도 가 본적은 없어요. 광산김씨 齋室인 줄 알고 있는데요. 거기에 무엇이 있나요?”

“한번 가보게. 거기는 단순히 광산김씨 齋室이 아니야. 거기에는 ‘漁隱洞遺墟碑’라는 비석이 하나 모셔져 있지. 비석의 주인공이 이곳에 처음 와서 마을이 생겼지. 나도 잘 몰랐는데 예전에 그곳 ‘遺墟碑陰記’를 보고 알았지. 해봉이 탁본해서 함께 번역해봤지.”

“예…, 거기에 그런 것이 있어요.”

“그래, 거기에는 遺墟碑와 碑閣再建記 현판이 걸려있지. 바로 이것들을 보면 자네가 알고 싶어 하는 어은리의 由來를 알 수 있지. 해봉이 한문을 잘 하니 내일 같이 가서 한번 살펴보렴”

“예…, 세상에, 그것을 몰랐네요. …….”

21
小學의 길

漁隱洞遺墟碑陰記(전경/뒤)

다음 날 아침 이천태는 해봉을 앞세우고 자신의 집 앞 편 재실 樓閣으로 향했다. 새뜸 할아버지 말대로 그곳에는 遺墟碑와 碑閣再建記 현판이 보였다. 유허비는 오래되어 글씨의 마모가 있었으나 글씨는 알아볼 수 있을 정도였다. 앞면에는 '處士光山金公諱義生之遺墟碑'란 큰 글씨가 있었고 뒤에는 작은 글씨로 많은 글자가 보였다. 현판은 한눈에 봐도 예사로운 현판이 아닌 듯하였다. 소재는 소나무였고 바탕에는 검은 색을 하였다. 글자는 해서(楷書)로 쓴 정자체였다. 글은 음각(陰刻)으로 전혀 흠이 없는 한 폭의 그림 같은 모습을 하고 그들을 반겼다. 이윽고 해봉은 碑閣의 碑文을 거침없이 解讀하기 시작했다.

"앞면의 '處士光山金公諱義生之遺墟碑'가 보이는데, 우선 '遺墟碑'란 선현의 자취가 있는 곳을 길이 후세에 알리거나 이를 계기로 그를 추모하기 위하여 세운 비로, '遺墟'란 유지(遺址)·유적(遺蹟)·구기(舊基)와 같이 '남긴 터(자취)'·'옛터'의 뜻으로, 여기서는 선현들이 태어났거나 살았거나 임시 머물렀던 곳을 말합니다. 제가 조사해보니 비문의 주인공 金義生이란 분은 光山金氏 27代로 字는 '浩然'이요, 號는 '漁隱堂'이며 조선 宣祖때의 사람입니다. 일찍이 庭訓(家訓)을 이어받아 經典과 禮學을 탐구하여 문학과 덕망으로 鄕黨의 推重한 바가 되었으며, 榮達에 뜻을 버리고 이곳에 안착하여 隱居自請하였다고 합니다. 그래서 얻은 별명이 '漁隱居士'이고요, 또는 '漁翁'이라고도 불리웠지요. 자세한 것은 비문을 살펴보지요"

"그럼 지금의 漁隱이란 지명은 비문의 주인인 金義生이란 분이 이곳 부락에 오셔서 조용히 시골에 隱居하며 사시면서 '漁隱堂' '漁隱居士' '漁翁'으로 불리면서 이후에 자연히 '漁隱里'란 부락이 생기게 된 거군요"

"그렇게 충분히 類推해서 생각해 볼 수 있지요. 당시 그분은 집 주변에다 큰 연못을 파서 평생 동안 물고기를 낚으며 세월을 보냈답니다. 그래서 고기 어(漁)와 숨을 은(隱)자가 합해서 '漁隱'이란 지명이 되어 버렸지요. 관련된 내용은 碑의 背面에 있는데 이를 '陰記' 또는 '碑陰'이라고 하고, 앞면을 '陽記' 또는 '碑陽'이라고 하는데, 碑陰에는 碑陽에 다하지 못한 내용을 기재하는 것입니다. 지금 제가 읽는 것은 뒷면에 있어 정식명칭은 '漁隱洞遺墟碑陰記'라고 하지요.

제가 解釋해보면,

漁隱洞遺墟碑陰記

錦江之南과 艮山之北에 有一洞하니 曰漁隱也라 鷄龍一脉이 東回西轉하야 望之蔚然而深秀者는 塔仙山也라 山之下에 一帶淸溪가 潺潺射流하고 錦鱗彩翔이 隋時自樂하니 蓋天藏仙區라 以待遁世無悶之君子歟아 此鄕素稱鄒魯之邦而名公碩德이 接踵繼興이라 處士之東都와 諸賢之洛閭이 奚獨專美於古哉아 先子處事公이 以名門華胄로 無意於宦海하고 有志於山林하야 謝洛歸鄕하야 卜宅于玆하니 滿畝梓桑이 韶光日暖이라 繞岸花柳가 淑氣時舒하니 藹然若賢者之氣像也 玆土之樂이 豈止於斯哉아 西通鏡湖하야 挹道脉之無窮하고 南接高井하야 瞻德宇之有符라 因以揭號曰漁隱이라 永矢不諼而終焉이라 箕峀雲深에 渭濱月空 樵牧行路에 至今傳之하야 以爲漁隱處士之所居라하니 其遺韻餘澤之入人者深矣이온 況乎丘墓之鄕에 省掃瞻謁하야 罔或違時焉가 逮

至中葉에 門祚迍邅하야 祖先遺傳之莊宅야 未能守保하야 沒爲他人之
占檢하니 興念及此에 寧不寒心哉아 不肖在斗가 早違怙恃하고 兼蔑學
問하에 簞食屢空에 祖先遺墟가 無路還收라 蘊結中心이 有積年所矣라
運値循環에 宅址變遷하야 百方拮据 及時買收하야 俾爲百世永守之計
하니 嗟 我雲仍은 父以詔子하고 子以戒孫하여 始而克終하고 終而復始
하야 勉嗇勉嗇哉져 於是堅之尺碑하야 繼以短銘曰 公山蒼蒼에 錦水泱
泱이라 惟公之風이 山高水長이라

"금강의 남쪽과 간산의 북쪽에 하나의 동네가 있으니 이름 하여 '漁隱'
이라. 계룡의 한 맥이 동쪽에서 돌아 서쪽으로 옮겨와 바라봄에 산이
우거져 매우 아름다운 것은 塔仙 산이다. 산의 아래에 한의 푸른 계곡
이 졸졸 흐르고 錦鱗(비단 같은 비늘이란 뜻으로 아름다운 물고기를 말함)가 고운
빛깔로 빙빙 돌며 항시 스스로 즐거워하니 대개 하늘을 간직한 신선의
땅이라. 遁世(속세를 피하여 은둔함)를 기다리면서 근심하지 않음은 군자라
할 수 있겠는가. 이 동네를 원래 '鄒魯의 지방'으로 칭하는 것은, 훌륭한
재상의 큰 덕이 계속일어나기 때문이다. 處士(벼슬하지 않는 선비)의 東都
(중국 낙양(洛陽) 이름. 주(周)나라 성왕(成王) 때 여기에 성을 쌓고 '東都라 이름 하였
으니, 동쪽에 있는 서울이란 뜻)와 모든 현인이 '洛閩'(程朱學을 일컫는 말. 程子
洛陽 사람이고, 朱子는 閩中 사람)하는 것은 어찌 혼자 옛것을 아름답다고만
할 것인가. 옛날 처사공(金義生)이 名門華冑(귀족)으로 관리에 뜻을 두지
않고 山林(벼슬 않고 지냄)에 뜻을 둠은, 洛陽(도시)을 사양하고 시골로 돌
아옴은 卜宅(좋은 자리)이 이곳이니 밭에 가래나무와 뽕나무가 가득차고
韶光(봄 경치)이 매일 따뜻하다. 꽃과 버들이 언덕에 두르고 맑은 기운이
때맞추어 퍼지고 온화한 것이 어진이의 기상과 같다. 이 땅의 즐거움이
어찌 이것에 그칠 것인가. 서로는 거울 같은 호수로 통하고 길의 맥의
누름이 무궁하고 남으로 高井(先山이 있는 곳)을 접하여 德宇를 봄에 상
서롭다. 이로 인해 이름 부르기를 '漁隱'이라. 오래토록 시끄럽지 않으
며 끝냈다. 산봉우리의 키는 깊은 구름에 물가에는 달이 공허하고 樵牧

(樵童牧竪의 준말: 땔나무를 하는 아이와 풀밭에서 가축에게 풀을 먹이는 아이)다니는 길에 지금 전해서 漁隱處士가 되어 살아가노니 그 남긴 여운의 때가 사람에게 깊이 들어감은 하물며 丘墓之鄕(선산이 있는 고향) 살피고 아뢰어 봄에 간혹 위반함을 없도록 하고 중엽에 미침에 문의 복은 머뭇거리고 조상이 남긴 유택을 지키고 보호하지 못해 타인이 점유함을 알지 못하니 흥분한 마음이 이와 같으니 차라리 한심하지 않는 가. 불초 재두가 일찍이 믿고 의지함을 위반하고 아울러 학문을 멸시하고 거친 음식으로 屢空(어려운 처지)에 조상의 옛터에 다시 거두어 들 일 길이 없다. 쌓여서 뭉쳐있는 가운데 여러 해 동안 있었다. 조상의 運이 반복하며 집터도 변천하여 백방으로 拮据(애써서 몹시 바삐 일함) 지금에 미쳐 매수하여 오랜 세대 영원히 지킬 계획을 세우니 아! 나의 雲仍(雲孫과 仍孫이라는 뜻으로, 썩 먼 代의 孫子)은 부모가 자식을 가르치고 자식이 손자를 계도하여 시작이 끝가지 다하고 끝이 다시 처음으로 해서 힘쓰고 힘써야 한다. 이에 척비를 세워 짧은 글을 새겨 이으니 公山이 앞길이 멀어서 아득하여 비단물이 끝이 없구나. 오직 공의 바람이 산을 높이고 물을 길게 하는구나."

해봉의 유창한 한문 실력에 이천태는 그만 넋을 잃고 말았다. 정말 믿기지가 않았다. 그는 한문을 잘 알지는 못했지만 한문이 쉽지 않다는 것은 잘 알고 있었다. 그동안 그의 인생 주변에는 다수의 지역 내 최고의 한문학 학자와 교류 하고 있는 터이다. 나랑 한 목소리, 정확인 구두점(句讀點), 高低의 장단음(長短音), 다양한 전고(典故)와 어휘, 간간히 소개하는 특이한 어법(語法), 천태 자신이 추구하는 지고지선(至高至善)의 삶이 이런 거였다. 그런데 그런 분이 집 주변에 있었다는 것이 정말 믿기질 않았다. 아니 지금까지 그런 분을 만나지도 못했다. 행복했다. 가슴에는 희열이 가득했다. 나도 저렇게 될 수 있을까하는 명암(明暗)도 교차했다. 하지만 분명한 것은 희망이었다. 빛이었다. 모든 것을 다시 시작해야만 했다. 새로운 인생을 개척해야 만 했다.

엉터리 木簡과 竹簡

　　현판에 대해 해독은커녕, 읽기도 제대로 못한 이천태는 자신에
대한 실망이 엄청 컸다. 그동안의 삶이 한문에 대해 문외한(門外漢)은 아
니었다. 시골 고향에서 초등학교 가기 전 동네 서당에서 천자문(千字文)
등 한자에 대한 기본서를 배웠고 중학교에서는 常用한자 2천자도 익혔
다. 대학 졸업 후는 물론 신문사 입사시험, 공무원시험 등을 볼 때도 한
자는 고득점 과목이었다. 특히 고교 때는 타의 추종을 불허해 당시 한문
선생님의 인기를 독차지하기 까지 했다. 그 어렵다는 언론사 한자시험
에도 언제나 만점이었다. 그런 이천태가 지금은 초라하게 동네 碑文이
나 懸板 하나를 제대로 읽지 못하고 해독하지 못한다는 현실은 인정할
수 없는 수치(羞恥)였다. 더구나 그는 언론사 기자로 있을 때나, 공직에
있을 때도 한자공부를 계속해오지 않았나! 해서 동료들이나 선배들은
이천태의 한문 실력을 은근히 猜忌할 정도였는데 말이다.

　　이천태는 이 믿기지 않은 현실을 이제 받아드릴 수 밖에 없었다.
현실은 늘 냉정하니까 말이다. 한문과 한자에 대한 이천태의 고민은 늘
어만 갔다. 과연 다시 한문공부를 해야 할 것인가에 대해서다. 우선 현

실적인 문제는 한문을 배워 과연 쓸모가 있는가? 하는 문제와 공부를 한다고 문리(文理)가 날 것인가? 하는 불안감이다. 먹고 사는 문제도 쉬운 문제가 아니다. 다행히도 아내가 직장생활을 하고 있어 지금은 간신히 버티고 있지만 나이도 있어 언제까지 기약 할 수는 없다. 괜히 공부한다고 했다가 아내가 직장을 그만두기라도 한다면 공부는커녕 당장 생계문제로 아무것도 못하게 될 것을 그는 잘 알고 있다. 오히려 인생 자체가 더 힘들어진다는 것을 고려할 때 쉽게 결정 할 수가 없었다. 혹 본인이 한문공부를 한다고 해도 아내가 동의해준다는 것도 보장받을 수도 없다. 이런저런 상념(想念)에 젖어있지만 그의 뇌리 한쪽에는 아주 강렬한 에너지가 솟구치는 것을 감지할 수 있었다.

그것은 '한번 해보자'는 의견이었다. 이런 결론에 서서히 도달하게 한 것은 단순히 이번 사건(?) 때문만은 아니었다. 그동안 그가 살았던 인생이 반증해준다. 그는 언론사 기자로 있을 때도 한자는 제법 안다고 했지만 한문은 늘 한계에 부딪치곤 했다. 언론인들 대부분이 그렇지만 그들이 명언(名言)이나 명구(名句)를 인용하면서 그 뜻을 정확히 알고 쓰는 사람은 드물다. 다만 인용하는데 귀신(?)들이라 다 자기 것인 양 활용하고 있을 뿐이다. 어쩌구 저쩌구 옛 성현들의 글을 인용하면서 마무리할 때 지금이 이러하니 앞으로는 이랬으면 좋겠다고 마무리 할 정도이다. 행정관청 공무원의 한문 실력은 거론조차 할 수 없다. 한문은커녕 상용한자도 컴퓨터 자판기에 의존해야 읽을 수 있는 정도이다. 학자도 크게 다르지 않았다. 자기 전공에는 무시무시한 실력을 겸비하지만 그곳에서 조금만 벗어나도 자기와 전혀 다른 일이라고 관심이 없다. 한 가지 예를 들어본다. 이천태는 한동안 문화재발굴기관의 행정업무를 담당했을 때의 일이다.

목간과 죽간

　어느 날 충남 부여의 한 우물터에서 엄청난 수의 목간(木簡)과 죽
간(竹簡)이 나와서 관련 학계의 주목을 받은 적이 있다. 당연히 행정기관
에서는 이들 목간과 죽간을 전문가에게 解讀을 의뢰했다. 얼마 후 이들
이 해독한 결과를 받은 이천태는 눈이 까무러질 정도로 놀라움을 금치
못했다. 6명 학자 모두가 똑 같이 해독한 내용은 하나도 없었다. 그리고
그들은 모두 자신이 한 것이 옳다고 주장했다. 모여서 합의점을 이루지
못하자, 관련 학계에 다시 의뢰해 세미나를 통해 가까스로 의견을 모았
다. 그런데 결론을 낸 것은 여섯 명 중의 하나가 아니라 재야학자가 낸
전혀 다른 의견이었다. 정말 어처구니 없는 일이었다. 이것을 똑똑히 목
격한 이천태는 한편으로는 전문학자로의 무능함을, 다른 한편으로는 한
문해독이 얼마나 어려운 것인가를 가슴깊이 느낄 수 있었다.

　그래서 그가 결론을 낸 것이 공부를 넓게 해야 한다는 것이었다.
언제부터인가 박사(博士)가 博士가 아니라 협사(俠士)로 변했다는 것을 기
정사실로 받아들이고 있다. 박사는 없고 협사만 즐비하니 고전에 있어서는

너무 무능한 것을 개탄해 하기도 했다. 지금 이 시대에 진정한 박사는 없다고 그는 결론 내렸다. 이천태가 더 기막히게 여긴 것은 학자들의 학문 태도이다. 그들은 남의 글만 인용해 논문이나 책을 쓰는 전문가지만 자신의 글은 전혀 쓰지도 않고 또 쓸 줄도 모른다는 엄연한 사실이다. 평생 그 분야 공부를 하고 당 시대에 최고의 전문가로 자평하지만 자신의 글은 단 한 줄도 없는 이상한 사람들이다. 우둔하고 아둔하기 짝이 없는 그들이다. 이천태는 이러한 학계나 현실에 늘 불만이 많았다. 만약 자신이 공부한다면 이런 공부는 하지 않으리라는 다짐을 헤아릴 수 없이 해봤다. <u>남들이 하는 공부가 아니라 자신의 공부, 후학들이 공부하는데 도움이 되는 공부, 남들이 관심이 없는 분야에 대해 일가견(一家見)을 이룰 수 있는 공부를 해야만 그것이 진짜 공부라는 것을 너무도 잘 알고 있었다.</u>

한문공부에 남은 일생을 전념키로 한 이천태는 공부를 하면서 자신과의 중대한 결심을 한다. 그것은 공부기간과 방법이다. 예전에 고시공부를 한 바 있는 그는 공부에 대해 나름대로의 원칙과 기준이 있다고 여긴다. 항상 철저한 계획만이 성공할 수 있는 지름길이라는 좌우명을 가진 그는 공부기간은 5년, 방법은 대학 관련학과에서 수강키로 결정했다. 5년이라는 기간은 천태의 지금나이 즉 만55세를 기준하여 볼 때 만60세, 즉 회갑 전까지 文理를 나는 것을 목표해 놓았다. 만약 이때까지 공부에 진도나 성과가 없다면 당연히 포기하는 것을 전제로 하였다. 공부라는 집중력 싸움이지, 시간과의 싸움이 아니라는 것을 그는 잘 알고 있다. 대입수능에서나, 고시공부에서나 오래 공부한 사람이 큰 성과를 내지 못하는 현실을 감한 것이다. 또 이 기간을 설정한 것은 마음의 여유를 부리지 않겠다는 것과 그동안 한문에 대한 기초지식이 어느 정도 되어있다는 자신감도 작용했다.

童蒙先習과 擊蒙要訣

공부를 하면서 성현(聖賢)중에 선생으로 모신 분이 율곡(栗谷) 李珥이다. 그동안 고전에 관심을 가지면서 언제부터 율곡선생에 대해 존경심이 생겼다. 그가 율곡에 마음에 둔 것은 고등학교 1학년 때였다. 윤리시간에 율곡의 자경문(自警文)을 배우면서 불현 듯 느낀바 있어 자연스레 책상에다 이것을 붙여놓고 아침마다 한번 씩 읽으면서 하루를 시작했다. 이후 고전을 틈틈이 공부하면서 율곡이 聖賢에 버금간다는 것과 많은 저술이 있다는 것, 그리고 기호유학(畿湖儒學)의 태두(泰斗)라는 것도 알았다. 특히 그의 많은 저작 중 ≪격몽요결(擊蒙要訣)≫을 공부하면서 참으로 대단한 학문의 소유자라는 것을 알게 됐다. 특히 격몽요결의 독서장(讀書 章)편 중 마지막을 대학생활 중 노트에다 적어놓고 공부하는데 자극제로 삼은 바 있다. 이천태는 30년 만에 대학노트를 다시 꺼내놓고 앞으로 공부하는데 좌우명으로 삼을 이 글을 천천히 적기 시작했다.

凡讀書에 必熟讀一冊하여 盡曉義趣하여 貫通無疑然後에 乃改讀他書요 不可貪多務得하여 忙迫涉獵也니라

(무릇 책을 읽을 때에는 반드시 한 책을 익숙히 읽어서 의미를 다 깨달아 꿰뚫어 통달하고 의심스러운 것이 없어진 뒤에야 비로소 다시 다른 책을 읽을 것이요, 많이 읽기를 탐내고 얻기를 힘써서 바삐 섭렵해서는 안 된다.)

이천태는 다시 격몽요결의 독서장을 정독하기 시작했다. 아마도 율곡이 어떻게 공부했는가와 어떤 것부터 공부했는가를 알고 도움을 받기 위해서다. 율곡은 독서가 도(道)에 들어가기 위한 궁리(窮理)가 전제가 되며 심오하게 정독할 것을 가르치며 독서의 순서를 정하였다. 정리해보니 다음과 같다.

먼저 ≪小學≫을 읽어 어버이를 섬기고 형을 공경하며, 임금에게 충성하고 어른을 공경하며, 스승을 높이고 벗을 사귀는 도리를, ≪大學≫과 ≪大學或問≫을 읽어 이치를 궁구하고 마음을 바르게 하며, 자기 몸을 닦고 남을 다스리는 도리에 대해, ≪論語≫를 읽어 인을 구하고, 참된 자신을 위한 학문을 하고, 본원을 함양하는 공부에 대해, ≪孟子≫를 읽어 의리와 이익을 분명하게 분별하는 일과, 인욕을 막고 천리를 보존하는 내용에 대해, 다음으로 ≪中庸≫을 읽어 성정의 올바른 뜻과 미루어 지극히 하는 공부와 천지가 제 자리를 얻고 만물이 생육되는 미묘한 이치에 대해 설명했다. 또 ≪詩經≫을 읽어 성정의 간사하고 바름과 선악을 칭찬하고 징계함에 대해, ≪禮記≫을 읽어 天理의 節文과 儀則의 度數에 대해, ≪書經≫을 읽어 二帝와 三王이 천하를 다스린 大經大法에 대해, ≪周易≫을 읽어 길흉과 존망, 진퇴와 消長의 幾微에 대해 알아야 한다고 밝혔다. 다음으로 ≪春秋≫를 읽어 성인이 선을 기리고 악을 벌하며, 抑揚하고 操縱하는 은미한 말씀과 오묘한 뜻에

대 자세히 연구하고 깨닫도록 해야 할 것이다. 이상의 五書와 五
經을 돌려가며 익숙히 읽어 理會하기를 그만두지 않아서 의리로
이치로 하여금 날로 밝아지게 해야 한다. 그리고 송나라의 선현들
이 지은 책으로서 이를테면 ≪近思錄≫·≪家禮≫·≪心經≫·≪二
程全書≫·≪朱子大全≫·≪朱子語類≫ 및 기타 성리설 같은 책
을 틈틈이 정독해서 의리로 하여금 항상 내 마음속에 젖어들어 어
느 때고 끊어짐이 없도록 하고, 남은 여가에 또한 역사책을 읽어
고금의 사변을 통달하여 식견을 신장시켜야 할 것이다. 이단이나
잡류로 바르지 못한 책 같은 경우는 잠깐 동안이라도 펼쳐 보아서
는 안 된다.

이처럼 공부하는 순서를 정리한 이천태는 율곡의 공부순서와는
자신의 현실과는 괴리감이 있다고 보고 예전에 공부했던 고전 몇 개를
복습하고 본격적으로 四書三經에 입문하기로 정했다. 다시 시간을 내어
예전에 공부한 것을 찾아보니 ≪千字文≫·≪明心寶鑑≫·≪童蒙先習≫·
≪擊蒙要訣≫ 등이었다. 물론 ≪大學≫·≪論語≫ 도 일부 읽은 적이
있지만 이는 내용을 알아서 공부한 것이 아니라 한자 익히기 정도 수준
이어서 나중에 자세히 공부하기로 했다.

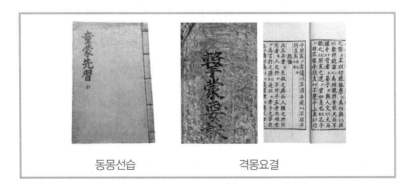

동몽선습   격몽요결

단단히 한문학 공부에 매진하기로 한 이천태는 모든 정신을 고전공부에 집중했다. 제일먼저 포기한 것은 돈 버는 일과 친구 친지들의 哀慶事였다. 집 주변의 농사 채와 건강을 위해 하는 노동을 제외하고는 다른 농사는 포기했다. 공부시간은 이른 새벽에 두 시간, 오전에 두 시간, 오후에 두 시간, 그리고 저녁에 세 시간 등 하루에 아홉 시간을 확보하는데 주력했다. 하루 일년주기는 봄과 여름보다는 가을과 겨울철에 더 많은 시간을 내기로 했다. TV는 역사 다큐나 고전특강 등 EBS를 제외하고는 다른 일체의 편성 방송은 보지 않았다. 다른 곳에 정신을 빼앗기지 않기 위한 불가피한 선택이었다. 기초과목으로 ≪四字小學≫·≪推句≫·≪啓蒙編≫을 가볍게 여러 번 반복했다. 아무래도 모든 학문이 그렇듯이 기초과목의 중요하기 때문이다. 되도록이면 자주 나오는 명귀나 명언은 외우려고 노력했다. 여전에 한두 번 본적이 있지만 모든 것이 생소했다. 하지만 기본적인 마음은 초심으로 돌아가 새롭게 익히는 것을 목표로 했다.

≪四字小學≫에서는 仁義禮智의 본성과 인간이 지켜야 할 五倫·三綱·九容·九思·四勿 등을 세심하게 살피었으며, ≪推句≫에서는 詩賦의 이해와 문장력 향상에 큰 도움을 받았으며, ≪啓蒙編≫에서는 散文을 익히는 입문서로서 내용이 天·地·人·物의 네 개편으로 논리정연하게 구성되어 문장전체를 보는 눈을 익힐 수 있도록 가볍게 여러 번 반복했다. 약 삼 개월에 거쳐 기초과목을 마스터한 이천태는 다음 과목으로 ≪千字文≫을 공부하면서 심한 고통을 겪게 된다. 말이 천자문이지 千字에 들어있는 심오한 철학과 뜻은 萬字을 공부하는 것보다 난해했기 때문이다. 누가 천자문을 쉽다고 했는가? 누가 과연 천자문을 제대로 알고 있는가? 하는 의구심속에 그 안에 들어있는 形而上學의 뜻

을 이해하는 데는 상당한 시간과 노력이 필요했다. 다른 기본고전서도 좋은 서적인줄은 알았지만 천자문이야말로 사람의 신체에 비유하자면 뼈가되고 살이 되는 아주 귀중한 철학기본서 라는 것은 알게 된 것이 그 때이다.

아주 어렵사리 천자문을 체득하게 된 이천태는 다음에는 逍遙堂 朴世茂의 ≪童蒙先習≫과 율곡의 ≪擊蒙要訣≫을 차례대로 熱讀하기 시작했다. 다른 고전과는 달리 우리나라 先賢에 의해 저술된 이 책들은 당시 선비들이 학문하기 위한 필독서로서 인기가 높았는데 내용이 너무도 알차서 왜 聖人君子를 지향하며 살아야 하는가를 알려주는 내용들이다. ≪明心寶鑑≫을 공부 할 때는 너무나 기뻤다. 한자도 어렵지 않을뿐더러 내용이 그동안 살아가면서 익히 들었던 내용들이라 이해도가 높았다. 다른 책들도 내용이 勸善懲惡을 말하면서 사람이 왜 착하게 살아야 하는가를 알려주는데 명심보감과는 비교할 것이 못됐다. 명심보감을 읽고 思考하는 시간은 인생에서 가장 벅차고 흥미로웠다. 학습하면서 단순히 흥미로운 것만 여기고 공부한 것만 아니다. 재야의 한학자들이 소홀하기 쉬운 '虛辭의 用法'에 대해 집중 학습한 것도 이때이다. 자주 쓰는 허사의 쓰임 2백여 개를 익혔다. 이제 단문으로 구성된 한문은 서서히 눈에 들어오기 시작하여 그동안 공부가 서서히 성과를 내기 시작하는 것만 같았다.

小學이…, 小學이….

　　동양고전에 대한 기본서를 어느 정도 독파하기 까지는 어느 덧 1년이 흘렀다. 율곡선생의 공부방법을 명심하면서 精讀과 多讀을 겸하니 시간이 생각보다 빨리 지나갔다. 이천태는 본격적으로 四書三經을 목표로 삼았다. 가슴이 벅찼다.

　　그렇게 공부하고 싶은 사서삼경을 이제야 공부할 수 있다니 정말 꿈만 같았다. 이제야 나도 남들처럼 한문을 자유자재로 읽고 해석할 수 있을까하는 기대심에 잠을 제대로 이루지 못할 정도였다. 사서삼경을 공부하는 것은 혼자 공부하기에는 아무래도 벅차 전문가의 도움을 받기로 했다. 방법은 두 가지이다. 하나는 대학 내 학교에 가서 수강하는 방법이고, 다른 방법은 시골에 계시는 한학자한테 수학하는 방법이다. 학교에 가는 것은 왕복시간이 길어 시간을 허비하는 것과 청강하는 문제가 어려움이고, 한학자한테 수학하는 것은 과연 제대로 공부하신 한학자를 만나 배울 수 있느냐? 하는 문제가 대두됐다. 고민 끝에 이천태는 한학자보다는 대학 내 인문대학에 찾아가 하고 싶은 공부를 하는 것이 더 효과가 있을 거라는 확신에 다음 해 봄부터 지역 내 대학에 수

강하기로 했다. 특히 대학에 가면 자신이 추구하는 〈詩·書·畵, 文·史·哲〉을 체계적으로 공부할 수 있는 바램도 한 몫 했다.

　　인근 국립대학 인문대학에서 청강을 시작키로 한 이천태는 漢文學科, 史學科, 東洋哲學科에 개설된 강의시간표를 분석하는데 여념이 없다. 한학기당 꼭 필요한 과목 한 강좌씩 수강할 예정이다. 한문학과에서는 漢文法과 漢詩·漢文隨筆과 文集類를, 사학과에서는 조선중기 이후의 政治史·社會史·經濟史와 中國史에 대해, 동양철학과에서는 사서삼경을 비롯한 經典과 畿湖儒學 등에 유심히 살폈다. 틈틈이 짬을 내어 서예를 배우는 것도 잊지 않았다. 이런 강좌를 3년 이상 수강하고 방학의 기간을 이용해 집중 공부한다면 상당한 수준에 도달할 것으로 믿었다. 다음 해 봄 대학에서 1학기 개강과 더불어 이천태는 다람쥐 쳇바퀴 돌아가듯 한문학·역사·동양철학 공부에 여념이 없었다. 평소 하고 싶던 분야라 밤을 지새우며 꾸준히 공부했다. 방학 때는 가까운 山寺나 고시원에 들어가 밀린 공부나 암기에 전념하고자 했다. 틈틈이 인터넷 수강도 병행했다. 이렇게 2년이 지나자, 논어·맹자·중용·대학 등 四書가 눈에 들어왔다. 약간의 口訣도 가능했고 원문은 물론 하단의 集註 부분도 일부 활용 할 수도 있었다. 한국사 중 조선시대 특히 16-18세기의 분야는 빠꼼이(?)라고 할 만큼 해박한 지식도 소유하게 되었다. 중국역사를 한꺼번에 쫙 설명할 수 있는 것은 물론이다. 한문법 중 최고 난이도 높은 '虛辭用例辭典'도 세 번이나 보면서 익혔다. 이천태가 무엇보다 기쁜 것은 이젠 동양고전이나 철학을 말하는 유명학자의 특강이나 강의를 대부분 알아들을 수 있다는 것이다. 특히 그동안 제일 꺼렸던 한문에 대해 어느 정도 자신감을 갔고 틈틈이 한문해독을 할 때에는 남모를 희열도 느꼈다.

하지만 그것까지였다. 그동안 힘들여 한 공부가 별 볼일 없다는 것을. 어느 날 이천태의 집에는 두 권의 文集이 택배로 배달된다. 아는 분이 한문공부 좀 한다고 집안에서 발행한 문집을 보낸 것이다. 문집명은 '剛軒集'. 공주에 사시는 한 漢學者가 평생 자신이 쓴 神道碑·墓碣銘·詩·祝文·行狀 등 모든 것이 들어있었다. 두툼한 검은 색 책은 흰 여백을 빼고는 모든 것이 시커먼 한문이다. 공부도 좀 한지라 책장을 넘기면서 조심스레 내용을 살펴보았다. 순간 머리가 갑자기 띵 해진다. 점점 머리가 아파온다. 익숙지 않은 글씨와 내용은 아는 것은 없고 전부 새로운 것(?) 뿐이었다. 마치 처음 보는 새로운 학문을 마주하고 있는 모습이다. 지난 4년간 이 한문을 알기위해 부단히 정진했지만 불행히도 내가 알고 해독 할 수 있는 것은 많지 않았다. 아니 거의 해독할 수가 없었다. 4년간의 공부가 도로아미타불(?) 되는 순간이다. 누가 나에게 말했던가! 한문 文理가 날려면 天才면 10년이요, 秀才면 20년이요, 平才면 30년이라고. 아니면 맹자 3천讀이나, 논어 2천讀해서 문리가 나든지 하라고. 만4년 동안 나름대로 한문공부를 한다고 했지만 진정 문리가 나기위한 학습이 아니라 한문공부를 위한 흉내에 불과했던 것이다. 그는 그동안 자신이 했던 지난날 시간을 곰곰이 되돌아보았다. 분명 열심히 했고 성과도 있었지만 아직 문집하나 제대로 볼 실력이 안 된다는 현실에 심한 자괴심만 들 뿐이다. 학문은 멀고 고향은 가깝다고 나 할까. 자신과의 약속시간은 이제 1년만 남았을 뿐이다. 이 시간이 지나면 더 이상 공부한다는 명분도 인정도 나에게는 없다. 자신과의 약속, 즉 나에게 文集이나 碑文을 툭 던져 주면서 읽고 해석하라면 거침없이 자신 있게 대답하는 것이다. 하지만 지금은 암담하다. 시간은 80%가 지났지만 解讀率은 겨우 20% 남짓이니까. 앞으로 1년간의 시간을 무엇을 하며 어떻게 하여야 하는지? 이 난관을 어떻게 극복 할 수 있는지 자칫

혼란스러운 하루였다.

　이 때 불현 듯 생각나는 사람이 어은리 새뜸 할아버지와 해봉선
생이다. 기실 고전공부를 하면서 새뜸에서 공부하고 싶은 생각도 있었
다. 하지만 할아버지 건강도 그렇고 해봉선생도 남자가 아니라 女性이
라는 것이 마음에 걸려 선뜻 다가서지 못했다. 지금은 약간 후회스러웠
다. 처음부터 새뜸으로 갔으면 하는 마음이 머리를 뒤흔들었다. 다음 날
아침 해봉선생과 면담을 하였다. 지난 4년간의 일거투일수족(一擧投一手
足)을 자세히 설명했다. 조금도 숨김없이 현재 자신의 수준과 공부역량
을 모두 말해 주었다. 진지하게 듣던 해봉은 그동안 한 공부가 대견해
하면서 격려해줬다. 자신도 고전공부를 하면서 10년 동안 눈이 뜨지 않
은 '까막눈' 이었다고 했다. 10년이 지나자, 조금씩 개안(開眼)이 됐다면
서 천천히 공부하라고 충고했다. 그러면서 할아버지에 대한 자세한 身
上을 말해줬다.

　"선생님의 號는 신재(新齋)라고 합니다. 계룡산이 좋아서 은거하
며 살고자 할아버지 때에 경상도 달성에서 이곳으로 이주했답니다. 할
아버지 때부터 經典을 공부하면서 농사짓고 살았지만 집안이 조용한 것
을 좋아해서 밖에서 활동은 거의 하질 않았지요. 선생님은 슬하에 4남3
녀를 두셨지만 모두 학교선생님이 되어 전국에서 살고 계시고요. 부인
과는 20년 전에 사별하셨는데 혼자 사시다가 제가 우연히 병원에서 만
나서 고전공부를 조금 배운다는 것이 벌써 20년이 되었네요. 학문은 대
단한 수준이지만 세상에 나가시지 않으니 누가 알아주는 사람도 없고
나이도 드셔서 정말 걱정입니다. 참 우리 선생님의 별명이 '소학(小學)'입
니다. 당신이 직접 지었는데 수많은 경전 중에 소학을 제일 좋아하시고

39
小學의 길

제일 중요 여기시는 것 같아요. 다른 경전도 모두 읽었지만 소학은 아마 5천 번은 강독 하셨을 거여요. 지금도 소학만 보고 계십니다."

"예…, 그런데 하필이면 大學이 아닌 小學을. 저는 大學校에서 소학공부를 하고 싶었지만 책 내용이 현실과 맞지 않는다며 강의를 하질 않더군요. 해당교수들에 문의 하면 소학은 배울 필요가 없고 그 시간에 논어나 맹자를 읽으라고 강변하거든요. 선생님을 '소학선생'으로 불리는 것은 소학의 중요성을 강조하신 것 같은데. 제가 불행히도 소학내용을 잘 몰라서."

"제가 알기로는 예전에는 소학은 '小子의 학문'이란 뜻으로 '大人之學'을 의미하는 ≪大學≫과 비교하지요. 고전공부에서 基本書라 할까요. 朱子선생이 제자 劉淸之와 함께 ≪禮記≫ · ≪論語≫ 등 각종 경전과 역대사료를 수집하여 편집한 거지요. 그 중 예기의 〈曲禮〉 등이 전체의 半이나 되니까요. 흔히들 소학이 아동들이 보는 책이라 쉽다고 말하는데 한자가 흔히 쓰지 않는 전문용어가 많아 무척 어렵답니다. 논어는 그렇다 치고 예기는 五經 중 하나로 치는 禮學의 기본서이니까요. 사서삼경을 공부한 전문학자는 많지만 예기를 공부한 사람은 거의 없지요. 그러니 소학이 어렵다는 겁니다."

"아! 그렇군요. 소학이 그렇게 중요한 학문이었군요. 그래서 선생님이 소학을 평생 공부할 학문으로 삼았고요. 남들은 다 사서삼경을 익혀서 철학공부에 모든 것을 바치고 있는데. 제가 지금까지 살면서 소학이 중요하다고 한 사람은 한 번도 듣지 못했네요. 선생님께서 뭔가 나름대로 소학을 공부하시고 느낀 것이 있어서 소학에 몰두 하신 것이 아닌가요. 저도 소학을 통해 文理를 나고 싶은데 가능한지요. 선생님께 말씀드려 소학을 배우고 싶군요. 도와주세요. 해봉선생님."

"우리 선생님은 소학공부를 한다면 무조건 환영합니다. 지금은 소학공부를 하는 학자도 없고 배우지도 않아요. 그 옛날 孔孟시대에 老莊사상을 공부하면 異端이라고 했듯이 지금은 大學의 시대여서 小學을 공부한다면 이상하게 여기지요. 다른 공부 하셨으니 소학하시면 분명 큰 성과가 나타날 겁니다. 제가 선생님께 말씀드려 修學할 수 있도록 할 테니 함께 공부하도록 해요. 선생님은 중국소학인 朱子小學은 물론 우리나라 소학인 海東 · 大東 · 東方小學도 다 익히셔서 소학에 대한 종합적인 학문을 하실 수 있습니다. 선생님은 주자소학을 통해 자신이 새롭게 만든 '小學章圖'도 직접 그리셔서 체계적으로 강의해 주실 겁니다."

"小學章圖라니요. 처음 듣는데요. 그것이 무엇인지요?"

"예, 선생님께서 평생 소학을 연구하시면서 체계적으로 분석하신거지요. 혹시 퇴계선생님이 그리신 성학십도(聖學十圖)를 아시는지요. 평생 학문을 연구하면서 聖人됨의 학문과 心法을 도표로 작성해 선조대왕에게 바친 것인데요. 선생님은 소학에 대한 내용을 분석해 43여장의 도표를 그리셨는데 아직 발표는 안하고 계시고 있지요. 선생님은 흔히 말하는 文 · 史 · 哲의 학문에 대해 文은 《古文眞寶》 · 史는 《通鑑節要》 · 哲은 《小學》을 최고의 경전으로 여기셨는데 특히 소학은 각종 史書와 名文으로 구성되어 있어 文 · 史 · 哲의 핵심학문으로 여기셨지요. 즉 소학만 익히고 암송하면 고전의 교양과 문리를 한꺼번에 익힐 수 있다고 여기셨는데 세상이 소학을 멀리하니 얼마나 실망하셨는지?

얼마나 답답하셨으면 당신이 직접 별명을 '소학'으로 짓고 '小學君子'로
지칭하셨을까요?"

"………, ……, 아, 小學이…, 小學이….."

"………, ……, 아, 小學이…, 小學이….."

小學四十三圖

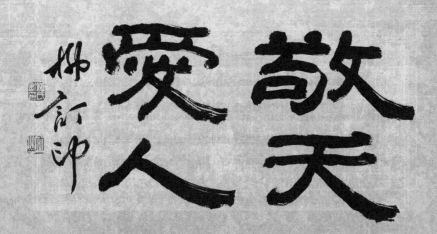

敬天愛人

1. 小學基本圖

1-1. 小學圖

소학선생: "어제 해봉한테 자네에 대한 대략적인 所見을 들었네. 소학에 관심이 있다니 대견스럽고. 난 다른 강의 하질 않네. 오직 소학뿐이야. 세상의 모든 사람이 고전공부 한다고 난리를 피지만 四書三經에만 관심뿐이지, 소학은 등한시하고. 문제는 소학을 알지 못하고 다른 공부를 한다는 사실이 난 싫어. 내가 5살부터 七十년간 한문공부 했지만 인생에서 가장 중요한 고전은 소학이야. 소학을 알지 못하고 文理가 난다는 것은 다 거짓말이야. 다시 말해 지금 진정으로 문리가 나서 고전해독을 완벽히 하는 학자는 없지. 다 소학을 무시해서 그런 거야. 모든 학자가 똑같은 經典과 학습방법으로 공부한다면 그 부분에 대해서는 잘 알겠지만 다른 분야는 門外漢일 수 없지. 예를 들어 한 聖賢이 소학의 한 부문을 인용했다면 소학을 알지 못하면 한걸음도 나갈 수가 없지. 내가 평생 소학공부에 매진한 이유지."

이천태: "예 저도 지난 4년 동안 서서를 위주로 학습했지만 소학에 대해서는 소홀히 해 기본개념조차도 모르고 있지요. 어제 처음으로 소학 책을 한번 쭉 훑어보니 論語보다 더 어려운 것 같아요. 어려운 한자가 많이 나오고요. 어떻게 이 책을 옛날에 아동들에게 학습했는지 잘 이해가 잘 안되고요."

소학선생: "나도 학습을 하면 할수록 소학이 어렵고 까다롭다는 것을 알았지. 내가 봐도 소학은 선생이 공부해서 어린 학동들에게 가르치는 것이지, 학동이 소학을 전부 외우고 쓰는 것을 바라면 무리지. 내

용이 어린이를 위한 것이니 그것만을 이해하면 되고 나중에 좀 더 커서 선생이나 학자들이 더 자세히 학습해야 하는 경전이지. 그래서 거듭 말하지만 難解 하다는 거야. 나중에 자세히 설명하겠지만 이 책은 각종경전과 각종사료들을 수집해 편집한 것이지. 비슷한 것이 '明心寶鑑'이야. 아무튼 내가 얼마나 살지 모르지만 그동안 연구한 '小學章圖'를 해봉과 너에게 傳受하도록 하겠네. 부지런히 배워 자네가 그렇게 염원하는 문리와 經典通達에 도움이 됐으면 하네. 해봉은 거의 문리가 날 정도로 수준이 올라왔지만, 소학장도는 아직 전수받지 못했지. 학습하는 도중 내가 설명할 것은 내가 하고 해봉이 자신 있는 것은 해봉을 통해 설명하도록 할 테니 그리 알아라. 우선 해봉이 소학이란 책에 대해 알고 있는 대로 한번 말해주렴."

해봉: "예 저도 소학이란 책을 여러 번 봤지만 자신이 영 없네요. 이번에 완벽한 소학공부를 하고 싶어요. 小學章圖도 전수 받고 싶고요. 저는 소학하면 생각나는 것이 退溪 선생님의 聖學十圖입니다. 성학십도는 태극도(太極圖) 서명도(西銘圖)·소학도(小學圖)·대학도(大學圖)·백록동규도(白鹿洞規圖)·심통성정도(心統性情圖)·인설도(人說圖)·심학도(心學圖)·경재잠도(敬齋箴圖)·숙흥야매잠도(夙興夜寐箴圖)등으로 되었는데 한국철학의 보고(寶庫)로 여겨 질만큼 잘 정리된 圖說이지요. 작년에 선생님께서 강론하시어 잘 정리한 바 있는데 이것을 이해할 정도 능력이면 상당한 실력자라고 말씀 하셨지요. 이 도설중 세 번째가 소학도인데 퇴계선생님이 목차를 그린 것이지요. 이 소학도만 보면 소학의 주요 내용을 한눈에 볼 수 있어 공부에 도움이 된 것 같아요. 이 책은 朱子님과 그의 제자 劉子澄(淸之)이 편찬한 것으로 알고 있고요. 그래서 이 소학책을 '주자소학'이라고 부르기도 하지요. 이에 반해 우리나라도 주자소

학과 비슷한 책을 편집했는데 영남의 선비인 朴在馨이 '海東小學'을 발
행하기도 했지요.

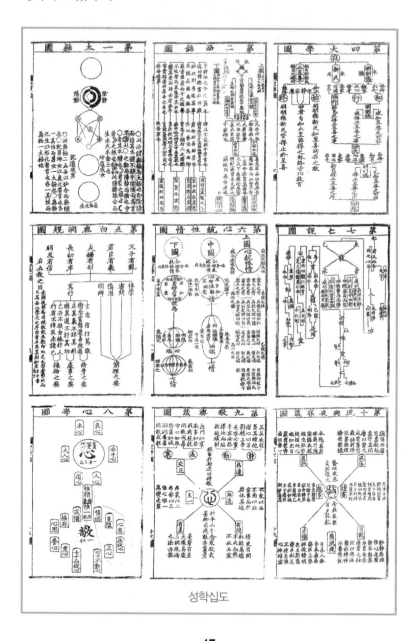

성학십도

小學四十三圖

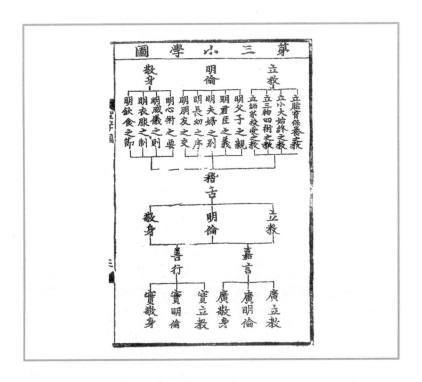

　　소학의 목차를 보면 입교(立敎)·명륜(明倫)·경신(敬身)을 주로 하
는데 입교는 배울 내용을 밝히고, 명륜은 다섯 가지 인간관계(五倫)를,
경신에서는 몸에 대한 공경을 가르치도록 하고 있습니다. 그리고 계고
(稽古)·가언(嘉言)·선행(善行)에서 고인의 행동과 말을 통하여 입교·명
륜·경신에 대한 광범위한 설명과 함께 구체적인 실례를 제시하고 있기
도 하지요. 어릴 때부터 도덕적 행동이 몸에 익숙하도록 하고 도덕적
심성을 涵養하는 것이 소학교육의 목적인 것 같아요."

　　소학선생: "해봉이 잘 설명했다. 퇴계선생의 성학십도는 지금 학
자들은 대단한 것 인 양 數百편의 논문과 관련 책이 쏟아지는데 그 정
도의 작품은 아니지. 저번 해봉한테 한번 설명한 것 같은데 그 시대 자

연스레 관심이 되는 것을 그 분이 잘 정리했을 뿐이지. 왜냐하면 본인
이 쓰고 그린 것은 거의 없어. 했다 는 것도 다 일반인이 할 수 있는
기본적인이 것이고. 다 중국에서 넘어온 것들이지. 자세한 것은 나중에
添言하고 그 분이 정리한 소학도는 目次야. 책 앞부분 總目편을 한번
펴보렴. 거기에는 요즘말로 목차처럼 책의 내용에 대해 일목요연하게
설명하고 있지. 그걸 아래처럼 '小學圖'라고 하여 도표로 설명하고 옆에
는 주자선생이 쓴 '小學題辭'를 첨부 했을 뿐이지.

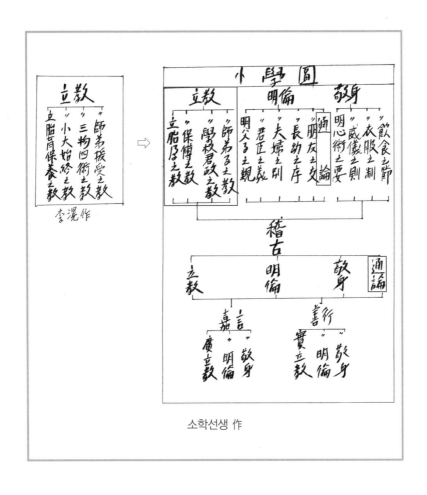

소학선생 作

다시 한 번 이 그림을 잘 살펴보고 소학총목과 비교해보렴. 처음 부분만 보면 되네.

이천태: "제일 앞 입교 편에 '立胎孕之敎'·'立保傅之敎'·'立學校敎育之敎'·'立師弟子之敎'로 되어있는데 退溪先生의 소학도에는 '立胎育保養之敎'·'立小大始終之敎'·'立三物四術之敎'·'立師弟授受之敎'로 적혀 있네요. 어떤 연유해서 인지 궁금하고요. 선생님."

소학선생: "나도 그 점이 이해가 안가는 부분이지. 다른 것은 다 총목에 따르고 이것만 다른 용어를 썼다는 것에 무슨 연유가 있을 텐데. 내가 관련 자료를 다 찾아봤는데 이에 대한 명확한 설명은 못 찾았지. 아마 '立胎孕之敎=立胎育保養之敎'로, '立保傅之敎=立小大始終之敎'로, '立學校敎育之敎=立三物四術之敎'로, '立師弟子之敎=立師弟授受之敎'로 변경하지 않았나 싶네. 내용을 분석해보면 같은데 용어만 달리했을 뿐이지. 또 하나 내가 그린 소학도와 퇴계선생이 그린 소학도와 다른 것은 通論부문을 살린 거야. 내 소학도에는 명륜 편 마지막과 계고 편 마지막에 통론 편을 삽입했지. 통론은 앞에 있는 주제와 일치하지 않고 전체적인 주제와 相通한다는 뜻이지. 이 역시 내가 임의적으로 한 것이 아니고 소학총목에 있는 것을 중시했을 뿐이지. 당시 주자학 개념에서 보면 경전에 토씨하나 고치는 것도 용납하지 않는 현실을 감안할 때 분명 이상한 점이야. 지금이야 아무 문제가 되지 않지만. 나는 퇴계선생의 소학도를 무시하고 총목의 순서대로 강의 할 테니 착오 없도록 하게. 아까 해봉이 소학 책에 대해 간단히 설명했는데 내가 좀 더 附言 설명하면 소학은 內篇과 外篇으로 구분하는데 입교·명륜·경신·계고는 내편이고, 가언·선행은 외편으로 이 중 입교·명륜·경신은 소학의

基本綱領이라 할 수 있지. 계고는 春秋時代 이전의 사료에서 입교·명륜·경신에 부합하는 실례를 든 것이며, 가언은 漢代以後 名賢의 格言과 名家의 가훈을 모은 것이고, 선행은 역시 한대이후 先哲들의 훌륭한 행실을 모은 것이지. 編數는 내편이 214편, 외편이 172편으로 도합 386편이야. 세부적으로 보면 입교 13편, 명륜108편, 경신46편, 계고47편, 가언91편, 선행81편 등이지. 또 하나 알아야 할 것은 引用書冊인데 내편은 22곳을, 외편은 102곳 등 총122개 다른 책에서 귀감이 되는 부분을 편집했다고 볼 수 있네. 이 책이 대단한 것은 정말 많은 책에서 관련 부분을 採集했다는 건데, 엮은이의 학문적 수준을 대변 해주지. 안 그런가?"

이천태: "예 그런 것 같아요. 보통 공부한 분이 수많은 책 중에서 발췌한다는 것은 그 내용을 완전히 알지 못하고는 할 수 없을 것 같아요. 그 당시 학문의 수준이 상당히 높았던 것 같습니다. 선생님, 책을 펼치는 맨 앞에 '소학서제'(小學書題)와 '소학제사'(小學題辭)란 두 개의 머리말이 있는데 누가 쓴 것이며 어떤 내용인지요."

소학선생: "아, 참 내가 제일 중요한 것을 잊고 있었네. 지금 우리가 학습하는 것은 소학기본도 중 小學圖를 배우고 있는데 내가 하고 싶은 말은 소학의 내용이 아니라, 어떻게 하면 소학이란 난해한 지식을 쉽게 배울 수 있을까? 하는 의문에서 출발했지. 그래서 소학장도란 도표를 통해 쉽게 이해 할 수 있는 그림 43개를 그렸지. 소학기본도 3개, 입교 편 14개, 명륜 편 22개, 경신 편 4개 등이야. 계고·가언·선행 편은 아직 그리지 못했어. 앞 편 내편이 중요하고 암기할 것이 많아서 쉽게 이해하려고 그렸는데 뒤편 외편은 아직 못했는데 나중에 검토해 보

려고 하지. 되도록이면 죽는 날까지 계속해서 그리고 싶은데 앞으로 계속 늘어날 것 같다. 아무래도 내가 공부할 것을 바탕으로 쉽게 설명할 수 있도록 그린 것이니 이것을 이용하면 쉬울 거야. 앞서 말했지만 내가 의도적으로 한 것도 있지만 대부분은 총목을 최대한 활용을 했어. 내가 이걸 그리고자 결심하게 된 동기는 성학십도의 일부가 元나라때 程復心이란 사람이 그린 '四書章圖'란 사실을 알고 '小學章圖'를 그려본거지. 자네가 질문한 소학서제와 소학제사는 다 소학의 머리말인데 주자선생이 쓴 주옥같은 名文이지. 나는 이 머리말을 아침마다 암송하는 것을 시작으로 하루를 시작하지. 내가 소학기본도를 3개를 그렸는데 하나는 지금 설명하는 소학도와 뒤에 설명하고자 하는 <u>三節·四道圖, 天道·人性圖</u>인데, 앞의 것은 소학서제에서 뒤의 것은 소학제사의 내용을 인용해 만든 거야. 내용이 아주 간략하지만 꼭 알고 외어둬야 하는 것이기 때문이지. 또 소학을 주자소학으로 불리게 된 이유가 바로 이거 때문이지. 주자선생은 천재였던 것 같아. 글도 많이 남겼지만 경학의 모든 것에 註釋을 달았지. 四書集註라는 거 정말 대단 한 거야. 당연히 오늘 날 孔孟의 시대를 빛나게 한 일등공신이지. 난 유학의 最高至尊을 뽑으라고 하면 공자도 맹자도 아닌 주자를 뽑고 싶지. 그 분이 없었다면 지금의 유학은 없었을 거야. 나중에 공부하다보면 내가 한 말을 이해할거야."

이천태: "선생님, 소학도는 總論에 해당되는 것이어서 전체 흐름을 쉽게 파악할 수 있어 유익했는데 다른 것은 다 쉽게 이해가 가는데 경신 편에 나오는 心術之要·威儀之則·衣服之制·飮食之節는 알 것 같으면서도 어려움을 좀 느낍니다. 좀 더 쉽게 익힐 수 있는 방법이 있는지요."

소학선생: "대부분이 처음 소학을 접하면 이런 부문이 힘들다고 하지. 나중에 알려 주려고 했는데 질문을 하니 말해주겠네. 우선 경신의 네 가지 중 앞에다가 밝은 명(明)자를 부쳐야 되네. 그러면 明心術之要, 明威儀之則, 明衣服之制, 明飮食之節로 되는데 여기서 중요한 것은 단어의 끝부분 要·則·制·節인데, 이것의 의미를 잘 밝혀야 되지. 여기서 '要'는 要點, '則'은 法則, '制'는 制度, '節'은 禮節로 이해해야 하네. 한문에서 정말 힘든 것이 이런 것이야. 똑같은 한(一)자의 글자이지만 쓰임에 따라 여러 개로 쓰이니 그 용도를 잘 알아야 하는데 그것이 쉽지 않지. 최소한 하나의 한문에 대해 다섯 가지의 쓰임을 알고 있을 때 올바른 해석을 할 수 있다고 나는 확신해. 다시 보충해 설명하면 明心術之要는 '心術'을 마음가짐으로 보아 '마음가짐의 요점을 밝게 하는 것', 明威儀之則는 '威儀의 뜻이 위엄, 태도 등으로 보아 '위엄의 법칙을 밝게 하는 것'인데 威儀를 풀어보면 '威=有威而可畏, 儀=有儀而可象'(위엄이 있으면 두려움이 있고 예의가 있으면 본받음이 있다)인데 이 정도는 머리에 암기했으면 하네. 明衣服之制는 '의복의 제도를 밝게 하는 것', 明飮食之節은 '음식의 예절을 밝게 하는 것'으로 풀이 할 수 있지. 좀 더 자세한 것은 나중에 뒤편에서 자세히 도표를 그려가면서 설명한 기회가 있을 거야."

오늘 첫 강의로 이것으로 끝났다. 해봉선생과 이천태는 매일 새벽6시부터 하루에 두 시간 공부하기로 했다. 낮에는 각자 할 일 있는지라 다른 시간에 똑같은 시간을 내기 어렵기 때문이다. 소학선생님의 건강만 문제만 없으면 주말이나 휴일 없이 매일 하기로 했다. 기간은 1년이다. 하루에 총386편 중 하루에 2~3편씩 하기로 했으며 일주일에 한 번씩 선생님이 그리신 소학장도에 대해 강의를 듣기로 했다. 아울러 일주일에 한 번씩 그동안 배운 것을 암송하야만 다음 진도에 나가는 강도 높은 학습을 실시키로 했다. 오늘 수업은 끝났지만 소학선생님은 이천태에게 두 가지 숙제를 주었다. 하나는 小學이란 책과 小學集註란 책의 같은 것이 무엇이며 틀린 것이 무엇인지와, 小學集註卷之一 하단에 나오는 아래의 내용에 대해 무슨 뜻인지를 알아보라는 것이었다.

천태는 小學과 小學集註를 처음에는 왜 구분해야 하는지에 대해 의아해 했다. 하지만 곧 소학선생의 뜻을 알아 차렸다. 소학은 단순히 다른 책을 편집한 것이지만, 소학집주는 소학 책을 읽고 그 의미를 여러 가지 방법으로 해석해 놓은 것이다. 처음에 소학 책을 읽으면 그 글귀의 의미를 정확히 알 수 없지만 하단에 작은 글씨로 풀이해 놓은 것을 보면 쉽게 알 수 있는 것이다. 이는 소학 집주에만 있는 것이 아니고 다른 논어·맹자 등 주요 경전에는 모든 집주가 실려 있다. 시중의 경전 또한 소학·논어·맹자란 책은 없고 소학 집주·논어집주·맹자집주만이 있는 것이다. 소학선생은 그것을 區別 하라는 것이다. 즉 '소학' 책은 주자와 그의 제자들이 엮었지만 '소학집 주'는 栗谷 李珥가 편찬했다는 것이 큰 차이이다. 실제로 율곡 선생은 이 책을 집주하면서 아까 소학선생이 숙제로 낸 다섯 분의 소학견해를 참조해 엮은 것이다. 참고로 集註를 사전적인 설명은 '여러 사람의 註 釋을 한데 모임'이고, 註釋은 '낱말이나 무장의 뜻을 쉽게 풀이함'이다. 천태는 다섯 분의 소학적 견해를 인터넷과 참고서적을 조사했는데 결과는 다음과 같다.

성 명	호/시대	註釋	내 용	저 서
何士信	建安/?	集成	여러 가지를 모아서 체계 있는 하나를 이룸	?
吳 訥	海虞/明	集解	여러 가지 解釋을 모인 冊(풀이)	小學集解
陳 祚	姑蘇/?	正誤	잘못된 글자나 문구를 바로 잡음	?
陳 選	天台/明	增註	註釋있는 글에 주석을 더 늘림	小學集註/ 小學句讀
程 愈	淳安/明	集說	여러 가지를 모아서 설명한 것	小學集說

천태는 다섯 분에 대해 나름대로 조사했지만 何士信·陳祚에 대해서는 어느 곳에서도 찾을 수가 없었다. 율곡선생이 소학집주를 편찬하면서 분명히 그들이 쓴 소학관련 책을 참고했는데 찾지 못해 아쉬움이 컸다. 그러나 이번 기회에 전혀 알지 못했던 集成·集解·正誤·增註·集說·集註·註釋에 대한 분명한 개념을 파악한 것은 큰 소득이었다. 여기에다 또 하나 더 비슷한 용어를 찾았는데 注疏라는 용어였다. 注疏는 '古注에 다시 註釋을 붙인 책'으로 한문학을 공부하는 사람은 꼭 알아야 하는 용어이다.

1-2. 三節·四道圖

다음 날 새벽 천태는 밤잠을 제대로 이루지 못했다. 비로소 이제야 제대로 공부한다는 기쁨에 가슴이 벅찼기 때문이다. 어제 선생님이 준 숙제도 완벽하게 한 것도 한 이유였다. 새뜸으로 일찍 달려간 천태는 선생님의 승낙도 없이 소학과 소학집주, 소학집주에 참고한 用語들에 대해 자신 있게 설명하기 시작했다. 소학선생은 대견해 하면서도 다음과 같은 말을 하시면서 學問의 자세를 말하였다.

"논어에 學而不思則罔 思而不學則殆이란 말이 있지. 즉 '배우기만 하고 생각하지 않으면 얻는 게 없고, 생각하기만 하고 배우지 않으면 위태롭다'는 말이지. 이 말은 쉼 없이 책을 읽고 공부하되 비판적 분석과 통찰력이 필요하다는 뜻이지. 배우되 배우는 것으로 끝내지 말고, 배우는 것에 대해 늘 사고하고 더 고민하는 것이 군자가 학문하는 자세이지. 지난 시간에는 소학도에 대해 알아봤는데 오늘은 두 번째로 '三節·四道圖'에 대해 공부하도록 하자. 먼저 이 말의 출전은 '小學書題'인데 저번에 말 했던 것처럼 주자선생이 제자들과 함께 소학 책을 완성하고 머리말로 쓴 거지. 한번 해봉이 먼저 읽고 해석 해보렴."

해봉: "예 선생님.

小學書題

古者小學에 教人以灑掃應對進退之節과 愛親敬長隆師親友之道하니 皆所以爲修身齊家治國平天下之本이니 而必使其講而習之於幼穉之時는 欲其習與智長하며 化與心成하여 而無扞格不勝之患也니라 今其全書를 雖不可見이나 而雜出於傳記者亦多언마는 讀者往往에 直以古今異宜라하여 而莫之行하나니 殊不知其無古今之異者 固未始不可行也니라 今頗蒐輯하여 以爲此書하여 授之童蒙하여 資其講習하노니 庶幾有補於風化之萬一云爾니라 淳熙丁未三月朔旦에 晦菴은 題하노라.

옛날 소학교에서 사람을 가르치되, 물 뿌리고 쓸며 응하고 대답하며 나아가고 물러나는 예절과 어버이를 사랑하고 어른을 공경하며 스승을 높이고 벗을 친히 하는 방도로써 하였으니, 이는 모두 몸을 닦고 집안을 가지런히 하고 나라를 다스리고 천하를 평안히 하는 근본이 되는 것이다. 반드시 어릴 때에 설명하여 익히게 한 것은 그 익힘이 지혜와 함께

자라며 교화가 마음과 함께 이루어져서 거슬려 감당하지 못하는 근심을 없게 하고자 해서이다. 이제 그 완전한 책을 비록 볼 수는 없으나, 전기에 섞여 나오는 것이 또한 많건마는, 읽는 사람이 왕왕 다만 옛날과 지금이 다름은 마땅하다하여 실행하지 않으니, 이는 그 옛날과 지금이 다름이 없어, 진실로 처음부터 행할 수 없는 것이 아닌 것을 전혀 몰라서이다. 이제 크게 수집하여 이 책을 만들어서 동몽에게 주어 그 강습에 이용하게 하노니, 아마도 교화에 만분의 일이나마 보탬이 있을 것이다. 淳熙 丁未年 三月 초하루 아침에 회암(晦庵)은 쓰다.

소학선생: "잘 읽었다. 위 문장에서 소학에서 제일 강조하는 말은 '灑掃應對進退之節과 愛親敬長隆師親友之道'이다. 소학에서 三節, 즉 세 가지 예절은 '灑掃·應對·進退'라고 하고 四道, 즉 네 가지 方道는 '愛親·敬長·隆師·親友'라고 하지. 이 두 개를 합해서 '三節·四道'라고도 한다네. 간단하고 쉬운 것 같지만 그렇지 않네. 이것만 잘 알고 실천할 수 있다고 하면 소학공부는 제대로 한 거지. 우선 간단히 용어부터 말하지.

三節 중 제일먼저 나온 것은 '灑掃'인데 '灑'는 '謂播水於地하여 以浥塵'이요, '掃'는 '謂運帚於地하여 以去塵이라'하는데 '灑는 물을 땅에 뿌려 먼지를 적심에 이르고, 掃는 비를 땅에 움직여 먼지를 제거함에 이른다' 하는데 흔히 어렸을 때 집안 어른들이 청소하면서 '소제'라고 했던 말이 바로 그 말이야. 지금 생각하면 아무것도 아닌 것 같지만 모든 것은 사소한 것부터 출발한다는 의미이야. 어렸을 때 제일먼저 배우는 것이 '소제' 즉 청소하는 것이지. 쉽게 말해 나이가 되면 청소부터 시키라는 거야.

두 번째로 '應對'인데, '應은 謂唯諾이요, '對'는 謂答述이라 하여 '應'은 응답함을 이르고, 對는 답변함을 이른다' 하는데 윗사람이 부를 때의 표현방법인데 '應'은 어른이 부르면 '예' 하고 대답하고 빨리 오는 것이고, '對'는 어른이 무엇에 물어보면 공손히 대답함을 말하지.

세 번째로 '進退'인데, 이는 '나아가고 물러가는 것'인데 어떤 때 나아가고 어떤 때에 물러나야 하는가를 배우는 것이지. 위 세 가지 다 우리 선조들은 굉장히 중요한 것으로 보고 어렸을 때부터 몸에 배이도록 교육을 시켰지. 儒學은 실천학문이야. 말로만 하고 실천하지 않으면 아무런 의미가 없다는 것을 강조하는 학문이지.

세 가지 모두예절의 기본으로 여기었지. 흔히 소학을 한 마디로 표현하면 이렇게 말들 하지. '做人底樣子, 修身大法'(사람을 만드는 틀 (상자)로 몸을 닦는 큰 법)'이라고.

이천태: "선생님, 소학서제에는 크게 어려운 부분은 없는데요. 간단히 集解를 부탁드립니다. 그리고 소학의 중요성에 대해 朱子선생님이 언급하신 내용을 알고 싶네요."

소학선생: "그래, 간단히 집해해보면, 중간에 '全書'는 謂三代小學敎人之書(3代에 小學校에서 사람을 가르치던 글에 이르고), '傳記'는 謂今所存曲禮內則諸篇也(지금 남아있는 〈曲禮〉〈內則〉등의 여러 편을 이르며), 夫自坑焚之後(진시황의 분서갱유 이후로) 載籍不全(기록된 서적이 불완전하고) 其幸存者(다행히 존재하는 것도) 世人이 直以時世不同(단지 시대와 다르다하여) 莫之能行(그 것을 행하지 아니하니), 盖絶不知其中에 無古今之異者는 實可行也(대개 그

가운데 옛 것과 현대 것이 다름이 없는 것은 실제로 행할 수 있다는 것을 알지 몰라서이다) 無古今之異는 卽朱子蒐輯以成此書者 是也(옛날과 지금 차이가 없는 것은 주자께서 수집하여 이 책을 만든 것이 바로 그것이다). '蒐'는 '索'也요 '輯'는 '聚'也라. '授'는 '付'也라. '童蒙'은 童幼而蒙昧也(어려서 몽매함이요). '資'는 '助'也라. '庶幾'는 '近辭'라. '風化'는 '詩序' 이르기를 '風'은 '風(바람)'과 '敎(가르침)'也니, 風以動之(바람이 불어 움직이게 하고) 敎以化之也(가르쳐서 교화시키는 것이다). '萬一'은 '萬分之一也'라. '云爾'는 '語辭'라. 朱子此書는 續古者 小學之敎하여 其有補於國家之風化 大矣(주자의 이 책은 옛날 소학의 가르쳐서 이어 국가의 풍화에 도움이 되는 것이 크다), 曰 '庶幾' 曰 '萬一'은 '皆謙辭耳'라. 사람들은 朱子之於世敎에 豈惟有補於當時리오. 實則有功於萬世也니라(주자께서 세상에 가르친 것이 어찌 當代에만 도움이 될 것이오, 실제로는 萬世에 공이 있다).고 하였네.

그리고 소학의 중요성에 대해서는 성현이나 대학자들의 기록을 보면 꼭 들어있는데 여기서 간단히 朱子와 許衡선생 두 분의 말씀을 정리해보자. 소학집주 총론에 모두 나오는 것이니 더 공부하고 싶으면 그곳을 다시 한 번 들쳐보게나.

먼저 주자선생의 말은,

古之敎者 有小學, 有大學하니 其道則一而已라 小學은 是事니 如事君事父兄等事요 大學은 是發明此事之理니 就上面講究委曲所以事君事親等事 是如何니라. 又曰 古人은 由小學而進於大學하여 其於灑掃應對進退之間에 持守堅定하고 涵養純熟이 固已久矣니 大學之書는 特因小學已成之功이니라. 又曰 古人於小學에 存養已熟하여 根其已自深厚하니 至大學하여는 只就上點化出些精采니라. 又曰 古人은 小學에 敎之以事하여 便自養得他心하여 不知不覺自好了하고 到得漸長하여는 更歷通達事物하

여 將無所不能이러니 今人은 旣無本領하고 只去理會許多閑汩董하니 百方措置思索이나 反以害心이니라. 又曰 古人於小學에 自能言便有敎하여 一歲有一歲工夫하여 到二十來歲엔 聖賢資質이 已自有三分이하니 大學은 只出治光彩러니 而今都蹉過了하여 不能更轉去做하니 只據而今地頭하여 便筒住立定脚跟做去라 如三十歲覺悟면 便從三十歲立定脚跟做去요 便年八九十歲覺悟면 亦當據現在筒住做去니라.

옛날의 가르침은 小學이 있고 大學에 있는데, 그 道는 하나뿐이다. 小學은 곧 일이니 임금을 섬기고 부형을 섬기는 등의 일이요, 大學은 곧 이 일의 이치를 밝히는 것이니, 앞으로 나아가 임금을 섬기고 부모를 섬기는 등의 일이 어떠한 것인가를 講究하여 곡진하게 하는 것이다. 또 말씀하시기를 "옛날 사람들은 소학을 경유하여 대학에 나아가, 물 뿌리고 쓸며 응하고 대답하며 나아가고 물러나는 사이에 잡아 지킴이 굳고 안정되며 함양함이 순수하고 익숙함이 진실로 이미 오래 되었으니, 대학의 순서는 다만 소학에서 이미 이룬 공에 인할 뿐이었다." 또 말씀하시기를 "옛날 사람들은 小學에서 〈본심을〉 보존하여 〈性을〉 기름이 이미 익숙하여 根基가 이미 깊고 두터웠으니, 대학에 이르러서는 그 위로 나아가 약간의 정채를 點化해 낼 뿐이었다. 또 말씀하시기를 "옛날 사람들은 小學에서 일을 가르쳐 곧 스스로 그 마음을 길러서 알지 못하고 깨닫지 못하는 사이에 저절로 좋아하게 되었다. 점점 자람에 이르러서는 사물을 경험하여 통달해서 장차 능히 못하는 바가 없었다. 지금 사람들은 이미 근본이 되는 綱領이 없고 다만 허다한 쓸데없는 고리타분한 것들 만을 이해하니 백방으로 조치하고 사색하나, 도리어 마음을 해칠 뿐이다." 또 말씀하시기를 "옛날 사람들은 小學에서 스스로 말할 때부터 곧 가르침이 있었는데 한 살에는 한 살의 공부가 있어, 20세에 이르면 聖賢의 자질을 이미 스스로 3分(30%)을 갖고 있었고, 大學은 다만 광채만 낼 뿐이었다. 그런데 지금은 小學 공부를 놓치고 지나쳐버려 다시 되돌아가 공부할 수 없으니, 다만 지금의 입장에 의거하여 곧바로 머물러 다리(중심)을 정하고 공부를 해야 한다. 만일 30세에 깨달았다면 곧 30세에서부터 다리(중심)를 정하고 공부를 하며, 곧 나이 80~90세에 깨달았다면 또한 마땅히 현재에 의거하여 머물러 공부해야 한다.

다음 許衡선생의 견해를 들어보면,

許氏曰 小學大義는 其略曰 自始皇焚書以後로 聖人經籍不全하여 無
由考較古人爲學之次第라 班孟堅漢史에 雖說小學大學規模大略이나
然亦不見其間節目之詳也라 千有餘年에 學者各以己意爲學하여 高者
는 入於空虛하고 卑者는 流於功利하니 雖苦心極力하여 博識多聞이나
要之不背於古人者 鮮矣라 近世에 新安朱文公이 以孔門聖賢爲敎爲學
之遺意로 參(참)以曲禮, 少儀, 弟子職諸篇하여 輯爲小學之書하시니 其
綱目有三하니 立敎·明倫·敬身이요 次稽古는 所以載三代聖賢已行
之迹하여 以實前篇立敎明倫敬身之言이며 其外篇嘉言·善行은 載漢
以來賢者所言之嘉言과 所行之善行하니 其綱目은 亦不過立敎明倫敬
身也라 衍內篇之言하여 以合外篇이면 則知外篇者小學之枝流요 約外
篇之言하여 以合內篇이면 則知內篇者小學之本源이니 合內外而兩觀
之면 則小學之規模節目이 無所不備矣니라. 又曰 小學之書를 吾信之如
神明하고 敬之如父母로라.

許衡의 〈小學大義〉는 그 대략이 다음과 같다. "始皇帝가 책을 불태운
이래로 聖人의 經書가 온전하지 못하여, 옛 사람들이 학문하는 순서를
살펴볼 수 없었다. 班孟堅(班固)의 《漢書》에 비록 《小學》과 《大學》
의 규모의 대략을 말하였으나, 또한 節目의 자세함을 보지 못하였다. 천
여 년 동안 학자들이 각각 자기 뜻으로 학문을 하여, 높은 자는 空虛(헛
됨)함에 들어가고 낮은 자는 功利(功名과 利慾)에 흘렀으니, 비록 마음을
수고롭게 하고 진력하여 지식이 넓고 견문이 많으나, 요컨데 옛사람에
게 위배되지 않는 자가 드물었다. 근세에 新安 朱文公이 孔子 門下의
聖賢이 가르치고 배웠던 남은 뜻에 따라, 〈曲禮〉·〈少儀〉·〈弟子職〉
등 여러 편을 편집하여 小學을 만들었다. 그 綱目이 세 가지가 있으니,
立敎·明倫·敬身이요, 다음 稽古는 三代에 聖賢이 이미 행한 흔적들
을 실어서 前篇의 立敎·明倫·敬身의 말을 실증하였으며, 그 外篇 嘉
言·善行은 漢代 이래 賢者들이 말한 바의 아름다운 말과 행한 바의 善
한 行實을 기록했으니, 그 綱目은 또한 立敎·明倫·敬身에 지나지 않
는다. 內篇의 말을 부연하여 外篇과 합쳐 보면 外篇은 小學의 枝流(가
지, 分派)임을 알 것이요, 外篇의 말을 요약하여 內篇과 합해 보면 內篇

61

> 은 小學의 本源(根源)임을 알 것이니, 內와 外를 합하여 양면으로 보면
> 小學의 규모와 절목이 갖추어 있지 않은 바가 없을 것이다." 또 말하기
> 를 "≪小學≫의 글을 나는 神明처럼 여기고 父母같이 공경한다."

고 하였지. 이 글의 핵심은 굵은 글씨로 쓴 "大學은 是發明此事之理니
就上面講究委曲所以事君事親等事是如何니라. 大學之書는 特因小學已
成之功이니라."는 부문인데 소학과 대학과 다름을 설명하고 왜 소학을
배운 다음에 대학을 배워야 하는 가를 말해주고 있지. 그리고 마지막에
"小學之書를 吾信之如神明하고 敬之如父母로라."는 말은 소학의 모든
것을 함축적으로 표현해 주고 있다네. 그럼 여기서 내가 그린 '三節 · 四
道圖'를 보고 설명을 계속하도록 하자.

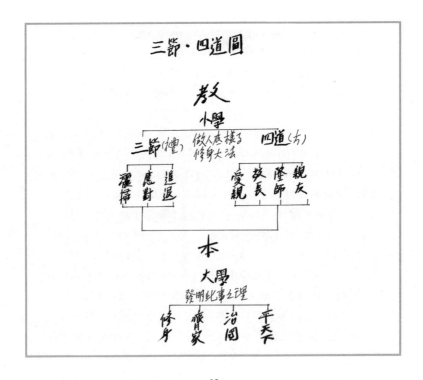

소학의 삼절은 앞에서 설명했고 지금부터는 四道에 대해 말하겠네. 四道 중 제일먼저 나온 것은 '愛親'인데 여기서의 '親'은 父母이니 어버이를 사랑하는 것이고, '敬長'의 長은 '尊長'이니 어른을 공경하는 것이고, '隆師'의 隆은 '尊'이니 스승을 높이는 것이고, '親友'의 '親'은 '近'이니 벗과 친 하는 것이지. 道는 '講習之方也'라 하여 '강습하는 방법'인데 즉 다시 해석하면 이 네 가지를 어렸을 때 가장 기본으로 여긴다는 것이지. 四道는 사람이 짐승과 다르다는 것을 보여주는 것이므로 더 이상 설명이 필요 없지. '三節·四道'는 소학의 교육이지만 좀 더 나아가면 大學의 근본이 된다고 봐야지.

그래서 소학의 가르침을 '所以爲他日大學修齊治平之根本也라' (후에 대학의 몸을 닦고 집안을 가지런히 하고 나라를 다스리고 천하를 평안히 하는 근본이 되는 것이다.) 라 했으며 앞서 말한,

'大學은 是發明此事之理니 就上面講究委曲所以事君事親等事是如何니라. 大學之序는 特因小學已成之功이니라.' (大學은 곧 이 일의 이치를 밝히는 것이니, 앞으로 나아가 임금을 섬기고 부모를 섬기는 등의 일이 어떠한 것인가를 講究하여 곡진하게 하는 것이다. 大學의 순서는 다만 小學에서 이미 이룬 공에 인할 뿐이다.) 를 上考해보면 좀 쉽게 이해 할 수 있을 거다.

좀 복잡하다면 간단하게 소학은 '修身大法'을, 대학은 '發明此事之理'으로 암송하길 바라네. 내가 그린 '三節·四道圖'를 보면 금방 이해 할 수 있을 거야. 그리고 許衡선생의 마지막 당부 잊지 말게, 내가 소학에 미친 것은 여러 가지 이유가 있었지만 그분이 쓰신 〈小學大義〉를 읽고

확신을 가졌지. 마지막에 쓴 이 글을 吟味해보게나.

'小學之書를 吾信之如神明하고 敬之如父母로라'.
(小學을 나는 神明처럼 믿고 父母처럼 공경한다)

    소학을 이것보다 더 멋있게 표현한 것은 나는 듣지도, 보지도 못했네"

    해봉: "선생님의 말씀을 들으니 그동안 왜 그토록 소학에 매진하신지 이제야 알 것 같네요. 소학에 대한 기본 정리는 어느 정도 됐는데요. 혹시 소학이 조선에 들어온 후 국가에서는 어떻게 보급했는지 자세히 알고 싶습니다."

    소학선생: "좋은 질문이야. 조선에서는 윤리서의 편찬, 반포와 정려정책의 시행을 주안점을 두었지. 소학은 내용이 윤리적인 측면이 강하잖아. 그러니 당연히 소학을 널리 보급하고 권장한 것은 당연하겠지. 앞부분에서 언급했지만 조선에서는 '소학'을 가르친 후에 비로소 다른 경전을 배우게 했지. 그것은 官學과 鄕校의 가장 중요한 기본교과목으로 선정됐으며 성균관에 입학 할 수 있는 자격시험인 生員試와 進士試에서도 필수과목의 하나로 지정되었지. 나아가 그 교육대상을 士大夫와 庶民뿐만 아니라 왕족까지도 포함시켰지. 조선은 '소학'을 통해 집권체제를 강화하고 사회신분제를 확립할 것을 의도했던 것 같아. 소학이 민간의 윤리질서를 규정하는 지침서로 위치를 확보한 것은 16세기 士林派의 등장으로 완성됐지. 초기 사림파 학자인 金宏弼(寒暄堂, 1454-

1504), 鄭汝昌(一蠹)선생 등이 수신서로서 '소학'의 가치를 높이 평가한 것은 유명한 사실인데 특히 김굉필은 소학의 공부와 그 실천에 힘쓰면서 스스로를 '小學童子'라 칭하고, '小學之道'를 실천하기 위해 '小學契'를 조직하기도 하지. 이러한 흐름은 그의 학통을 계승한 趙光祖일파에 의해 계승되었고 中宗 朝에는 마침내 교화를 위한 '소학'이 대량으로 인쇄되어 조관은 물론 일반백성들까지 배포됐지. 이 같은 을묘사림의 소학중시 경향은 계속되어 '童蒙先習' '擊蒙要訣' 같은 소학類 아동교육서가 조선학자들에 의해 만들어지고 諺解됨으로서 소학윤리가 널리 보급되었지. 이는 朱子家禮의 실시, 향약의 보급과 함께 민간생활에 성리학적 질서를 정착시키데 크게 기여했다고 볼 수 있지. 여기 조선 초기 大提學을 지낸 權近선생이 지은 '勸學事目'(태종에게 건의 한 과거제 개선 및 학술 진흥책)이 있는데 한번 같이 읽어 보자."

勸學事目

① 문과 초장(初場)에서 실시하는 강론(講論)은 공부하는 자가 자칫 외는 데만 힘써 의리(義理)의 오묘한 뜻과 문장의 법에 대하여는 소홀하기

쉬우므로 이를 의의(疑義: 필답)로 대체할 것

② 중장(中場)의 고부(古賦)는 초학(初學)의 선비에게는 무리이고 실용에 도움이 되지 않으므로 이를 논(論)·표(表)·판(判)의 시험으로 대체할 것

③ 한문과 이문(吏文)은 사대(事大)에 중요하므로 이를 정과(正科)로 삼을 것

④ 예문관의 직관(直館) 이상은 조선 사람의 시문 찬집에 힘써, 이를 전서(全書)로 만들 것

⑤ 관각(館閣)의 관원과 한량문신(閑良文臣)으로 장래가 촉망되는 자는 매일 예문관에 모여 서로 강마(講磨)하게 하고 학문과 글을 짓는 정도에 따라 임용과 천거에 반영할 것

⑥ 유학제조는 매월 한 차례씩 3관(館) 관원들의 경서읽기 등 면학 정도를 점검하여 이를 인사고과에 반영할 것

⑦ **서울과 지방의 교수관은 생도들에게 반드시 《소학》을 익힌 다음에 다른 경서를 배우도록 할 것**

⑧ 지방의 유관(儒官)으로서 개인적으로 서재를 두고 후학을 가르치는 자는 함부로 다른 고을의 교수로 정하지 말 것

1-3. 天道·人性圖

소학도 중 두 개의 圖說을 공부한 이천태는 세 번째인 '天道·人性圖'에 대해 미리 살펴보았다. 어제 소학선생이 이 도설을 알기위해서는 주자선생의 '小學題辭'를 알아야 한다고 했기 때문이다. 천태는 조용히 '小學題辭'를 읽어 나갔다.

처음 읽을 때는 이해도가 높지 않았으나 세 번 정도 숙독하자, 어느 정도 알 것 같았다. 되도록 이면 原文과 註釋을 위주로 독해하고자 노력했다. '小學題辭'도 다른 것처럼 주자선생이 쓴 것이지만 어쩌면 이렇게 글을 잘 쓸 수 있을까? 하는 부러움이 들었다. 名文중의 明文이라 조금도 흠 잡을 데 없는 그런 글이다. 소학선생의 강의는 계속됐다.

元亨利貞　天道之常
仁義禮智　人性之綱
凡此厥初　無有不善
藹然四端　隨感而見
愛親敬兄　忠君弟長
是曰秉彝　有順無彊
惟聖性者　浩浩其天
不加毫末　萬善足焉
眾人蚩蚩　物欲交蔽
乃頹其綱　安此暴棄
惟聖斯惻　建學立師
以培其根　以達其支
小學之方　灑掃應對
入孝出恭　動罔或悖
行有餘力　誦詩讀書
詠歌舞蹈　思罔或逾
窮理修身　斯學之大
明命赫然　罔有內外
德崇業廣　乃復其初
昔非不足　今豈有餘
世遠人亡　經殘教弛
蒙養弗端　長益浮靡
鄉無善俗　世乏良材
利欲紛挐　異言喧豗
幸茲秉彝　極天罔墜
爰輯舊聞　庶覺來裔
嗟嗟小子　敬受此書
匪我言耄　惟聖之謨

錄小學題辭　大山獜亭印

소학제사

　　소학선생: "小學題辭 맨 앞부분, '元亨利貞은 天道之常이요, 仁義
禮智는 人性之綱이니라'를 마음속으로 세 번만 읽어 외었으면 한다. 세
상에 나온 인간이라면 이 문구가 하늘의 이치를 말하는 것이니 어찌 알
지 못하고 하늘 아래 살겠는가? 나는 세상에서 가장 아름다운 이름을
'元 亨 利 貞'이라고 믿고 있지. 내가 아들만 넷인데 그들의 이름을
'元·亨·利·貞'이라고 했으니 말이다. 이 용어는 ≪周易≫의 〈乾卦〉
에서 유래되었는데, "건은 원형이정이다(乾, 元亨利貞)"라고 하였네. 이
는 '하늘이 갖추고 있는 4가지 덕, 즉 사물의 근본 원리'를 말하지. 〈文
言傳〉은 이것을 다음과 같이 풀이하였는데 한번 읽어보렴.

元者, 善之長也,
亨者, 嘉之會也,
利者, 義之和也,
貞者, 事之幹也.
君子體仁足以長人, 嘉會足以合禮, 利物足以和義, 貞固足以幹事.
君子行此四德, 故曰, 乾, 元亨利貞.

(원은 착함이 자라는 것이요, 형은 아름다움이 모인 것이요, 이는 의로움이 조화를 이룬 것이요, 정은 사물의 근간이다. 군자는 인을 체득하여 사람을 자라게 할 수 있고, 아름다움을 모아 예에 합치시킬 수 있고, 사물을 이롭게 하여 의로움과 조화를 이루게 할 수 있고, 곧음을 굳건히 하여 사물의 근간이 되게 할 수 있다. 군자는 이 4가지 덕을 행하는 고로 '건'은 '원형이정'이라고 하는 것이다.)

지금까지 말한 것은 ≪周易≫ 상의 '원형이정'을 말한 거야. 性理學상의 '원형이정'은 견해가 좀 다르지만 결국은 相通한다고 할 수 있지. 지금부터 한번 내가 설명 할 테니 어떤 것이 다르고, 어떤 것이 같은지 한번 비교해보렴. 우선 天道부터 알아보자.

天道는 '天理自然之本體也니 亘萬世而不易이라 故曰常이라'
(천도는 천리자연의 본체여서 만대에 이르도록 바뀌지 않으므로 '떳떳함'이라)

하늘의 도는 '不變'이라는 것을 말한 것이지. 세상에는 모든 것이 변하지만 변하지 않는 것이 있는데 그 중 하나가 '天道'라는 거야. 왜 그런지 이론적인 설명이 필요하지. 천도에는 아까 말한 '元·亨·利·貞'이 있는데 이를 '만물이 처음 생겨나서 자라고 이루고 완성되는 근본 원리'를 말하는데,

'元者는 生物之始'라 하고(生物의 시초),
'亨者는 生物之通'이라 하고(生物의 통함),
'利者는 生物之遂'라 하고(生物의 이룸),
'貞者는 生物之成'라 했지(生物의 완성).

또 '元'은 만물이 시작되는 봄(春), '亨'은 만물이 성장하는 여름(夏), '利'는 만물이 이루어지는 가을(秋), '貞'은 만물이 완성되는 겨울(冬)을 말하는데, 우주는 이처럼 春夏秋冬을 반복하면서 변하지 않는 불변의 진리를 말해주고 있지. 다음에는 '人性'에 대해 한번 알아보자.

人性은 '人心所具之天理也니 統萬善而不遺라 故曰綱이라'
(인성은 사람의 마음속에 갖춰져 있는 天理로서 모든 선을 통괄하여 빠트리지 않으므로 '벼리'라고 하였다.)

인성은 하늘의 이치에 부합해야 된다는 것을 설명 한 거지. 사람이 태어나서 사람 노릇을 해야 사람이지, 사람노릇을 못하면 사람이 아니라는 것과 맥락을 같이하지. 좀 더 구체적으로 알아보자. 人性의 기본이 되는 것은 '仁·義·禮·智'이야. 좀 더 구체적으로 풀어보면,

'仁者는 愛之理'라 하고(사랑하는 이치),
'義者는 宜之理'라 하고(마땅히 하는 이치),
'禮者는 恭之理'라 하고(공손히 하는 이치),
'智者는 別之理'라 했지(분별하는 이치).

이 네 가지를 인성의 근본이념이지. 天道와 人性 이 두 가지를 통합하여 보면 다음과 같이 정리 할 수가 있지. 元은 시절에 있어서는 봄이 되고 사람에 있어서는 仁이 되며, 亨은 시절에 있어서는 여름이 되고 사람에 있어서는 禮이 되며, 利는 시절에 있어서는 가을이 되고 사람에 있어서는 義이 되며, 貞은 시절에 있어서는 겨울이 되고 사람에 있어서는 智가 된다는 것이지. 결론적으로 천도가 유행하여 사람에게 부여하여 性이 됨을 말하였네. 좀 철학적인 말이지. 아래 그림은 이것을 바탕으로 내가 그린 '天道·人性圖'이지. 금방 이해가 될거야.

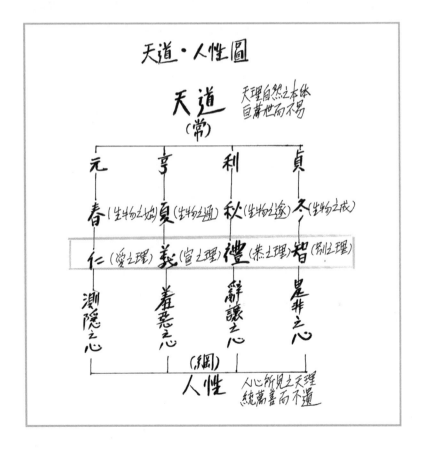

'小學題辭' 두 번째 줄 '凡此厥初 無有不善하야 藹然四端이 隨感而見(현)이니라'(무릇 이 性은 그 처음이 善하지 않음이 없어 성대히 네 가지 단서(실마리)가 감동함에 따라 나타난다.)를 이해해야 하는데 자세히 살펴보기로 하지.

이는 윗글의 '仁·義·禮·智'의 性을 가리킨 것인데, '厥初'는 '본연'을 말하며 '藹然'은 '많고 성한 모양'이고 '端'은 '실마리'이지. 여기서 고려해야 할 것이 孟子선생의 四端 論이지. 잘 알다시피 그 분은 四端七情論으로 유명하신 분인데 아까 말한 人性의 仁義禮智를 실마리로 풀어 정리해 놓으셨지. 다시 한 번 상세히 정리해보면,

> 惻隱之心(측은해 하는 마음)은 仁之端也요
> 羞惡之心(부끄러워하고 미워하는 마음)은 義之端也요
> 辭讓之心(사양하는 마음)은 禮之端也요
> 是非之心(옳고 그름을 분별하는 마음)은 智之端也라.

이는 사람의 性이 그 처음은 본래 善하므로 네 가지 善한 실마리가 성대하게 사물의 감동하는 바에 따라 나타남을 말한 것이지. 좀 추상적인 개념이지만 정리가 좀 되는지? 나중에 맹자나 중용, 주역을 읽으려면 이 '天道·人性圖'가 아주 기본적인 이론에 불과하지.

이천태: "이 도설의 '천도와 인성'에 대해 어느 정도 알 것 같군요. 예전에 明心寶鑑과 다른 經典을 읽다보면 이해되지 않는 용어가 자주 나와 혼란스러운데요. 제가 궁금한 것은 '秉彝'와 '綱' '暴棄' 등에 대해

잘 이해가 안 됩니다. 이들 글자의 쓰임에 알고 싶어요."

　　소학선생: "대개 고전공부 하는 사람을 보면 한문을 공부하는 것
이 아니고 한자 공부를 하는 사람이 많고, 혹 한문공부를 한다고 해도
새로운 용어가 나오면 그 글자가 어디서 왔는가? 하는 출전의 用處를
찾는 수고스러움이 있어야 하는데 그냥 대충 넘어가는 것이 대부분이
지. 자네가 궁금해 한 '秉彝'와 '綱' '暴棄' 등도 그런 경우인데 일반적으
로 이 글자를 해석은 다음과 같이 하지. '秉彝'는 '잡을 병' '떳떳할 이'
이니 '떳떳함을 잡는 것, 또는 타고난 천성을 지킴' 정도이고, '綱'는
'벼리 강'이니 '그물의 벼리' 정도이고, '暴棄'는 '사나울 포' '버릴 기'이
니 '어떤 일을 그만두는 것'으로 해석하고 있지. 그런데 이는 그 본래의
글자를 원래 쓰임과 유사한 것 같지만 실제 내용에서는 상당한 차이가
나지. 이것이 한문의 어려움이지만 수준을 나타내는 尺度가 된다고 할
수 있지. 사람마다 이런데서 큰 차이를 나거든. 용례를 찾아 설명해보
지. 우선 '秉彝'부터 해보자. 다행히 '小學題辭'세 번째 줄에 다음과 같
이 말이 나오네.

'愛親敬兄과 忠君弟長이 是曰秉彝라 有順無彊이니라.'

　　여기에 알고 싶은 '秉彝'에 대해 잘 설명해 주고 있지. 대부분은
경전의 原文이 나오면 '集說'이나, '集解'를 통해 뜻을 설명하거나 용어
를 다른 말로 풀이해 주는데 여기서는 특이하게도 '秉彝'를 직접 설명해
주고 있어. 그만큼 당시 주자선생이 이 용어를 즐겨 쓰셨고 중요한 용
어라고 생각하셨던 거지. 위 내용을 해석해보면 '어버이를 사랑하고 형
을 공경함과 임금에게 충성하고 어른을 공경함 이것을 '秉彝'라 한다.
자연스러움이 있고 억지로 함이 없다.' 인데 정리하면 '마음속에 간직

하고 있는 떳떳한 천성'이라고 하지.

　　이는 愛親 · 敬兄 · 忠君 · 弟長을 마음속에 간직한 것이라 했고, 이는 모두 자연에서 나오는 것이지 힘써서 억지로 나오는 것이 아님을 말한 것이지. 이 정도는 알아야만 '秉彛'를 안다고 말 할 수 있지.

　　다음은 '綱과 '暴棄'인데 '小學題辭' 다섯 째 줄에 이 字가 보이네.

'衆人은 蚩蚩하여 物欲交蔽하여 乃頹其綱하여 安此暴棄니라.'

　　이 글을 해석하면 '일반인은 어리석고 어리석어 욕심이 서로 가리워 마침내 그 벼리를 무너뜨려 自暴自棄를 편안히 여긴다.' 당연히 '綱'은 '벼리 강'인데 '紀'하고 같이 쓰이는 이 字도 '벼리 기'라고 하지. 그럼 '벼리'라는 말부터 알아야 하는데 우선 사전적 의미부터 살펴볼 필요가 있지. 사전에는 이 글자를 1. 그물의 위쪽 코를 꿰어 오므렸다 폈다 하는 줄. 벼릿줄. 2. 일이나 글의 '가장 중심 되는 줄거리'라고 정의하고 있지. 언제 한번 그물이 있으면 그물을 자세히 보면 가로세로로 가는 줄을 얽어 만들어 놓은 것을 알 수 있어. 하지만 가장 자리는 굵은 줄로 되어 있는데 이는 그물을 던지거나 당길 때 이 굵은 줄을 잡고 던지거나 당기지. 그물에 따라 이 줄을 당기면 그물이 오물어 들어 고기가 빠져 나가지 않도록 하기 위함이지. 이런 굵은 줄을 '벼리'라고 부른다네.

　　언제부터인지 모르지만 이런 벼리는 '그물을 이루는 가는 줄들의 중심'이 된다고 해서 三綱五倫의 三綱, 즉 君爲臣綱(임금의 신하의 벼리가 된다) · 夫爲婦綱(남편은 여자의 벼리가 된다) · 父爲子綱(아버지는 아들의 벼리가 된다) 에서와 같이 "벼리가 된다"라는 의미도 생겼지. 그런데 모든 음식과 女色, 냄새와 맛의 욕구인 物慾이 서로 가려져서 대부분의 사람들이

기품이 어둡고 어리석게 되는 것이지. 이 때문에 仁·義·禮·智의 벼리를 무너뜨려 자포자기를 편안히 여김을 말하는 것이지. 속담에 이런 말이 있다네. '그물이 삼천 코라도 벼리가 으뜸이다' 이는 '사람이나 물건이 아무리 수가 많아도 주장되는 것이 없으면 소용없음'과 '아무리 재료가 많더라도 그것을 제대로 이용하여 옳게 결속 짓지 못하면 아무런 가치도 없음을 비유한 말이지.

  마지막으로 '暴棄'는 '自暴自棄'의 줄임말로 보면 되는데 이 文句는 ≪맹자≫ 〈離婁上〉 편에 나오는 내용으로 自暴와 自棄를 분명히 구분했다네. 즉 自暴는 '仁義와 道德을 부정하는 자'라 하고, 自棄는 '仁義와 道德을 행할 수 없다고 포기하는 자'라 말하지. 따라서 自暴와 自棄는 내용이 다르므로 반드시 구별할 필요가 있네. 유념하게나."

나는 小學童子, 나랏일을 어찌 알겠는가?

『小學』은 조선 시대 가장 많이 읽힌 책 가운데 하나였다. 주희의 정치 철학에 따라 만들어진 이 책은 일종의 국민교육 교과서이다. 누구든 여덟 살이 되면 『소학』을 배워야 한다는 주희의 지침을 충실히 따른 것은 조선이었다. 그런데 단순히 배우는 것을 넘어 『소학』의 모든 것을 실천하여 소학의 화신이 되고자 한 사람이 있으니, 그가 바로 자칭 "소학동자(小學童子)" 김굉필(1454~1504)이다. 사림(士林)의 계보로 보자면, 김종직(1431~1492)의 제자이자 조광조(1482~1519)의 스승인 그를, 동갑내기 남효온(1454~1492)은 다음과 같이 소개하고 있다.

  김굉필. 자는 대유(大猷)이다. 점필재에게 수업하였고, 경자년(1480)에 생원이 되었다. 나와는 동갑이나 생일이 나보다 늦다. 현풍(玄風)에 살았다. 뛰어난 행실은 비할 데가 없었으니, 평상시에도 반드시 의관을 정제하였고, 부인 외에는 여색을 가까이하지 않았다. 항상 『소학』을 읽어서 밤이 깊은 뒤라야 잠자리에 들었고 닭이 울면 일어났다. 사람들이 국가의 일을 물으면, 언제나 "『소학』이나 읽는 童子가 어찌 큰 의리를 알겠는가." 라고 하였다. 일찍이 시를 지어, "공부해도 오히려 하늘의 기틀을 알지 못했는데, 『소학』 읽고 나서야 지난 잘못 깨달았네."라고 하자, 佔畢齋선생이 "이것이 곧 성인 될 수 있는 바탕이다. 요즘 세상에 이만한 사람이 어디에 있겠는가." 라고 하여 높이 평가하였다.

나이 삼십이 된 뒤에야 비로소 다른 책을 읽었다. 열심히 후진을 가르쳤으니, 이현손, 이장길, 이적, 최충성, 박한공, 윤신이 모두 그 문하에서 나왔는데, 이들은 그 스승처럼 재주가 높았고 행실은 도타웠다. 나이가 들수록 도덕이 더욱 높아졌는데 세상이 글러져서 도를 행할 수 없다는 것을 익히 알고는 재주를 감추고 세상을 피하였다. 하지만 사람들은 그가 왜 그러는지를 알고 있었다. 점필재선생이 이조 참판이 되었으나 나라에 건의하는 일이 없었다. 그러자 시를 지어 비판하였는데, 선생도 역시 시를 지어 대답하였으니, 그 내용은 대개 비판을 싫어한 것이다. 이로부터 점필재와의 사이가 벌어졌다. 정미년(1487)에 부친상을 당하여 죽만 먹으며 슬피 울었는데, 혼절했다가 다시 깨어나곤 하였다.

金宏弼字大猷 °受業於佔畢齋 °庚子年生員 °與余同庚 °而日月後於余 °居玄風 °獨行無比 °平居必冠帶 °室家之外 °未嘗近色 °手不釋小學 °人定然後就寢 °鷄鳴則起 °人問國家事 °必曰 °小學童子何知大義 °嘗作詩曰 °業文猶未識天機 °小學書中悟昨非 °佔畢齋先生批云 °此乃作聖之根基 °魯齋後豈無其人 °其推重如此 °年三十後 °始讀他書 °訓後進不倦 °如賢孫, 李長吉, 李勣, 崔忠成, 朴漢恭, 尹信皆出門下 °茂材篤行如其師 °年益高 °道益邵 °熟知世之不可回 °道之不可行 °韜光晦迹 °然人亦知之 °佔畢先生爲吏曹參判 °亦無建明事 °大猷上詩曰 °道在冬裘夏飮氷 °霽行潦止豈全能 °蘭如從俗終當變 °誰信牛耕馬可乘 °先生和韻曰 °分外官聯到伐氷 °匡君救俗我何能 °從教後輩嘲迂拙 °勢利區區不足乘 °蓋惡之也 °自是貳於畢齋 °丁未年 °遭父憂 °饘粥哭泣之哀 °絕而復穌 °

南孝溫(1454~1492)「師友名行錄」,『秋江集』(한국고전번역원 발췌)

2. 立敎

至樂莫如讀書
至要莫如敎子

2. 立教

입교당

　이천태는 소학기본도 세 개를 학습한 후에야 소학의 내용이 무엇인지 대략적인 개념을 확실하게 알 수 있었다. 특히 소학선생님이 평생 연구하신 圖解적인 해석방법은 분명히 효과가 있었다. 그는 예전에 대학에서 사법고시를 준비할 때는 모든 법학서적이 千篇一律적으로 법의 설명과 해석에 그치고 있는데 상당히 난해하였다. 왜냐하면 전체적인 흐름을 파악할 수 없었기 때문이다. 그래서 사법시험은 누가 암기력이 좋으냐에 따라 당락이 결정되는 모순을 안고 있었다. 그런데 어느 날 법학과에 다니는 아들의 서적을 보고 깜짝 놀란 적이 있다. 서적마다 圖解헌법·圖解민법·圖解형법 등 책마다 圖解자를 붙이고 그 어려운 법을 圖解 式으로 풀이했기 때문이다. 아들 말에 의하면 이러한 도해 字가 붙은 서적들이 수험생에게 인기가 있고 실제로 공부하는데 큰 도움이 된다는 말을 들었다. 이천태는 한문 공부를 하면서 제일 힘든 것이 처음 법학을 공부 할 때처럼 나무만 보이고 숲을 보지 못한다는 점이었다. 도대체 아무리 공부를 해도 앞과 뒤의 문장이 잘 연결되지 않는 것이었다. 그런 상황에서 소학선생이 처음으로 시도한 소학도해가 경전을 공부하는 사람들에게 분명 큰 도움이 되리라 확신했다. 아울러 자신도 나중에 학문이 높아지면 다른 경전을 도해 식으로 해보겠다는 의지를 다졌다. 그동안 공부한 소학개념도는 다른 학문에 비교하면 序論정도이고, 지금부터 하는 立敎편은 본격적으로 본론에 들어가는 것이다. 그래서 그는 미리 선생이 그린 입교 편 도해를 입수하여 예습을 하기 시작했다. 선생이 그린 입교 편 도해는 모두 16장이었다. 간단히 소개하면 다음과 같다.

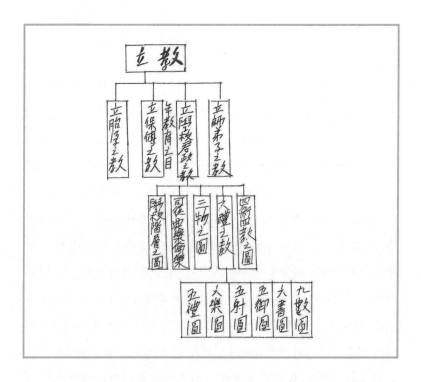

한 장 한 장 열심히 분석에 전념한 이천태는 이 도해와 함께 原文공부도 竝行했다. 원문공부를 하면서 제일 힘든 것은 出典을 정리 하

는 것이다. 일부 원문에는 출전을 밝힌 것도 있지만 상당수가 어느 책 어느 부문을 인용했다는 출전이 없었다. 그는 內篇의 立敎·明倫·敬身·稽古의 214편 모두의 출전을 찾기 시작했다. 다행히 내편은 많은 책을 인용한 것이 아니라 22권에 지나지 않았다. 가장 많이 인용한 책은 禮記로 무려 98편이나 되었고, 다음이 論語 53·孟子 12·孝經 7·春秋左傳 6·史記 5편 등이었다. 나머지는 儀禮·國語·說苑이 각 4편이었으며 이외에도 孔子家語 3편·書經 2편·荀子 2편 등이었다. 이외에도 周禮·管子·法言至孝·中庸·氾倫·高士傳·戰國策·毛詩·丹書에서는 단 1편씩 만을 수록하였음을 알았다. 인용서책 목록을 잘 정리한 천태는 소학은 다른 책이 아니라, 예기의 편명에서 상당수가 따온 것을 중시했다. 소학을 잘 공부한다면 예기도 쉽게 접근할 수 있다는 사실을 알았다. 소학공부를 하면서 예기공부도 함께 하고 싶은 욕심도 생겼다. 예기를 알지 못하고는 소학을 이해한다는 것은 사실상 불가능했기 때문이다. 그는 인터넷과 전문서적을 통해 예기의 모든 것을 다음과 같이 하나하나 정리하기 시작했다. 그가 禮記에 대해 정리한 내용은 다음과 같다.

유교 경전으로 ≪詩經≫·≪書經≫·≪周易≫·≪春秋≫와 함께 五經 중 하나이다. 禮經이라 하지 않고 ≪예기≫라고 하는 것은 禮에 관한 경전을 補完·註釋하였다는 뜻이다. 전국시대에서 前漢 초기까지의 예학 관계문헌 46종을 종합한 것이다. 그 편찬에 관해서는 전통적으로 유향(劉向)이 정리한 ≪예기≫ 131편, ≪明堂陰陽≫ 33편 등 여러 문헌에서 후한(後漢)의 대덕(戴德)이 85편, 대성(戴聖)이 49편을 골라낸 것으로 처음의 것이 ≪大戴禮記≫, 뒤의 것이 ≪小戴禮記≫, 즉 ≪예기≫라고 한다. 후한의 학자 정현(鄭玄)이 ≪周禮≫·≪儀禮≫와 함께 ≪소대예기≫에 주석을 붙여 삼례(三禮)라고 하게 된 뒤로 소대예기가 ≪예기≫로 확립되었

예기

다. ≪대대예기≫는 산일(散逸)되어 지금은 40편밖에 알 수 없고 ≪대대예기≫와 ≪소대예기≫의 상호관계와 ≪예기≫로의 발달과정은 확실하지 않으며, 다만 정현이 "대덕·대성이 전한 것이 곧 예기다"라고 하여 ≪예기≫라는 용어가 비로소 등장하게 되었다. 당(唐)나라 때 공영달(孔穎達)이 편찬한 ≪五經正義≫ 가운데 하나인 ≪예기정의≫는 정현의 주를 바탕으로 웅안생(熊安生)·황간(皇侃)의 ≪의소(義疏)≫를 참작하여 독자적인 정리를 하였다.

이후로 ≪예기≫는 정주공소(鄭註孔疏)라 하여 원전(原典) 못지않게 존중되었다. ≪예기≫에 포함된 여러 편 가운데 〈大學〉·〈中庸〉은 朱熹(朱子)가 〈四書〉에 포함시켜서 주자학의 근본경전이 되었고, 〈왕제(王制)〉·〈예운(禮運)〉은 청(淸)나라 말의 금문학자(今文學者)에게 중시되는 등 사상사에 큰 영향을 끼쳤다. ≪예기≫의 내용은 예리론(禮理論)·국가제도에서 일상생활의 사소한 규정까지 잡다한데 정현은 유향의 설에 따라 〈通論〉·〈制度〉·〈明堂陰陽記〉·〈世子法〉·〈祭祀〉·〈吉禮〉·〈吉事〉·〈樂記〉로 나누고 있다. 또한 청나라 고증학자가 쓴 ≪예기≫의 주석으로는 주빈(未彬)의 ≪禮記訓纂≫, 손희단(孫希旦)의 ≪禮記集解≫가 알려져 있다. ≪예기≫의 판본은 원문(原文, 經文)만을 수록한 것, 원문과 주석을 합록한 20권 본, 정의만 수록한 단소 본(單疏本) 70권, 原文·注·疏를 모두 수록한 63권 본 등이 있다. 한국에서는 명(明)나라의 호광(胡廣) 등이 찬정(撰定)한 ≪禮記集說大全, 30권≫이 널리 읽혀지고 판각도 되었다. ≪예기≫가 한국에 전래된 시기는 분명하지 않으나 중국의 ≪三國志≫ 〈魏志 東夷傳〉이나 ≪周書≫ 등에 언급된 기록에 의하면 삼국시대 초기에 이미 수용된 듯하며, 통일신라 이후는 관리등용 시험의 필수과목이 되었다. 고려 말 권근(權近)의 주석인 ≪예기천견록(禮記淺見錄, 26권 11책)≫을 비롯하여 조선시대에도 많은 주석서가 나왔다.

어느 정도 ≪예기≫에 대해 이해한 천태는 소학의 原文 중 禮記

에 해당하는 98章 모두를 찾아 〈目錄 表〉를 만들어 정리했다. 예기의
총 편수는 49편인데 소학에 나온 편수는 17편이었다. 예기편명을 정리
하면서 편명과 내용도 함께 분석해 간단하게 정리했다. 나중에 소학공
부를 하면서 해당부문이 나오면 쉽게 이해하기 위해서다. 이렇게 소학
에 나오는 예기편명을 정리하니 전반적인 내용의 이해도 훨씬 쉬웠다.
특히 예기 중에서도 曲禮와 內則의 내용을 많이 인용했는데 이는 구체
적인 예의 節目과 집안에서 행하는 예절이기 때문으로 분석된다.

번호	篇 名	내 용	立敎	明倫	敬身	稽古	합계
1	內則	집안에서 행하여 할 예절	1	15			16
2	曲禮	구체적인 예의 節目	1	32	10		43
3	學記	夏殷周 三代의 교육	1				1
4	王制	王子의 정치제도	1	2			3
5	樂記	禮와 樂의 관계	1		2		3
6	祭儀	祭祀의 意義		5		1	6
7	坊記	先王의 제도		1			1
8	玉藻	天子음식·의복에 대한 예법		3	5		8
9	祭統	祭祀의 根本		2			2
10	郊特性	天子의 祭祀 내용		2			2
11	曾子間	變禮에 관한 내용		1			1
12	少義	相見禮 방법		1	3		4
13	檀弓	服喪과 埋葬에 관한 내용		1		2	3
14	冠儀	冠禮의 意義			1		1
15	射儀	활쏘기의 예			1		1
16	文王世子	문·무왕·주공에 대한 언행				2	2
17	雜記	喪禮에 관한 일				1	1
		합 계	5	65	22	6	98

예기의 모든 것은 새롭게 정리한 천태는 그동안 궁금했던 예기에 대해 어느 정도 자신감도 생겼다. 사실 그가 예기에 대해 이토록 관심을 가진 것은 자신의 고향과 집안내력 때문이다. 그의 고향은 충남 論山시 連山면 新陽리이다. 인근 초등학교를 다녔는데 당시 학교장이 漢學者여서 수시로 전통예절을 배워야 했다. 일주일에 한번 씩 매주 월요일 아침마다 조회를 했는데 지금 기억하니 소학에 나오는 내용을 많이 말씀 하신 것 같았다. 그 교장선생님은 학교에 출근하기 전 항상 鄕校를 들르셨으며 교내에서는 항상 휴지를 줍는 등 청소를 하셨는데 몸소 배운 예절을 몸소 실천하시는 그런 분 이셨다. 또 시간만 나면 인근 鄕校의 春秋享祭에 동원돼 행사에 참여해야 만 했다. 지금도 기억나는 것이 '興'하면 일어나고 '拜'하면 절하는 것 이었다. 행사에 가면 당시로는 귀한 눈깔사탕과 과자를 받았는데 이것을 받는 재미가 솔솔 했다. 인근 중학교에 진학하자, 鄕校보다는 遯巖書院(돈암서원)을 자주 갔었다. 해마다 소풍은 물론 여름방학이면 예절교육을 받기도 했다. 나중에 안 일이지만 이곳 일대가 서원과 향교가 발달한 것은 沙溪 金長生과 그의 아들 愼獨齊 金集 때문이었다. 특히 이들 父子는 오늘 날 논산지역을 선비의 고향, 禮學의 고향으로 불리게 한 장본인들이었다. 이들 부자는 평생 동안 예학을 연구해 우리나라 예법을 정리하는데 디딤돌이 됐다는 것도 주변에서 수차례 들을 수 있었다. 이런 주변의 여건이 자신에게 한문학에 관심을 있게 만들었고 지금도 그 범주를 벗어나지 못하게 하는 것 같았다. 천태는 앞으로 남은 시간을 고전공부에 매진해야겠다는 다짐을 해본다.

해봉: "선생님 오늘부터 立教편을 배우는데요. 앞에 제가 예전에 읽었던 中庸의 첫 구절 '子思子曰 天命之謂性이요 率性之謂道요 修道

之謂敎라하시니 則天明하며 遵聖法하여 述此篇하여 **俾**爲師者로 知所
以敎하며 而弟子로 知所以學하노라' 이 나오는데요. 왜 이 구절이 여기
에 나오는 지 궁금하네요. 뜻은 대략적인 것은 알고 있지만 속뜻은 상
당히 심오한 철학이 들어 있는 것 같은데요."

소학선생: " 그래, 우선 立敎부터 설명하도록 하지. '立은 建也'요
'敎者는 古昔聖人敎人之法也'라 했으니 이는 '立'은 세움이고 '敎'는 옛
날 성인을 가르치던 법이지. 해봉이 말했던 구절은 '중용'에서 나온 말
인데 앞에 子思子라고 했는데 이는 공자선생의 손자인 子思를 말하는
데 뒤에다 '子'자를 넣어 준 것은 존경의 의미지. 잘 알고 있지. 중국에
서는 孔子 · 孟子 · 老子 · 莊子 · 荀子 · 朱子가 있고 우리나라에서는 아
무리 성인이라도 '子'자을 함부로 못 썼지. 나중에 겨우 尤庵 宋時烈만
'宋子'라고 했을 정도이니까. 子思는 공자의 孫子로 이름이 '급(伋)'이라
했지. 中庸을 著作했다고 하는데, 최근에는 그가 쓴 것이 아니라는 논
문이 중국에서 계속 제기되고 있어 어떤 것이 사실인지 나도 모르겠어.
어쨌든 그게 중요한 것은 아니고,

天命之謂性이요
(하늘이 명령해 준 것을 性),
率性之謂道요
(性을 따르는 것을 道)
修道之謂敎라하시니
(道를 닦는 것을 敎)
則天明하며 遵聖法하여
(하늘의 밝은 명령을 본받고 성인의 법도에 따라)

　　상당히 철학적인 말이지. 주자선생이 다른 공부도 심오하지만 특히 철학분야에 상당히 造詣가 깊어. 난 젊었을 때 四書三經을 읽으면서 四書 중 中庸을 제일 나중에 읽으라고 해서 처음엔 좀 의아했지. 그런데 내가 공부해보니 이 말이 맞아. 다른 책은 읽으면서 그 시대의 역사나 문화를 이해하면 어느 정도 精讀이 가능했는데 중용은 그게 아니야. 다 철학적인 사상을 내포했기 때문에 그런 것 가지고는 좀 힘들지. 주자선생이 밝힌 성리학의 기본요소는 머리에 다 알고 있어야 해. 그렇지 않으면 열 번·백번 읽어도 소용없지. 여기서 꼭 알고 넘어야 할 것이 '性·道·敎'라는 거지. 朱子선생은 命을 '하늘의 명령'으로 봤고, 性은 '理'라고 했는데 이 이치가 곧 그 유명한 '性理學' 즉, '性의 이치를 밝히는 학문'이라고 할까. 성리학에 대해서는 후에 다른 경전 공부 할 때 자세히 설명하기로 하지. 여기서 '理' 라는 것은 사람과 물건은 태어남에 각각 그 부여받은 바를 말하지. 이 理를 얻음으로 해서 健順五常之德으로 삼아 그것이 '性'이라고 하지. '健順五常之德'은 '健'은 '陽의 理'이고, '順'은 '陰의 理'이며 '五常'은 '仁·義·禮·智·信'의 다섯 가지이지. 性은 본성을 말하는데, 사람이 태워날 때 부여받은 마음의 原理로 儒家에서는 이것을 지극한 善으로 보아 맹자의 '性善說'이 대세였지. 다음에는 '道'인데, 道는 '사람의 길'과 같은데, 사람과 물건이 각각 그 性의 자연을 따르면 그 일상 생활하는 사물의 사이에 각각 마땅히 행해야 할 길이 있지 않음이 없다는 거야. 즉 사람이 마땅히 행하야 할 도리를 말하는 것이지. 性과 道는 비록 같으나, 氣稟이 혹 다른 까닭에 過하거나 不及한 차이가 없을 수 없지. 그래서 聖人은 사람과 물건이 마땅히 행해야 할 것에 따라 품절하여 천하에 법으로 삼았으니 이것이 바로 敎이지. 禮·樂·刑·政과 같은 것이지. 처음부터 다소 어려운 것 같은데 나중에 자주 나오니 이쯤 해 두겠네. 주자선생은 이 글에서 자사의 말을 인용하여 가르침의 由來를 말했는데, 스승과 제자에게 바른 방향을 제시해주고 記述하는 이유를 자세히 설명하고 있는 것이야.

2-1. 立胎孕之敎圖

이천태: "좀 이해하기가 난해하네요. '性理學'은 자연과학이면서 우주의 森羅萬象을 연구하는 학문인 것 같아요. 그런 것을 모르면 字意해석을 제대로 할 수 도 없고. 선생님, 오늘 공부할 것이 立敎의 맨 처음인데 그래서 그런지 '胎孕之敎圖'가 나오네요. '임신할 때의 교육', 지금도 産婦들이 꽤 관심이 많은데 옛날에는 어떻게 준비했나요."

소학선생: "내가 그린 小學圖解 43개는 立敎·明倫·敬身의 157개의 章에서 발췌한 것이지. 도해 하나당 대략 4개의 章에서 뽑은 것인데, 어떤 것은 10개 이상도 있고 어떤 것은 단 하나의 章에서 하나의 도해를 만들어야 하는데 이런 것도 두세 군데 있지. 그런데 공교롭게도 맨 처음 나오는 '胎孕之敎圖'도 단 하나의 章뿐이야. 당연히 좀 힘들겠지. 아니 단순 할 수밖에 없지. 아래 그림을 보게나.

胎孕之敎圖

婦人
妊子

· 寢不側
· 坐不邊
· 立不蹕
· 目不視邪色
· 耳不聽淫聲
· 夜則令瞽誦詩
· 道正事

生子
形容端正
才過人

實淸濁美惡之機括
智愚賢不肖之根柢也

이 글은 ≪列女傳≫에서 나왔는데 이 책에서 처음이자 마지막이야. 열녀전은 前漢의 유학자인 劉向이 편찬한 것으로 알려져 있어. <u>立胎孕之敎圖</u>는 '잉태할 때의 가르침을 세우는 그림'인데 옛날에는 부인이 임신을 하면 産婦가 처신해 야 할 가르침을 적고 있지. 한번 쭉 같이 읽어보면 평소 자주 들은 내용이라 쉽게 이해 될 거야.

婦人妊子는,

寢不側(잠잘 때 옆으로 기울지 않으며)

坐不邊(앉을 때 모(구석)에 앉지 않으며)

立不蹕(설 때는 한쪽으로 서지 않으며)

不食邪味(부정한 맛을 먹지 않으며)

割不正(고기를 썬 것이 바르지 않으면) 不食(먹지 않으며)

席不正(자리가 바르지 않거든) 不坐(앉지 않으며)

目不視邪色(눈으로 부정한 색을 보지 않으며)

> 耳不聽淫聲(귀으로 부정한 소리를 듣지 않으며)
> 夜則令瞽誦詩(밤이면 악사인 봉사로 하여금 詩를 외우고)
> 道正事(바른 일을 말하게 하였다)

간단히 集解해보면 '妊'은 '娠'자와 같고, '側'은 '側其身'으로 '몸을 기울게 함'이고 '邊'은 '偏其身'으로 '그 몸을 편벽되게 함'인데 구석이나 모퉁이에 앉지 말라는 말이야. 이 이야기는 내가 어렸을 때 많이 들은 말인데, 남자나 여자나 모퉁이에 앉는 것은 좋은 습관이 아니라는 것이여. 모퉁이에 앉으면 마음과 몸이 삐딱해진다는 말이지. 나는 집안 막내라 밥 먹을 때 모퉁이에서 밥을 먹을 수밖에 없었는데 이것이 습관이 돼서 집안 어른들에게 종종 혼이 나곤 했지. '蹕'은 절름발이 모양으로 한쪽 발을 들고, 한쪽 발만을 땅에 붙이고 서는 것을 말하지. '邪味'는 '不正之味'라 하여 '부정한 맛'인데, 이는 '평상시의 입맛이 아닌 것'을 말하고, '割'은 '切肉'으로 '썰어놓은 고기', '席'은 '坐席'으로 당연히 '앉은 자리'로, '邪色'은 '不正之色'이고, '淫聲'은 '不正之聲'이고, '正事'는 '事之合禮者'(일이 예에 부합하는 것)이지. '瞽'는 無目(눈이 먼 자)이니 '樂師'이지. 지금은 안 그렇지만 예전에는 樂士들은 모두 소경(장님)들이 했지. 詩는 二南(周南·召南)따위이고, 正事는 二典(堯典·舜典)과 같은 것들이지. 설명은 이 정도로 하고 결론은 산부가 임신할 때 자식을 위해 힘쓰면 아기를 낳음에 용모가 단정하고 재주가 보통사람보다 뛰어난 다는 거지(如此면 則生子에 形容端正하며 才過人矣리라).

산모가 善에 감화되면 善해지고, 惡에 감화되면 惡에 감화 된다는 것이지. 다시 말해 임신초기는 감화 받는 시기니, 한번 자고 한번 앉고 한번 보고 한번 듣는 것이 실로 淸·濁과 美·惡의 관건이 되고

智·愚와 賢·不肖의 근저가 된다는 것이지

　　(姙娠之初는 感化之際니 一寢 一坐 一食 一視 一聽이 實淸濁美惡之機括이요 智愚賢不肖之根柢也).

　　그러니 어버이 된 자가 이것을 소홀히 하고 태만히 하여 공경하고 두려워하지 않을 수 있겠는가? 옛날에는 자식이 자신이나 집안의 모든 것이라고 여기고 태교에 대해 엄청 신경을 썼다는 것이야. 지금도 며느리나 딸이 임신하면 나름대로 의미를 부여하면서 여러 가지 태교를 하고 있지만 옛날 하고는 근본적으로 다르지. 지금 살고 있는 우리네들이 한번 임신에 대해 곱씹어 볼 필요가 있는 대목이야. 태교에 대한 관심과 집중이 필요할 때야. 자식은 부모의 모든 것이라 할 수 있지. 아무리 부모가 훌륭하고 돈이 많아도 자식이 없거나 문제아라고 한다면 그 사람의 일생은 불행 한 거야. 거꾸로 돈도 없고 직장도 별 볼일 없지만 자식들이 잘 커서 이 사회의 참다운 일군이 되었다면 그 사람은 미래는 행복한 거야. 자식 때문에 망하고 흥한 것은 내가 굳이 말할 필요가 없지.

2-2. 立保傅之敎(年敎育之目)圖

　　소학선생: "다음은 '立保傅之敎(年敎育之目)圖'인데 아주 재미나는 항목이야. 소학총목에서는 '立保傅之敎'라고 했는데, 나는 이것을 '年敎育之目'으로 해서 그림을 그렸지. '立保傅之敎'는 '보호하는 사람과 스승의 가르침을 세우는 것'인데 '年敎育之目'은 '나이가 맞게 공부하는 세부내용'으로 거의 같다고 볼 수 있지. 나는 이 글을 보면서 지금의 공부내용보다도 예전의 공부내용이 더 세밀하고 다양했던 것을 알았어. 지금은 20대 중반까지 학교에 다니다가 취업하면 끝나는데 옛날에는 여

섯 살부터 四十세까지 어떤 공부를 해야 한다고 명시해 놓았으니까. 그림을 보면서 설명하겠네.

우선 그림의 좌측을 보게나. '生子 使爲子師'라는 것이 보이지. '자식의 스승으로 삼아야 하는 사람'이란 것인데 예전에는 이 스승 되는 사람의 자격을 엄청 따졌지. 다음과 같은 사람을 구했는데 바로 이 같은 사람들이지.

必求其寬裕慈惠溫良恭敬愼而寡言者
(반드시 너그럽고 여유 있으며, 인자하고 은혜로우며, 온화하고 어질고, 공손하고 공경하며, 삼가고 말이 적은 자를 구한다.)

예전에는 대개 자식을 자신의 부모가 가르치지 않고 대개 乳母라는 사람이 어렸을 때 가르쳤는데 유모는 집안에서 위에 말한 것처럼 그런 자격 있는 사람을 뽑아서 교육시켰지. 유모가 어질지 못하면 家法을 어지럽힐 뿐만 아니라, 겸하여 젖을 먹인 자식으로 하여금 그를 닮게 한다고 했어. 그리고 자식이 스스로 밥을 먹으면 다음을 가르쳤지.

'教以右手하며 能言이어든 男唯女兪하며 男鞶革이요 女鞶絲니라'
(오른손을 쓰도록 가르치며, 말을 하거든 남자는 빨리 대답하고, 여자는 느리게 대답하게 하며, 남자는 띠를 가죽으로 하고 여자는 띠를 실로 한다)

集解해보면 '오른손잡이'의 由來는 여기서 나오네. 어렸을 때 왼손으로 밥 먹으면 할아버지한테 혼났지. 나도 원래 왼손잡이였는데 주변에서 하도 뭐라고 해서 오른손잡이로 바꿨지. 이유는 '取其强(그 강함

保傅之教（年教育之目）圖

子能食食，教以右手
能言，男唯女俞

六年　教之數與方名　一十百千，東西南北

七年　男女不同席　男女不同席，不共食

八年　出入門戶及即席飲食，必後長者，始教之讓

九年　教之數日　朔望與六甲

十年　出就外傅，居宿於外，學書計

十三　學樂誦詩舞勺

教之目

師友之教
生之

을 취함)을 위해서지. 아무래도 왼손보다는 오른손 힘이 더 센 것은 사실이지. 저번에 한 번 말한 것 같은데 '男唯女兪' 기억나나. 남자는 대답하기를 빨리하고 여자는 느리게 하라는 것이지. '鞶'은 '大帶'(큰 때)요, '革'은 '皮'(가죽)인데 一說에는 鞶이 小囊(작은 주머니)이라고도 하는데 수건을 넣는 것이지. 남자는 가죽을 쓰고 여자는 비단을 사용하여 모두 剛柔의 뜻이 있으니 남녀가 다르다는 것을 뜻하지.

앞 내용과 관련 있는 것을 하나 소개해주지. ≪顔氏家訓≫에 나오는 말인데 한번 조용히 읽어보지. ≪顔氏家訓≫은 지금으로 부터 1400년 전, 안지추(顔之推 531-602년)가 후손을 위해 남긴 교훈서로 '家訓'이라고 보면 되지. 중국의 대표적인 가훈을 모아 놓은 것으로 평소 마음가짐에서 문학론, 종교론에 이르는 다양한 내용이 담겨 있다네. 당대이후 '家訓類의 始祖'라고 불리는데, 지금 우리가 쓰고 있는 가훈은 모두 그의 영향을 받은 것이지. 중국에서 가훈하면 백이면 백, 모두 ≪顔氏家訓≫을 떠올릴 만큼 유명하다네. 중국 가훈의 大名辭이지.

顔氏家訓曰 敎婦初來요 敎兒嬰孩라 故로 在謹其始니 此其理也라 若夫子之初生也에 使之不知尊卑長幼之禮하여 遂至侮詈父母하며 毆擊兄姊어든 父母不知訶禁하고 反笑而奬之면 彼旣未辨好惡하여 謂禮當然이라하니 及其旣長하여 習已成性이어든 乃怒而禁之면 不可復制라 於是에 父嫉其子하고 子怨其父하여 殘忍悖逆이 無所不至하니 此蓋父母

≪顔氏家訓≫에 말하기를 "'며느리의 가르침은 처음 시집올 때에 하고, 아이의 가르침은 어렸을 때 해야 한다' 그러므로 가르침은 그 처음을 삼가 함에 있으니, 이것이 그 이치이다. 만일 자식이 처음 태워났을 때 그로 하여금 尊卑와 長幼의 예절을 모르게 하여 마침내 부모를 업신여기고 모욕을 주며, 형과 누이를 구타함에 이르거든 부모가 꾸짖어 금하지 못하고 도리어 웃으면서 권장하면 그것이 이미 좋은 것과 나쁜 것을 분별하지 못하여 禮에 당연한 것으로 될 것이니, 그가 이미 장성하여 습관이 이미 성품이 되거든 비로소 노하여 금지시키면 다시 제재할 수가 없게 된다. 이에 아버지는 그 자식을 미워하고, 자식은 그 아버지를 원망하여, 잔인함과 패역함이 이르지 않는 바가 없게 될 것이다. 이는 부모가 깊은 식견과 원대한 생각이 없어, 작을 때에 예방하지 못하고 점점 커지니 작은 사랑에 빠져 그 惡을 키웠기 때문이다.

오른쪽 '敎育之目'은 여섯 살부터 마흔 때까지 학문해야 할 내용을 적어놨지. 어렵지 않으니 반드시 외어야 하네. 한번 따라서 해보게나.

六年은 敎之數與方名이라
(여섯 살이 되면 숫자와 방위의 이름을 가르친다)
七年은 男女不同席하며 不共食이라
(일곱 살이 되면 남녀가 자리를 함께 하지 않으며 음식을 함께 먹지 않게 한다)
八年은 出入門戶와 及卽席飮食에 必後長者하여 始敎之讓이라 했고
(여덟 살이 되거든 門戶를 출입함과 자리를 나아가고 음식을 먹음에 반드시 어른보다 나중에 하여 謙讓(사양하는 도리)을 가르친다)
九年이어든 敎之數日이니라
(아홉 살이 되면 날짜 세는 것을 가르친다)

十年이어든 出就外傅하여 居宿於外하며 學書計하며 衣不帛襦袴하며 禮
帥初하며 朝夕에 學幼儀하되 請肄簡諒이니라

(열 살이 되면 바깥 스승에게 나아가 외부에서 거처하고 잠자며 글씨와 셈을 배우며, 옷은 저고리와 바지를 비단으로 하지 않으며, 예절은 초보적인 것에 따르며, 아침저녁에 어린이의 예의를 배우되 간략하고 알기 쉬운 것을 청하여 익힌다)

十有三年이어든 學樂誦詩하며 舞勺하고 成童이어든 舞象하며 學射御니라

(열세 살이 되거든 음악을 배우고 詩를 외우고 勺詩에 맞춰 춤을 춘다. 成童(열다섯)이 되거든 象詩에 맞춰 춤을 추며, 활쏘기와 말 타기를 배운다)

二十而冠하여 始學禮하며 可以衣裘帛하며 舞大夏하며 惇行孝悌하며 博
學不敎하며 內而不出이니라

(스무 살이 되면 冠禮를 하여 비로소 禮를 배우고, 갖옷과 비단옷을 입으며 大夏를 춤추며 孝悌를 돈독히 행하며, 널리 배울 뿐 남을 가르치지 않으며, 德을 속에 쌓을 뿐 겉으로 드러나지 않는다)

三十而有室하여 始理男事하며 博學無方하며 孫友視志니라

(서른 살이 되면 아내를 맞이하여 비로소 남자로서의 일을 처리하며, 널리 배워서 일정함(똑같음)이 없으며, 벗과 和順하게 사귀어서 그 뜻을 본다)

四十에 始仕하여 方物出謀發慮하여 道合則服從하고 不可則去니라

(마흔 살이 되면 비로소 벼슬하며, 사물과 대응하여 計策을 내며, 깊은 생각을 하여 임금과 道가 맞으면 복종하고 옳지 않으면 벼슬을 버리고 떠나간다)

五十에 命爲大夫하여 服官政하고 七十에 致事니라

(쉰 살이 되면 대부에 임명되어 官府의 政事를 맡아보며, 일흔 살이 되면 벼슬을 그만둔다)

자세히 集解해보면, 남자가 여섯 살이 되면, 숫자와 방위를 가르치는데 '數'는 '一·十·百·千·萬'이요, '方'은 '東·西·南·北'이다. 일곱 살은 그 유명한 '男女七歲不同席'인데 단순히 남녀가 함께 하지 않을뿐더러 그릇도 함께 하여 먹지 않음도 말하는데 이는 남녀의 구별을 분명히 밝히는 것이지. 여덟 살이 되면 '謙遜之禮'를 배우는데 모든 것을 어른의 뒤로 함을 배우는 것인데, 門戶는 '耦曰門'(두 짝을 門이라 하고)요 '奇曰戶'(외짝을 戶라 하며)요, '後長者'는 謂在長者之後也(長者의 뒤에

있음을 이르고), 讓은 '謙遜'을 말하네. 그래서 말하기를 出入門戶則欲其行之讓也(門戶를 출입하게 되면 다닐 때에 사양하고자 하고), 卽席則欲其坐之讓也(자리를 나아가게 되면 앉을 때를 사양하고자 하고), 飮食則欲其食之讓也(음식을 먹게 되면 먹을 때를 사양하고자 한다)고 하였네.

아홉 살이 되면 날짜 세는 것을 배우는데 '知朔望與六甲'(초하루와 보름, 六甲을 아는 것)이지. 六甲은 '六十甲子'의 줄임말로 甲子, 乙丑으로 부터 壬戌, 癸亥에 이르기 까지 '六十干支'를 말하네. 열 살이 되면 지금까지 집에서 스승을 모셔 배우던 것을 외부에 나가 스승을 구해 나가 거처하며 잠자며 공부해야 하는 것을 말하는데 '外傅'는 '敎學之師'(학문을 가르치는 스승이요), '書'는 '六書'요 '計'는 '九數'를 말하는데 이에 대해서는 뒤편 '六禮之敎'에서 자세히 배우게 될 걸세. '襦'는 '短衣'요, '袴'는 '下衣'니 不以帛爲襦袴(비단으로 저고리와 바지를 만들지 않음)는 爲其太溫也(너무 따뜻하기 때문이지). '禮帥初'는 謂行禮動作(예를 행하고 동작함) 皆循習初敎之方也(모두 처음 가르치는 방법에 따라 익힘이며) '幼儀'는 幼事長之禮儀也(어린이가 어른을 섬기는 예의이며), '肄'는 '習'이지. 그래서 옛날부터 童子는 未能致文(文을 지극히 할 수 없으므로) 故로 姑敎之以簡(우선 간략한 것을 가르치고) 童子는 未能擇信(信을 선택 할 수 없으므로) 故로 且使之守信(우선 信을 지키게 한 것이지). 그래서 請習簡而易從 諒而易知之事니라(간략하여 익히면 따르기 쉽고 진실하여 알기 쉬운 일을 청한다)고 하였네.

열세 살이 되면 음악을 배우고 詩를 외우고 勺詩에 맞춰 춤을 추는데, 여기서 '樂'은 '八音之器(팔음의 악기)'요, '詩'는 '樂歌之章(악곡으로 노래하는 악장)'라, '勺'은 '卽酌'이니, '周頌酌詩(詩經 주송의 작시)'이고, '舞勺'는 '歌酌爲節而舞(酌詩를 노래하여 節奏로 삼아서 춤추는 것)'니 '文舞也'요 '象'은

'周頌武詩'니, '舞象者'는 '歌象爲節而舞(象詩를 노래하면서 節奏로 삼아 춤추게 하는 것)'니 '武舞'라 했지. 또 '文舞'는 '不用兵器(병기를 쓰지 않는)'하니 '十三尙幼(13세는 아직 어리므로)'라 故로 '舞文舞'요, 成童은 '十五以上也'니 '則稍長矣(조금 자랐으므로)'라, 故로 '舞武舞焉'이라고 했네. 내가 알기로는 옛날 童子를 가르칠 때에 먼저 춤추게 한 것은 그 몸을 부드럽게 하고자 해서였지. 마음이 가라앉으면 기운이 온화해지고, 기운이 온화하면 몸이 부드럽게 해지지. 옛날 자식을 가르칠 때에 반드시 음악으로 한 것은 그 몸을 온화하게 해서였지.

남자나이 스무 살이 되면 冠禮를 행하고 성인이 되었는데 지금도 이 나이가 성인은 인정하는 것은 같은 것이지. '冠'은 '加冠'이고, '始學禮'(비로소 禮를 배움은) 以冠者成人(관례를 한 자는 성인이므로) 兼習五禮也(오례를 겸하여 익히게 한 것이다). '裘'는 '皮服'이요, '帛'은 '繒帛'이라, '大夏'는 '禹樂'이니 樂之文武兼備者也(음악 중에 문부를 겸비한 것이다). '惇'은 '厚'요, '博'은 '廣'라, 不敎는 恐所學未精(배운 것이 아직 정밀하지 못하여) 不可以爲師而敎人也(스승이 되어 남을 가르칠 수 없을까 두려워 해서이다) 內而不出은 言蘊蓄其德美於中(그 德의 아름다움을 가운데에 쌓아두고) 而不自表見其能也(스스로 그 재능을 표현하지 않는 것이다).

서른 살이 되어서 아내를 맞이하는 것은 오늘날과 비슷한데 실제로는 이것을 따르지 않았지. 왜냐하면 고려말기에 몽고족의 침입으로 한 해에 수 천 명의 처녀들을 징발해 갔는데, 이것을 피하기 위해 早婚하는 풍습이 유행했거든. 결혼하면 당시에는 나라에서 농토를 줬고 부역이나 국방의 의무를 해야 했네.

여기서 '室'은 '妻'이고 '男事'는 受田給政役也(농지를 받고 征役에 종

사람이요), '方'은 '常'이고, '遜友'는 順交朋友也(친구와 순하게 사귐이요) '視志'는 視其志意所尙也(그 뜻의 숭상하는 바를 살피는 것이다). 博學無常(널리 배워 일정한(똑같음) 곳이 없어) 惟善是師(오직 善을 스승으로 여기고) 遜友視志(벗에게 공손히 하되 뜻을 살펴) 惟善是取(오직 善을 취해야 한다).

마흔 살이 되면 비로소 벼슬에 나갔는데, 이는 학식과 경험을 상당히 쌓은 다음에야 國事에 종사할 수 있음을 알 수 있지. 하지만 상당수가 능력만 있으면 과거시험을 통해 벼슬길에 올랐고 중요한 공직에 참여 할 수가 있었지. '方'은 '對'요, '物'은 '事'니 隨事謀慮也(일에 따라 도모하고 생각함이다). '服'은 '謂服其事'요, '從'은 '謂從君'이고,

'五十에 命爲大夫하여 服官政하고 七十에 致事니라'라는 말은, '服'은 '任'이고, 上言仕者는 爲士以事人하여 治官府之小事也요(위에서 말한 仕는 士가 되어 윗사람을 섬겨 관청의 작은 일을 다스림이요), 此言服官政者는 爲大夫以長人(대부가 되어 우두머리가 되어) 與聞邦國之大事者也(국가의 큰일을 참여하여 들음이다). '致事'는 謂致還其職事於君也(그 맡은 일을 임금에게 되돌려줌을 이른다). 이것을 보면 옛날에는 일흔 살이 정년이니 지금보다 정년은 더 늦었다고 바도 무방하네.

이천태: "아 그렇군요. '敎育之目' 때문에 교육과정에 대해 많은 것을 알거 같아요. 六書니, 九數니, 舞象이니, 學射御이니 등 새로운 용어가 본격적으로 나오는 것 같아요. 이에 대해 나중에 자세히 공부할 기회가 있는지요. 그리고 앞의 내용은 전부 男子의 경우를 설명하신 것이고 女子의 경우는 전혀 다른 것 같은데 어떠했나요. 그리고 옛날에는 妻뿐 아니라 妾도 대부분 있어 상당히 복잡했다고 들었는데요. 그에 관

98
小學天道

해서도 굉장히 궁금 하구요."

소학선생: "좋은 질문이다. 새로운 용어는 뒤편에 다시 설명할 기
회가 있으니 그때 자세히 말해주마. 예전에는 분명히 남자와 여자는 구별
이 심했지. 男女有別을 넘어 오죽했으면 夫婦有別이라는 말까지 나왔겠
니. 일단 앞서 말한 것 중 아홉 살 까지는 남자나 여자나 구별을 하지
않았어. 열 살부터 구별했는데 다음 文章을 살펴보고 계속하도록 하지.

女子十年이어든 不出
(여자 열 살이 되면 밖에 나가지 않고)
姆敎婉娩聽從
(保母가 유순한 말씨와 태도, 말을 잘 듣고, 순종하는 일을 가리키며)
執麻枲하며 治絲繭
(삼베를 짜며, 누에를 쳐서 실을 뽑으며)
織紝組紃하여 學女事하여 以共衣服하며
(명주를 짜고 실띠를 짜는 등 여자가 하는 일을 배워서 의복을 제공하게 하고)
觀於祭祀하여 納酒漿籩豆菹醢
(제사에 참관하여 술·초·제기(대나무·나무)·김치와 젓갈을 올려서)
禮相助奠
(어른을 거들어 祭物 올리는 일을 돕게 가르친다)

과거에는 여자는 유순한 말씨와 태도로 웃어른을 모시고 순종하
는 것을 미덕으로 삼았지. 여자들은 밖에 함부로 갈 수도 없었고. 내가
어렸을 때는 목화와 뽕나무를 많이 심어 목화는 솜을 뽑고, 뽕나무는
누에고치를 길러 실을 뽑고 그랬지. 어려운 한자가 많이 나오는데 '枲'
는 '麻之有子者'(삼에 씨가 있는 것)라. '執麻枲'(삼과 숫삼을 잡는 것)은 '績事'
(길쌈하는 일)요, 治絲繭(생사와 누에고치 다루는 일)은 '蠶事'(누에치는 일)라. '紝'

은 繪帛之屬(繒帛의 속함)이요, 組는 亦織(또한 짬)요, '紃'은 似條(條와 비슷한데)하니 古人以置諸冠服縫中者(옛사람이 官服의 바느질을 놓는 것)이니, 此는 敎之學女事也(여자의 일을 배우는 것을 가르친 것)라.

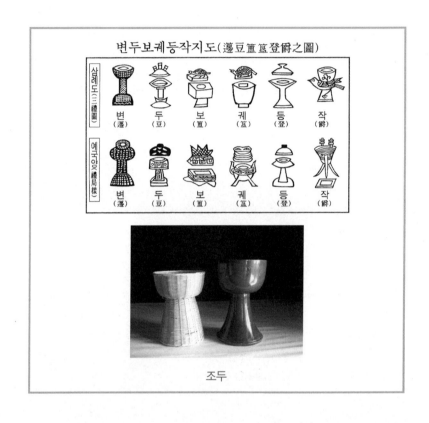

변두보궤등작지도(籩豆簠簋登爵之圖)

삼례도(三禮圖)

변(籩)　두(豆)　보(簠)　궤(簋)　등(登)　작(爵)

예구악(禮局樣)

변(籩)　두(豆)　보(簠)　궤(簋)　등(登)　작(爵)

조두

'漿'은 醋水(초)이고, 竹曰籩(대나무로 만든 것이 籩이요), 木曰豆(나무를 만든 것을 豆)요, 淹菜曰菹(채소로 담근 것을 菹)요, 肉醬曰醢이라고 한다네. 또 '奠'은 '薦'이니 '禮相助奠'은 謂以禮相長者而助其奠(禮로 長者를 도와 그 祭羞의 올림을 돕는 것)이니 此는 敎以祭祀之禮也(제사의 예를 가르친 것)라 하였지. 당시 여자는 열다섯이면 비녀를 뽑고 스무 살이면 시집가고 유고(有故)가 있으면 스물세 살에 시집을 갔어. '有故'라는 말은 '부모의 喪'을 말하지. 아까 妻妾制度에 알고 싶어 했는데 이 말로 대변하고 싶어.

> '聘則爲妻요 奔則爲妾이니라'
> (禮로 맞이하면 妻가 되고 따라오면 妾이 된다)

즉, 妻란 예로 맞아들여 남편과 대등한 몸이지만 妾은 남편을 접견할 수 있으나 대등한 짝은 될 수 없는 말이지. 지금은 一夫一妻였지만, 옛날에는 一夫多妻여서 많은 스토리를 담고 있지. 지금이야 그렇지만 당시에는 그런 제도가 필요했거든. 지금 배우는 소학이 현재까지 論語·孟子등 四書에 비해 침체된 것은 바로 이러한 것들 때문이야. 소학에는 지금과 乖離가 있는 내용이 상당히 많이 있거든. 그러니 이런 글을 배울 필요가 점점 없어 진거야. 이에 반해 四書 등 經書들은 예나 지금이나 불변의 眞理가 그대로 전해져 오기 때문이야. 이런 말은 나중에 또 하기로 하고, 북송 때 유명한 학자 司馬溫이 ≪溫公家範≫이란 책을 지었는데 그곳에 다음과 같은 글을 실었는데 한번 보게나.

司馬溫公曰 女子六歲면 可習女工之小者요 七歲면 誦孝經論語列女傳之類하여 略曉大意니 蓋古之賢女 無不觀圖史하여 以自鑑戒라 如蠶桑績織裁縫飮食之類는 不惟正是其職이라 盖必敎之早習하여 使知衣食所來之艱難하여 而不敢爲奢靡焉이니 若夫纂繡華巧之物은 則不必習也니라 愚謂小學之道는 在於早諭敎하니 蓋非唯男子爲然이요 而女子亦莫不然也라 故로 自能言으로 卽敎以應對之緩하고 七年에 卽敎以男女異席而早其別하고 八年에 卽敎以出入飮食之讓하고 至于十歲어든 則使不出閨門하며 朝夕에 聽受姆師之敎호되 敎以女德하고 敎以女工하고 敎以相助祭祀之禮하여 凡所聞見이 無一不出于正하여 而柔順貞靜之德이 成矣요 迨夫旣笄而嫁라 故로 能助相君子而宜其家人하나

니 豊城朱氏 所謂孝不衰於舅姑하고 敬不違於夫子하고 慈不遺於卑幼하고 義不咈於夫之兄弟하여 而家道成矣라 世變日下하고 習俗日靡하여 閨門之內에 至或敎之習俗樂 攻歌曲하여 以蕩其思하고 治纂組 事華靡하여 以壞其質하여 養成驕資妬悍之性하여 以敗人之家하고 珍人之世者 多矣라 嗚呼라 配匹之際는 生民之始요 萬福之原이니 爲人父母하여 可不戒哉아

司馬溫 公이 말하기를 "여자가 6세가 되면 여자의 일 중에 작은 것을 익힐 수가 있고, 7세면 ≪孝敬≫·≪論語≫·≪烈女傳≫ 따위를 외워 大義를 대략 깨달아야 한다. 옛날의 어진 여인들은 圖書나 史書를 보아 스스로 거울로 삼고 경계하지 않는 이가 없었다. 누에치고 뽕따며 길쌈하고 베 짜며 재봉하고 음식 만드는 따위는 바로 여인들의 직분일 뿐만 아니라, 반드시 이것을 일찍부터 익히고 교육시켜 의복과 음식이 온 바의 어려움을 알아 감히 낭비하지 못하도록 한 것이다. 붉은 끈 등의 수를 놓고 화려하고 공교한 물건으로 말하면 굳이 익힐 것이 없는 것이다." 내가 생각건대 "小學의 방법은 일찍 가르침에 있으니, 이는 비단 남자만이 그런 것이 아니요, 여자도 그렇지 않음이 없다. 그러므로 말할 때부터 곧 응대를 느리게 가르치고, 일곱 살에는 곧 남녀가 자리를 달리함에 가르쳐 그 분별을 일찍부터 알게 하며, 여덟 살에는 곧 출입할 때와 음식 먹을 때의 겸양함을 가르치고, 열 살에 이르면 閨門에 나가지 않게 하며 아침저녁으로 여스승의 가르침을 받되 여자는 德을 가르치고 여자의 일을 가르치며, 제사의 禮를 서로 돕는 것을 가르쳐, 무릇 듣고 보는 것이 똑같이 올바름에서 나오지 않음이 없어, 유순하고 貞靜한 德이 이루어지며, 이미 비녀를 꽂음에 미쳐 시집갔다. 그러므로 君子를 도와 그 집안사람들을 편안하게 하였으니, 豊城朱氏가 이른 바 효도가 시부모에게 쇠약하지 않고, 공경이 남편에게 어기지 않고, 자애가 어린이에게 빠트리지 않고, 義가 남편의 형제에게 거슬리지 않아, 家道가 완성된다는 것이다. 세상의 변화가 날로 낮아지고 習俗이 날로 나빠져 규문의 안에서 혹 하여금 俗樂을 익히고 歌曲을 익혀 그 생각을 방탕하게 하고, 붉은 끈과 실끈을 다루고 화려함과 사치함을 일삼아 그 바탕을 파괴함에 이르러 교만하고 방자하며 질투하고 사나운 성질을

길러 남의 집안을 망치고 남의 대를 끊어놓는 자가 많다. 아! 배필의 즈음은 生民의 시초이며 萬福의 원천이니, 남의 부모가 되어 경계하지 않을 수 있겠는가."

2-3. 立學校君政之敎

소학선생이 小學圖說 43점을 그린 것은 순전히 소학을 공부하기 위해서였다. 어떻게 하면 소학을 쉽게 공부하고 오래 동안 잊지 않으려는 처절한 몸부림에서 비롯됐다. 선생은 대부분 소학총론의 순서에 따랐지만 자신이 생각해서 부족하다 싶으면 덧붙이기도 하고, 새로운 항목을 만들기도 했다.

'立學校君政之敎'도 처음에는 단순히 立敎의 하나에 불과했는데, 선생은 이것을 1)學校階層之圖 2)司徒・典樂倫樂圖 3) 三物之圖 4) 六禮之敎 5) 四術四敎之圖 등 다섯 개의 항목으로 늘렸다. 이 중 六禮之敎는, 다시 1) 五禮圖 2) 六樂圖 3) 五射圖 4) 五御圖 5) 六書圖 6) 九數圖로 구분해 구체화하기도 했다. 한 항목의 도해를 11개로 늘려 만든 것이다.

이천태: "제가 총론을 보니 단순히 '立學校君政之敎'로 되어 있는데 선생님께서는 여러 가지로 細分化 시켰는데 의도를 알고 싶군요. 꼭 이렇게 하실 필요가 있었던 것인 지요."

소학선생: "내가 소학공부를 하다가 제일 중요하다고 생각 한 것이 '三物四術'이야. 퇴계선생도 이것을 중요시해 小學圖를 그리면서 '立

學校君政之敎'라 하지 않고 '三物四術之敎'라고 했지. 처음에는 이분이 왜 항목을 바꾸셨는가? 하고 의아했지만 나중에 검토해보니 나름대로의 의미가 있는 거야.

> '三物'은 '六德'·'六行'·'六藝'를 말하고,
> '四術'은 '詩'·'書'·'禮'·'樂'을 말하는데,

　　군자가 되고 선비가 되어야 할 사람이 반드시 알아야하고 실천해야 할 행동규범 등이지. 그런데 이 '三物四術'을 알기 위해서는 이것이 형성되어 지는 과정을 알아야 하는데, 쭉 沿革을 조사해 보니 제일먼저 옛날 학교를 알기위해 '學校階層之圖'를 그렸고, 다음에 공부를 가르치는 首長이 어떤 것을 主眼點을 두었는가를 알기위해 '司徒·典樂倫樂圖'를 그렸고, 나머지는 큰 틀에서의 '三物之圖'와 그 속에 있는 '六禮之敎'와 세부항목인 '五禮圖'·'六樂圖'·'五射圖'·'五御圖'·'六書圖'·'九數圖'를 그렸고, 마지막으로 '四術四敎之圖'를 그렸네. 굉장히 힘든 작업이었지. 소학공부하다가도 이 篇에 오면 난해하고 외워야 할 곳이 많아 그냥 지나치고 싶을 정도야. 소학공부한 사람도 '三物四術'에 대해 설명하라고 하면 자신 있게 대답하는 사람이 드물 정도야. 내가 그런 사람을 위해 쉽게 공부할 수 있도록 한 거지.

2-3-1. 學校階層之圖

　　소학선생: "얼마 전에 한 지방대 한문학과 교수가 나한테 와서 '옛날의 學校制度'에 대해 말해달라고 하지 않겠어. 그래서 내가 아래의 그림을 설명하며 말해줬더니 깜짝 놀라는 거야. 그리고서 하는 말이 어

디서 이 자료를 찾았느냐고 묻기에 小學에 있다고 하니 갑자기 얼굴이 빨개지는 거 있지. 그 양반은 소학공부도 제대로 하질 않고 한문교수를 하고 있는 거지. 한문을 한다고 하면 소학공부부터 완벽하게 해야 된다는 것을 다시 강조하고 싶은 거지.

≪禮記≫ 〈學記〉편에 보면,
　'古之敎者는 家有塾하며 黨有庠하며 術有序하며 國有學이니라'라는 말이 있는데, 이것이 옛날의 학교제도를 설명한 것이지.

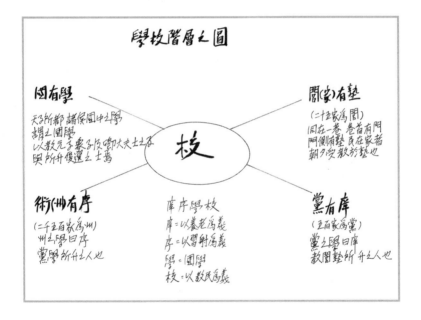

　　"옛날의 가르침은 '家'에는 '塾'이 있었고, '黨'에는 '庠'이 있었고, '州'에는 '序'가 있었고, '國中'(수도)에는 '學(太學)'이 있었다'라는 말이지."
여기에서 二十五家는 '閭'라 하는데 대개 '시골의 한 마을'을 말하고, 동네 門 옆에는 '塾'이 있어 백성으로서 집안에 있는 자는 아침저녁으로

塾에서 가르침을 받았다는 말이니 '家有塾'이라고 했지. 五百家는 '黨'이라 했는데 '黨之學曰庠'(黨의 학교를 庠이라)이니 敎閭塾所升之人也(閭의 塾에서 올라온 사람들을 가르쳤다)하니 塾에서 공부 잘한 사람만을 뽑아 庠에서 공부 시켰다는 말이 되지. '術'은 當爲州(마땅히 州가 되니)니 二千五百家는 '州'요 '州之學曰序'(州의 학교를 序이라)이니 敎黨學升之人也(黨의 학교에서 올라온 사람을 가르쳤다)라 하니 이 역시 黨에서 공부 잘한 사람만을 뽑아 序에서 공부 시켰다는 말이지. 마지막으로 天子所都(천자가 도읍하는 곳)와 及諸侯國中之學(제후국의 國中의 학교)을 '國學'이라고 했으니 以敎元子衆子及卿大夫士之子(나라의 元子와 衆子 및 卿·大夫·士의 아들)과 與所升俊選之士焉(뽑혀 올라온 바의 우수한 선비를 가르쳤다)이라고 하였네.

이에 대해 程子선생이 정리한 것이 있는데 다음과 같네.

古者에 家有塾하며 黨有庠하며 遂有序하여 蓋未嘗有不入學者(일찍이 학교에 들어가 배우지 않는 자가 있지 않았고) 八歲에 入小學하고 十五에 擇其俊秀者(그 준수한 자를 뽑아) 入大學하며 不可敎者는 歸之于農(농업으로 돌려보내거든) 三老坐於里門(三老가 里門에 앉아) 出入에 察其長幼進退揖讓之序(그 長幼와 進退와 揖讓의 순서를 살펴) 觀其所習(그 익히는 바를 관찰하니) 安得不厚也(어찌 후하지 않겠는가).

여기서 나오는 '三老'는 고대 한 지방의 長老로서 '敎育을 관장한 자'를 이르는데, 天·地·人을 배웠다 하여 칭한 불리웠던 이름인데 3명이었네.

해봉: "저도 學校에 대한 용어를 여러 經典에서 종종 나와도 확

실한 개념 정리를 하질 못하고 그냥 스쳐 지나갔는데요. 선생님이 정리해주니 이젠 확실히 알 수 있을 것 같네요. 그런데 두 가지가 의문이 있는데 하나는 정자선생이 '邃有序'라고 한 말이 앞서 '術有序'로 배운 것과 같지 않고, 제가 《孟子》를 배울 때 〈滕文公〉에 다음과 같은 말이 나오는데요.

> '設爲庠序學校하여 以敎之하니
> 庠者는 養也요 校者는 敎也요 序者는 射也요
> 夏曰 校요 殷曰 序요 周曰 庠이요
> 學則三代共之하니 皆所以明人倫也라
> 人倫이 明於上이면 小民이 親於下니이다.'

여기에서 보면 《예기》에서 말한 학교의 개념하고는 잘 맞지 않는 것 같아요. 자세한 설명이 필요할 것 같네요"

소학선생: "해봉의 학문이 이젠 상당한 수준이야. 조금도 빈틈이 없단 말이야. 원만한 대학교수는 해봉을 당해 낼 수가 없을 거야. 하기야 漢詩를 자유자재로 짓는 것이 쉽지는 않지. 두 가지 질문 중 앞의 것은 시대의 변천으로 보면 될 거야. 정자선생이 '邃有序'라고 한 것은, 당시 '術有序'로 통용되지 않고 '術'이 '邃'자로 사용 한 거지. 禮記의 시대와 北宋의 시대는 한참 차이가 나거든. 해봉이 한번 정자선생 관련 자료를 찾아서 왜 그렇게 되는가를 한번 밝혀봐. 이것을 아는 사람은 아마 우리나라에는 없을 거야. 다음은 맹자에서의 '庠序學校' 문제인데, 우선 맹자시대의 '庠序學校'의 개념을 이해해야지.

맹자는 庠序學校를 ≪예기≫상의 학교개념이 아니라, 배우는 내용상의 개념으로 정리한 거지. 좀 더 자세히 알아보면,

> '庠'은 以養老爲義(노인을 봉양하는 것이고)
> '校'는 以敎民爲義(백성을 가르치는 것이고)
> '序'는 以習射爲義(활쏘기를 익히는 것이니)
> 皆鄕學也(다 향약이다.)

이는 鄕學으로서 이름만 다른 것이지. 모두 人倫을 밝히는 것이라 했는데, 이는 우리가 잘 알고 있는 父子有親·君臣有義·夫婦有別·長幼有序·朋友有信을 말하지. 다 큰 윤리를 말하는데 '庠序學校'는 이 윤리를 밝히는 것으로 설명한 거야. 참 다음에 배울 것이 '司徒·典樂倫樂圖'인데, 이것을 알기 위해서는 중국의 上古시대를 잘 이해해야 하네. 특히 '三皇五帝'에 대해 개념 정리를 확실히 해두면 좋아. 잘 정리해서 학습에 도움이 됐으면 하네."

이천태: "선생님, 學制에 대해서는 어느 정도 정리가 됐는데요. 학습하는 자세라던가, 또는 선생의 교수법에 대해 한 말씀 부탁드립니다."

소학선생: "≪朝鮮經國典≫에 보면 이런 말이 있다네. '學校는 敎化之本也'라고. 즉 '학교는 학생을 교화시키는 本山이다'라는 말이지. 학습이나 교수법이나 배움에 대한 기록은 역시 ≪禮記≫의 〈學記〉가 최고야. 원만 한 것은 다 여기에 기록하고 있지.

대표적인 大學之法(대학의 교육방법)을 보면,

禁於未發之謂豫(아직 잘못하지 않았을 때 미리 방지하는 것을 '豫'라 하고)
當其可之謂時(스스로 알기 원할 때 가르쳐 주는 것을 '時'라 하고)
不陵節而施之謂孫(절도를 넘지 않고 가르치는 것을 '孫'이라 이르며)
相觀而善之謂摩(서로 관찰하여 선행을 따르는 것을 '摩'라 이르며)
此四者는 敎之所由興也(이 네 가지 가르침에 따라 일어나는 것이다)

發然後禁(잘못을 저지른 뒤에)
則扞格而不勝(막으면 감당하기 어렵고),
時過然後學(때가 지난 후에 배우려 하면)
則勤苦而難成(부지런히 해도 달성하기 어렵고),

雜施而不孫(잡다하게 공부하여 순순하지 않으면)
則壞亂而不修(혼란하여 닦이지가 않고),
獨學而無友(홀로 공부하여 벗이 없으면)
則孤陋而寡聞(고루하여 들음이 적을 것이요),

燕朋逆其師(놀기 좋아하는 벗을 친하면 스승에 거슬리게 되고),
燕辟廢其學(놀기 좋아하는 버릇은 학문을 망치는 것이니),
此六者 敎之所由廢也(이 여섯 가지는 교육의 폐단이다).

2-3-2. 司徒·典樂倫樂圖

이천태는 다음 날 '三皇五帝'를 정리하기 위해 위안커(袁珂)가 지은 '中國神話史'를 읽기 시작했다. 두 권으로 된 이 책은 상당히 많은 분량이었지만 앞부분 고대신화를 정독한 후 관련자료 인터넷을 검색해 다음과 정리했다.

복희 여와 신농

삼황

황제 전욱 제곡

요 순

오제

◎ 삼황오제(三皇五帝)

중국인의 탄생과 관련해서는 삼황오제(三皇五帝)의 신화와 전설에서 그始原을 찾을 수 있다. 신화 전설이 고대 씨족부락 시기의 역사적 사실에대한 投影으로 본다면 이를 통해 고대 중국인의 탄생을 확인할 수도 있을 것이기 때문이다. 기록에 따라 조금씩 차이는 있지만 **일반적으로 '三皇'이란 불을 발명한 복희(伏羲), 인간을 창조한 여와(女媧, 일설에는 축융(祝融) 또는 수인(燧人)이라고도 함), 태양의 신이자 농업을 발명한 신농(神農), 즉 염제(炎帝)를 의미한다. 아울러 '五帝'란 황제(黃帝), 전욱(顓頊), 제곡(帝嚳), 요(堯), 순(舜)을 일컫는다.**
삼황 중에서도 특히 '복희'와 '여와'는 중국인의 조상으로 섬겨지고 있다.
복희(伏犧)는 화서씨(華胥氏)가 뇌택(雷澤)이라는 곳에서 번개신의 발자국을 밟은 후 임신하여 낳은 아이로, 이후 동방의 천신(天神)이 되었다. 그는 팔괘(八卦)와 물고기를 잡을 수 있는 그물을 발명했다고 전해진다. 이와 더불어 여와는 천지를 창조한 여신이다. ≪淮南子≫ 〈남명훈(覽冥訓)〉의 기록을 참고하면 다음과 같다.

아주 오랜 옛날, 우주가 크게 파괴되어 하늘의 네 모퉁이가 무너져 내리고 땅도 갈라졌다. 하늘에서는 천화(天火)가 흘러내려 활활 타올랐고, 땅에서는 물이 솟아올라 거대한 물길이 용솟음쳤다. 이때 여와는 오색 돌을 다듬어 뚫어진 하늘을 막고, 자라의 다리를 잘라 네 귀퉁이에 세웠으며, 흑룡(黑龍)을 죽여 기주(冀州) 지역을 구제했고, 갈대를 태운 재로 홍수를 막음으로써 천지를 다시 창조했다. 나중에 복희와 여와가 결혼해수많은 한족을 낳아 번성시킴으로써 한족의 조상이 되었다고 한다. 재미있는 점은 중국의 고대 신화가 다분히 역사화 경향을 보여주고 있다는점이다. 중국의 신화와 전설은 중국의 고대 인류가 일구어 온 역사적 과정에 존재했을 법한 '인간의 이야기'를 깊게 투영하고 있다. 예컨대 천지를 재창조한 여와, 오곡을 파종한 신농, 스스로 자라나는 땅(息壤)을 훔친 곤(鯀), 산을 파 물길을 만든 우(禹), 그리고 황제, 염제 등과 같은 유명한 신들은 모두 역사 속에서 활동한 영웅 인물로 그려지고 있다. 堯는중국의 신화 속 군주인데 다음 대의 군주인 순(舜)과 함께 성군(聖君)의 대명사로 일컬어진다. 요는 제곡 고신의 아들로 이름은 방훈(放勳)이고, 당요(唐堯) 또는 제요도당(帝堯陶唐)으로도 부른다. 이는 요가 당(唐) 지방을 다스렸기 때문에 붙은 칭호이다. 요는 도당씨(陶唐氏)라고도 부르는데, 요가 처음에 도(陶)라는 지역에 살다가 당(唐)이라는 지역으로 옮겨 살았기 때문이라고 한다. ≪史記≫와 여러 역사서의 기록에 따르면, 요는 20살에 왕위에 올라 德으로 나라를 다스렸다. 요의 치세에는 가족들이 화합하고 백관의 직분이 공명정대하여 모든 제후국들이 화목하였다고 한다. 요는 희씨(羲氏)와 화씨(和氏) 일족에게 계절의 구분에 따라 농사의 적기를 가르쳐 주도록 하였으며, 1년을 366일로 정하고 백관들을 정비하였다. 또한 자신이 독단적인 정치를 할 것을 염려하여 궁전 입구에 감간고(敢諫鼓: 감히 간언드리는 북)를 달아 경계하도록 하였다. 요의 만년에는 황하가 범람하여 큰 홍수가 났으며, 요는 이를 다스리기 위하여 곤(鯀)을 시켜 9년 동안 치수공사를 하게 했지만, 실패하였다. 요가 왕위에 오른 지 70년 가까이 지난 후, 요는 후계자를 찾아 신하들에게 추천할 것을 명하였다. 신하들은 전욱 고양의 후손이자, 효성이 지극한 순(舜)을 추천하였다. 요는 순에게 두 딸을 시집보내고 여러 가지 일을 맡겨 순의 사람됨과 능력을 시험하였으며, 3년 후 순을 등용하여 천하의 일을 맡겼다. 20년이 지나자 요는 순을 섭정으로 삼고 은거하여 8년 후에 세상을 떠났다. 일부 학자들은 요 시대쯤에 황하 유역에 중앙집권적인 정치세력이 형성되었다고 추정한다.

舜은 전욱 고양의 후손으로 성은 우(虞), 이름은 중화(重華)이고 우순(虞舜) 또는 제순유우(帝舜有虞)로도 부른다. 제왕의 후손이나 여러 대를 거치면서 지위가 낮은 서민이 되어 가난하게 살았다. 부친인 고수(瞽叟)는 장님으로, 순의 모친이 사망한 후 계비를 들여 아들 상(象)을 낳았다. 고수는 상을 편애하여 순을 죽이고자 하였고 순은 부모가 죄를 짓지 않도록 하기 위해 이를 잘 피하면서 효도를 다하였다. 20세 때 효자로 이름이 널리 알려졌으며, 30세에 요가 순을 후계자로 삼고자 하고 순을 시험하기 위해 여러 가지 임무를 맡기고 두 딸을 시집보냈다. 순이 여러 임무를 잘 수행하고 두 딸과의 가정생활도 원만하자, 요는 순을 등용하여 천하의 일을 맡겼다. 순은 선대 제왕들의 신하들의 후손을 찾아 적재적

소에 임명하였으며 악한 후손들은 멀리 변방으로 유배하여 악인을 경계하였다. 순이 등용되어 20년이 지난 후, 요는 순을 섭정으로 삼고 은거하였다. 8년 후 요가 사망하자, 순은 요의 아들 단주(丹朱)에게 왕위를 양보하고 변방에 은거하였다. 그러나 백관과 백성들이 은거한 순을 찾아와 조회를 보고 재판을 치르자 천명을 거스를 수 없음을 깨닫고 돌아와 왕이 되었다고 한다. 순은 왕위에 즉위한 이후 여러 신하들을 전문적인 직분에 따라 임명하였으며 사방의 오랑캐를 정벌하고 회유하여 넓은 강역에까지 통치가 미치게 되었다. 특히 홍수를 다스리기 위해 우(禹)를 등용하여 마침내 치수에 성공하였다. 우의 성공적인 치수로 농토가 증대되고 천하의 모든 사람들이 순왕의 뛰어난 인재 등용을 칭송하였다.

순왕은 우를 치하하며 그에게 구슬을 하사하였다. 우의 공로가 뛰어났고, 순의 아들 상균(商均)이 왕위에 적합하지 않았기 때문에 순은 재위 22년 만에 우를 하늘에 천거하여 후계자로 삼았으며, 재위 39년에 남쪽을 순수(巡狩)하던 도중 사망하였다. 선양(禪讓)은 군주가 혈연관계가 없는 후계자에게 왕위를 물려주는 것이다. 중국의 신화시대에 성천자(聖天子)로 일컬어지는 요·순·우(禹)가 차례로 왕위를 물려주었다는 전설에서 탄생한 개념이다. 요가 아들 단주(丹朱)를 제치고 순에게 왕위를 물려준 것과, 순이 아들 상균(商均)을 제치고 능력을 갖춘 인재인 우를 후계자로 삼아 왕위를 물려주었던 것이 선양 전설의 요체이다. 선양은 신화 속 태평성대의 군주들에 의해 이루어진 것으로 칭송을 되었으며, 이상적인 군주 교체의 방법으로 여겨졌다. 순은 요와 함께 상고시대의 대표적인 성군(聖君)으로 손꼽히고 있다. 그래서 중국 문화권에서는 훌륭한 군주를 가리켜 '요순과 같다'고 찬양하는 관용표현이 널리 사용되었다. 하나라의 우왕, 은나라의 탕왕을 합쳐 요순우탕(堯舜禹湯)이라 부르기도 한다. 또한 뛰어난 군주의 치세를 일컬어 요순시대(堯舜時代)라 부르기도 한다. 요순시대는 태평성대와 같은 의미의 관용 표현이기도 하다. 요순시절의 태평성대는 중국 역사상 주로 "되돌아갈 수 없는 좋은 옛 시절"을 나타내는 표현으로 자주 사용되었으며, 각종 시·노래·민요·상소문 등에서 용례를 찾아볼 수 있다.

"中 삼황오제 중 요-순 빼곤 모두 허구"

중국은 자신들의 역사공간을 확대하려고 한반도를 겨냥한 동북공정 외에도 2003년부터 探源工程이라는 이름의 역사왜곡 프로젝트를 진행해왔다. 탐원공정은 5000년 전 하상주(夏商周)시대부터 열리는 중국 역사의 시원을 삼황오제(三皇五帝)시대까지 끌어올리기 위한 프로젝트다. 이 공정이 진행되면서 중국 도처에 삼황오제 관련 유적지가 만들어졌다. 2008년 河南省 鄭州 황하 유역에 세워진 염제(神農)와 황제(黃帝)의 거대 동상이 대표적이다.

'삼국지강의'와 '품인록'으로 중국은 물론이고 한국에서도 대중적 인기가 높은 이중톈(易中天) 전 샤먼대 교수(66)가 이를 부인하는 책을 펴냈다. 이 전 교수는 중국통사를 다룬 36권짜리 '이중톈중국사'(사진)를 다루겠다며 올해 5월부터 분기별로 두 권의 책을 발표하고 있다. 그중 1권에 해당하는 선조(先朝)편이 최근 국내에도 번역됐다.

이중톈은 삼황(복희, 여와, 염제)과 오제(황제, 전욱, 제곡, 요, 순)시대를 다룬 이 책에서 요와 순을 제외하곤 모두 허구적 인물이라고 밝혔다. 그는 선사시대부터 문명시대까지가 원시공동체→씨족→부락→부락연맹→국가의 다섯 단계에 걸쳐 발전했다며 삼황오제를 국가 이전 단계의 기억을 대표하는 상징적 존재로 풀어냈다. 인류 공통의 여신으로서 이브가 모계 중심인 원시공동체를 대표한다면 여와와 복희는 그 권력이 부계 중심으로 넘어가는 중간 단계로서 씨족, 염제와 황제는 부락, 요와 순은 부락연맹을 대표한다는 설명이다.

그는 중국 문명의 시원이 남성인 복희가 아니라 여성인 여와에서 시작됐다고 봐야 한다고 주장했다. 여와의 상징물은 본디 다산의 상징인 개구리였는데 남성우위시대가 되면서 음습한 뱀으로 뒤바뀌었다고도 했

다. 또 염제는 서쪽, 치우는 동쪽에서 이주해온 부족을 대표하는 인물이
며, 중국 본토 부족을 대표하는 황제가 이들을 통합한 뒤 치우로 대표되
는 동이세력의 토템이었던 용을 통합적 토템으로 수용했을 가능성이 크
다고 주장했다.

또 공자에 의해 태평성대의 대명사로 묘사된 요순시대를 대표하는 요와
순은 왕이 아니라 여러 부족이 결합한 부족연맹의 최고경영자(CEO)에 해
당하는 인물이었으며 여러 역사기록을 볼 때 치열한 권력투쟁에서 패배
해 권력을 물려줬을 가능성이 크다고 밝혔다. 예를 들어 요가 CEO일 때
순은 최고운영책임자(COO)였고, 순이 CEO가 되자 우가 COO가 됐는데
우의 아들인 계가 세습제를 실시하면서 비로소 하나라가 고대국가로 출
현하게 됐다는 것이다. 〈동아일보〉

이천태: "중국신화사를 찾아보니 아주 재미나는 것이 많이 있네
요. 삼황오제 뿐 만 아니라, 山海經과 · 西王母 · 崑崙山 등도 알아야 할
것 같아요. 자료를 정리하면서 중국인들이 전설상의 인물인 삼황오제에
대해 굉장히 존경하고 있다는 인상을 받았어요. 그 중 堯舜은 신화 상
의 인물의 넘어 중국고대사의 태평시대를 개척한 대단한 인물로 美化
되고 있기도 하고요. 단군의 우리의 조상임에도 별 관심이 없는 우리와
는 비교가 되는 것 같고요. 중국의 이해하기 위해서는 堯舜時代를 꼭
알아야 하는 것을 이번 기회에 알았고요."

소학선생: "자네 말대로 堯舜時代를 알지 못하고는 중국사상사는
물론 경전을 제대로 해독 할 수 없다네. 그동안 중국의 성인이라는 사
람들이 경전과 교리를 만들면서 堯舜를 거들먹거리며 안 써먹은 곳이
없지. 그러니 요순을 모르면 중국의 역사를 안다고 할 수 없네. 삼황오

제를 정리했다고 하니 오늘 진도를 나가보지. 오늘 강의는 '司徒·典樂
倫樂圖'인데, 용어가 다소 생소하지. 우선 '司徒'부터 알아보자. ≪孟子≫
〈滕文公上〉에 다음과 같은 글이 있네.

孟子曰 人之有道也에 飽食暖衣하여 逸居而無敎면 則近於禽獸일새 聖
人이 有憂之하사 使契爲司徒하사 敎以人倫하시니 父子有親하며 君臣
有義하며 夫婦有別하며 長幼有序하며 朋友有信이니라.
(맹자가 말하기를 "사람에게는 도가 있어 배불리 먹고, 따뜻하게 입고, 편안히 살면서 교육
이 없으면 禽獸와 가깝다. 성인이 이것을 근심하여 契을 보내 司徒에 임명하여 인륜을
가르치게 하니 아버지와 아들은 친애함이 있고, 임금과 신하는 의리가 있고, 남편과 아내는
분별이 있고, 어른과 어린이는 차례가 있고, 벗 사이에는 믿음이 있는 것이다." 하였다.)

　　맹자에 대해서는 생략하고 처음으로 聖人이라는 말이 나왔는데
여기서는 '堯'임금을 말하고 '契'는 요임금의 신하로 무척 똑똑한 인물로
알려졌으며, '司徒'는 벼슬이름인데 교육을 맡아보는 관리이니, 지금으
로 말하면 교육부장관이라고 할까. 즉 사람이 먹기 만하고 교육을 받지
않으면 개나, 돼지처럼 되니 요임금이 '司徒'인 '契'로 하여금 人倫을 가
르치게 하였으니 이것이 五品, 즉 五倫이라는 거지. 五倫의 중요성에
대해서는 말할 필요조차 없고 사람이라면 모두가 道理가 있다고 봐서
교육이 필요 하다고 본거야.

　　다음은 '典樂'의 출전을 알아보지. ≪書經≫ 〈舜典〉에 다음과 같
은 글이 있네.

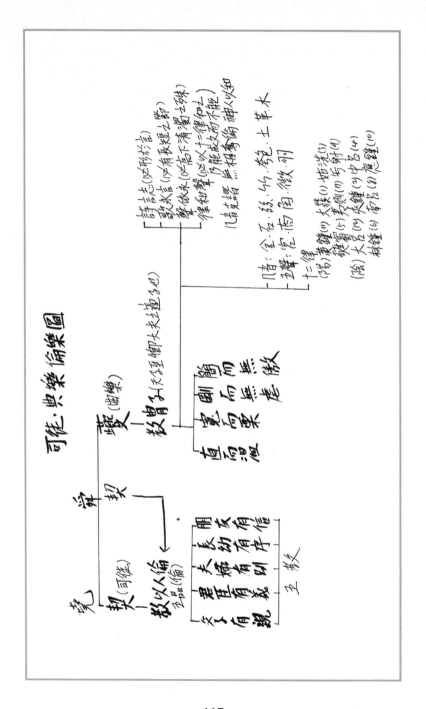

舜命契曰 百姓不親하며 五品不遜일새 汝作司徒니 敬敷五敎하되 在寬
하라 命夔曰 命汝典樂하노니 敎冑子하되 直而溫하며 寬而栗하며 剛而
無虐하며 簡而無傲하라 詩는 言志요 歌는 永言이요 聲은 依永이요 律은
和聲이니 八音克諧하여 無相奪倫이라야 神人以和하리라

(舜은 契에게 명령하기를 "백성이 친목하지 않으며, 五品이 和順하지 않다. 너를 司徒에
임명하니, 오륜의 가르침을 공경히 펴되 관대하게 하라."하였다. 夔에게 명령하기를 "너를
典樂에 임명한다. 冑子(맏아들)를 가르치되, 곧으면서도 온화하며, 너그러우면서도 씩씩
하며, 굳세면서도 사납지 않으며, 크면서도 거만함이 없는 성격이 되게 하라. '시'는 뜻을
말로 표현하는 것이고, '노래'는 가락을 붙여서 길게 말하는 것이며, '소리'는 말을 길게 하
는데서 생기는 것이고, '율'은 소리가 協和한 것이다. 八音이 잘 조화되어 서로 조화를 잃
는 일이 없으며 신과 사람이 모두 和順하게 될 것이다." 하였다.)

　　여기서는 堯임금의 후계자인 舜임금이 요임금처럼 契에게 오륜
의 도리를 가르치게 했는데, 이는 백성이 서로 공손하지 않았기 때문이
지. 참 여기에 아주 중요한 용어가 나오니 꼭 암기해야 하네.

直而溫(곧으면서도 온화하며)

寬而栗(너그러우면서도 엄숙하며)

剛而無虐(강하면서 사나움이 없으며)

簡而無傲(간략하면서 오만함이 없고)

詩는 言志(뜻을 말한 것이요)

歌는 永言(말을 길게 읊는 것이요)

聲은 依永(길게 읊조림에 따르는 것이요)

律은 和聲(소리를 조화시키는 것이다)

　　전통음악은 五聲, 十二律, 八音으로 되어 있는데 간단히 알아보면,

먼저 五聲, 十二律을 알아보면,

五聲은,

宮·商·角·徵·羽를 말하는 것이고,

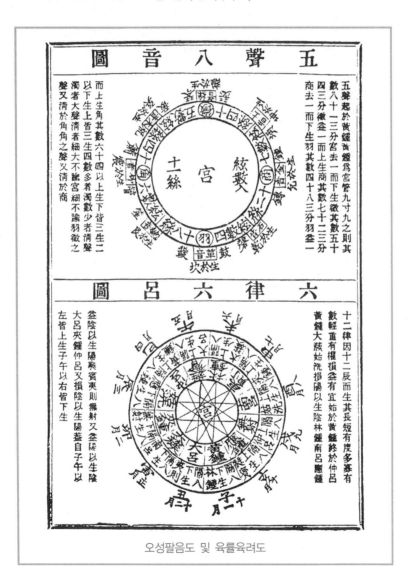

오성팔음도 및 육률육려도

十二律은,

黃鍾(11월)·大簇(1월)·姑洗(3월)·蕤賓(5월)·夷則(7월)·無射(9월) 陽律,

大呂(12월)·夾鍾(2월)·中呂(4월)·林鍾(6월)·南呂(8월)·應鍾(10월) 陰律이
지. 더 자세히 설명하면, '五聲'은 한 옥타브(octave) 안에서 쓰인 기본적인
다섯 음률(音律)의 총칭을 말하는데 청탁(淸濁)과 고저(高低)에 의하여 분류하
지. 五聲의 다섯 음을 '五音'이라고도 하는데, 이 다섯 음 명은 중국음악이론에
서 선법(旋法) 이론을 설명할 때 사용되고 있다네.

오성의 구분에 대해서는 ≪管子≫ 〈地員〉에,
凡聽宮如牛鳴窌中 凡聽商如離郡羊
凡聽角如雉登木以鳴音疾而清. 凡聽徵如負猪豕覺而駭
凡聽羽如鳴馬在野. 이라고 풀이를 하였는데,

'宮'은 굴속에서 우는 소의 울음소리 같다 하였으니 '低和音'이요,
'商'은 무리를 떨어진 양(羊)의 울음소리 같으니 '悲哀感'을 주는 소리'요,
'角'은 나무에 올라간 꿩의 울음 같다 하였으니 '淸疾한 소리'라 하겠고,
'徵'는 등을 진 돼지가 깨어나 우는 소리 같으니 '激越한 소리'라 하겠고,
'羽'는 들에서 우는 말울음 소리 같다 하니 '寂廖한 소리'임을 짐작할 수
있지.

전국(戰國)시대에 이르러 오성은 십이율(十二律)로 발전하면서 십이율과
오성의 관계는 악률과 음계의 관계를 이루었다네. 한대(漢代)에는 오성·
오음이 같이 쓰어졌으며, ≪漢書≫ 〈율력지(律歷志)〉에 보면 "五聲和八
音 諧而音成"이라 있고, 〈예악지(禮樂志)〉에는 "習六舞五聲八音之和"라
있으며, 교사가(郊祀歌)에는 "靈已坐, 五音紛" 또는 "五音六律依常響和"
라 하였지. 漢代에 와서는 또 〈陰陽家〉에 부회(附會)된 오행오성설(五行
五聲説)이 유행되었으니, 예를 들면 〈樂記〉에서는, '궁(宮)'은 '군(君)', '상
(商)'은 신(臣)', '각(角)'은 '민(民)', '치(徵)'는 '사(事)', '우(羽)'는 '물(物)'로 배
비(配比)하였고, 혹은 오행에 맞추어 궁·상·각·치·우를, 각각 '토
(土)·금(金)·목(木)·화(火)·수(水)'로 풀었으며, 또는 '신(信)·의(義)·인
(仁)·예(禮)·지(智)'의 오상(五常)이나 '사(思)·언(言)·모(貌)·시(視)·청

(聽)'의 오사(五事), '동·서·남·북·중(中)'의 오위(五位)와 결부시키기도
하였지.

악기지도(樂器之圖)

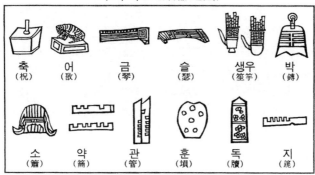

다음 八음을 알아보면,

八音은 금(金: 쇠)·석(石: 돌)·사(絲: 실)·죽(竹: 대)·포(匏: 박)·토(土: 흙)·
혁(革: 가죽)·목(木: 나무)의 총칭이지. 팔음의 악기는 여덟 절후에 나누어,
금성(金聲)은 추분(秋分)에, 석성(石聲)은 입동(立冬)에, 사성(絲聲)은 하지
(夏至)에, 죽성(竹聲)은 춘분(春分)에, 포성(匏聲)은 입춘(立春)에, 토성(土聲)
은 입추(立秋)에, 혁성(革聲)은 동지(冬至)에, 그리고 목성(木聲)은 입하(立
夏)에 속한다고 했네. 예로부터 팔음은 재료에 의한 악기분류법(樂器分類
法)의 기본으로 쓰였는데 팔음의 대표적인 악기로는,

1) 쇠(金): 편종(編鍾)·특종(特鍾)

2) 돌(石): 편경(編磬)·특경(特磬)

3) 실(絲): 금(琴)·가야금(伽耶琴)·현금(玄琴)

4) 대(竹): 소(簫)·대금(大笒)·피리(觱篥)

5) 나무(木): 축(柷)·어(敔)·박(拍)

6) 가죽(革): 장구·북·건고(建鼓)

7) 박(匏): 생황·화(和)·우(竽)

8) 흙(土): 훈(塤)·부(缶) 등이 있다고 하네.

나는 전통악기에 대해서는 잘 모르니 자세한 악기에 대한 연주법이나 기능은 전문가한테 자세히 공부하도록 했으면 하네. 대신 고대음악과 관련 '**왜 음악을 알아야 하는 가**'를 쓴 蔡沈이란 사람이(원말명초 때 요주(饒州) 樂平人, 字는 淵仲) 있는데 내가 몇 번 봤지만 볼수록 名文이야. 내가 소개할 테니 쭉 한번 살펴보도록.

凡人直者는 必不足於溫이라 故로 欲其溫하고 寬者는 必不足於栗이라 故로 欲其栗하니 所以慮其偏而輔翼之也요 剛者는 必至於虐이라 故로 欲其無虐하고 簡者는 必至於傲라 故로 欲其無傲하니 所以防其過而戒禁之也라 敎冑子者는 欲其如此로되 而其所以敎之之具는 則又專在於樂하니 盖樂은 可以養人中和之德而救其氣質之偏也라 心之所之를 謂之志라 心有所之면 必形於言이라 故曰詩言志요 旣形於言이면 必有長短之節이라 故曰歌永言이요 旣有長短이면 則必有高下淸濁之殊라 故曰聲依永이요 旣有長短淸濁이면 則又必以十二律和之라야 乃能成文而不亂이니 所謂律和聲也라 人聲旣和어든 乃以其聲으로 被之八音而爲樂이면 則無不諧協하여 而不相侵亂하여 失其倫次하여 可以奏之朝廷하고 薦之郊廟하여 而神人以和矣라 聖人作樂하여 以養情性 育人材 事神祇 和上下하여 其體用功效廣大深切이 乃如此어늘 今皆不復見矣니 可勝歎哉아

무릇 사람은 곧은 자는 반드시 온후함이 부족하므로 그 온후하고자 하고, 너그러운 자는 반듯이 엄숙함이 부족하므로 그 엄숙하고자 하니, 그 편벽될 까 염려하여 도와서 이끌어 가는 것이요. 강한 자는 반드시 사나움에 이르므로 그 사나움이 없고자 하고, 간략한 자는 반듯이 오만함에 이르므로 그 오만함을 없고자 하니 그 지나침을 막아서 경계하고 금지 시키는 것이다. 冑子를 가르치는 자는 이와 같이 하고자하되 그 가르치는 바의 도구는 또한 오로지 음악에 있었으니, 음악은 사람의 中和의 德을 길러서 그 氣質의 편벽됨을 구제할 수 있기 때문이다. 마음이 가는 바를 '志'라 한다. 마음이 가는 바가 있으면 반드시 말에 나타나므로 '詩'는 뜻을 말한 것이라 하였고, 이미 말에 나타나면 반드시 長短의

節이 있으므로 '歌'는 말을 길게 읊조리는 것이라 하였고, 이미 장단이 있으면 반드시 高下와 淸濁의 다름이 있으므로 '聲'은 길게 읊조림을 따르는 것이라 하였고, 長短과 淸濁이 있으면 또한 반드시 12律로 조화하여야 이에 文을 이루어 어지럽지 않으니, 이른바 '律'은 소리를 調和한다는 것이다. 사람의 소리가 이미 화하였으면 이미 그 소리를 八音에 입혀서 음악을 만들면 화합하지 않음이 없어 서로 침해하거나 어지러워 그 차례를 잃지 않아 조정에서도 연주하고 郊祭와 廟祭에도 올려 神과 사람이 화합 할 수 있다. 성인이 이 음악을 만들어 性情을 기르고 인재를 육성하며, 鬼神을 섬기며 그 上下를 화목하게 하며, 그 體用과 功效의 廣大하고 深切함이 마침내 이와 같았는데 지금은 모두 다시 볼 수 없으니, 이루 다 탄식 할 수 있겠는가.

2-3-3. 三物之圖

이천태가 소학에 무섭게 집중하는 것은 단순히 한문공부를 잘 하기위해서만은 아니었다. 그는 禮學에 주목했다. 자신의 고향이 '예학의 本鄕'이라는 정서적인 의식도 영향을 주었지만 노후에 이 분야에 본격적인 공부를 하고 싶었다. 예학이라는 것은 단순히 ≪禮記≫만을 말하는 것은 아니다. ≪周禮≫ · ≪儀禮≫와 함께 '三禮'라 하는데 이것이 통틀어 예학이라고 할 수 있다. 예기는 저번에 자세히 정리한 바 있는데 ≪周禮≫ · ≪儀禮≫는 아직 한 번도 접할 기회가 없어 생소하기만 했다. 그래서 소학 책 전부를 뒤져 주례를 인용한 것을 찾아보았다. 그런데 어이없게도 214개의 章章 단 한 개뿐이었다. 실망이었다. 해당 원문을 보고 집해까지 읽었는데 굉장히 복잡하였다. 원문은 그리 길지 않았는데 집해는 원문보다 열배가 넘었다. 소학선생께 연유를 물어보니 다음에 배울 것이 바로 '三物之圖'인데 '三物'이 '六德', '六行', '六藝'인데 이 문장이 ≪周禮≫ 〈地官〉에 나왔다며 미리 준비해 오라고 했다. 그리고는 三物이 단순하지 않으니 철저히 준비하라는 말도 잊지 않았다. 자료를 찾아보니 과연 三物은 소학의 중심은 물론, 예학의 기본지침이었다. 주례의 단 한 章의 구절이었지만 내용은 소학 전 분량의 반 이상이 될 정도로 방대했다. 결론으로 말하자면 '三物之圖'를 알면 소학과 예학을 아는 것이었다. 이천태는 우선 ≪周禮≫의 핵심내용에 대해 다음과 같이 정리하기 시작했다.

≪周禮≫는 周 왕실의 관직 제도와 戰國時代 각 국의 제도를 기록한 책으로, 후대 중국과 우리나라에서 관직 제도의 기준이 되었다. 원래의 이름은 ≪周官≫ 또는 ≪周官經≫이었는데 前漢 말에 이르러 경전에 포함되면서 예경(禮經)에 속한다고 '주례'라는 명칭을 얻게 되었다. ≪禮記≫·≪儀禮≫와 함께 三禮로 일컬어지며, 당대(唐代) 이후 13경(十三經)의 하나로 포함되었다. 성립 시기에 대해서는 고문학파(古文學派)에서는 주나라 초기 '周公'이 지은 것이라 하고, 금문학파(今文學派)에서는 전국 시대에 이루어진 것이라 하며, 또 漢代 유흠(劉歆)의 僞作이라고 하는 등 많은 논란이 있어 왔다. 그러나 근래에 이르러서는 周·秦의 청동기 명문(銘文)의 기록에 의거, 대체로 전국 시대에 성립된 것으로 보는 견해가 일반적이다. 이 후 後漢의 정현(鄭玄)이 주석을 붙여 ≪周禮注≫를 편찬하였으며, 이를 바탕으로 당(唐)의 가공언(賈公彦)이 ≪周禮正義≫를 편찬함으로써 13경의 하나로 확정되었다. 책의 체재는 천지춘하추동(天地春夏秋冬)의 육상(六象)에 따라 직제를 크게 천관(天官)·지관(地官)·춘관(春官)·하관(夏官)·추관(秋官)·동관(冬官)의 여섯으로 나누고 그 아래에 각 관직과 직무를 서술하는 형태로 되어 있

주례

다. 이에 따라 전체가 천관총재(天官冢宰) · 지관사도(地官司徒) · 춘관종백
(春官宗伯) · 하관사마(夏官司馬) · 추관사구(秋官司寇) · 동관고공기(冬官考工
記)의 여섯 편으로 구성되어 있다. 이 가운데 〈고공기〉는 유실된 〈冬官
司空〉 대신 漢代에 보충해 넣은 것이다. 각 편마다 첫머리에 경문(經文)
을 두어 해당 관직과 그 관장하는 직무의 요점을 총괄 서술, 그 아래에
관직과 직무를 등급에 따라 차례로 배열하였다. 구체적 내용을 보면, 천
관 편에 대재(大宰) 이하 63관직, 지관 편에 대사도(大司徒) 이하 78관직,
춘관 편에 대종백(大宗伯) 이하 69관직, 하관 편에 대사마(大司馬) 이하 67
관직, 추관 편에 대사구(大司寇) 이하 64관직, 동관 편에 수인(輸人) 이하
31관직 등 모두 372관직을 망라해 각기 그 직무의 성격과 관장 사항을
서술하고 있다. 이 가운데 관직의 이름만 있고 내용은 유실된 것이 모두
16항목이다.

≪주례≫의 이러한 관직 체계는 후대의 국가 조직과 관직 제도에 큰 영
향을 미쳤으니, 한대에 이미 관부(官府)를 육조(六曹)로 나누는 것이 일반
화되었다. 隋唐 이후로는 중앙 정부로부터 지방에 이르기까지 모든 행
정 조직이 이(吏) · 호(戶) · 예(禮) · 병(兵) · 형(刑) · 공(工)의 육부(六府) 혹
은 육조의 형태로 정비되었다. 이 책이 우리나라에 들어온 것은 그 시기
를 명확히 알 수 없다. 그러나 고이왕 때에 중국의 제도를 본떠 大臣으
로 육좌평(六佐平)을 두었다고 하는 기록으로 미루어 볼 때 삼국 시대에
이미 그 영향이 부분적으로나마 있었음을 확인할 수 있다. 이후 고려에
들어오면 예종 때에 칠재(七齋)의 하나인 구인재(求仁齋)에서 ≪시경≫ ·
≪서경≫ · ≪역경≫ · ≪예기≫ · ≪춘추≫와 함께 ≪주례≫를 가르쳤다고
하였으니, 고려 중기에는 이미 ≪주례≫가 주요 유교 경전의 하나로서
국가의 공식 교육 기관에서 교육되었음을 알 수 있다. 그러나 이 책이
본격적으로 연구, 인용되기 시작한 것은 성리학의 유입으로 인해 유교
경전에 대한 연구가 활발해지고 유교 중심의 정치 체제를 구축할 필요
성이 강하게 대두된 고려 말기에 이르러서이다. 특히 權近 · 鄭道傳 등
의 저술에는 ≪주례≫의 구절이 직접 인용되고 있어 이들의 ≪주례≫에
대한 이해가 상당히 깊었음을 말해 주고 있다. 조선조에 들어와서는 세
종 때에 16책의 단행본으로 간행돼 일반에 보급되었다. 일반적으로 조선

조의 학자들은 경학(經學)보다 성리학에 더욱 관심을 기울였으므로 ≪주례≫와 같은 선진 경전(先秦經典)에 대한 깊이 있는 연구가 드물었으나, 조선 후기에 이르러 성리학 일변도의 풍토에서 벗어나 새로운 사상을 모색하려는 경향이 일어나면서 몇몇 학자를 중심으로 ≪주례≫등의 선진 경전에 대한 활발한 관심과 연구가 이루어졌다. 이 가운데 許穆과 尹鑴는 각기 ≪주례≫에 관한 저술을 남겼고, 丁若鏞은 ≪春秋考徵≫에서 ≪주례≫를 중심으로 다른 경전의 재해석·재구성을 시도하였다

소학선생: "禮學을 공부하려면 제일먼저 ≪소학≫을 학습한 다음 ≪禮記≫·≪周禮≫·≪儀禮≫와 함께 三禮를 학습해야 하는데 상당히 어려운 공부야. 제법 공부한다고 한 사람도 四書三經까지는 좀 하는데 三禮를 독파한 이는 드물지. 공부도 어렵지만 쓸모가치도 떨어지니 잘 안하려고도 하지. 흔히 말해 돈이 안 되거든. 내가 젊어서 공부 할 때에는 시골 훈장님 중 상당수가 삼례를 공부하셨는데 후학들이 이 분야를 공부를 안 하니 자연스레 사라졌지. 삼례에 대한 번역서가 나온 것도 최근에 일이야. 오히려 오래토록 이 분야를 공부를 안 하니까 틈새공략차원에서 공부하는 이가 있어. 그것도 한문학분야에서 하는 것이 아니라, 중국문학을 전공한 사람들이지. 얼마 전부터 중국학에 대한 관심이 높아지면서 중국문학을 공부한 전공자들이 사서삼경은 물론 삼례연구에도 두각을 나타내고 있지. 한문학분야에서는 전혀 진전이 없고. 이들 분야가 중국에서 연구가 활발히 진행되고 있으니 중국어를 공부한 전공자들이 훨씬 공부하는데 유리하지. 예를 들어 삼례만 해도 중국에서는 '鄭玄三禮注硏究', '鄭玄三禮硏究入門', '三禮通論', '三禮通釋'을 넘어 '三禮辭典'까지 나왔는데 우리나라에서는 이것이 나왔는지도 모를 걸. 한문학연구를 하는 사람들이 중국어를 너무 안하거든. 참고로 구한말까지는

우리나라에서도 삼례에 대한 공부가 활발했었다는 것을 알아야 해. 관
련 책도 많이 나왔고. 이런 실정이니 지금 우리나라에서 삼례를 강의 할
수 있는 사람이 몇이나 될지. 한심한 수준이지. 하기야 소학도 공부하지
않는 한문학자들이 수두룩하니. 어찌 삼례를 운운한단 말인고. 자, 이제
부터는 '三物'에 대해 공부해야 하는데 우선 그림부터 보자 구.

三物之圖에 대한 원문은,

'周禮에 大司徒 以鄕三物로 敎萬民而賓興之하니
一曰 六德이니 知仁聖義忠和요,
二曰 六行이니 孝友睦婣任恤이요,
三曰 六藝니 禮樂射御書數니라.

以鄕八刑으로 糾萬民하니,
一曰不孝之刑이요 二曰不睦之刑이요
三曰不婣之刑이요 四曰不弟之刑이요
五曰不任之刑이요 六曰不恤之刑이요
七曰造言之刑이요 八曰亂民之刑이니라.

"周禮에 大司徒가 鄕의 세 가지 일로 만백성을 가르쳤으며 그중
에서 우수한 자를 뽑아서 鄕飮酒禮의 賓으로 대우하고, 어진 선비로 나
라에 천거하니

첫째 六德이니 知 · 仁 · 聖 · 義 · 忠 · 和요,
둘째 六行이니 孝 · 友 · 睦 · 婣 · 任 · 恤이요,
셋째 六藝니 禮 · 樂 · 射 · 御 · 書 · 數이다.

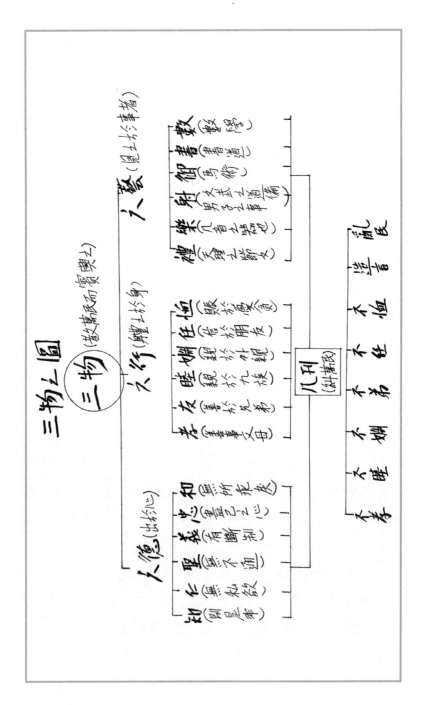

鄕의 여덟 가지 형벌로 만백성을 바로 잡았으니,

첫째는 불효에 대한 형벌,

둘째는 친족끼리 화목하지 못한 행위에 대한 형벌,

셋째는 타성(他姓)친척끼리 친목하지 못한 행위에 대한 형벌,

넷째는 어른에게 공손하지 못한 행위에 대한 형벌,

다섯째는 벗에게 신의(信義)가 없는 행위에 대한 형벌,

여섯째는 가난한 자를 구휼(救恤)하지 않은 행위에 대한 형벌,

일곱째는 말(言)을 조작한 행위에 대한 형벌,

여덟째는 백성을 惑亂시킨 행위에 대한 형벌이다." 하였다.

'周禮'는 周公이 지은 것이지. '大司徒'는 敎官의 우두머리이고 '鄕'은 앞서 '學校郡政之敎'에서 나왔는데 1만2천5百家를 말하지. '賓興之'는 '유능한 자를 손님으로 예우하여 등용함'을 말하는데 '物'은 '事'(일) 과 같고 '興'은 '擧'(들어씀)와 같으니 세 가지 일이 이루어졌음을 고하면, 鄕大夫가 그 현명하고 능력이 있는 자를 추천하여 손님으로 예우한다 는 거야. 다시 말해 六德·六行·六藝를 즉, 德·行·藝 모두 갖춘 사 람을 추천받아 관리로 등용하는데 그냥 선발 하는 것이 아니라 예를 갖 춰 모신다는 것이지. 지금 관리 선발과는 정반대야.

'三物'에 대해 자세히 설명하면,
먼저 '六德'은 知·仁·聖·義·忠·和인데,
'德'은 出於心(마음에서 나오고),

'知'는 別是非(옳고 그름을 구별)요,
'仁'은 無私欲(사사로운 욕심이 없음)이요,

> '聖'은 無不通(통하지 않음이 없음)이요,
> '義'는 有斷制(결단과 제재함이 있음)라
> '忠'은 盡己之心(자신의 마음을 다함)이요,
> '和'는 無所乖戾(어긋나는 바가 없음)이라고 했지.

　자 여기서 중요한 것을 다시 한 번 강조하지. 지금 설명한 것은 주자선생이 하나의 명사로 쓰인 글자에 대해 간단하게 설명한 거야. 즉 忠은 '盡己之心'인데 이것이 '忠'자에 대한 가장 정확한 풀이이니 이것을 꼭 익혀야 되네. 이것을 외우고 내 것으로 만들면 그토록 하고 싶은 文理에 접근 할 수 있어. 文理는 이런 용어를 누가 많이 익히고 외우느냐에 달려있다고 나는 단언하네.

> 다음은 六行으로, 孝·友·睦·媚·任·恤인데,
> '行'은 體之於身(몸에 체행)이라고 하고,
>
> '孝'는 善事父母(부모를 잘 섬기는 것)요,
> '友'는 善於兄弟(형제간에 잘하는 것)요,
> '睦'은 親於九族(九族에게 친함)이요,
> '媚'은 親於外親(外戚에게 친함)이요,
> '任'은 信於朋友(친구 간에 미덥게 함)요,
> '恤'은 賑於憂貧(우환과 가난을 구제함)라 했지.

> 다음은 六藝로, 禮·樂·射·御·書·數인데,
> '藝'는 見之於事(일을 나타내는 것)로, 三物 중 앞의 '德·行'은 마음에서 우러나와 행하는 것이지만, '禮'는 개인의 능력을 말하는 것이야. 그래서 六藝는 굉장히 복잡하네. 일단 集解부터 하면,

'禮'는 天理之節文으로 吉禮등 다섯 가지가 있고,
'樂'은 八音之器으로 雲門등 여섯 가지가 있고,
'射'는 文武之道備 男子之事로
鳴和鸞등 다섯 가지가 있고, ·
'御'는 馬術으로 白矢등 다섯 가지가 있고,
'書'는 書道으로 象形등 여섯 가지가 있고,
'數'는 數學으로 方田등 아홉 가지가 있지.

六藝에 대해서는 내가 '六藝之教'라 하여 따로 다음 장부터 1) 五禮圖 2) 六樂圖 3) 五射圖 4) 五御圖 5) 六書圖 6) 九數圖로 자세히 설명과 함께 그렸지. 소학의 六德·六行·六藝 중에서 六藝만 잘 알면 거의 전부 아는 것처럼 내용도 많고 공부할 분량도 많아.

지금까지는 三物 즉, 六德·六行·六藝등 사람이 갖추어야 할 도리에 대해 알아봤는데, 어떤 잘못을 하는 사람이 죄인인지 알아보겠네. 모든 백성을 규찰하기 위한 형벌은 여덟 가지가 있었으니, "첫째는 不孝에 대한 형벌, 둘째는 친족끼리 和睦하지 못한 행위에 대한 형벌, 셋째는 타성(他姓)親戚끼리 친목하지 못한 행위에 대한 형벌, 넷째는 어른에게 恭遜하지 못한 행위에 대한 형벌, 다섯째는 벗에게 信義가 없는 행위에 대한 형벌, 여섯째는 가난한 자를 救恤하지 않은 행위에 대한 형벌, 일곱째는 말(言)을 조작한 행위에 대한 형벌, 여덟째는 백성을 惑亂시킨 행위에 대한 형벌이다."하였지. 이처럼 법을 만들어서 사람들의 탈선을 방지하고 그릇된 행동을 단속했지. 그때는 不孝가 제일 큰 죄고 백성을 미혹시킨 죄가 제일 약했는데 지금은 어떤가. 지금은 不孝는 죄가 아니고 규범일 뿐이지. 또 한 가지 꼭 여기서 알아야 할 것은 '형벌을 제정한 것은 낮은 자를 위하여 그 윗사람을 죄주질 않는다' 는 원칙이 있었어. 즉 아무리 집안의 무리들이 잘못을 했다 하더라도 집안의 주인에게는 책임을 물을 수 없다는 원칙이야. 그리고 六行에 있어서는 형에게 우애를 가르치는 것은 '不悌'라는 형벌을 제정하였는데 이는 어린 자로 하여금 감히 어른을 능멸하지 못하게 한 것이지. 동생은 형이 공경의 대상이지 가르침의 대상은 전혀 아니라는 것이야.

2-3-4. 六藝之敎

六藝는 禮·樂·射·御·書·數 등 6종류의 기술이다. 禮는 예용(禮容), 樂은 음악(音樂), 射는 궁술(弓術), 御는 마술(馬術), 書는 서도(書道), 數는 수학(數學)이다. 六藝는 六德(知·仁·聖·義·忠·和)과 六行을 합쳐(孝·友·睦·媚·任·恤) 이를 '卿三物'이라고 하는데, 경대부(卿大夫)가 인물을 선발할 때 표준으로 삼았다. 六德에 뛰어난 사람을 '현자(賢者)'라고 하는 데 반해, 六藝에 뛰어난 사람을 '능자(能者)'라고도 불렀다. 요즘으로 말하면 기술이나 능력이 뛰어난 사람을 지칭하기도 했다.

六藝를 배우는 이유는,

禮로써 中道에 맞게 하고(禮以制中),
樂을써 화합을 유도하고(樂以道和),
射(활쏘기)로써 德行을 보고(射以觀德行),
御(말타기)로써 馳驅를 바르고(御以正馳驅),
글쓰기로써 마음씨를 보고(書以見心畫),
셈으로써 사물의 변함을 극진히 하기(數以盡物變)위해 배웠다.

모두 지극한 이치가 붙어있는 바로써 日常生活에 없어서는 안 되는 중요한 것들이다(皆至理所寓而日用不可缺者也) 하였으며,

소학선생은 앞서 말했듯 六藝에 대해서는 '六藝之敎'라 하여 따로 세부적으로 구분했는데, 1) 五禮圖 2) 六樂圖 3) 五射圖 4) 五御圖 5) 六書圖 6) 九數圖 등이다. 그리고는 그림과 함께 다음과 같이 설명하였다.

2-3-4-1. 五禮圖

이천태: "禮에는 五禮가 있다고 하여 이것이 조선시대 禮學의 근본이었다고 들었는데요. 통치상의 五禮와 함께 예의 중요성을 강조한 經典의 내용을 알고 싶군요."

소학선생: "五禮를 일반적으로 '五禮儀'라고도 한다네. 강력한 중

앙집권 체제를 추구하였던 조선 왕조는 유교윤리의 보급을 통해 그것을 뒷받침하고자 하였지. 그 결과 사대부를 중심으로 한 지배층에서 유교윤리의 예를 새로운 체제 확립과 관계되는 예로 '王朝禮'를, 한 인간의 일생에서 갖추어야 할 예로 '士庶禮'(사대부와 서인의 예)를 규정하였지. 여기에서 사서례는 관혼상제의 사례를 말하는 것이고, 왕조례는 길례(吉禮)·흉례(凶禮)·군례(軍禮)·빈례(賓禮)·가례(嘉禮)를 말하는 것이지. 오례는 이와 같은 왕 조례의 다섯 가지 예를 한정하여 일컫는 말이네. 오례에서 길례는 宗廟社稷과 山川·祈雨·先農 등 국가에서 행하는 의례 및 관료와 일반백성의 시향행사(時享行事)를, 흉례는 國葬을 포함하는 상례를, 군례는 군사의식을, 빈례는 외국사신을 접대하는 의식을, 가례는 중국에 대한 사대례(事大禮)와 궁중의식절차와 혼례 등을 말하지. 오례의 세부적인 규정은 중국의 예제와 우리나라 전래의 속례(俗禮)를 참조하여 마련한 것인데, 특히 ≪周禮≫·≪儀禮≫에 수록된 중국의 예제를 길잡이로 삼았지. 예를 통하여 모든 질서의 안정을 꾀하였던 조선시대에는, 오례의 세부적인 항목과 그 의식절차·예법 등을 ≪國朝五禮儀≫라는 책으로 편찬하여 시행할 정도로 그 중요성이 강조되었는데, 조정의 예를 중심으로 하여 사서인(士庶人)의 예까지도 모두 수록되어 있지. 이 禮典이 1474년(성종 5)에 편찬된 것으로 미루어볼 때, 오례의 예제도 이 시기에 확립된 것으로 볼 수 있는데, 조선시대에 유교를 정치이념으로 확립하는 한편, 왕조의 안정을 도모할 목적으로 실행과 응용이 강요되었던 만큼 조선시대의 문화에 큰 변화를 가져왔다고 할 수 있네. 예의 중요성을 강조한 經典의 내용은 너무나 많은데 생각나는 두 가지만 말해 주겠네.

먼저 ≪禮記≫ 〈曲禮 上〉에 나오는 말로,

> 道德仁義는 非禮면 不成하고
>
> (도덕과 인의는 예가 아니면 이루어지지 않고)
>
> 敎訓正俗은 非禮면 不成하며
>
> (풍속을 바르게 가르치는데도 예가 아니면 갖추어지지 않고)
>
> 君臣上下와 父母兄弟도 非禮면 不定이니라
>
> (군신 상하 간 부모 형제간에도 예가 아니면 안정되지 않는다)
>
> 君子는 恭敬撙節退讓하여 以明禮하나이다
>
> (군자는 공경하고 절도를 지키며 겸손함으로서 예를 밝히는 것이다).

먼저 ≪論語≫ 〈泰伯〉에 나오는 말로,

> 恭而無禮則勞(공손하면서 예가 없으면 수고롭기만 하고)
>
> 愼而無禮則葸(신중하고서 예가 없으면 겁이 많고)
>
> 勇而無禮則亂(용감하고서 예가 없으면 세상을 어지럽히고)
>
> 直而無禮則絞(곧고서 예가 없으면 목맴에 처해 지느니라)

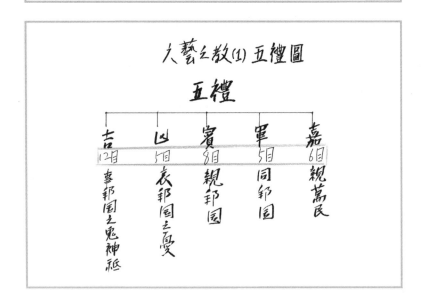

이천태: "五禮를 한번 보았는데 상당히 복잡하고 어려운 것 같아요. 생소한 용어들도 많고. 선생님께서 오례에 대해 자세한 설명을 부탁드립니다."

소학선생: "禮에는 다섯 가지가 있으니,

첫째는 吉禮니,
나라의 人鬼와 天神과 地祇를 섬기는 것으로 그 조목이 열두 가지이다

以禋祀로 祀昊天하고
(禋祀(연기를 피워 제사하는 것)로 하늘에 제사하고)

以實柴로 祀日月星辰하고
(實柴(나무 위에 소를 올려놓아)로 日月 · 星辰에 제사하고)

以槱燎로 祀司中司命風師雨師하고
(槱燎(화톳불을 태워)로 司中(星宿) · 司命(사람의 생명을 담당하는 星宿) · 風師(風神, 風伯) · 雨師(雨神)에 제사하고)

以血祭로 祭社稷五祀五嶽하고
(血祭(犧牲에 피를 바쳐)로 社稷(국토와 곡식의 번창을 기원하는 제사) · 五祀(靑 · 赤 · 黃 · 白 · 黑)의 五色 帝神에게 왕이 궁중에서 제사) 五嶽(北岳恒山 · 西岳華山 · 中岳嵩山 · 東岳泰山 · 南岳 衡山)에 제사하고)

以貍沈로 祭山林川澤하고
(貍沈(희생을 땅에 묻어) 山林(산) · 川澤(내와 못)에 제사하고)

以劈辜로 祭四方百物하고
(劈辜(희생의 가슴을 잘라 해체)로 四方 온갖 물건에 제사하고)

以肆獻祼으로 享先王하고

(肆獻祼(肆는 해체한 희생을 올리는 것, 獻은 醴酒를 바치는 것, 祼는 鬱鬯酒를 부어
降神하는 것으로, 제사에는 먼저 降神을 하고 다음에 醴酒와 날고기를 올리고 다음에
해체한 희생(익힌 것)을 올린다)으로 先王에 제사하고)

以饋食로 享先王하며

(饋食(제사 때 올려놓는 음식)으로 先王에 제사하며)

與夫春享以祠하고

(春에는 祠(봄 제사 사)로서 제사하고)

夏享以禴하고

(夏에는 禴(여름제사 약)로서 제사하고)

秋享以嘗하고

(秋에는 嘗(가을제사 상)로서 제사하고)

冬享以烝也라

(冬에는 烝(겨울제사 증)으로써 제사하는 것이다)

여기서 犧牲에 대해 알아보면, ·

희생도(犧牲圖)

| 우생
(牛牲) | 식고
(飾羔) | 척생
(滌牲) |

天地나 宗廟에 제사를 지낼 때 제물로 쓰는 살아 있는 소나 양, 돼지
등을 지칭한다. 색이 순수한 것을 '犧'(희)라고 하며, 길함을 얻지 못해

죽이는 것을 '牲'(생)이라고 하였다. 《周禮》〈地官牧人〉에 "무릇 제사를 지낼 때는 그 희생을 함께하는데 充人(?)에게 주어서 이를 묶게 한다(凡祭祀共其犧牲 以授充人繫之)"라는 말이 보이며, 또 《左傳》에서는 "생은 다섯이고 희는 셋이다(五牲三犧)."라고 하였다. 《尉繚子》에는 "야생짐승은 희생으로 쓰지 않는다(野物不爲犧牲)."는 말이 있고, 《呂覽》에 보면 다음과 같은 기록이 있다. "은나라 湯王이 하나라를 물리치고 천하에서 왕 노릇을 하였다. 그런데 5년이 지나도록 비가 내리지 않자 탕왕은 몸소 상림에 나가 기도하였다. 머리카락을 덮고 손톱을 잘라서 스스로 희생물이 되고자 하며 하느님에게 복을 빌었다. 그러자 큰 비가 하늘에서 내리기 시작하였다." 흔히 '희생양'이라는 말을 많이 쓴다. 서양 문화에서 온 말로, '희생의 제물로 바쳐진 양'을 뜻하는 말이다. 그러나 희생의 제물로 서양에서 바친 것은 양이 아니고 염소였다. 염소는 눈의 생김새 때문에 惡을 상징하게 되었다. 희생양은 사실 '희생염소'인 것이다. 우리나라에서는 염소를 한자어로 바꾸면 山羊이 된다. 어쩌면 희생양이라는 말이 확실히 틀렸다고 말하기도 힘들다.

둘째는 凶禮이니,
나라의 우환을 걱정하는 것으로, 그 조목이 다섯 가지이다.

喪禮로 死亡(친족의 사망)한 이를 슬퍼하고,
荒禮로 凶札(凶年이나 疫病)한 이를 슬퍼하고,
弔禮로 禍災(水災나 火災)한 이를 슬퍼하고,
禬禮로 圍敗(포위당하고 패망)한 이를 슬퍼하고,
恤禮로 寇亂(침입이나 亂離)한 이를 슬퍼하는 것이다.

셋째는 賓禮이니,
나라와 친선하는 것으로, 그 조목이 여덟 가지이다.

春에 뵙는 것을, '朝'이라(春見曰朝)하고,

夏에 뵙는 것을, '宗'이라(夏見曰宗)하고,
秋에 뵙는 것을, '覲'이라(秋見曰覲)하고,
冬에 뵙는 것을, '遇'이라(冬見曰遇)하고,
無時로 뵙는 것을, '會'이라(時見曰會)하고,
여럿이 뵙는 것을, '同'이라(殷見曰同)하며,
때에 따라 聘問함을, '問'이라(時聘曰問)하고,
여럿이 聘問함을, '視'라(殷覜曰會)한다.

넷째는 軍禮이니,
나라와 함께 하는 것으로, 그 조목이 다섯 가지이다.

大師(대규모의 병력)의 禮는, 군중을 동원하고(用衆也),
大均(貢物과 租稅를 고르게 부과)의 禮는, 군중을 구휼하고(恤衆也),
大田(대규모의 사냥)의 禮는, 군중을 선발하고(簡衆也),
大役(큰 부역)의 禮는, 군중을 맡기고(任衆也),
大封(나라의 경계를 바로잡음)의 禮는, 군중을 합하는(合衆也)라

다섯째는 嘉禮이니,
萬民을 친하게 하는 것으로, 그 조목이 여섯 가지가 있다.

飮食의 禮로, 宗族兄弟를 친히 하고,
昏冠(冠禮와 婚禮)의 禮로, 男女를 친히 하며 成人으로 만들고,
賓射(主賓의 활쏘기)의 禮로, 故舊와 朋友를 친히 하고,
燕饗의 禮로, 四方의 賓客(使臣)을 친히 하고,
脤膰(脤은 社稷에 바치는 날고기이고, 膰은 宗廟에 바치는 삶은 고기로)의 禮로,
兄弟의 나라를 친히 하고,
賀慶의 禮로, 異姓의 나라와 친히 하는 것이다.

國朝五禮儀

조선시대 五禮의 예법과 절차에 관하여 기록한 책으로 세종 때 시작되어 1474년(성종 5) 신숙주 등에 의해 완성되었다. 古활자본으로 8권 8책이며 서울대학교 규장각에 있다. 조선 초기 길례(吉禮)·가례(嘉禮)·빈례(賓禮)·군례(軍禮)·흉례(凶禮) 등 오례(五禮)에 관한 의식절차를 기록한 책이다. 고조선 이후 고려시대까지 오례와 관련된 의식은 지속적으로 개최되어 왔으나 규범으로 정해진 것이 없는 상태에서 이루어져 왔다. 이후 고려 말 성리학이 들어와 조선의 정치이념으로 자리 잡게 됨에 따라 성리학적 질서에 따른 예론의 규범화 필요성을 느끼게 되었다. 특히 국가에서 행하는 각종 의식 절차가 정해진 규범이 없어 혼란을 겪게 되자, 세종은 하나의 통일된 규범을 제작할 것을 명하였다. 이에 예조판서 허조(許稠) 등이 각종 예서(禮書)와 ≪洪武禮制≫ 등을 참작하고 ≪杜氏通典≫을 모방하여 오례의 편찬에 착수하였으나 세종은 그 결실을 보지 못하였다. 그리고 세조가 강희맹(姜希孟) 등에게 ≪經國大典≫의 찬술과 함께 오례에 관한 사항도 수정 보완하고 도식을 붙여 편찬하도록 하였으나 탈고하지 못하다가, 결국 성종 때인 1474년(성종 5) 신숙주(申叔舟)와 정척(鄭陟) 등에 의해 완성되었다. 이러한 편찬 과정은 강희맹이 쓴 오례의서(五禮儀序)에 잘 나타나 있다.

책의 내용을 보면, 吉禮는 모두 56개조로 구성되어 있는데, 국가에서 산천과 종묘(宗廟)·사직(社稷)에 올리는 제사에 관한 의식, 선농제(先農祭)·선잠제(先蠶祭)·기우제(祈雨祭)·석전제(釋奠祭) 등 국가에서 특별한 일이 있을 때 지내는 제사 의식, 사대부와 일반 백성들의 시향(時享) 등에 관한 내용을 주로 담고 있다.

嘉禮는 모두 50개조로 구성되어 있으며, 중국에 대한 사대례(事大禮)와 왕과 왕세자 및 백관들의 조하의(朝賀儀), 궁궐에서 행해지는 납비(納妃) · 책비(冊妃)등의 의식절차, 왕세자의 관례, 국왕이 참여하여 베푸는 각종 잔치와 양로연(養老宴) 등에 관련된 사항들이 기록되어 있다.

賓禮는 6개조로 구성되어 있으며, 중국 · 일본 · 유구 · 여진족 등 외국 사신이 왔을 때 접대하는 규칙과 의식절차 등이 기록되어 있다.

軍禮는 7개조로 구성되어 있으며, 활쏘기 의식인 사례(射禮), 군대를 점검하는 의식인 열병(閱兵), 군사들의 무예정도를 살펴보는 강무(講武) 등에 관한 사항들을 기록하고 있다.

凶禮는 91개조로 구성되어 있으며, 왕과 왕비의 임종에서부터 성복(成服) · 삭망(朔望) · 발인(發引) · 반우(返虞) 등 국장(國葬)과 관련된 세세한 의식절차와 왕세자 · 왕자 · 공주 · 옹주 · 왕비의 부모 · 왕세자빈의 부모 등 왕실과 관련된 장례의식 절차 등이 주로 기록되어 있으며, 마지막에 사대부와 서민들의 장례 절차도 기록하고 있다.
이 책의 편찬으로 비로소 조선시대 의례와 관련된 기본 규칙이 정해졌으며, 향후 일부 사항을 보완하여 ≪國朝續五禮儀≫가 간행되기도 하였다. 따라서 조선시대 각종 의례를 연구하는 데 가장 기초적인 자료이며, 의례의 변화 과정도 살필 수 있다는 점에서 그 역사적 의미가 깊다.

2-3-4-2. 六樂圖

해봉: "樂은 일반적으로 말하기를 '八音之器'라고 하는데요. '八音'을 알아야 음악에 대해 제대로 알 것 같은데, 이에 대해서는 앞서 '司徒 · 典樂倫樂圖'에서 배운바 있지요. 대개 樂은 禮와 같이 동격으로 하였다는 것을 여러 경전에서 본 것 같아요. 기억나는 것이 음악은 귀천

에 따라 다르고(樂殊貴賤), 예는 지위고하에 따라 다르다(禮別尊卑)는 것과, 예와 악을 다 터득하면(禮樂皆得) 덕이 있다(謂之有德)는 말이지요. 선생님, 음악에 대한 경전에 나오는 좋은 말은 어떤 것들이 있는지요."

소학선생: "음악이 왜 중요한가에 대해 다음 두 가지를 읽고 음미해보게나.

먼저 ≪禮記≫ 〈樂記〉에 나오는 말로,

> 樂者는 爲同이오 禮者는 爲異니
> (음악은 화합하게 하는 것이고, 예는 다름을 분별하는 것이요)
> 同則相親하고 異則相敬하나니
> (화합하면 서로 친하게 되고, 다름을 분별하면 서로 공경하게 된다)
> 樂勝則流하고 禮勝則離하니라
> (악이 앞서면 방탕으로 흐르고 예가 앞서면 마음을 떠나게 된다)
> 樂也者는 動於內者也며
> (음악이라는 것은 마음속에서 움직이는 것이며)
> 禮也者는 動於外者也며
> (예라는 것은 몸 바깥에서 움직이는 것이니)
> 樂極和하고 禮極順하며
> (음악은 조화를 다해야 하고 예는 순함을 다해야 하며)
> 內和而外順하니라
> (마음속은 화하고 밖은 순해야 한다)

다음 ≪禮記≫ 〈樂記〉에 나오는 말로,

> 事得其序之謂禮요
> (일이 그 순서를 얻는 것을 '예'라 하고)
> 物得其和之謂樂이니

(사물이 그 화함을 얻는 것을 '악'이라 한다)

事不成이면 則無序而不和라

(일이 이루어지지 않는 것은 순서가 없고 조화되지 못했기 때문이다.)

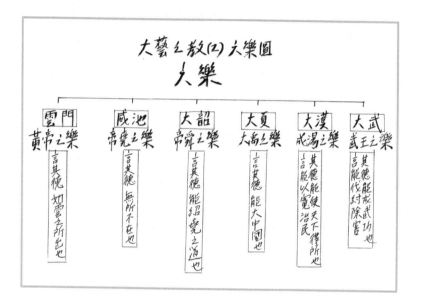

大藝之敎(口) 大樂圖

大樂

雲門	咸池	大韶	大夏	大濩	大武
黃帝之樂	帝堯之樂	帝舜之樂	大禹之樂	成湯之樂	武王之樂
言其德如雲之所出也	言其德無所不在也	言其德能紹堯之道也	言其德能大中國也	言其德能使天下得所也 言能以寬治民	言其德能代紂除害也 言其德成武功也

樂에는 여섯 가지가 있으니,

첫째는 雲門이니, 黃帝之樂이니 言其德如雲之所出也요.
(雲門이니 黃帝의 음악인바, 그 德이 마치 구름이 나오는 것과 같음이요)

둘째는 咸池이니, 帝堯之樂이니, 言其德無所不在也요.
(咸池이니 帝堯의 음악인바, 그 德이 있지 않은 곳이 없음이요)

셋째는 大韶니, 帝舜之樂이니 言其德能紹堯之道也요.
(大韶이니 帝舜의 음악인바, 그 德이 堯의 道를 이었음이요)

넷째는 大夏니, 大禹之樂이니 言其德能大中國也요.

(大夏이니 大禹의 음악인바, 그 德이 中國을 크게 함이요)

다섯째는 大濩니, 成湯之樂이니 言能以寬治民하여 其德能使天下得所也요.

(大濩이니 成湯의 음악인바, 관대함으로 백성을 다스려 그 德이 천하로 살 곳을 얻게 하였음이요)

여섯째는 大武니, 武王之樂이니 言能伐紂除害하여 其德能成武功也라

(大武이니 武王의 음악인바, 紂를 정벌하여 폐해를 없애어 그 德이 武功을 이루었음을 말한 것이다)

2-3-4-3. 五射圖

이천태: "六禮에 '활을 쏘는 것'이 들어갔다는 것은 옛날에는 그만큼 중요 했다는 것인데요. 선비로서 활을 쏜다는 것은 어떤 의미인지와 射의 의미와 종류에 대해 자세히 알고 싶군요."

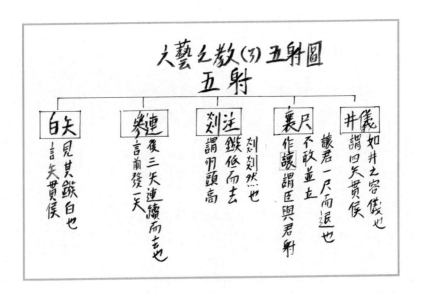

소학선생: "활쏘기에 대한 모든 것은 따로 아래에 설명해 놓았네. 고대부터 활쏘기는 인격수양의 한 단계이고, 정진하는 모습 바로 그것이었지. 그래서 예(藝)의 한 경지로 사예(射藝)니 사기(射技)니 했던 것은 바로 그런 이유 때문이었지. 그 전통은 ≪周禮≫의 기록과 무관하지 않지.

射에는 다섯 가지가 있으니,

첫째는 白矢니
言矢貫侯하여 見其鏃白也요.
(白矢이니, 화살이 과녁을 뚫어 살촉의 희게 나타난 것이요)

둘째는 參連이니
言前發一矢하고 後三矢連續而去也요.
(參連이니, 먼저 한 화살을 쏘고 뒤에 세 화살을 연속해서 쏘는 것이요)

셋째는 剡注니
謂羽頭高하고 鏃低而去하여 剡剡然也요
(剡注니, 깃머리는 높고 살촉은 낮게 나가 빛나면서(剡剡然) 날아가는 것이요)

넷째는 襄尺이니
'襄'은 '作讓하니 謂臣與君射에 不敢並立하여 讓君一尺而退也요
(襄尺이니, 襄은 '讓'이 되어야 하는 바, 신하가 임금과 활을 쏨에 감히 나란히 서지 못하고 임금에게 한 자쯤 양보하여 물러남이요)

다섯째는 井儀니
謂四矢貫侯하여 如井之容儀也라
(井儀이니, 네 화살이 과녁을 뚫어 마치 井(우물)의 모양과 같음이다)

이 五射가 갖추어질 때 그를 藝로 보기도 했던 것이지. 이것이

조선의 선비에게 전적으로 적용된 것은 아니었지만, 활쏘기의 규범에 있어서는 작든 크든 영향을 미치고 있었던 것만은 사실이었지. 활은 武人이 잡으면 위엄과 권위가 서고, 文人이 잡으면 기백과 품격이 더해진다고 했어. 활의 연습이란 끝이 없는 것이야. 뭔가 목표를 정해 놓고 연습을 한다는 것은 사실 있을 수 없는 것이라 했지. 그것을 이루는 것은 가능할지 몰라도 그것이 원하는 최고의 경지는 결코 아니기 때문이야. 따라서 겸허한 자세로 연습에 임하지 않으면 아무것도 볼 수 없는 게 활의 세계라고 볼 수 있지.

참고로 하나 알아둬야 할 것은 '英雄'이란 말인데 원래 이 용어는 '英俊豪傑'에서 따온 말이지. ≪淮南子≫에서 남성의 아름다움을 강조하기 위해 이 말을 만들었는데 네 등급으로 구분하였다네. 지략(智略)이 있어 萬명을 당해내는 사람을 '英', 千 명을 당해내는 사람을 '俊', 百명을 당해내는 사람을 '豪', 十명을 당해내는 사람을 '傑'이라고 했지. 영웅이란 萬명에 한 명 나올까 말까가 할 정도로 대단한 능력을 가진 사람이란 뜻이지. 전 세계 우수한 선수들이 겨루는 경쟁에서 우승을 하면 우리는 그를 英雄이라고 칭호해주지. 뿐이 아니라 '불세출(不世出)의 영웅'이란 말을 하는데, 불세출은 '세상에 태어나지 않는다'라는 뜻으로 '좀처럼 세상에 나지 않을 만큼 뛰어나다'는 데서 그리 말하는 것이지. 우린 이순신 장군을 '世界海戰史의 不世出' 이라고 부르기도 하는 것은 그의 智略을 더 이상 세상에 존재하지 않는다고 평가한 것이지.

◎弓(활)
궁(弓 : 활)은 일반적으로 간(幹), 미(弭), 현 세 부분으로 구성되며 간의 구조에 따라 기본적으로 단순궁 · 강화궁 · 합성궁 세 종류로 분류된다.

중국에서는 옛 부터 이 세 종류를 모두 사용해왔는데 전쟁터에서 병기로 사용된 것은 합성궁이었다. 활의 크기는 《周禮》〈考工記〉에 의하면 148.5㎝, 141.8㎝, 135㎝ 세 종류가 있었으며, 실제로 작은 것은 70㎝~90㎝, 큰 것은 약 170㎝나 되는 것도 있었다. 기병은 말 위에서 사용하기 좋도록 길이가 짧은 활을 사용하였고 보병은 긴 활을 사용하는 것이 보통이었다. 활의 사정거리는 최대가 약 3백m 정도였는데, 이 거리는 화살이 날 수 있는 거리를 말하며 목표를 명중시킬 수 있는 거리는 아니었다. 목표를 겨냥할 수 있는 유효 사정거리는 약 1백m 이내 거리였다. 갑옷으로 무장한 적에 대한 유효 사정거리는 약 70~80m 이내이거나 그보다 더 짧은 거리였다. 또한 눈으로 조준해야 하기 때문에 사정거리가 꽤 되는 강한 활이라 할지라도 약 1백m 전후에서 사격하였다. 활의 강도는 幹의 반발력에 좌우된다. 강궁이라 불리는 것은 약 70㎏ 정도로 철로 된 투구를 관통시킬 수 있는 성능을 가지고 있었으며, 실전에 사용하는 활은 약한 것이라 할지라도 최소한 이 강도의 절반 이상은 되었다. 노나 조총과 같은 강력한 무기에 비해 활의 가장 큰 장점은 다음 화살을 발사하는 데까지 걸리는 시간이 짧다는 점이다. 1분간 노는 4~6발, 조총은 2~3발밖에 사격할 수 없는 데 비해, 활은 그 몇 배나 되는 10발 가까운 화살을 발사할 수 있다. 활을 이용하여 화살을 목표에 명중시키기 위해서는 노에 비해 상당한 훈련이 필요하다. 현을 당긴 뒤 힘을 풀지 않고 그 상태를 그대로 유지하면서 목표물을 조준해야 한다.

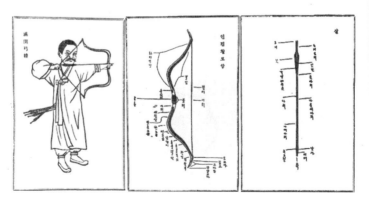

현을 당긴 후에는 힘을 쓸 필요가 없는 노와는 달리 개인의 팔 힘과 기

술에 의해 크게 좌우되는 병기이다. 따라서 흔들리는 말 위에서 활을 쏘아 목표를 명중시키는 것은 고도의 기술을 요하였다. 화살의 길이는 약 70~90㎝이고, 화살촉, 살대, 전우(箭羽), 시괄(矢筈)로 구성된다. 살대로는 남방에서는 대나무를 사용하고, 북방에서는 버드나무나 자작나무가 사용되었다. 대나무를 잘게 쪼개 3~4개를 아교로 접착한 뒤 실로 묶어 여기에 옻을 발라 만든다. 대나무 중에는 접착하지 않아도 되는 것도 있다. 화살의 뒤 끝부분은 현에 걸기 좋도록 시괄을 만든다. 대나무는 건조시키더라도 휘지 않기 때문에 문제가 없지만 보통 나무는 건조시키면 휘어지기 때문에 반듯한 상태를 유지하기 위해서는 특수 공정이 필요하다. 박힌 화살을 뺄 때는 화살촉이 적의 몸속에 남기 쉽도록 소재에 상관없이 살대는 부러지기 쉬운 것을 써야 한다. 또한 화살 전체의 무게 중심이 화살촉 방향의 앞부분에 있는 것이 가장 좋은 화살이라 할 수 있다. 화살촉의 길이는 5㎝ 정도로 그 모양은 다양하다. 어떤 것이나 그 모양이 적의 신체에 박힌 다음 잘 빠지지 않도록 또는 뺄 수 없도록 만들어졌다. 소재로는 뚫고 들어가는 힘을 높이기 위하여 강철이 사용되었다. 훈련용에는 앞부분이 박히지 않도록 둥글게 처리한 것도 있다. 화살 뒷부분에는 길이가 6~12㎝ 정도 되는 세 개의 깃털(箭羽)이 아교로 붙여져 있다. 새의 깃털로는 독수리나 매의 깃털이 가장 좋은 것이었다. 독수리나 매의 깃털을 구할 수 없는 중국 남부지역에서는 거위 털을 사용하기도 했다.

2-3-4-4. 五御圖

이천태: "'五御'는 '말 부리는 다섯 가지'인데 말 부리는 것이 이렇게 중요한 사실인줄은 몰랐네요. 일반적으로 말은 하인이나 전문 관리가 책임지는 줄 알았는데요. 말 부리는 것, 이것도 일정한 기준과 원칙이 있는 것 같은데요. 어떠한 것이 있는지요."

소학선생: "일반적으로 御에는 다섯 가지가 있으니,

첫째는 鳴和鸞이니

和與鸞은 皆鈴也라 和在式하고 鸞在衡하여 馬動則鸞鳴而和應也요

(和와 鸞을 울림이니, 和와 鸞은 다 방울(鈴)인 바, 和는 수레 앞의 가로대는 나무에 있고(式) 鸞은 멍에(衡)에 있어, 말이 움직이면 鸞이 울리면 和가 응한다는 것이고)

둘째는 逐水曲이니

言御車隨水勢之屈曲而不墜也요.

(逐水曲이니, 수레를 몲에 물줄기의 굴곡에 따라 떨어지지 않음이고)

셋째는 過君表니

謂君表轅門之類니 言急驅車하여 走而入門에 若少偏이면 則車軸擊門閩而不得入也요

(過君表이니, 임금의 자리와 表轅(수레를 진열하여 陳을 만들 때에 서로 향하게 하는 것) 따위를 이르는바, 급히 수레를 몰아 문에 들어갈 때에 만약 조금만 기울면 수레의 축이 문의 말뚝에 부딪쳐 들어갈 수 없음이요)

넷째는 舞交衢니

> 謂御車在交道에 旋轉이 應於舞節也요.
>
> (舞交衢이니, 수레를 몰아 교차로에 있을 회전함에 춤추는 절도에 응함이요)

다섯째는 逐禽左니

> 謂逆驅禽獸使左하여 當人君以射之也라
>
> (逐禽左이니, 짐승을 거슬러 몰아 왼쪽으로 가게 하여 임금에게 마땅히 화살을 쏘게 함 이다)

◎馬(말)

말은 인간에게 중요한 가축의 하나로, 전 세계에서 널리 사육되고 왔지. 옛날에는 인간의 식량을 위한 사냥의 대상이었으나, 그 후 군마(軍馬)나 밭갈이에 이용되었고, 최근에는 주로 승용(乘用)이나 스포츠용으로 이용 되고 있지. 우리나라에는 옛날부터 향마(鄕馬)와 호마(胡馬)라는 2종류의 말이 있었던 것으로 기록에 나와 있는데, 향마는 '과하마(果下馬)' 또는 '삼척마(三尺馬)'라고도 했는데, 석기시대부터 신라에 이르는 동안 중국 에까지 널리 알려진 말로서, 과수나무 밑을 타고 지나갈 수 있을 정도 로 왜소한 나귀와 비슷한 품종이지. 호마는 과하마보다 조금 큰 중형의 말로서, 그 후 몽골과의 교류는 물론 특히 여진(女眞)을 통해서 들어온 북방계 말의 호칭이었던 것으로 짐작된다.
현존하는 한국의 재래마(在來馬)는 조랑말로 대표되는데, 이 품종은 타르 판말에서 유래되는 향마가 오랜 세월 동안 여러 혈통, 특히 몽골말이나 아랍계의 대원마(大宛馬)에서 영향을 받은 품종일 것으로 생각된다네. 한국에서의 말 사육은 선사시대부터 이루어졌을 것으로 짐작되나, 문헌 상으로는 부여·옥저·고구려 등에서 이미 목장을 설치하여 소·돼지 와 더불어 말의 목양(牧養)이 이루어진 것으로 기록되어 있다. 삼국시대 에 이르러서는 우경(牛耕)의 시작과 더불어 기마전(騎馬戰)의 보급으로 말의 수요가 늘어나 우마목장이 전국으로 확대되었다.

거제지도(車制之圖)

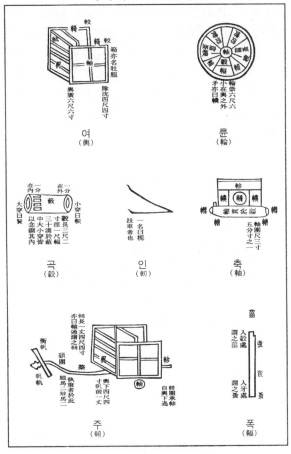

여 (輿)

륜 (輪)

곡 (轂)

인 (軔)

축 (軸)

주 (輈)

폭 (輻)

통일신라시대에는 우마를 중심으로 한 국영·민영 목장이 전국에 174개소에 이르게 되어 말에게 먹일 사료가 큰 문제가 되자 중국에서 목숙(개자리)을 수입해 이를 해결하기도 하였다.

고려에서는 초기부터 획기적인 축마제도를 갖추어 1025년(현종 16)에 목감양마법(牧監養馬法), 1159년(의종 13)에 축마요식(畜馬料式)을 제정하여 말을 사용 목적과 종류에 따라 전마(戰馬)·잡마(雜馬)·빈마(牝馬)·파부마(把父馬)·별립마(別立馬)·어마(御馬)·반마(伴馬)·상립마(常立馬) 등으

로 구분하고, 이를 청초기(靑草期: 4~9월)·황초기(黃草期: 1~3월, 10~12월)
등 계절에 따라 사료의 품종과 양에 차이를 두어 사육하는 등 축마의
과학화를 이루었는데, 이러한 축마체제는 조선시대까지 이어졌다. 조선
시대에도 '말의 생산은 나라를 부(富)하게 한다', '나라의 부(富)는 말의
수로써 결정된다'는 기치 아래 말의 증산에 힘써 전국에 53개소(세종 때)
의 국영 목마장을 설치하고, 말의 수에 따라 목부(牧夫)를 배치하였다.
그러나 말의 증산정책에 크게 힘을 기울여도 목축류 가운데 말의 수요
가 가장 많아 말의 공급 문제는 항상 위정자들의 고민거리로 대두되었다.

국연도(輂輦圖)

국
(輂)

연
(輦)

이 당시의 말의 용도는 군사상의 전마(戰馬)와 통신용의 역마(驛馬) · 교통 · 운반 · 교역용 등으로 다양하였을 뿐 아니라 식용으로도 큰 비중을 차지했다. 특히 궁중과 관아에서 말고기의 수요가 늘게 됨에 따라 말의 명산지인 제주에서 건마육(乾馬肉)을 공물(貢物)로 바치게 하기도 하였다. 말은 이 밖에도 가죽 · 털 · 힘줄[馬筋]은 가죽신 · 장신구 등에 사용되었고, 갈기[馬住] · 꼬리는 갓 또는 관모(官帽: 住帽 · 住笠 등)로 쓰였으며, 마분(馬糞)은 비료 · 약용 · 마분지(馬糞紙)의 원료나 연료로도 쓰이는 등 부산물의 용도도 다양하였다.

2-3-4-5. 六書圖

이천태: "'六書'는 한자의 造字 원리를 말하는 것으로, 한문공부할 때마다 맨 먼저 배운 바 있는데요. 배울 때는 알 것 같지만 좀 지나면 금방 잃어버려 속이 많이 상했던 것을 기억하는 데요. 여기서 다시 六書를 알게 되어 새롭네요. 六書에 대한 자세한 설명 부탁 드려요."

소학선생: "≪周禮≫ 〈地官(小司徒)〉에 '여덟 살이면 소학에 들어가 國子를 가르치되, 먼저 六書로써 한다'고 하였고, ≪漢書≫ 〈藝文志〉에 이에 대한 언급이 있으며, 許愼의 ≪說文解字≫ 서(敍)도 역시 이를 인용하였지. 특히 허신은 한자의 자형을 바탕으로 한자의 '본의(本義)'를 도출하기 위하여 상형(象形) · 지사(指事) · 회의(會意) · 형성(形聲) · 전주(轉注) · 가차(假借)라는 6종류의 원칙, 즉 '육서(六書)'의 방법을 확립하였지. 육서가 성립된 직후에 이루어진 ≪설문해자≫는 육서의 원리를 가장 잘 보여주는 자료이지.

六藝之敎(5) 六書圖

象形
謂日月之類
象以形體也

諧聲(形聲)
謂江河之類
以水爲形
工可爲聲也

謂令長之類
一字兩用也
假借

六書

會意
謂人言爲信
止戈爲武
會意之意也

謂考老之類
文意相受
左右轉 轉注

謂人在一上爲上
人在一下爲下
處得其宜也
處事

書에는 여섯 가지가 있으니,

첫째는 象形이니

謂日月之類니 象以形體也요.

(象形이니, 日·月 따위의 형체의 모방함을 말하고)

둘째는 會意니

謂人言爲信 止戈爲武니 會人之意也요

(會意이니, 人과 言이 信이 되고,
止와 戈가 武가 되는 것으로 사람의 뜻을 모음을 말하고)

셋째는 轉注니

謂考老之類니 文意相受하여 左右轉注也요.

(轉注니, 考·老따위로 글자의 뜻을 서로 받아

좌우로 전환하여 붙임을 말하며)

넷째는 處事(指事)니

謂人在一上爲上하고 人在一下爲下하여 處得其宜也요

(處事(指事)니, 人이 一 위에 있으면 上이 되고,

人이 一 아래에 있으면 下가 되어 처함이 그 마땅함을 얻음을 말한 것이고)

다섯째는 假借니

謂令長之類니 一字兩用也요.

(假借니, 令·長 따위로, 한 글자를 두 가지로 씀을 말하며)

여섯째는 諧聲이니

謂江河之類니 以水爲形하고 工可爲聲也라

(諧聲(形聲)이니, 江·河따위로,

물의 형체를 삼고, 工·可로 소리(음)로 삼음을 말한다)

이를 집해해보면,

象形은 육서의 원천으로서, 어떠한 물건의 구체적인 형상을 직관적으로 포착하여 이를 선(線)과 점(點)의 연결조합으로 표현한 것으로, 그림과 같은 성질의 것으로, 문자의 모양을 보면 곧 그 뜻을 짐작하게 되지. 예를 들면, 일(日)·월(月)·산(山)·천(川)·마(馬)·조(鳥)·어(魚)·호(虎)·충(蟲)·연(燕)·문(門)·궁(弓)·산(傘) 등이 이에 속하는데 이것은 한자의 원형으로서 지사·회의·형성 세 가지 단계가 모두 상형에 바탕을 두고 있으며,

會意는 두 개 내지 두 개 이상의 기성문자를 결합시켜 새로운 다른 개념을 나타내는 글자를 만드는 원리이지. 예를 들면, '日'과 '月'을 조합하여 '明'자를 만들어 '밝다' 는 뜻을 나타낸다. '戈'와 '止'를 합쳐서 '武'자를 만들고, '人'과 '言'을 합하여 '信'자를 만드는 것도 모두 이 원리에 속하고,

轉注는 이미 만들어진 글자의 본래 뜻으로부터 유추해서 다른 글자로 호환하여 사용하는 글자의 운용 방식이지. "서로 뜻을 주고받을 수 있다(同意相受)."라고 하며 '老' 자와 '考' 자를 예로 들어 설명하고 있는데, 개념을 파악하기가 쉽지 않아 후 의견이 분분하지. 따라서 전주는 같은 부수에 속하면서 의미가 동일해 바꾸어 사용해도 무방한 글자나 동일한 부수 속에 서로 통용되는 글자가 그 대상이 된다고 할 수 있는데, 예를 들면 '처음'이란 의미를 가진 '처음 시(始)' · '처음 초(初)' · '으뜸 원(元)' · '머리 수(首)' 등을 바꾸어 쓰는 경우를 말하며,

指事는 상형의 함의(含意)에 비추어 상사(象事) 또는 처사(處事)라고도 하지. 어떠한 추상적인 사항을 기호나 상형의 방법을 바탕으로 하여 이에 점이나 선을 증감하여 그 내용을 가리키지. 예를 들면 一을 중심으로 그 위에 점 하나를 찍어 (上), 아래에 점을 찍어 (下)자를 만들었으며, '月'의 선 하나를 줄여 '夕'자를 만든 것도 모두 이 지사의 원리에 의한 것이고,

假借는 어떤 새로운 개념을 가진 단어를 표기하고자 하나 그러한 문자가 없을 때 그 단어의 발음에 부합하는 기성의 다른 문자를 그 원래의 의미 내용에 관계없이 빌려 쓰는 방법이지. 예를 들면 '革'은 짐승

가죽에서 털을 뽑아 버린 물건이라는 뜻이지만, 이와 같은 음으로 전혀 다른 뜻인 개혁 · 혁신 · 혁명 등의 개념으로 쓰이기도 한다네. 이 때 '혁' 은 그 뜻이 '고칠 혁'이지.

　　形聲은 '諧聲'이라고도 하는데 말의 일반적인 뜻을 나타내는 부분 인 형(形)과 그 뜻을 특수하게 한정하기 위한 부분으로 된 합성문자(合成 文字)로서, 예를 들면 '江 · 河'등이 이에 해당하지. 즉 왼쪽의 ' 氵'(삼수 변) 으로 일반적인 뜻을 나타내고, 바른 쪽 '工'로 '可'로 발음을 나타내지. 형성은 육서 중에서도 중요한 비중을 차지하여 한자 총수의 약 90%에 달하는데 형성자의 결합 방식에는 다시 다음의 여섯 가지가 있다네. ① 左形右聲(江 · 河) ② 右形左聲(鳩 · 鴿) ③上形下聲(草 · 藻) ④ 上聲下形 (婆 · 娑) ⑤ 外形內聲(囿 · 圃) ⑥ 外聲內形(問 · 興)등이지.

2-3-4-6. 九數圖

　　소학선생: "九數는 '九章算術'의 준말로 중국에서 가장 오래된 계 산법이지. ≪구장산술≫은 선진(先秦) 이래의 유문(遺文)을 모은 것으로 위(魏)의 유휘(劉徽)의 ≪九章算術註≫가 있는 점으로 미루어 보아 그 이 전에 정본(定本)이 있었다는 것을 알 수 있지. 저자와 저작연대는 불명 이며, 그 내용은 9장으로 이루어져 있다네. 이 서적은 후대 산수서적의 모델로서, 古代社會經濟史의 史料로서도 그 가치가 인정되고 있지. 내 용은 논밭의 측량법, 미전 · 교역 · 매매 등의 계산법, 貴賤혼합법, 평 방 · 立方의 산법, 工力 · 工程의 산법, 배 · 수레 · 인마의 운임 계산법, 按分比例, 방정식, 삼각법 등을 말하는데 자세히 알아보면,

大藝之敎 (6) 九數圖

方程

句股 迤贖禀口

負正挨銷

盈朒　見互雜隱

貴帝近進

均輸

古田　田疇界域

交貿變易

九數

貴賤廩稅

功程積實酉功

粟布

衰輸

積藝方圓　少廣

數에는 아홉 가지가 있으니.

첫째는 方田이니 以御田疇界域하고
(方田이니, 밭두둑의 경계로 하며,
이는 土地 측정법의 하나로 변의 길이를 재어 면적을 구하는 방식을 말하며, 田畝의 넓
이를 구하는 계산에 분수가 있으며, 분자·분모·통분이라는 말도 엿볼 수 있으며)

둘째는 粟布니 以御交貿變易하고
(粟布니, 交貿와 變易에 쓰며,
粟布는 粟米를 말하는 바 비례법의 하나이며)

셋째는 衰分이니 以御貴賤廩稅하고

(衰分이니, 貴賤의 봉급과 세금에 쓰며,

衰는 '差等'의 뜻으로, 물건의 수량에 따라 세금을 부과하고,

호구에 따라 부역을 할당하며, 물가에 맞추어 귀한(貴) 자와 천한(賤) 자의 봉급을 지급

함을 말하며)

넷째는 少廣이니 以御積冪方圓하고

(少廣이니, 積冪과 方圓에 쓰며, 開放法으로 平方根을 구하는 방식이며,

뒤의 積冪의 積은 곱하기이고, 冪은 제곱이며)

다섯째는 商功이니 以御功程積實하고

(商功이니, 功程과 積實에 쓰며, 商은 헤아린다는 뜻으로 토목공사에 관한 功程을 헤아

림을 말하며)

여섯째는 均輸니 以御遠近勞費하고

(均輸니, 遠近에 勞費에 쓰며, 수송의 형편을 살펴 고르게 하는 것이며)

일곱 번째는 盈朒이니 以御隱雜互見하고

(盈朒이니, 隱雜(나타나 보이지 않는 수)으로 서로 나타냄에 쓰며,

過·不及을 알아내는 算法이며)

여덟째는 方程이니 以御錯揉正負하고

(方程이니, 錯揉와 正負에 쓰며,

현재의 多元一次方程式에 해당되는 것이며)

아홉째는 句股니 以御高深廣遠也라

(句股이니, 高深과 廣遠에 쓴다,

짧은 쪽을 '句', 긴 쪽을 '股'라 하는 바,

평탄하지 않은 地面을 계산하는 방식이다)

2-3-5. 四術四教之圖

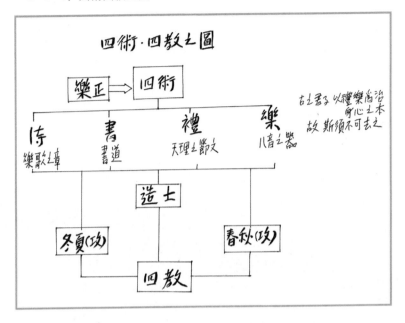

六藝는 禮・樂・射・御・書・數 등 인데 반해, 四術은 詩・書・禮・樂을 말한다. 육예가 '여섯 가지 재주'라고 보면 사술은 '네 가지 道로 가는 이름'이니, 같은 것 같으면서 다름이 있는 것 같다. 詩・書・禮・樂에 대해 다시 한 번 상세히 설명해 보면,

　　'詩는 樂章之章'이고 '書는 書道'이며,
　　'禮는 天理之節文'이요, '樂은 八音之器'이라고 하지.

禮樂은 옛날 군자는 心身을 다스리는 근본으로 삼아서 반드시 함께 했다고 볼 수 있지. 육예에는 射・御・數가 들어간 반면, 四術은 육예 중 書・禮・樂에다가 詩를 추가 한 것이다. '四術四教'는 ≪禮記≫

〈王制〉에 보이는데 살펴보면,

> 樂正이 崇四術立四敎하여
> 順先王詩書禮樂하여 以造士하되
> 春秋에 敎 以禮樂하고
> 冬夏에 敎以詩書니라
> (樂正이 네 가지 방법을 숭상하여 네 가지 가르침을 세워 선왕의 詩·書·禮·樂에 따라 선비를 만들되 봄과 가을에는 禮와 樂을 가르치고, 겨울과 여름에는 詩와 書를 가르쳤다.)

　樂正은 교육을 관장하는 관원으로 詩·書·禮·樂 네 가지 가르침은 바로 德에 들어가는 길이므로 '術'이라고 했는데, 造는 '이룸'이라 하여 선비를 만든다는 것이다. 봄과 가을에는 禮와 樂을 가르치고, 겨울과 여름에는 詩와 書를 가르쳤다는 것은 봄과 가을에 각종 예에 관한 행사가 있음이 이유가 되고, 겨울과 여름에는 한가한 시간이 많으니 집중적으로 詩와 書를 공부하라는 거지. 그러나 이것은 절대적인 것이 아니고 상황에 따라 변할 수도 있다고 했지. 이것을 '互言'이라는 것인데 전체를 다 말하지 않고 어느 한 가지 일만을 들어 말함을 이르지. 옛사람의 가르침이 비록 四時에 각각 익히는 바가 있다고 하였으나 그 실제는 또한 반드시 자른 듯이 저것을 버리고 이것을 읽혔던 것은 아니니, 아마도 또한 서로 바꾸어서 말한 것뿐이지. 봄과 가을에는 詩와 書를 가르칠 수 없고, 겨울과 여름에는 禮와 樂을 가르칠 수 없는 것은 아니라고 할 수 있지.

2-4. 立師弟子之敎圖

소학선생: "어느 덧 立敎편 마지막을 공부 할 차례가 왔네. 編名
은 '立師弟子之敎'이니, 즉 '스승과 제자간의 가르침을 세 운다'는 것이
지. 옛날에는 스승과 제자간의 관계가 보통 이상의 관계야. 젊어서는
부모와 관계가 중요하지만 나이를 먹고 정계나 관계에 진출하려면 스승
이 누구였느냐가 엄청 따졌지. 물론 지금처럼 가르치고 배우는 관계를
넘어 스승의 학문은 기본이고 精神과 哲學까지 물려받아야 진정한 師
父의 관계라고 할 수 있지. 제자 입장에서는 스승을 누구로 모셔야 하
는가를 굉장히 중요했지. 학문을 넘어 출세까지도 영향을 미쳤으니까.
앞에서도 한번 말한 적이 있지만 '先生님'은 정말 존귀한 존재야. 지금
은 아무한테나 누구든 '선생님, 선생님' 하는데 그것은 말도 안 돼. 함부
로 '先生'이라는 용어를 쓰면 안 되지. 최소한 10년 이상 모시고 가르침
을 받은 자만이 스승한테 그런 용어를 쓸 수 있는 거야. 지금 왜 그렇게
해야 하는가를 배우려고 하는 것이야."

이천태: "선생이라는 말에 그런 深奧한 뜻이 있는 줄을 몰랐네요.
아무튼 잘 알았고요. 이번에 배울 것을 알아보니 제일먼저 나오는 것이
≪管子≫〈弟子職〉인데요. ≪管子≫라는 것이 전혀 생소한데, 어디서
들어본 것도 같고. 혹시 '관포지교(管鮑之交)'로 유명한 관중(管仲)과 포숙
아(鮑叔牙)의 그 관중이 아닌지요?"

소학선생: 그렇다네. 우리가 흔히 깊은 우정을 말할 때 '管鮑之交'
라는 말을 많이 쓰지. 가난했던 소년시절부터 평생토록 변함이 없었던
鮑叔牙와 管仲의 깊은 우정을 말하지. ≪管子≫는 春秋時代 齊의 재상
이던 管仲의 著作으로 믿어졌으나 얼마 전부터 전국시대 齊에 모인 사

관자

상가들의 언행을 戰國時代부터 前漢 때까지 학자들이 편찬한 것이라고 결론이 났네. 管仲의 이름은 이오(夷吾)이지. 그는 齊의 公子 규(糾)에게 벼슬하여 후에 환공(桓公)과 적대관계였으나 환공의 신하 鮑叔의 추천에 의하여 宰相이 된 후 제를 춘추시대의 5대 강국 중 最强으로 만든 張本人지. 관중은 제에 있어서는 전설적인 인물이며, 제의 직하(稷下)는 당시 학술의 중심지였기 때문에 거기에 모인 학자들이 관중에 청탁하여 ≪관자≫를 만든 것인 듯하네. 이 ≪관자≫는 원래 86편이었으나 10편은 분실되고 76편이 현존하는데 전체가 〈經言〉·〈外言〉·〈內言〉·〈短語〉·〈區言〉·〈雜篇〉·〈管子解〉·〈輕重〉의 8부로 나뉘어 있는데, 〈관자해〉는 〈경언〉의 해석이겠지만 다른 것은 무엇을 기준으로 분류한 것인지 알 수 없지. 〈경언〉이 다른 부분보다 오래 된 것임은 인정되기 때문에 ≪國語≫, ≪左傳≫등의 관중에 관한 기록과 서로 보충하여 합하면 관중을 알기 위한 사료(史料)로 삼을 수 있어. 그 내용은 정치·법률·제도·경제·군사·교육·철학 등 다방면에 걸쳤고, 특히 시대의 변화로 인한 禮 사상의 무력화를 無爲自然의 사상으로 구제하려는 도가와 권력에 힘입는 法을 도입하려는 법가의 사상과의 관련이 '관자'에 보이고 있지. 그 외에 가(儒家)·묵가(墨家)·병가(兵家)·농가(農家)·음양가(陰陽家)등 여러 종류의 학설이 혼입되어 이 점으로 보아도 〈관자〉가 한 학파의 저술이 아닌 것을 알 수 있다네.

이천태: "아 그렇군요. 그런데 管子도 특이하게도 소학에는 단 한 편 만 소개하고 있네요. '立師弟子之敎'에는 관자 외에도 論語에서도 많이 인용한 것 같은데 특별한 이유가 있는지요?"

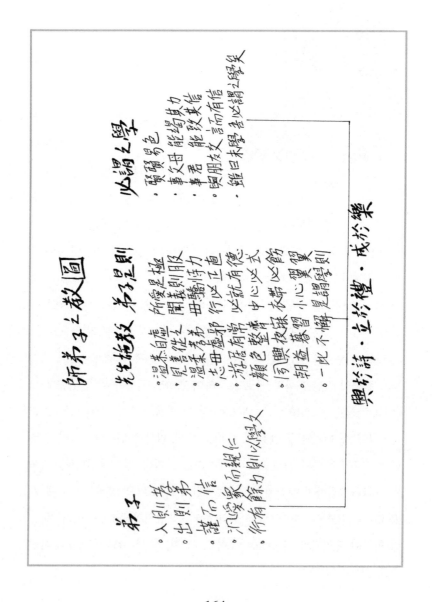

소학선생: "소학 책에서 제일 많이 인용한 것이 ≪禮記≫이고, 그 다음이 ≪論語≫이지. 예기도 그렇지만 논어도 제자들이 스승한테 배워야 할 지침들이 많이 나오니까 즐겨 인용한 거지. 또 하나는 당시 논어가 제일 중요한 經典 중의 하나이고 또 공자님의 말씀이라는데 의미를 둔 것도 있고. 소학에다 논어 편을 많이 인용하면 그만큼 논어에 대한 공부도 된다고 할 수 있지.

자, 그럼 ≪管子≫ 〈弟子職〉부터 학습해보면,

先生施敎하면　弟子是則하라(先生이 가르치시면 弟子는 본 받아라)

溫恭自虛하여　所受是極하라(온순·공손하여 스스로 겸허히 받은 바를 극진하라)

見善從之하고　聞義則服하라(善을 보면 따르고 義를 들으면 복종하라)

溫柔孝弟하며　毋驕恃力하라(온화·유순 효제하며 세력을 믿고 교만치 말라)

志毋虛邪하고　行必正直하라(뜻을 헛되고 간사하게 말며 행실은 반드시 정직 하라)

游居有常하여　必就有德하라(거처와 벗에 떳떳이 하되 반드시 덕에 나아가라)

顔色整齊하고　中心必式하라(안색을 엄숙히 마음속에 반드시 법식을 가지라)

夙興夜寐하여　衣帶必飾하라(일찍 일어나고 늦게 자며 옷과 띠를 반드시 갖추어라)

朝益暮習하고　小心翼翼하라(아침에 더 배워 저녁에 익혀서 조심하고 삼가라)

一次不懈하니　是謂學則이라(한번이라도 게으르지 말지니 이를 學이라 이른다)

集解해보면, 先生은 '師'라 하고, 弟子는 尊師(스승을 높이기)를 如父兄(父兄과 같이 한다)라 했고, 則은 效(본받음)라. '自虛'는 心不自滿(마음을 자만하지 않음)라 했으며, 虛其心(마음을 겸허히 함)은 使有所容(용납할 곳이 있게 함)라 했고, '所受是極'은 謂受業(학업을 받음)에 須窮究道理(반드시 도리를 궁구)하여 到盡處(지극한 곳에 이름)라 했네. 心之所之(마음이 가는 바)를 '謂之志'

라, '虛'는 '謂虛僞'라. '身之所行'(몸이 가는 바)을 '謂之行'이라. '常'은 '謂常所'(일정한 곳에 이른다)라 했으며, '整齊'는 '修治嚴肅之貌'(닦고 엄숙히 하는 모양)라 '式'은 '敬'라고 하지. '翼翼'은 '恭敬貌'(공경하는 모습)이라.

言爲弟子者 當專一從事於此而不怠(제자가 된 자는 마땅히 이에 專一하게 종사하여 게을리 하지 않아야) 是謂爲學之法矣(이를 배우는 법이라 이른다)라 했는데, 주자는 아울러 此篇이 明白簡要하니 實弟子職之所當務(제자의 직분에 마땅히 힘써야 할 바), 且終篇에 惓惓然以敬爲言(정성스럽게 敬을 말하였으니) 豈非當時先王流風善敎 猶有存者(어찌 당시에 선왕(先王)의 流風과 좋은 가르침이 아직 남아 있는 것이 있어서) 管子其有所受歟(관자가 그 전수받은 바가 있었던 것이 아니겠는가?) 아! 學者宜深體之(배우는 자는 마땅히 깊이 체행하여야 할 것이다).

이 중 한 문장만 심층적으로 풀이하면 세 번째 줄 '見善從之하고 聞義則服하며'는 "옳은 것을 보고는 그것을 따르고, 大義를 듣고는 거기에 복종하라"는 말인데, 여기에서 선(善)은 단순히 "착하다"는 뜻이 아니지. 선(善)과 의(義)는 모두 '올바름'을 말하는 것인데, 다만 선(善)이 '개인적인 판단 하의 올바름'을 말하는 것이라면, 의(義)는 '여러 사람이 올바르다'고 하는 차이가 있다고 보면 되지. 비슷한 名文으로는 논어 里仁편 17장에 '子曰 見賢思齊焉하며, 不賢而內自省也니라'가 나오는데, 이는 '어진 이를 보면 그와 같이 되기를 생각하고, 어질지 못한 사람을 보면 나 자신을 살펴 반성 한다'로, 우리 주변의 환경 또는 하는 일을 보고 자기가 받아들이는 긍정적인 마음이 있어야 한다는 것이지. 見善從之와 비슷한 뜻의 見賢思齊 글처럼 '어진 사람을 보면 그와 같이 되기를 생각'하는 배움의 자세가 필요하다네."

해봉: "선생님, ≪管子≫ 〈弟子職〉에 이런 중요한 말이 있는 줄은 몰랐네요. 나중에 ≪管子≫도 공부하고 싶어요. 나머지 논어에서 인용한 것도 함께 설명해 주셨으면 하네요."

소학선생: "공자선생은 ≪論語≫ 〈學而〉편에서,

弟子入則孝하고 出則弟하며
(弟子가 집에 가서는 효도하고, 나와서는 공손하고)
謹而信하며 汎愛衆하되
(떳떳함과 믿음을 주며, 널리 여러 사람을 사랑하되)
而親仁이니 行有餘力이어든
(仁과 친하며 행하고 여력이 있거든)
則以學文이니라(이로써 文을 배워야 한다) 하셨고,

集解해보면, '謹者'는 '行之有常'(행실에 떳떳함이 있음)요, '信者'는 '言之有實'(말에 진실함이 있음)라, '仁'은 '謂仁者'라, '餘力'은 '猶言暇日'이라, '文'은 '謂詩書六藝之文'(詩·書와 六藝의 文에 이른다)하였고, 程子는 爲弟子之職(제자의 직분을)하고 力有餘則學文(여력이 있으면 글을 배울 것)이니 不修其職而先文(그 직분을 닦지 않고 글을 먼저 함)은 非爲己之學(爲己의 학문이 아니다)고 라 했다네.

공자의 제자 子夏 역시 ≪論語≫ 〈學而〉편에,

賢賢하되 易色하며
(어진 이를 어질게 여기되, 女色과 바꾸며)
事父母하되 能竭其力하며
(부모를 섬기되 그 힘을 다하며)
事君하되 能致其身하며

> (임금을 섬기되, 그 몸을 바치며)
>
> 與朋友交하되 言而有信이면
>
> (친구와 사귀되 말함에 성실함이 있으면)
>
> 雖曰未學이라도 吾必謂之學矣라 하리라' 하셨지.
>
> (비록 배우지 않았다 하더라도, 나는 반드시 그를 배웠다고 말하겠다)

　이 글도 集解하면, '子夏'는 孔子弟子니 姓이 卜이요, 名이 商이라 賢人之賢而易其好色之心(사람의 어짐을 어질게 여기되, 그 女色을 좋아하는 마음과 바꿔하면) 好善有誠善(선을 좋아함에 진실이 있는 것이다) '致'는 '委'니 委致其身(자기 몸이라는 것을 委致한다는 것은) 謂不有其身(그 몸을 두지 않음을 이른다). 四者는 皆人倫之大者(모두 人倫의 큰 것이니), 而行之必盡其誠(행함에 반드시 그 정성을 다하여야 하니) '學'은 求如是而已(이와 같이 함을 구할 뿐이다). 故로 子夏言有能如是之人(자하는 말하기를 능히 이와 같이 하는 사람이 있으면) 苟非生質之美(만일 타고난 자질이 아름답지 않다면) 必其務學之至(반드시 학문을 힘씀이 지극한 것이니) 雖或以爲未嘗爲學(비록 혹 일찍이 배우지 않았다고 하더라도 말하더라도) 我必謂之已學(나는 반드시 이미 배움에 이르렀다고 할 것이다).

　해봉: "古典에서 文에 대해 굉장히 궁금했었는데 지금 선생님께서 '文은 謂詩書六藝之文(詩·書와 六藝의 文에 이른다)'라 하시니, 종합해보면 詩·書·禮·樂·射·御·書·數로 여덟 가지가 되네요. 젊은 날이 많은 분야를 공부한다는 것이 보통 일이 아닌 것 같아요. 또 인상적인 것은 程子선생이 '제자의 직분을 하고 여력이 있으면 글을 배울 것이니, 그 직분을 닦지 않고 글을 먼저 함은 爲己의 학문이 아니라'는 말은 새삼 가슴에 와 닿는군요. 그런 연유로 ≪論語≫〈泰伯〉에 '興於詩하며, 立於禮하며, 成於樂이니라'는 말이 나오는 데요. 제가 논어를 읽

으면서 제일 즐겨 외웠던 구절이거든요. 자세한 설명 부탁드려요."

소학선생: "'興於詩하며, 立於禮하며, 成於樂이니라'. 정말 의미 있는 말이지. 논어의 핵심이라 할 수 있지. 공자선생의 眞面目을 보여 주는 구절이기도 하고.

선생은
詩에 대해서는,

> 詩本性情(詩는 性情을 근본 하여) 有邪有正(사악도 있고 올바름도 있고)
> 其爲言(그 말이) 旣易知(이미 알기 쉽고) 而吟咏之間(알고서 읊는 사이에)
> 抑揚反覆(누르고 드날리고 反復하여) 其感人(사람을 감동시킴이) 又易入(또한 들
> 어가기 쉽다). 故로 學者之初(배우는 자가 초기에) 所以興起其好善惡惡之心
> 而不能自已者(善을 좋아하고 惡을 미워하는 마음을 흥기시켜 스스로 그칠 수 없게
> 하는 것은) 必於此而得之(반드시 이 詩에서 얻어진다고 하여), 詩는 興起해야
> 한다고 했으며,

禮에 대해서는,

> 以恭敬辭遜爲本(공경하고 사양하는 것을 근본으로) 而有節文度數之詳(節文과
> 度數의 상세함이 있어) 可以固人肌膚之會 筋骸之束(사람의 살과 피부 그리고 힘
> 줄의 묶임을 견고히 할 수 있다). 故로 學者之中(배우는 자는) 所以能卓然自立
> 而不爲事物之所搖奪者(중간에 능히 우뚝이 자립하여 事物에 흔들리고 빼앗김을
> 당하지 않는 것은) 必於此而得之(반드시 이 禮에서 얻어진다 하여) 禮를 통하여
> 確立한다고 했으며,

樂에 대해서는,

> 樂有五聲十二律(음악은 五聲과 十二律) 更唱迭和(서로 부르고 서로 화답하여)
> 以爲歌舞八音之節(歌舞와 八音의 절도를 삼는다). 可以養之性情而蕩滌其
> 邪穢(사람의 性情에 길러서 간사하고 더러운 것을 깨끗이 씻어내고) 消融其查滓(찌
> 꺼기를 말끔히 사라지게 한다). 故로 學者之終(배우는 자가 끝에) 所以至於義精
> 仁熟而自和順於道德者(義가 정밀해지고 仁이 성숙해져서, 도덕이 화순해짐에 이
> 르는 것은) 必於此而得之(반드시 樂에서 얻어지니), 是는 學之成(배움의 완성이
> 다). 又曰 按內則(內則을 살펴보면) 十歲學幼儀(10세에 어린이 예를 배우고), 十
> 三學樂誦詩(13세에 음악을 배우고 시를 외우며), 二十而後學禮(20세 이후에 예를
> 배운다), 則此三者(이 세 가지) 非小學傳授之次(소학에서 전수하는 차례가 아니
> 요), 乃大學終身所得之難易先後淺深也(바로 大學에서 종신토록 얻는 바의 어
> 렵고 쉽고, 먼저와 뒤, 얕고 깊은 것이다)고 하여, 樂에서 이뤄진다고 하였다네.

해봉: "이것 말고도 師弟간의 禮를 강조한 경전의 내용 중 참고할
만한 것들이 있는지요."

소학선생: "≪禮記≫ 〈學記〉편을 보면 학문의 목적이나 교육방법
과 교육자의 책무 등을 수록하였으며, 또 스승을 존경하는 풍토를 강화
해 한다는 것에 해설하였지. 여기에 나오는 것 중 한 가지와 程門立雪
이라는 내용을 소개하면,

먼저 ≪禮記≫ 〈學記〉에 나오는 말로,

> 凡學之道는 嚴師爲難(무릇 학문의 길은 스승을 존엄하게 하는 것이 어려우니)
> 師嚴然後道尊(스승을 존엄하게 된 뒤에야 道가 존중되고)
> 道尊然後民知敬學(도가 존중된 뒤에라야 사람이 공경하게 배우나니)
> 是故君之所不臣於其臣者二

(이런고로 군주가 그 신하를 신하로서 대하지 않는 경우가 두 가지가 있는데)

當其爲尸則弗臣也(선조의 신주를 담당할 경우에 신하로 대하지 않으며)

當其爲師則弗臣也(군주의 스승을 담당할 경우에 신하로 대하지 않는다)

大學之禮에 雖詔於天子(대학의 예에 스승은 비록 천자에게 고할 때라도)

無北面은 所以尊師也(북면하지 않는 것은 이는 스승을 높이는 까닭이다)

善學者師逸而功倍(잘 배우는 자는 스승은 편안하면서도 功은 배가 되고)

又從而庸之(따라서 그 효과를 스승의 은혜로 여기는데)

不善學者師勤而功半

(잘 배우지 못하는 학생은 스승이 부지런히 지도해도 공은 절반뿐이며)

又從而怨之(따라서 그 효과 없는 것은 스승을 원망하게 되며)

善問者如攻堅木(잘 묻는 사람은 굳은 나무를 자르는 방법과 같이 하며)

先其易者요 後其節目(쉬운 것을 먼저 묻고 어려운 부분은 뒤로 하고)

及其久也하며 相說以解(오래 지나면서 서로 문답하는 동안 해결하는데)

不善問者反此(묻는 것을 잘 하지 못하는 사람은 이와 반대이다)

善待問者如撞鐘(물음을 잘 대답하는 사람은 종을 치는 것과 같고)

叩之以小者則小鳴(작은 것으로 그것을 두드리면 작게 울리고)

叩之以大者則大鳴(큰 것으로 그것으로 두드리면 크게 울리고)

待其從容然後盡其聲(기다려서 조용한 연후에 그 소리를 알 수 있는 것이니)

不善答問者反此(물음에 잘 대답하지 못하는 사람은 이와 반대이니)

此皆進學之道也(이것이 모두 학문에 나아가는 길인 것이다)

다음 〈程門立雪〉을 소개하면,

故事成語로 '제자가 스승을 받듦이 지극함'을 이르는 말이지. 遊炸(유작)과 楊時(양시)가 程頤(정이)를 처음 찾아갔을 때 그는 瞑想(명상)에 잠겨 있었는데 이에 아랑곳없이 서서 기다렸는데, 程伊川이 물러가라고 했을 때 밖에 눈이 한 자나 쌓여 있었다는 故事에서 온 말인데 原文을 보면,

정문입설

游楊初見伊川(유작과 양시가 처음으로 伊川을 접견할 때)

伊川瞑目而坐(이천은 눈을 감고 앉아 있었다)

二子侍立(두 사람은 그가 눈을 뜰 때까지 그 곁에 서 있었다)

旣覺顧謂曰(한참 후 이천은 눈을 뜨자 두 사람 쪽을 돌아보고)

賢輩尚在此乎(너희는 아직도 거기에 있었느냐?)

日旣晚且休矣(해가 지고 늦었으니 가서 쉬어라)

及出門하니 門外之雪深一尺(문을 나서자, 눈이 한 尺나 쌓여 있었다.)

　　이 故事는 ≪宋史≫의 〈楊時傳〉에 실려 있지. 양시와 유작은 이
와 같이 배움을 간절히 구하는 자세로 학문에 정진하여, 여대림(呂大
臨)·사양좌(謝良佐)와 함께 程門(程顥와 程頤의 문하)의 4대 제자로 꼽히지.
후에 이 두 사람은 학문을 마치게 되어 楊時는 용도각(龍圖閣), 즉, '왕실
도서관의 학사' 관리로 복건성에 학문을 도입해 '복건성 학문의 始祖'가
되었다네. 遊炸은 태학박사, 교수, 감찰어사, 지주(知州) 등의 여러 관직
을 역임하였지. 매사 후덕하게 처리하여 관리로 부임하는 곳마다 백성
은 그를 부모님 대하듯이 존경하며 우러러 모셨다고 하지. 이후 '程門

立雪'은 '스승을 존경하는 제자의 마음이나 배움을 간절히 구하는 자세'
를 비유하는 고사성어의 대명사가 되었지. 또 사람들은 배움을 청하는
것을 '程門立雪'이라 하고, 講學하는 곳을 '立雪堂'이라 했네.

◎ 宋朝六賢
중국 송나라 때 6인의 유학자. 염계(濂溪) 주돈이(周敦頤)·명도(明道) 정
호(程顥)·이천(伊川) 정이(程頤)·안락(安樂) 소옹(邵雍)·횡거(横渠) 장재
(張載)·회암(晦菴) 주희(朱熹) 등을 지칭함.

① 염계(濂溪) 주돈이(周敦頤, 1017~1073)
자는 茂叔이며 '濂溪'선생이라고 불렸다. 선생은
30여 년간 관료생활을 하였는데 항상 청빈하고
강직하여 중앙의 높은 관직에는 오르지 못하였
다. 유교 뿐 아니라 불교와 도교에도 깊은 조예
를 지니고 있었던 그는 특히 주역과 중용에 대한
뛰어난 관심으로 우주의 본체를 규명한 태극도설
(太極圖說)을 완성하였다. 그는 또한 성(誠)을 천인
합일(天人合一. 하늘과 사람은 합해서 하나라고 함)의 근거로 보아 강조하였다.
선생은 정치학설에 있어서도 유교의 전통적인 덕치주의에 입각하여 어
진 사람을 등용해야 한다는 상현주의(尙賢主義)를 역설하였다. 그는 정
명도, 정이천 선생을 제자로 길러 냈으며 훗날 宋
代 성리학의 새로운 場을 연 모태가 되었다.

② 명도(明道) 정호(程顥, 1032~1085)
동생 정이(程頤)와 함께 '이정자(二程子)'라고 불리며,
선생의 시호를 따라 '정명도(程明道)'라고도 불린다.
선생은 한 때 관직에 있으면서 왕안석(王安石)의 신
법에 반대하다가 좌천되기도 하였으며 노자와 불
교의 사상에도 능통했다. 선생은 육경을 깊이 연구
하여 유교에 심취하였고 주렴계 선생의 태극(太極)

개념 대신, 건원(乾元) 개념을 사용하여 유교의 본체론을 심화시켰다. 그는 또한 사람의 죽음과 삶은 기(氣)의 변화에 불과하다는 기일원론(氣一元論)적 유교이론을 세웠으며, 인(仁)을 강조하여 인심(人心)과 도심(道心)의 구분점으로 삼았다. 선생의 유교이론은 왕수인(王守仁) 등에게 영향을 주었으며, 동생 정이와 함께 송대 성리학의 대표자로 손꼽힌다. 저서로는 명도문집(明道文集)과 어록(語錄)이 있다.

③ 이천(伊川) 정이(程頤, 1033~1107)

정명도 선생의 아우로서 이천 지방을 다스렸기 때문에 정이천(程伊川)으로 잘 알려져 있다. 형과 함께 주렴계 선생에게서 유교를 배웠으며 왕도정치를 강조했다. 선생의 유교 이론은 형의 기일원론(氣一元論)과 달리 이기이원론(理氣二元論)을 주장하여 '기(氣)'중심의 사상에서 '이(理)' 중심의 사상으로 옮겨가는 과도기적 역할을 담당하였다. 그는 또한 성(性)에는 기품지성(氣稟之性. 사람의 타고난 기질과 성품)과 천연지성(天然之性. 저절로 이루어진 성품)이 있다고 하여 훗날 주자가 본연지성(本然之性. 사람이 본디부터 가지고 태어난 심성) 이론을 세우는데 중요한 단서를 제공해 주었다. 이정자의 학문과 주희의 학문을 통칭하여 '정주학(程朱學)'이라고도 한다. 저서로는 역전(易傳), 춘추전(春秋傳), 이천문집(伊川文集) 등이 있다.

④ 안락(安樂) 소옹(邵雍, 1011~1077)

시호가 강절(康節)인 까닭에 '소강절(邵康節)'로 잘 알려져 있다. 평생토록 관직에는 나아가지 않고 학문에만 심취하였던 그는 특히 상수학(象數學)에 정통하였다. 선생은 상수학 지식을 바탕으로 주역을 연구하여 만물의 생성이 태극에서 유래한다고 하는 수리체계를 세웠다. 선생의 상수학은 그 체계가 극히 정밀하면서도 포괄하고 있는 내용은 전 우주를 포괄하는 실로 광대한 것이었다. 이는 결국 중세기의 수학적 정신과 철학적 지혜를 결합한 것으로서 성리학의 체계화에 큰 공헌을 하게 되었다. 선생은 주돈이, 정호, 정이, 장재 등과 함께 北宋五子로 불리며 저서로는 황극경세서(皇極經世書)와 관물외편(觀物外篇) 등이 있다.

⑤ 횡거(橫渠) 장재(張載, 1027~1077)

자는 '자후(子厚)'이며 지금의 섬서성(陝西省) 횡거진(橫渠鎭) 출신으로 고향의 지명을 딴 횡거선생으로 잘 알려져 있다. 어려서 고아가 되어 독학을 하였으며 이정자(二程子)를 만난 이후 유교에 심취하였다. 후에 관직에 몸을 담았으나 왕안석의 신법에 반대하여 고향으로 돌아가 강학과 유교 발전에 주력하였다. 선생은 주돈이의 태극도설, 소옹의 선천설(先天說. 사람의 성질이나 능력은 나면서부터 갖추어져 있는 것이라는 이론), 정이의 이기설(理氣說. 자신의 이익과 쾌락을 중심으로 삼는 학설) 중 그 어느 것도 취하지 아니하고 독자적으로 태허(太虛. 지구 표면 위에 높이 펼쳐진 공간)라는 개념으로 우주를 설명하였다. 그는 또 만물의 생성과 소멸을 태허의 응집으로 해석하여 물아일체(物我一體. 주체와 객체의 분별심이 사라져 조화를 이룬 진실한 세계를 말함)를 주장하였다. 장횡거의 이러한 기(氣) 중심의 학설은 주자에 의해 부분적으로 흡수되었을 뿐 당시에는 별로 주목을 받지 못했으나 명나라 말 왕부지(王夫之)에 의하여 재조명됨으로써 빛을 보게 되었다. 저서에는 정몽(正蒙), 횡거역설(橫渠易說) 등이 있다.

⑥ 회암(晦菴) 주희(朱熹, 1130~1200)

선생은 북송 유교학자들의 학설을 종합 계승하는 한편 동시대의 불교와 도교를 섭렵함으로써 송대의 유교를 집대성하였다. 자는 '원회(元晦)'이며 호는 '회암(晦庵)'이고 본관은 휘주(徽州)이다. 선생은 학문의 기본을 공맹(孔孟)에 두고 정진하여 성리학을 완성시킴으로써 유교의 새로운 지

평을 열어 주었다. 이로 인해 맹자이후 1400여 년간 끊겨왔던 유교의 도통을 성리학에 다시금 접목시킴으로써 침체되었던 유교를 부흥시키는데 결정적인 기여를 하였다. 그의 철학체계인 주자학(朱子學)은 성리학의 진수를 종합한 것으로서 그 이론이 매우 정밀하고 또한 방대한 내용을 담고 있어 이후의 유교 발전에 지대한 영향을 주었다. 특히 우리 나라에서는 그의 유교 이론이 조선시대 전반을 통하여 정설로 인정되고 과거시험의 학과로 채택됨에 따라 장기간에 걸쳐 막강한 영향력을 끼쳤다. 주희의 저서로 유명한 것은 그의 글을 모아놓은 朱子大全, 朱子書節要등이 있다.

3. 明倫

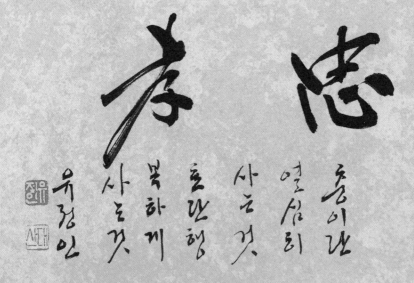

3. 明倫

명륜당

　이천태는 '明倫편' 학습에 앞서 '明倫'이란 연혁에 대해 무척 궁금해 했다. 그는 '明倫'하면 떠오는 것이 있었는데, 다름 아닌 자신의 시골 향교였다. 일 년에 두 번 釋尊大祭때마다 향교에 갔었는데 거기에는 '大聖殿'을 뒤로 두고 '明倫堂'이 있는 것을 보아왔다. 지금도 눈에 선명한 수백 년 묶은 은행나무 네그루와 백일동안 핀다는 배롱나무가 여러 그루가 있었다. 당시에는 거기서 무엇을 하는지? 어떤 의미가 있는지? 전혀 알리 가 없었다. 천태가 자료를 통해 파악한 '明倫'은 다음과 같음을 알았다.

　'明'은 '明之'요 '倫'은 '人倫'이라는 것이며, 즉 '인간사회의 倫理를 밝힌다는 뜻'이었다. 由來는 ≪맹자≫ 〈滕文公篇〉에 '設爲庠序學校하여 以教之는 皆所以明人倫也라 하시니'니 즉, "庠·序·學·校를 세워 교육을 행함은 모두 인륜을 밝히는 것이다."라 한데서 알 수 있었다.

朱子선생은 이에 대해 자세한 풀이를 하셨는데,

> 庠以養老爲義(庠은 노인을 봉양함을 뜻으로 삼고)
> 序는 以習射爲義(활쏘기를 익힘을 뜻으로 삼고)
> 校는 以教民爲義(백성의 가르침을 뜻으로 삼으니)
> 皆鄕學(모두 지방의 학교이다)
>
> 學은 國學(太學)라, 倫은 序(차례)
> 父子有親·君臣有義·夫婦有別·長幼有序·朋友有信은
> 此人之大倫(이는 사람의 큰 차례이니)
> 庠序學校는 皆以明此而已(모두 이것을 밝힐 뿐이다).

'倫'은 五倫에 근거함을 분명히 밝힌 것이다. 궁금해 했던 '明倫堂'은 成均館이나 지방의 각 향교에 부설되어 있는 講學堂인데, 儒生들이 이곳에서 글을 배우고 익혔다고 전한다. 특히 성균관은 1398년(태조 7년)에 성균관 대성전(大成殿) 북쪽에 건립한 것이 시초인데, 좌우에 협실(夾室)이 있고 중간에 당(堂)이 있어 총 18칸이며, 앞에는 각각 18칸의 東齋와 西齋가 있는데 성균관의 유생들이 기거하던 재실(齋室)이다. 지방의 명륜당이 대성전 앞에 건립되어 있는 데 반하여 성균관의 명륜당은 대성전 뒤에 위치하고 있는 것이 특이하다고 한다. 이곳에서 조선 말엽까지 많은 학자와 정치인들이 배출되었을 뿐 아니라, 국민의 도의정신과 사회정의를 부식하고 教化하는 根源이 되었다고 한다. 역대 왕이 때때로 행차하여 대성전에 참배하고 유생들을 격려하기도 하였으며 왕세자가 입학할 때에는 文廟에 석채례(釋菜禮: 석존례)를 올리기도 해 조선이 儒教국가라는 것을 증명하기도 했다. 이렇게 하여 동양사상과 문화의 진수를 우리의 오랜 전통 속에 심어 고전정신을 북돋워 새로운 역사 창조의 바탕을 마련한 곳이며, 경전의 이해도를 측정하는 시험이나 小科·大科를 행하는 장소로도 사용되기도 했다. 명륜당 안에는 이황(李滉)의 ≪聖學十圖≫ 중의 하나로 수록되어 있는 朱熹의 '백록동규(白鹿洞規)' 현판이 있고, 2개의 어필 현판, 송준길(宋浚吉)이 쓴 ≪심잠(心箴)≫과 ≪경재잠(敬齋箴)≫이 있다. 그 밖에 '夙興夜寐箴(숙흥야매잠)' 등 여러 현판이 걸려 있는데, 모두 궁리수신(窮理修身)과 처사접물(處事接物)의 정주사상(程朱思想)을 기본으로 삼은 것들이다. 이러한 게시문들은 명륜당에서 학문을 탐구하는 유생들에게 항상 눈에 뜨이게 하여 지식 습득에만 치우치지 않고 마음공부를 일깨우려 하였던 것으로 보인다. 건물 추녀 밑에 있는 '明倫堂(명륜당)' 글씨는 1606년(선조 39)에 명나라의 사신 주지번(朱之蕃)이 우리나라 왔을 때 쓴 것이라고 전하여 지는데 확인할 길이 없다.

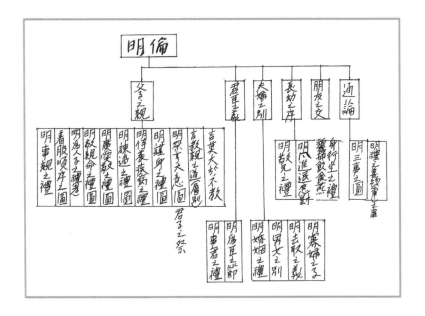

이천태: "선생님, 오늘부터 立敎편이 끝나고 明倫편을 해야 할 차례이네요. 제가 조사해보니 명륜 하면 五倫이 생각날 만큼 연관이 깊은 것 같아요. 선생님께서도 명륜 편의 그림을 立敎 편 못지않게 많은 그림을 그리셨는데 소학에 있어서 명륜이 차지하는 중요도는 얼마나 되는지요?"

소학선생: "내가 명륜에서 그린 그림은 父子之親 10편, 君臣之義 2편, 夫婦之別 3편, 長幼之序 2편, 朋友之敎 2편, 通論 2편 등 21편이지. 좀 더 자세히 알아보면,

전체 43편 중 21편이나 그렸으니 명륜의 중요성을 부각했다고 볼 수 있지. 나는 오륜 중 가장 중요하다고 하는 것이 父子有親이지. 그래서 21편에서 10편이나 차지하지. 어찌 보면 내가 중요성을 강조한 것이 아니라, 옛 성인들이 그것에 대한 중요성을 아니까, 다른 편보다 보다 많이 수록해 놨다고 볼 수 있지.

이천태는 소학선생이 그린 명륜 편 21장을 한 장 한 장 살펴보았다. 간단한 것도 있었지만 짜임새 있는 좀 복잡한 것도 있었다. 세밀히 보니 그동안 공부하면서 보지 못한 생소한 한자가 대부분이었다. 소학 전용(傳用) 한자라고 할까. 익혀야 한자가 많아 다소 부담스럽지만 소학과 예기를 알고 예학을 공부하는 지름길이라고 생각하니 흐뭇했다. 꼭 자신이 어린 시절로 돌아가 고향의 향교 명륜당에서 훈장할아버지한테 소학을 배우는 學童이 된 기분이었다.

3-1. 父子之親

父子之親은 앞서 밝혔듯 1)明事親之禮圖 2)着服順序之圖 3)爲人子之禮圖 4) 明敬親命之禮圖 5)明廣愛敬之禮圖 6)明諫過之禮圖 7)明侍養疾病之禮圖 8)明謹身之禮圖 9)明祭享大意(君子之祭)圖 10)言孝親之道(層別)圖 11)不孝之道圖 등이 있다.

3-1-1. 明事親之禮圖

소학선생: "明事親之禮는 '어버이를 섬기는 禮를 밝힌 것'으로 나는 이것을 有命之(命함이 있거든)로 보았네. 부모가 命令하는 것은 난 불멸의 진리로 보고 있지. 세상천지 부모가 자식을 잘못되게 명령하는 것은 없기 때문이야. 그래서 난 '明事親之禮'에 대한 많은 글 중 '有命之'만 찾아 소개하고자 하네."

事親之禮圖

事親

有命之

·應唯敬對
·進退周旋
·愼齊
·升降出入揖遊
·不敢噦噫嚏欬欠伸
　跛倚睇視
·不敢唾洟

·寒不敢襲
·癢不敢搔
·不有敢暴
·不敢袒裼
·不涉不撅
·褻衣衾不見裏

·父母唾洟不見
·冠帶垢和灰請漱
·衣裳垢和灰請澣
·衣裳綻裂
·紉箴請補綴
·小事
·賤事貴
·莫敢時

≪禮記≫ 〈內則〉에 보면,

在父母舅姑之所(부모나 시부모가 계신 곳에 있어)
有命之(명령하시거든)
應唯敬對(응하기를 빨리하고 공손히 대답하고)
進退周旋(나아가고 물러나고 이리저리 동작을)
愼齊(삼가고 엄숙히 하여)
升降出入(오르고 내리고 나가고 들어옴에)
揖遊(몸을 숙이고 젖히기도)
不敢噦噫嚏咳欠伸跛倚睇視(감히 구역질 · 트림 · 재채기 · 기침 · 하품 · 기지개 · 한
발로 서며 기대거나 곁눈질하지 않으며)
不敢唾洟(감히 침을 뱉거나 코를 풀지 않는다).

寒不敢襲(추워도 감히 옷을 껴입지 못하고)
癢不敢搔(가려워도 감히 긁지 못하며)
不有敬事(공경히 할 일이 있지 않으면)
不敢袒裼(감히 상의를 벗어 팔을 드러내지 못하고)
不涉不撅(물을 건널 때가 아니면 옷을 걷어 올리지 못하고)
褻衣衾(속옷과 이불은)
不見裏(안을 드러내 보이지 않는다).

父母唾洟를 不見(부모의 가래침과 콧물을 남에게 보이지 않으며)
冠帶垢(관과 띠에 때가 묻었거든)
和灰請漱(잿물을 타서 씻기를 청하고)
衣裳垢(옷에 때가 묻어 거든)
和灰請澣(잿물을 타서 빨기를 청하고)
衣裳綻裂(옷이 터졌거나 찢어졌으면)
紉箴請補綴(바늘에 실을 꿰어 깁기를 청한다)
少事長(연소한 사람이 연장자를 섬기는 것이나)
賤事貴(신분이 천한 사람이 존귀한 사람을 섬기는 것은)
共帥時(모두 이 예절에 따라야 한다).

集解해보면, '應唯'는 '應以速'(응하기를 빨리함), '敬對'는 '對以敬'(대답하기를 공손), '周旋'은 '周回旋轉'(몸을 두루 회전하여 돌림), '愼'은 '謹愼'(신중), '齊'는 '齊莊'(엄숙함), '揖'은 '謂進而前'(나아가 앞으로 갈 때) 其身이 略俯如揖(약간 숙여 읍함이 같이함), '遊'는 '揚'(듦)이니 謂退而後(물러나와 뒤로 갈 때) 其身이 微仰而揚(약간 우러러 듦), '噦'은 '嘔逆聲'(구역질하는 소리), '噫'는 '食飽聲'(배불리 먹음에 나는 소리), '嚏'는 '噴嚏'(재채기), '咳'는 '咳嗽'(기침), '氣乏則欠'(기운이 다하면 하품) '體疲則伸'(몸이 피곤하면 기지개를 켠다), '偏任爲跛'(한 쪽에 몸을 맡기는 것을 '跛'라 하고), '依物爲倚'(물건을 기대는 것을 '倚'라 하며), '睇視'는 '傾視'(기울게 보는 것), '唾'는 '出於口'(입에서 나오고), '洟'는 '出於鼻'(코에서 나오고). 내가 보기에는 噦·噫·嚏·咳면 則聲爲不恭(소리가 공손하지 못하고), 欠·伸·跛·倚·睇·視면 則貌爲不恭(모양이 공손하지 못하고), 唾·洟면 則聲貌俱爲不恭矣(소리와 모양이 모두 공손하지 못하다)는 것이니 모두 하지 않는 것이라고 했네.

또 '襲'은 '重衣'(옷을 거듭 입는 것), '敬事'는 '謂習射之類'(활쏘기를 익히는 따위), '袒裼'은 '露臂'(팔을 드러냄), '涉'은 '涉水'(물을 건넘), '撅'는 '寒起衣裳'(옷을 걷어 올림)이라 했는데 추우면 마땅히 껴입어야 하고 가려우면 마땅히 긁어야 하되 어른을 모시고 앉았으면 감히 하지 않는 것은 모두 공경하기 때문이지. '唾洟不見'(침과 콧물을 보이지 않는 것은) '謂卽刷除之'(곧 쓸고 제거해서) 不使見示於人(남에게 보이지 않도록 함이요). '漱澣'은 '皆洗滌之事'(모두 세탁하는 일)인데, '손으로 빠는 것'을 '漱'라 하고, '手足을 모두 움직여 빠는 것'을 '澣'이라하는데 '和灰'는 '如今人用灰湯'(지금 사람들이 灰湯을 쓰는 것과 같다) '以線貫箴曰紉'(실로 바늘을 꿰는 것을 '紉')이라 하지. 마지막으로 '帥'은 '循'(따름)요, '時'는 '是'(이것)이니 '言少之事長'(젊은이가 어른을 섬김) '賤之事貴'(천한 이가 귀한 이를 섬김에) '皆當循是禮'(모두 마땅히 이 예에 따라야 함)이라고 했지.

이천태: "한 마디로 부모님에게 어떻게 해야 하는가를 알려주는 지침이네요. 한자도 처음 보는 것도 많고. 특히 입구(口)자가 있는 한자는 입과 관련이 있는 것 같은데 효율적으로 이 같은 한자를 익힐 수 있는 방법이 있는지요?"

소학선생: "한자를 쉽게 배우려는 방법은 없어. 뭐든지 한 10년 이상하면 그 분야의 전문가 대우를 받는 것처럼 한자도 꾸준히 노력하는 자한테 당할 수가 없지. 口자와 관련된 생소한 한자가 많으니 내가 생각나는 부수가 口자가 달린 한자를 알려주겠네. 앞으로 자주 나오고 꼭 알아야 하는 한자니 꼭 익히도록 하게. 앞에 나온 것부터 보면,

---

'噦'은 '嘔逆聲'(구역질하는 소리)이라 해서 '구역질 할 얼'자요,
'噫'는 '食飽聲'(배불리 먹음에 나는 소리)이라 해서 '트림할 희'요,
'嚏'는 '噴嚏'(재채기)이라 해서 '재 체기 체'요,
'咳'는 '咳嗽'(기침)이라 해서 '기침할 해'자이지,
'唾'는 '침 뱉을 타'자 이고, '嘔'는 '토할 구'자 이고,
'噉'는 '한 잎에 넣을 최'자 이고, '嚼'는 '씹을 작'자 이고,
'叱'는 '꾸짖을 질'자 이고, '啗'는 '혹 들어 마실 탑'자 이고,
'噍'는 '씹을 초'자 이고, '噴'는 '뿜을 분'자 이고,
'咽'는 '삼킬 연'자 이지만 '목구멍 인'자로도 쓰인다네."

3-1-2. 着服順序之圖

이천태는 집으로 돌아오자 말자, 父子之親 제1章을 깨끗이 正書한 후 字典을 들고 해독하기 시작했다. 소학선생이 내일까지 예습해 오라는 命이 있었기 때문이다. 선생은 되도록 이면 외워야 한다는 당부도 전했다. 천태는 붓글씨로 쓴 다음 아래와 같이 해독했다.

≪禮記≫〈內則〉에 이르기를,
子事父母하되

雞初鳴이어든 咸盥漱(모두 세수하고 양치질하며)
櫛縰笄總(머리를 빗고 치포건을 쓰고 비녀를 꽂고 상투하며)
拂髦(다발머리에 먼지를 털며)
冠緌纓(관을 쓰고 갓끈을 매어 늘어뜨리며)
端韠紳(玄端服을 입고 슬갑을 차고 큰띠를 매며)
搢笏(홀을 꽂으며) 左右佩用(좌우에 물건을 차며)
偪屨著綦(행전을 매고 신을 신고 끈을 맨다).

婦事舅姑(며느리가 시부모를 섬기되)
如事父母(친정부모 섬기듯이 하여)
雞初鳴(닭이 처음 울거든)
咸盥漱(모두 세수하고 양치질하며)
櫛縰笄總(머리 빗고 치포건을 쓰고 비녀를 꽂고 상투하며)
衣紳(옷을 입고 큰띠를 매며) 左右佩用(좌우에 물건을 차며)
衿纓(향주머니를 차고) 綦屨(신에 끈을 맨다).

소학선생: "글씨도 제법이고 해독도 잘 했다. 문장을 集解해보면, '盥'은 '洗手'(세수)요, '漱'는 '漱口'(입을 가셔냄)라, '櫛'은 '梳'(빗질함)라, '縰'는 '韜髮作髻者'(머리를 감싸 상투를 만드는 것) 黑繒爲之(검은 비단으로 만든다). '笄'는 '簪'(비녀를 꽂음), '總'은 '束髮飾髻者'(머리를 묶어 상투를 꾸미는 것), 亦繒爲之(또한 비단으로 만든다). '拂髦'는 謂拂去髦上之塵(髦 위의 먼지를 털어버림), '緌者'는 '纓之餘'(갓끈을 매고 남음). '纓者'는 '冠之系'(관을 매는 끈), '端'은 '玄端服也', '韠'은 '蔽膝'(무릎가리개), '紳'은 '大帶'(큰띠), '搢'은 '揷也(꽂음), '揷笏於大帶'(홀을 큰 띠에 꽂음)은 所以記事(일을 기록하기 위해서다). '左右佩用'은 謂身之兩旁(몸의 양옆)에 佩紛帨玦捍之類(紛(행주)·帨(손수건)·

玦(깍지) · 捍(팔찌) 따위를 차서) 以備用(사용에 대비하라). '偪'은 '邪幅'(행전) 纏
足至膝者(다리를 묶어 무릎에 이르는 것). '屨'는 '鞋'(신), '著'은 '猶結'(맴). '綦'
는 '鞋口帶'(신코에 매는 끈)이다.

'夫之父曰舅'(남편의 아버지를 '舅'라 하고),
'夫之母曰姑'(남편의 어머니를 '姑'라 한다).

'衣紳'은 '著衣而加紳'(옷을 입고 띠를 가함이요)
'佩用'은 '紛帨箴管之類'(행주 · 손수건과 바늘과 바늘통 따위이다),
'衿'은 '結'(맴)요, '纓'은 '香囊'(향주머니)니 恐身有穢氣(몸에 악취가 있어)
觸尊者(존자에게 풍길까) 故로 佩之(차는 것이다).

해봉: "설명을 들어보면 앞에는 자식이, 뒤에는 며느리가 아침에
일어나서 몸단장을 해야 할 것을 설명하셨는데 너무 복잡하고 어렵네
요. 우선 두 가지만 먼저 여쭈께요. 하나는 '髻'에 대한 유래가 있는 것
으로 아는데 궁금하고요. 또 하나는 紛 · 帨은 같은 수건인데 어떻게 쓰
임에 따라 구별할 수 있는지요."

소학선생: "우선 紛 · 帨은 모두 수건인데 예전에는 '紛'은 '그릇을
닦는 행주'이고, '帨'은 '손을 닦는 손수건'으로 구별 했다네. '髻'는 '不忘
父母 生育之恩'이라고 해서 謂子生三月(자식이 낳은 지 3개월이 되면) 則剪
其胎髮爲鬌(배냇머리를 잘라 뿔 상투를 만들어) 帶之于首(머리에 차되) 男左女
右(남자는 왼쪽, 여자는 오른쪽) 逮其冠笄(관례를 하고 비녀를 꽂음에 이르면) 則綵
飾之(채단으로 꾸며)加于冠(관위에 가하여) 不忘父母生育之恩(부모가 생육해주
신 은혜를 잊지 않은 것)니 父母喪則去(부모가 돌아가면 제거)한다고 했지."

이천태: "저는 옛날에는 양치질을 어떻게 했는지 알고 싶고요. 칫솔이 있었는지요, 아침에 일어나 하는 의복 착복순서가 너무 복잡해 잘 이해가 되지 않네요. 착복순서를 머리(首), 몸(身), 발(足)으로 구분해서 다시 설명해 주시면 도움이 될 것 같아요."

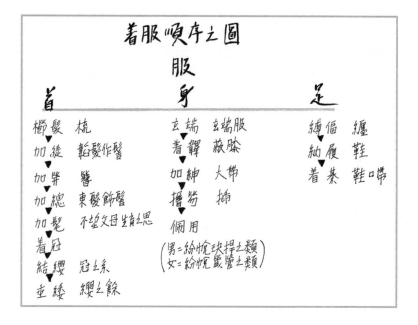

소학선생: "나도 할아버지한테 들은 이야기지만 옛날에는 버드나무 가지를 이용하여 양치를 했다고 하네. 자세한지는 모르지만 '양치질'의 양치는 '양지질' 즉 '楊枝'(버드나무 가지)에 접미사인 '질'을 붙여서 이루어진 단어라고 하네. 즉 오늘날 이쑤시개를 쓰듯이 버드나무 가지를 잘라 이발을 소독했던 것이지. 일부에서는 소금이나 초를 이용해 양치하기도 했고. 옛날에는 지금처럼 화학조미료나 설탕을 먹지 않아 칫솔질을 하지 않아도 이발이 썩는 등 문제가 없었네. 오히려 치아가 누런 한 사람이 많아 이걸 제거하기 위해 짚으로 소금물을 타거나 쑥을 삶은 물

로 입안을 헹구기도 했다네. 착복 순서는 지금 입장에서 보지 말고 당시 복장을 한번 알아보고 어떻게 생겼는지 알아본다면 큰 도움이 될 거야. 자 내가 머리(首), 몸(身), 발(足)으로 구분해서 설명해 보겠네.

먼저 머리(首)는,

빗질(櫛髮)터 시작하고 이어 머리 싸개를 쓰는데(加縰) 머리싸개는 머리를 감싸 상투를 만드는 것으로 검은 비단으로 만드는데 일명 '치포건'(緇布巾)이라고도 하지. 다음에는 비녀를 꽂고(加笄) 이어 묶는데(加總) 이는 머리를 묶어 상투를 꾸미는 것이고, 또한 비단으로 만든다네. 다발 머리 위의 먼지를 털어낸 다음에 관을 쓰고(著冠), 갓끈을 매고(結纓), 남은 끈을 늘어뜨리는데(垂緌) 머리 부분은 끝나지. 다시 차례로 나열해보면 빗질(櫛髮)→머리싸개 쓰고(加縰)→비녀를 꽂고(加笄)→묶는데(加總)→다발머리하고(加髦)→관을 쓰고(著冠)→갓끈을 매고(結纓)→남은 끈을 늘어뜨림(垂緌) 순서이지.

다음 몸(身)에 있어서는,

현단복(玄端服)을 입는데 현단복은 '사대부이상의 선비들이 입는 正裝'으로 보면 되고, 다음에는 슬갑을 차는데(著韠) 이는 '무릎을 보호하는 덮개'이고, 이어 띠를 매고(加紳), 홀을 꽂는데(搢笏) 홀은 큰 띠에 꽂는데 이는 일을 기록하기 위해서이지. 좀 더 설명하면 공경사대부들이 관복을 입었을 때 끼고 다니는 것으로 임금의 命을 받거나 보고할 때 여기에 내용을 기록하기도 하는 거야. 좌우패용(左右佩用)은 몸의 양옆에 차는 것인데 남자는 행주·손수건·깍지·팔찌 등이고(紛帨玦捍之類), 여자는 행주·손수건·바늘·바늘통 등(紛帨箴管之類)이지. 몸의 복장은 현단복(玄端服)→슬갑(著韠)→띠를 매고(加紳)→홀을 꽂고(搢笏)→좌우패용(左

右佩用)의 순서이고,

마지막으로 발(足)은,
먼저 행전(邪幅)을 매고, 신(屨)을 신고, 신 끈을 매면(綦) 모두 차
례가 끝나지. 참 복잡하기도 하지.

3-1-3. 明爲人子之禮(孝)圖

소학선생: "다음은 '사람의 자식 된 자의 예절을 밝히는 것' 즉,
'明爲人子之禮圖'인데 나는 이것을 축약해서 '孝道'로 보았지. 그래서
'明爲人子之禮(孝)圖'라고 변경했지. 禮도 크게 보기에는 孝안에 포함되
지, 禮안에 孝에 포함된 다는 것은 이치에 맞는다고 할 수 없지. 그래서
나는 孝안에 禮(예절) · 容(용모) · 行(행실) · 五備(다섯 가지 갖추어야 할 것)로
구분했다네. 하나하나씩 알아보겠네.

> 禮(예절)는, ≪禮記≫ 〈曲禮〉에 나오는 말로,
>
> 冬溫而夏淸(겨울에는 따듯하게 하고, 여름에는 시원하게 하며)
> 昏定而晨省(어두우면 이부자리를 정하고, 새벽에는 문안을 살피며)
> 出必告(나갈때는 반드시 여쭙고) 反必面(돌아오면 반드시 뵈며)
> 所遊(노는 곳이) 必有常(반드시 일정한 곳이 있어야 하고)
> 所習(익히는 것이) 必有業(반드시 일정한 業이 있어야)
> 恒言(평상시의 말) 不稱老(늙었다고 말하지 않아야 한다)니라.

集解해보면, 따뜻하게 하여 추위를 막고(溫以禦其寒), 시원하게 하여
서늘함을 이루면(淸以致其凉), 이부자리를 정해드리고(定其衽席), 그 안부를

살피는 것(省其安否)은 자식 된 기본도리라 할 수 있고, 나가면 떠남을 말씀드리고(出則告違) 돌아와서는 반드시 얼굴을 뵈며(反則告歸), 또 밖으로 왔을 때는(又以自外來) 안색을 살피고자(欲省顏色) 함이니, 故로 뵙는다고 말한다(言面) 하며, 恒言은 평상시의 말이니(平常言語), 스스로 늙었다고 일컬으면(自以老稱) 존귀함이 부모와 같아지고(則尊同於父母), 부모가 너무 늙은 것이 된다고(而父母爲過於老矣)하여 옛사람은 늙었다고 하는 것이 굉장한 실례였지. 늙으면 죽어야 한다는 말과 같은 것이었으니까. 그래서 이런 말이 있잖아. 오십 먹은 노인이 칠십 먹은 부모를 즐겁게 하기위해 색동옷을 입고 즐겁게 논 것은 부모의 마음을 편안하게 하기 위해서라고.

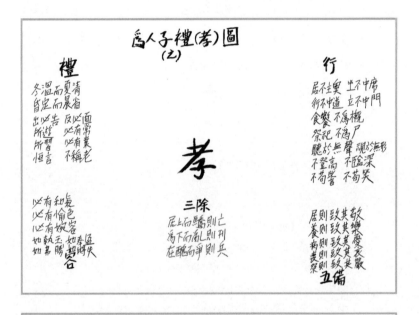

容(용모)은, 《禮記》 〈祭義〉에 나오는 말로,

必有和氣(반드시 和氣가 있고)
有和氣者는 必有愉色(반드시 즐거워하는 빛이 있으며)

有愉色者는 必有婉容(반드시 유순한 모습이 있으며)

孝子는 如執玉(마치 玉을 잡은 듯하며)

如奉盈(가득 찬 것을 받들듯이 하여)

洞洞屬屬然(두려워하고 조심하여)

如弗勝(이기지 못할 것 같이)

如將失之(장차 잃을 듯이 여기니)

嚴威儼恪(엄숙하고 위엄이 있으며 엄연하고 씩씩함은)

非所以事親也(어버이를 섬기는 도가 아니다).

　　集解해보면, '愉'는 和悅之貌(즐거운 모습)요, '婉'은 順美之貌(유순한 모습)라. '盈'은 '滿也. '洞洞'은 質慤貌(질박한 모양이요), '屬屬'은 專一貌(專一)한 모양이다. 和氣·愉色·婉容은 모두 사랑하는 마음의 발로이며(皆愛心之所發), 옥을 잡은 듯이 하고(如執玉), 가득 찬 것을 받들 듯이 하고(如奉盈), 감당하지 못할 듯이 하고(如弗勝), 장차 잃은 것 같이 함은(如將失之) 모두 공경하는 마음이 있기 때문이니(皆敬心之所存) 사랑과 공경이 겸하여 지극함은(愛敬兼至) 효자의 도(乃孝子之道)이지. 故로 엄숙하고 위엄이 있으며 엄연하고 씩씩하여(嚴威儼恪) 사람으로 하여금 바라보고서 두렵게 함은(使人望而畏之) 성인의 道요(是成人之道), 효자의 道가 아니다(非孝子之道也) 라고 한다네.

行(행실)은 《禮記》〈曲禮〉에 나오는 말로,

居不主奧(방 아랫목에 거처하지 않으며)

坐不中席(한가운데 자리에 앉지 않으며)

行不中道(길 한복판으로 다니지 않으며)

立不中門(문 가운데 서지 않는다)

食饗(음식과 宴饗은)

不爲槪(분량을 제한하지 않으며)

祭祀에 不爲尸(시동이 되지 않는다)

聽於無聲(소리가 없어도 듣고)

視於無形(형체가 없어도 보이는 듯)

不登高(높은 곳에 오르지 않으며)

不臨深(깊은 곳에 가지 않으며)

不苟訾(구차하게 꾸짖지 않으며)

不苟笑(구차하게 웃지 않는다).

集解해보면, 방의 서남쪽 모퉁이(室西南隅爲)를 '奧'라 하니, 아랫목을 차지하고 한가운데 앉음은 모두 '尊者의 道'(皆尊者之道)이다. 길을 가면 혹은 왼쪽, 혹은 오른쪽으로 가며(行道則或左或右), 문을 서면 문지방과 문설주 가운데를 피하여(立門則避棖闑之中) 모두 존자가 다니는 곳을 감히 따르지 않는다(皆不敢迹尊者之所行)고 했지. '食饗'은 어버이를 받들고 손님을 맞이함과 제사하는 따위가 다 이것이다(如奉親延客及祭祀之類皆是)라고 했으며, '不爲概量'은 부모의 마음을 순하게 하여 감히 스스로 한마디씩 나누어 한정함을 하지 않은 것이며(順親之心而不敢自爲限節), '尸'는 주인의 아들 항렬을 취한 것이니(取主人之子行而已), 만약 주인의 아들이면(若主人之子) 是는 아버지로 하여금 북쪽을 향해 아들을 섬기게 하는 것(使父北面而事之)이니, 자식으로서 불안한 바(人子所不安)이므로 故로 不爲(하지 않는 것)라고 하였지. '苟'는 '苟且'요, '訾'는 '毁'이지. 登高臨深(높은 데 올라가고 깊은 곳에 임함은) 危道(위험해지는 방법이요), 苟訾苟笑(구차히 꾸짖고 구차히 웃음은) 辱道(욕되는 길이다). 다시 말해 자식은 이미 마땅히 자신을 낮추어 그 부모를 높이며(人子旣當自卑以尊其親), 또 마땅히 자신을 중하게 여겨 그 몸을 아껴야 한다(又當自重以愛其身)라는 말을 강조 한 거지.

　　특별한 集解는 없고, 이 문장의 의미는 자식이 어버이를 섬기는 마음은(人子事親之心), 처음부터 끝까지(自始至終) 털끝만큼이라도 극진하지 않음이 없어야(無一毫之不盡) 효라고 이를 수 있다(可謂孝)는 것이지.

　　이천태: "선생님, 저는 두 가지를 알고 싶어요. 앞서나온 '梱閾之中'이란 말이 무슨 뜻이 있는 지, 그리고 '尸童'라는 글자도 논어나 여러 경전에서 여러 번 나오는 데 이 글자의 淵源을 알고 싶어요."

문설주

소학선생: "경전에 가끔 나오지만 글자의 원 뜻을 알지 못하면 엉뚱한 해석을 하는 것들이지. '棖闑之中'은 棖(문설주 정), 闑(문지방 얼)이란 말인데, ≪예기禮記≫ 〈옥조玉藻〉에 이런 말이 있다네. '棖'는 '문짝을 끼워 달기 위하여 문의 양쪽에 세운 기둥'으로 일면 '문주(門柱)'라고 하는 것이며, '闑'은 문지방(門地枋)으로 '출입문 밑의 두 문설주 사이에 마루보다 조금 높게 가로로 댄 나무'를 말하지. 大夫中棖與闑之間(대부는 문턱과 문설주의 중간에 선다)라는 것은, 옛날에 大夫는 큰일이 아닌 경우가 아니면 항상 왼쪽 문짝을 닫아두었는데 이는 대부가 오른쪽 문짝 문지방과 문설주의 가운데로 다녔기 때문이지. 일종의 관습이었네. 다음은 '尸童'인데, 예전에는 조상에 제사를 지낼 때 대상이 없기 때문에 한동안 神主를 대신하여 孫子중 兒童을 세우거나 앉혀 제사를 지냈지. 이 때 아동을 '尸童'이라 했는데 나중에 이것이 잘못된 것을 알았어. 어떻게 할아버지나 아버지가 손자에게 절을 할 수 있냐는 비판이 있었지. 이후부터 尸童이란 제도가 없어지고 神位를 만들어 대신했던 것이지."

해봉: "이번 학습내용이 자식 된 자가 부모에게 어떻게 효를 해야 하는가를 배웠는데요. 부모에게 꼭 효도하기 위해 피해야 할 것도 있는 것 같은데요. 어떤 것이 있었는지요."

소학선생: "응, 이것은 앞의 내용

≪孝經≫에 나오는 말로,

居上不驕(남의 위에 있어도 교만하지 않으며)
爲下不亂(아랫사람이 되어서도 亂을 일으키지 않으며)

在醜不爭(동료 간에는 다투지 않으며)

居上而驕則亡(남의 위에 있어도 교만하면 亡하고)

爲下而亂則刑(아랫사람이 되어서도 亂을 일으키면 벌을 받고)

在醜而爭則兵(동료 간에 다투면 병기로서 해치니)

三者를 不除(제거하지 않으면)

雖日用三牲之養(하루에 세 가지 犧牲을 써서 봉양한다 하더라도)

猶爲不孝(오히려 불효가 된다).

간단히 集解하면, '驕'는 자랑하고 방자함(矜肆)요, '亂'은 패역(悖逆)이고, '醜'는 類(무리)요, '爭'은 鬪(싸움)이고, '兵'은 병기로서 서로 가함이다(以兵刃相加)라 하고, '三牲'은 소·양·돼지(牛羊豕)를 말하지. 三者不除(세 가지를 제거 하지 않으면) 災將及親(재앙이 장차 부모에게 미칠 것이니) 其爲不孝大矣(그 불효됨이 크다). 口體之奉(몸만의 봉양으로) 豈足贖哉(어찌 다 속죄할 수 있겠는가?), 효도보다 不孝를 하지 않는 것을 더 중요하게 가르쳤다네.

3-1-4. 明敬親命之禮圖

소학선생은 이천태에게 ≪儀禮≫에 대해 어떤 내용인지 자세하게 알아보라고 말씀하셨다. 천태는 ≪儀禮≫가 ≪周禮≫·≪禮記≫와 함께 三禮라는 것 알았는데 주례·예기는 예전에 본문에서 한번 씩 살펴본 적이 있었는데 의례는 처음이었다. 이천태가 조사한 의례의 내용은 다음과 같다.

≪儀禮≫라는 책명을 가장 먼저 사용한 것은 당나라 때 元度의 ≪九經字樣≫이라는 책 이다. 당나라 문종의 開成年間(836~840)에 九經을 石刻할 때 ≪주례≫·≪예기≫, 그리고 이 책을 합해 三禮라고 일컬으면서 ≪의례≫ 라는 책명이 정식으로 붙게 되었다. ≪의례≫의 전승에 관해서는 ≪漢書≫ 예문지에 노나라 高堂生이 전했다고 되어 있고, 한나라 선제 때 이

의례

르러서는 후창이 의례에 가장 통달했고, 戴德(세칭 大戴)·戴聖(세칭 小戴)·慶普 등이 모두 그의 제자였으며 모두 학관(學官)으로 임명되었다고 쓰여 있다. 그러므로 대덕·대성·경보 세 사람은 최초의 儀禮博士로서 학문적 체계를 세우는 데 공헌했음을 알 수 있다. 이후로 ≪의례≫는 ≪예기≫·≪주례≫와 함께 禮家의 경전으로 존중되고 연구되었다. ≪의례≫ 17편은 土冠禮·土昏禮·土相見禮·鄕飮酒禮·鄕射禮·燕禮·大射儀·聘禮·公食大夫禮·覲禮·喪服·土虞禮·特牲饋食·少牢饋食·有司徹 등으로 자세한 의식 절차를 서술해 놓았다.

상복 편을 제외하면 의식의 진행을 규정한 내용이어서 시작에서 끝마침에 이르기까지 세목을 모두 들고 있으며, 복장·기구(器具) 등도 자세한 설명을 곁들이고 있다. ≪의례≫의 문장은 아주 세밀하고 간결한 편이며 문자의 異同이 심하지 않은 것으로 고증이 되고 있다. 1959년에 발견된 漢墓(소재지는 武威로 前漢末에서 王莽時代 사이의 사람으로 추정)에서도 ≪의례≫의 漢簡이 출토되었지만, 현재 통용되고 있는 ≪의례≫와 비교해 큰 이동은 없는 것으로 판명되었다. 이로써 보면, 애초에 고당생이 전한 원형이 비교적 훼손됨이 없이 고스란히 전해졌다는 것을 짐작할 수 있다.

≪의례≫ 17편 중 사상견례·대사례·소뢰궤식례·유사철 4편을 제외하고는 나머지 13편에 모두 기(記)가 있고, 〈상복편〉은 經文을 章으로 나누어 장마다 말미에 子夏의 傳을 붙여놓았으며, 記文 뒤에도 자하의 전이 있다. 이런 점에서 애초의 경문은 공자가 정리해 제자들을 가르친 것이며, 기문은 제자들이 기록한 것으로 보는 설도 있고, 이를 반박해 자하는 공자의 제자인 복상(卜商)이 아니라, 한나라 사람으로 자(字)를 '자하'라 일컬은 사람이라고 주장한 학자도 있다. ≪의례≫의 주석은 후한의 馬融이 상복 편을 주해한 것이 처음이고, 정현에 이르러 비로소 17편 전서를 주석하였다. 정현은 특별한 사승(師承)관계도 없이 난해한 ≪의례≫ 전서

를 주석해 "정현이 없었다면 ≪예경≫도 없었을 것"이라는 말이 나올 정도로 권위를 발휘하였다. 전한 이래 다른 유교경전에 대해서는 주석 작업이 활발했지만, 유독 ≪예경≫은 손대는 학자가 없더니 정현이 나와 결정적인 분석과 체계를 세웠다는 평을 들었으며 오늘날까지 권위를 인정받고 있다. 다만, 주석에 참위설(讖緯說)을 혼합시킨 것이 옥의 티라는 말을 듣고 있다. 이에 덧붙여 당나라 賈公彦의 소(疏)도 진중되고 있다. 이 밖에 참고 도서로 송나라 聶崇義의 ≪三禮圖≫ 청나라 張惠言의 ≪儀禮圖≫가 있고, 청나라 胡培翬의 ≪儀禮正義≫는 여러 예가의 설을 종합, 정리하고 있어 이론 체계를 이해하는 데 귀중한 도움을 준다.

소학선생: "≪儀禮≫는 고대는 四書三經보다 더 중요시했지만 주자선생의 性理學이 성립된 이후 점차 古典중의 古傳이 되어버렸지. 관혼상제를 비롯하여 중국 고대 사회의 사회적 의식을 자세히 기록한 것으로 軍禮를 제외한 오례(五禮)를 망라 하고 있지. 고대 사회의 종교학적·사회학적 연구에 귀중한 자료로 여기지. ≪禮記≫〈明堂位〉를 보면 '옛날에 周公이 成王을 도와 攝政한 지 6년 만에 제후들을 명당에 모아 조회하고 禮를 제정하고 음악을 만들어 천하가 크게 감복했다.'고 하여 의례가 주공이 기록했다는 근거가 되기도 했지. 하지만 최근에는 주공보다는 춘추 시대부터 전국 시대에 걸쳐 성립된 것으로 보고 있지. 원래 57편이던 것이 오늘날에는 17편만이 전하는데 중요한 내용이 너무 많아. 의례를 보면 당시 士의 신분이란 관리로 진출하게 되면 반드시 大夫가 되고 卿이 될 수 있는 것으로 士로써는 반드시 숙지해야 하는 필수적인 예인 것을 알 수 있어. 당시 士의 계급이 차지하는 비중이 얼마나 큰 것이었는지 알 수 있지. 지금 고시를 합격하면 높은 관직에 오르는 일이 곧 옛날 士의 신분이었던 거지. ≪禮記≫는 이 '의례'의 記文이라고 보는 견해가 있는데, 예기의 내용을 보면 모든 것이 설명하는 방

식으로 되어 있어 의례를 설명한 기문으로 여기는 것이지. 아무튼 의례는 사회생활의 근본이념이니 많은 사람들이 공부했으면 좋겠는데 지금은 학문적인 가치만 있을 뿐 대중에게는 주목받지 못하고 있는 현실이 아쉽다네. 아래는 내가 예전에 의례를 읽고 정리 한 것인데 공부하는데 참고 하게나.

번호	篇 名	내 용
1	士冠禮	士가 冠을 쓰는 禮(관을 쓰는 예식을 올려 成年의 표시)
2	士婚冠	士가 婚冠하는 禮(아내를 맞이하여 장가드는 예절)
3	士相見禮	士가 서로 만나 보는 禮(폐백을 받들고 相面하는 예절)
4	鄕飮酒禮	鄕에서 술을 마시는 禮(賓으로 대접하는 飮酒의 예절)
5	鄕射禮	고을에서 활을 쏘는 禮(어진사람 선발위한 활쏘기 의식)
6	燕禮	酒宴을 베푸는 禮(주연을 베풀고 음악을 즐기는 예절)
7	大射儀	大射에서 거동하는 禮(先聖들을 祭享하고 활을 쏘는 예절)
8	聘禮	안부를 묻는 禮(제후들이 방문하여 안부를 묻는 예절)
9	公食大夫禮	임금이 大夫를 대접하는 禮(임금이 小聘한 대부를 예우)
10	覲禮	諸侯가 天子를 謁見하는 禮(가을에 天子를 알현)
11	喪服經傳	喪事시 입는 服의 형식과 상복의 기간에 대한 지침
12	士喪禮	士가 행하는 喪禮(屍身을 入棺하고 葬事 지낼 때 安置)
13	旣夕禮	葬事지내기 2일전에 哭하는 禮
14	士虞禮	葬禮지내고 한낮에 殯所에서 제사 지내는 禮
15	特牲饋食禮	士가 歲時에 祖廟에 제사 지내는 禮
16	少牢饋食禮	大夫가 祖父와 父의 祠堂에 제사 지내는 禮
17	有司	大夫가 제사지내고 尸童을 堂으로 인도하는 禮

'明敬親命之禮圖'는 '어버이 명령을 공경하는 예절을 밝히는 것'으로 대략 네 가지로 구분 할 수 있네. 大人言(사대부의 말할 때)·父命(부모의 명령)·親老(어버이가 늙음)·父母沒(부모가 사망) 등이지. 이 중 大人言은 《儀禮》〈士相見禮〉에 실려 있고 나머지는 《禮記》〈玉藻〉에 나

오는 것이지.

敬親命之禮圖
親命之禮

大人言	父命	親老	父母沒
◦ 始視面 中視抱 卒視面	◦ 唯而不諾	◦ 出不易方	父沒
◦ 若父則遊目 毋上於面 毋下於帶	◦ 手執業則投之	◦ 復不過時	不能讀父之書
◦ 若不言 立則視足 坐則視膝	◦ 食在口則吐之	◦ 親癠 色容不盛	手澤存焉爾
	◦ 走而不趨		母沒
			杯圈 不能飲焉
			口澤之氣存焉爾

먼저 大人言에 대해 알아보면,

始視面(처음에는 얼굴을 보고), 中視抱(중간에는 가슴을 보고),
卒視面(끝에는 다시 얼굴을 보며), 毋改(고치지 않아야 하니)
衆皆若是(모든 이가 다 이같이 해야 한다)

若父則遊目(만약 부모의 경우에는 눈을 돌려서 볼 수 있으나)
毋上於面(얼굴보다 위를 보지 말며)
毋下於帶(띠보다 아래를 보지 말아야 한다)

若不言(만약 말씀이 없으시거든)
立則視足(서 있으면 그 발을 보고)
坐則視膝(앉아 계시면 그 무릎을 보아야 한다)

集解해보면, '大人'은 '卿大夫'라 儀禮의 註에 이르기를, '始視面'은 그 안색이 말을 전할 수 있는가 없는가를 살핌이고(謂觀其顔色可傳言未), '中視抱'는 그가 생각하도록 용납하고(容其思之) 또 공경하기 위해서

(且爲敬)이고, '卒視面'은 자기의 말을 받아드리는가 않는가를 살핌(察其納己言否)이라고 볼 수 있고, 毋改는 응답하는 사이에(謂答應之間) 마땅히 容體를 바로 하여 기다릴 것이요(當正容體以待之), 스스로 변동함이 없어야 함(毋自變動)이니 게을러지고 마음을 비우지 않을까 혐의(爲嫌懈惰不虛心)라고 하지. 얼굴보다 위를 보지 말며(毋上於面) 띠보다 아래를 보지 말아야(毋下於帶)라고 한 말은, 얼굴위로 올라가면 오만해지고(上於面則敖), 띠 아래로 내려가면 근심스럽게(下於帶則憂)된다는 말이 있다네. 끝으로 발을 봄은(視足), 그 다녀감을 살핌(伺其行)이고, 무릎을 봄은(視膝) 그 일어남을 살핌(伺其起)이지.

다음 父命(부모의 명령)·親老(어버이가 늙음)·父母沒(부모가 사망) 등을 함께 알아보면,

父命呼(부모가 명령해 부르시거든),
唯而不諾(빠르게 대답하고 느리게 대답하지 않는다)
手執業則投之(손에 일을 잡고 있으면 던져 버리고)
食在口則吐之(음식이 입에 있으면 뱉어 버리고)
走而不趨(달려가며 천천히 가지 않는다)

親老(어버이가 늙으셨거든),
出不易方(밖에 나가서 가는 곳을 바꾸지 않으며)
復不過時(집에 돌아옴이 약속한 때를 넘기지 않으며)
親癠(어버이가 병드셨거든) 色容不盛(얼굴빛을 펴지 않는 것이)
此孝子之疏節(효자의 간략한 예절이다)

父沒而(아버지가 돌아가신 뒤),
不能讀父之書(아버지의 책을 읽지 못하는 것은)
手澤이 存焉爾(손때가 묻어 있기 때문이며)

　　集解해보면, '唯諾'은 모두 응답을 말하는 것인데 唯가 諾보다 빠르며(而唯速於諾), 走와 趨는 모두 걸음인데 走가 趨보다 빠름(而走速於趨)이고, 일감을 던지고(投業) 음식을 뱉음(吐食)은, 부모의 명령에 급히 달려가려고 해서(急趨父命)이지. 장소가 바뀌면 부모가 자기를 부를 적에 소재지를 알지 못할 까 염려해서(易方則恐召己而莫知所在)요, 시기가 지나면 기일을 놓쳐 부모에게 걱정을 끼칠 까 염려해서(過時則恐失期而貽親憂)이며, '癠'는 '병(病)이 듦'을 말하지. 대저 효자가 부모를 섬김(孝子之事親)에 어찌 반드시 늙음을 기다린 뒤에 이와 같이 하겠는가?(豈必待老而後如是耶) 부모가 늙은 자(蓋以親老者)는 더욱 이와 같이 하지 않을 수 없는 것(尤不可不如是)이니라.

　　自父命呼로 色容不盛에 이르기까지 다섯 가지 일은, 이는 모두 효자가 부모를 섬기는 소략한 예절(此皆孝子事親疏略之節)이니, 孔子께서 이른바 '身體'와 '髮膚'는 부모에게 받았으므로(所謂身體髮膚는 受之父母) 감히 훼손하지 말며(不敢毀傷), 몸을 세우고 도를 행하여(立身行道) 이름을 후세에 이름을 드날려(揚名後世) 부모가 드러나야(以顯父母) 덕의 근본이 되니(爲德之本者), 이것이 지극한 효도가 된다고(斯爲至孝)하였지. '書'는 '서책(書冊)'이니 군자는 이것을 잡고 외우고 익히므로(君子執以誦習) 故로 아버지에게 말하였고, '杯圈'은 '飮食器(음식그릇)'이니 婦人은 飮食是議(음식을 상의하므로) 故로 어머니에게 말하였지. 부모가 돌아가셨어도 손때와 입 때가 남아 있으니(父母亡而澤存焉) 차마 못하는 바가 있는 것(有所不

忍)이었기 때문이라네.

3-1-5. 明廣愛敬之禮圖

이천태는 다음 날 다시 連山鄕校를 찾았다. 어제 소학선생의 大
成殿에 奉享되어 있는 '五聖'에 대해 조사해 보라는 지침이 있어서다.
향교 관리인의 도움으로 대성전을 찾은 이천태는 처음으로 이 향교에
배향된 인물들의 神位를 보았다. 다른 향교처럼 제일 가운데에 大成至
聖 文宣王(孔子), 양옆에는 兗國復聖公 顔子, 郕國宗聖公 曾子, 沂國述
聖公 子思, 鄒國亞聖公 孟子가 배향해 있었다. 이 옆에는 孔門十哲(공
자의 제자로 열 명의 제자)와 宋朝六賢, 그리고 동국(우리나라)18賢의 神主가
나란히 하고 있다. 이천태는 공자만 제외하고 나머지 四聖의 인물에 대
해 자료를 뒤져 다음과 같이 정리하기 시작했다.

◎ 復聖公 顔子

춘추시대 말기의 학자. 字는 '子淵'. '顔淵'이라고
도 하며 孔子가 가장 신임하였던 제자이며, 공자
보다 30세 年少이나 공자보다 먼저 죽었다. 학문
과 덕이 특히 높아서, 공자는 그를 학문을 좋아하
는 사람이고 또 가난한 생활을 이겨내고 道를 즐
긴 것을 칭찬하였다. 隱君子的인 성격 때문인지
그는 "자기를 누르고 禮로 돌아가는 것이 곧 仁이
다"라든가, "예가 아니면 보지도 말고, 듣지도 말
고, 말하지도 말고, 행동하지도 말아야 한다"는 공자의 가르침을 지킨 사
람임에도 불구하고, 장자(莊子)와 같은 도가(道家)에게서도 높이 평가되었
다. 32세에 夭折하자, "하늘이 나를 버리시는 도다"라며 탄식하기도 했
다. 젊어서 죽었기 때문에 著述이나 업적은 남기지 못했으나 ≪論語≫

에 〈顔淵篇〉이 있고, 그 외에 몇몇 서적에도 그를 현자(賢者)와 호학자(好學者)로서 덕행(德行)이 뛰어난 사람이라고 전하는 구절이 보인다. 그의 자손은 공자·맹자의 자손과 함께 곡부에 모여 살면서 '顔氏學'을 세워 나라의 특별한 보호를 받기도 했다.

◎ 宗聖公 曾子

춘추시대의 유학자. 이름은 '삼(參)'. 자는 '자여(子輿)'. 공자의 道를 계승하였으며, 그의 가르침은 공자의 손자 子思를 거쳐 孟子에게 전해져 오늘날 儒敎思想史上 중요한 위치를 차지한다. 山東省에서 출생하였고 논어에 나오는 曾點의 아들이다. 孔子의 고제(高弟)로 효심이 두텁고 內省躬行에 힘썼으며, 노(魯)나라 지방에서 제자들의 교육에 주력하였다. 공자가 제자들을 모아 놓고 "나의 도는 하나로써 일관한다(吾道一以貫之)"고 말했을 때 다른 제자들은 그 말의 참뜻을 몰라 생각에 잠겼으나, 증자는 선뜻 '부자(夫子)의 도는 충서(忠恕)뿐'이라고 해설하여 다른 제자들을 놀라게 하였다는 이야기는 유명하다. ≪孝經≫의 작자라고 전해지나 확실한 근거는 없으며, 현재 전하는 ≪효경≫은 秦漢時代에 개수한 것이라는 설도 있다. "초상을 당해서는 신중하게 치르고 먼 조상을 추모하면, 백성들이 모두 두터운 덕을 갖추게 될 것(愼終追遠 民德歸厚矣)"이라고 주장하면서 하루에 세 번 반성(一日三省)하는 수양 방법을 제창했다. ≪大學≫을 지었다고 전하고 있으며, 사상은 子思에게 전해졌다. 자사의 제자가 이를 다시 孟子에게 전했다. 후세에 '종성(宗聖)'으로 불린다. 저서에 ≪증자≫ 18편 가운데 10편이 ≪大戴禮記≫에 남아 전하는데, 孝와 信을 도덕행위의 근본으로 삼았다.

◎ 述聖公 子思

이름은 '급(伋)'. '子思'는 字로서 공자의 손자이며, 사서의 하나인 ≪中庸≫

의 저자로 전한다. 증자의 유심주의 철학(唯心主義哲學)을 이어받았고, 그것이 맹자에게 이어져서 先秦儒家의 유력한 한 학파를 형성하였다. 뒤에 주자학에서 공자, 증자, 자사, 맹자의 학통을 도통으로 존숭했다. ≪중용≫에 의하면 그는 '천(天)'이라는 주대 이래의 종교적 관념을 이어 발전시켰으며 특히 '성(誠)'이라는 생각을 도입해 그 체계의 중심을 두고 유심주의 철학을 구성하여 유가사상의 발전에 큰 역할을 하였다. ≪漢書≫〈藝文志〉에 자사학파의 사상을 전하는 책인 ≪子思子≫의 존재가 기록되어 있지만 현재는 전해지지 않으며, ≪中庸≫이 이중 일부라는 설이 있다. 과불급(過不及)이 없는 중용을 지향하는 실천적인 일상 윤리가 그의 사상의 중심이다.

◎ 亞聖公 孟子

이름은 '맹가(孟軻)'이고 자는 '子輿', 또는 '子車'. 맹자의 어머니 장(仉)씨는 賢母로 알려져 있으며 맹자의 교육을 위해 세 번이나 이사를 했다는 맹모삼천지교(孟母三遷之敎)는 유명한 고사이다. 맹자의 사상을 담고 있는 ≪맹자≫ 7편은 맹자의 말을 후세의 제자들이 모아 만든 편찬물이며, 내용은 맹자의 사상 뿐 만 아니라 당시 제후와 재상을 만나 문답을 나눈 맹자의 행적을 그대로 담은 것이다. 한때 ≪맹자≫는 주목받지 못하는 책으로 금서(禁書)로 취급되기도 하였다. 朱子學 이후로 ≪맹자≫는 ≪논어≫ · ≪대학≫ · ≪중용≫과 더불어 四書의 하나로서 유교의 주요한 경전이 되었다. 맹자의 사상을 알 수 있는 유일한 책이며, 또 전국시대의 양상을 전하는 흥미 있는 내용으로 가득 차 있다. 문장은 변론조이며, 예부터 유가의 명문으로 여겨지며 조선시대

사유체계에 지대한 영향을 미쳤다. 맹자는 浩然之氣가 충만한 인간상을 주창하였는데 이는 서두르거나 조급하지 말고 일상적으로 인간 내면에 의(義)를 배양하고 기르는 노력으로 이룰 수 있다고 했다. 그리고 인간의 본성(本性)은 본디 선(善)한 것이라는 性善說을 주장하였다.

◎ 成均館

조선 초에 완비 한 성균관은 임진왜란 때에 모두 불타버리고 선조 34년 (1601)에 재건에 착수하여 6년이 지난 후에 옛 모습을 복원했다. 文廟는 공자를 위시한 중국과 한국의 성현의 위패를 모시고 제사를 지냈던 곳으로 지방의 鄕校도 그 내용이 같았다. 건물의 규모는 96칸(間)이다. 문묘에서 향사(享祀)되는 인물은 고려시대와 조선시대가 달랐고 조선시대에서도 전·후기가 다르다. 대성전(大成殿)에는 **공자와 4성(四聖 : 顏子·曾子·子思子·孟子)과 공문십철(孔門十哲: 孔子의 門下에서 나온 열 사람의 뛰어난 弟子, 즉 德行에 안회(顏回), 민자건(閔子騫)·염백우(冉伯牛)·중궁(仲弓), 言語에 재아(宰我)·자공(子貢)·政事에 염유(冉有)·자로(子路), 文學에 자유(子有)·자하(子夏) 등을 말함), 그리고 宋나라 六賢(염계(濂溪) 주돈이(周敦頤)·명도(明道) 정호(程顥)·이천(伊川) 정이(程頤)·안락(安樂) 소옹(邵雍)·횡거(橫渠) 장재(張載)·회암(晦菴) 주희(朱熹) 등을 지칭)을 모셨고, 우리나라 18위 즉 동방 18賢(文昌侯 崔致遠·弘儒侯 薛聰·文成公 安 裕·文忠公 鄭夢周·文憲公 鄭汝昌·文敬公 金宏弼·文元公 李彦迪·文正公 趙光祖·文正公 金麟厚·文純公 李 滉·文簡公 成 渾·文成公 李 珥·文烈公 趙 憲·文元公 金長生·文正公 宋時烈·文敬公 金 集·文純公 朴世采·文正公 宋浚吉등을 말함)를** 奉享하고 있다. 조선시대에는 임금이 문묘에 작헌례(酌獻禮)를 올린 뒤 명륜당에서 과거를 치루는 알성문과(謁聖文科)도 있었다. 명륜당은 대성전의 북쪽에 있고 좌우에 협실(夾室)이 있는데 남향으로 18칸(間)이다. 동·서재는 각 18칸으로 기숙사이며, 육일각(六一閣)은 유학 교육에서 교양 과목이라 할 수 있는 육예(六藝 : 禮·樂·射·御·書·數) 가운데서 활쏘기(射)에 관련된 기구를 보관한 곳이다. 이는 정신뿐만 아니라 육체의 건전한 단련도 중요시했음을 보여주는 것이다. 그 외 존경각·비천당을 비롯하여 진사식당(進士食堂)·정록청(正錄廳)·향관청·양현고(養賢庫) 등 넓은 교육 시설이 완벽하게 구비되어 있었다. 특히 양현고는 성균관 학생의 식사와 등유(燈油)·돗자리(鋪席) 등 여러 가지 교육 기구와 석전의 비용을 조달하기 위하여 고려 예종 14년 (1119)에 안유(安裕)의 건의로 창설한 일종의 장학 기관이다. 그 재원은 학전(學田)과 노비(奴婢)에 있었다.

종묘배향인물

그 규모는 태종 때 1,000결(結 : 1결은 약 3,000평. 토지의 등급에 따라 약간의 차이가 있음)의 토지와 300구(口)의 노비가 있었는데 시대의 변천에 따라 가감이 있었다. 현재에도 성균관대학교 유학대학에서는 양현재(養賢齋)를 그대로 두고 교육과 장학 사업을 계속하고 있다.

소학선생: "다음은 '사랑과 공경을 넓히는 예절을 밝히는 것' 즉, '明廣愛敬之禮圖'이야. 내가 향교에 가서 五聖을 조사해 보라고 한 이유는 曾子에 대해 잘 알았으면 해서. 五聖 중 孔子·顏子·子思·孟子에 대해서는 비교적 잘 알고 있으면서 증자에 대해서는 잘 모르고 있지. 앞에 설명이 잘 되어 있어서 重言復言은 하지 않겠지만 이번 기회

에 증자에 대해 확실히 알았으면 하네. '明廣愛敬之禮圖'는 사랑과 공경하는 예로서 대상은 나는 두 가지로 보았네. 하나는 증자선생이 말한 孝子之養老와 適子庶子가 어떻게 행동해야 하는가를 말해보겠네. 모두 ≪禮記≫ 〈內則〉에 나오는 것이야.

廣愛敬之禮圖
愛敬

孝子之養老
◦樂其心
◦不違其志
◦樂其耳目
◦安其寢處
◦以其飲食 忠養之
◦父母之所愛 亦愛之
◦父母之所敬 亦敬之
◦至於犬馬 盡然 而況於人乎

適子庶子
◦祗事宗子 宗婦
◦雖貴富 不敢以貴富
◦入宗子之家 雖衆車徒
◦舍於外 以寡約入
◦不敢以貴富 加於父兄宗族

자, 우선 '孝子之養老' 관련 원문을 보면,

樂其心(그 마음을 기쁘게 하며)

不違其志(그 뜻을 어기지 않으며)

樂其耳目(그 듣고 보는 것을 즐겁게 하며)

安其寢處(그 잠자리와 거처를 편안케 해 드리며)

以其飲食(음식으로) 忠養之(정성껏 봉양해야 한다)

是故로 父母之所愛(부모가 사랑하신 것을) 亦愛之(또한 사랑하고)

父母之所敬(부모가 공경하던 이를) 亦敬之(또한 공경하고)

至於犬馬(개와 말에 이르기 까지도)

盡然(모두 그러하거늘) 而況於人乎(하물며 사람이야)

集解해보면, 그 마음을 즐겁게 하는 것은(樂其心) 그 마음을 순히 하고 맞추어서(順適其心) 즐거워 근심을 없게 함(使樂而無憂)이요, 그 뜻을 어기지 않는다는 것은(不違其志) 뜻에 앞서 맞아 받들고(先意迎承) 어김이 없게 함(使無違逆)이요, 소리를 화하여 물음(怡聲以問)은 그 귀를 즐겁게 하는 것(所以樂其耳)요, 안색을 즐겁게 하여 받듦(柔色以溫)은 그 눈을 즐겁게 하는 것(所以樂其目)이다. 어두우면 이부자리를 정하여 잠자리를 편안하게 하고(昏定以安其寢), 새벽이면 안부를 살펴 그 거처함을 편안히 해드린다(晨省以安其處). '忠者'는 '盡己之謂'(자기마음을 다함을 이른다). 부모를 봉양하는 도리는 비록 음식에 나아가 극진히 할 수 있는 것이 아니나(養親之道 雖非即飮食以能盡). 또한 음식을 버리고서 능히 할 수 있는 것은 아니다(亦非舍飮食以能爲). 군자는 어떻게 대처해야 하겠는가?(君子何以處之) 또한 극진히 봉양할 따름이다(亦曰忠養之而已).

물건으로서 봉양함은(夫養之以物) 다만 그 口體를 봉양할 뿐이요(止足以養其口體), 극진히 봉양하면(養之以忠) 충분히 그 뜻을 봉양할 수 있는 것(則足以養其志)이라 했네. 효자가 부모를 사랑하고 공경하는 마음이(孝子愛敬之心) 이르지 않는 바가 없으니(無所不至), 故로 부모가 사랑하신 바는(父母之所愛者) 비록 개와 말처럼 천한 것이라도(雖犬馬之賤) 또한 사랑하고(亦愛之) 하물며 사람에게 있어서도(況人乎哉). 우선 그 가까운 것을 들어 말한다면(姑擧其近者言之) 만약 형과 동생은(若兄若弟) 나의 부모를 사랑하신 바이니(吾父母之所愛) 내가 사랑하지 않을 수 있겠는가(吾其可不愛之乎). 만약 그들을 박대한다면(若薄之) 是는 우리 부모를 박대한 것이다(薄吾父母). 친척이나 어진 사람은(若親若賢) 나의 부모가 공경하신 바이니(吾父母之所敬), 내가 공경하지 않을 수 있겠는가(吾其可不敬之). 若慢之(만약 태만히 한다면) 是는 慢吾父母(나의 부모에게 태만히 한 것이요), 이러한 부류들을 미루어 나아가면(推類而長) 모두 그렇지 않음이 없다(莫不皆然).

適子庶子에 대해 알아보면,

祗事宗子宗婦(宗子宗婦를 공경히 섬겨)
雖貴富(비록 부귀하더라도)
不敢以貴富(감히 부귀한 사람의 자세로)
入宗子之家(宗子의 집에 들어가지 않으며)
雖衆車徒(비록 수레와 무리가 많더라도)
舍於外(밖에 버려두고)
以寡約入(간소한 차림으로 들어가야 한다)
不敢以貴富(감히 부귀로서)
加於父兄宗族(父兄宗族을 대하지 못한다)

集解해보면, '適子'는 아버지 및 할아버지의 適者에 이르니(謂父及祖之適子) 이는 '小宗'이요(是小宗), '庶子'는 적자의 아우이며(謂適子之弟), '宗子'는 대종자이며(謂大宗子), '宗婦'는 대종부를 말한다(謂大宗婦). 비단 부귀로써 宗子의 집에 감히 들어가지 않을 뿐만 아니라(言非唯不敢以貴富入宗子之家) 무릇 부족과 종족에게도(凡父兄宗族) 모두 감히 이로써 행하지 말아야 함을 말한 것이지(皆不敢以此加之).

3-1-6. 明諫過之禮圖

소학선생: "'明諫過之禮圖' 즉, '잘못을 간하는 예절을 밝히는 것' 인데 원문 내용은 간략하지만 내용이 중요하기도 하고 까다롭기도 하지. 왜냐하면 임금이나 부모에게 잘못을 간한다는 것이 간단하지가 않거든. 임금의 잘못을 諫한다는 것은 자칫하면 벼슬을 물론 어쩌면 목숨까지 내 놓아야 하거든. 우리 역사를 보면 윗사람의 잘못을 지적하다가 故人이 된 사람이 너무 많아. 부모의 잘못을 諫한다는 것도 너무 어렵지. 이런 것을 어떻게 해야 하는 가를 알려주는 것이 바로 지금 공부하

는 章이지.

해봉: "세상을 살다보면 공직에 있으면 윗사람에게, 가정에서는 부모에게 하고 싶은 말이 많지만 할 수 없는 경우가 더 많은 것 같아요. 솔직히 말씀 드릴 수도 없고, 그렇다고 말을 하질 않으면 나중에 문제가 되는 것도 많고. '明諫過之禮圖'를 잘 익혀야 할 것 같아요. 제가 ≪孝經≫을 공부하였을 때 공자께서 諫言에 대해 제자들에게 해주신 말이 있는 것으로 기억 하는데요. 曾子선생이 질문하시고요?"

소학선생: "그래 아무래도 효경이 효에 대해서 설명한 것이니까. 주로 증자선생이 공자선생에게 효에 대한 가르침을 받으면서 공부를 한 거야. 공자님은 諫言에 대해 명쾌하게 다음과 같이 설명하셨지.

曾子曰
若夫慈愛恭敬과 安親揚名은
參이 聞命矣어니와 敢問從父之令이 可謂孝乎잇가.
(증자가 말하기를, "무릇 자애와 공경 그리고 부모를 편안하게 하여 드리고 양명에 힘써야 함은 제가 이미 익히 들었습니다. 감히 여쭙거니와 아버지의 명령을 따르기만 하면 효라 할 수 있겠습니까?)

子曰 是何言與오, 是何言與오.
昔者에 天子有爭臣七人이면 雖無道나 不失其天下하고
諸侯有爭臣五人이면 雖無道나 不失其國하고
大夫 有爭臣三人이면 雖無道나 不失其家하고
士有爭友하면 則身不離於令名하고
父有爭子하면 則身不陷於不義니
故로 當不義하면 則子不可以不爭於父며

臣 不可以不爭於君이라.
故로 當不義則爭之니 從父之令이 又焉得爲孝乎리오.
(공자께서 말씀하시기를, "이 무슨 말이냐. 이 무슨 말이냐? 옛적에 천자는 간쟁하는 신하
七人만 있으면 비록 자신이 無道 하다 하더라도 그 천하를 잃지 않을 것이고, 제후는 간
쟁하는 신하 五人만 있으면 비록 자신이 무도하다 하더라도 그 나라를 잃지 않을 것이며,
대부는 간쟁하는 신하 三人만 있으면 비록 자신이 무도 하다 하더라도 그 가정을 잃지
않을 것이며, 선비에게는 간쟁하는 벗이 있으면 그 몸에서 아름다운 명성이 떠나지 않을
것이며, 아버지에게 간쟁하는 자식이 있으면 그 몸이 불의에 빠지지 않을 것이다. 그러므
로 불의를 당하면 자식으로서는 아버지에게 간행하지 않을 수 없고, 신하로서는 임금에게
간쟁하지 않을 수 없는 것이니, 그러므로 불의를 당하면 간쟁해야 하는 것이니, 아버지의
명령만 따른다 하여 더구나 어찌 효라 할 수 있겠는가?" 하였지

이천태: "아하 그렇군요. 부모나 임금에게 잘못이 있으면 적극적
으로 諫하라는 말이 제가 아는 儒敎社會에서는 터부시 할 줄 알았는데
전혀 그게 아니었군요. 왜 조정대신들이 목숨을 걸고 임금에게 잘못을
諫했는지 이제야 조금은 알겠네요. 공자님이 이런 말씀을 하셨으니 실
천한다는 의미도 있고. 효경에는 그렇고 소학에는 이에 관련한 어떤 내
용들이 있는지 무척 궁금하네요."

소학선생: "우선 《禮記》〈祭義〉에 나오는 말로는,

曾子曰
父母愛之(부모가 사랑하시거든)
喜而弗忘(기뻐하고 잊지 말며)
父母惡之(부모가 미워하거든)
懼而無怨(두려워하고 원망하지 말며)
父母有過(부모가 과실이 있으시거든)
諫而不逆(간하되 거슬리지 말아야 한다)

諫過之禮圖
父母過

。諫而不逆
。下氣怡色柔聲以諫
。諫若不入 起敬起孝 說則復諫
。與其得罪於鄉黨州閭 寧孰諫
　父母怒不悅而撻之流血
　不敢疾怨 起敬起孝
。三諫而聽則 泣而隨之

≪禮記≫ 〈內則〉에 나오는 말로는,

父母有過(부모가 허물이 있으시거든)

下氣怡色柔聲以諫

(기운을 낮추고 얼굴빛을 온화하게 하며, 목소리를 부드럽게 하고 간하니)

諫若不入(만약 간하여도 듣지 않으시면)

起敬起孝(공경하고 효도하는 마음을 일으켜서)

說則復諫(기뻐하시거든 다시 간한다)

不悅(부모가 기뻐하지 않으시더라도)

與其得罪於鄉黨州閭(부모로 鄉黨州閭에 죄를 짓게 하기보다는)

寧孰諫(차라리 귀에 젖도록 간해야 할 것이다)

父母怒不悅而撻之流血(부모가 성내어 매질을 하여 피가 흐르더라도)

不敢疾怨(감히 미워하거나 원망하지 못하고)

起敬起孝(공경과 효도를 일으켜야 한다)

≪禮記≫〈曲禮〉에 나오는 말로는,

> 子之事親(아들이 어버이 섬김은)
> 三諫而不聽(세 번 간하여 듣지 않으시면)
> 則號泣而隨之(울부짖으면서 뒤를 따른다)

集解해보면, '諫而不逆'은 간곡한 도리를 들어 간하고(謂委曲作道理以諫) 당돌하게 부모의 분노를 촉발시키지 않음을 이르고(不唐突以觸父母之怒), 下·怡·柔는 다 '和順'의 뜻이니(皆和順之意), '盖諫'은 범함을 이르기 쉬우므로(易至於犯) 故로 화하고자 한 것이고(欲和), 起는 두려워하며 흥기하는 뜻이니(悚然興起之意), 효도하고 공경하는 마음이(言孝敬之心) 더함은 있고 그침이 없어서(有加無已) 부모가 기뻐함을 기다려 다시 말씀을 올림을 말한 것이다(待親喜則復進言). 누군가 이렇게 말했지. 간하지 않으면(不諫) 이것은 그 부모를 불의를 빠뜨려(是陷其親於不義) 州·里에서 죄를 얻게 하는 것(使得罪於州里)이니, 차라리 익숙히 간하는 것(是以寧熟諫)이라고 말이지. (부모가)노하여 종아리를 때리더라도(怒而撻之) 오히려 감히 미워하거나 원망하지 않거든(猶不敢疾怨) 하물며 이보다 낮은 것에 있어서야(況下於此者乎).

여기서 與其得罪於鄕黨州閭 寧熟諫는 與其(--하기 보다는) 寧(차라리 --하는 편이 낫다)라는 構文인데 자주 나오니 꼭 외어두도록 해라. 則號泣而隨之는 해석하는데 여러 가지 說이 있는데, 하나는 父母의 가는 바를 따라 다닌다는 뜻과, 하나는 父母의 뜻을 따르는 것인데 두 가지 전부 타당성이 있다고 보여 지네. 부자지간은 떠날 수 있는 도가 없으므로(無可去之道) 울부짖고 울면서 따를 뿐인 것이니(號泣而隨之而已) 그래서 부자지간을 '父子有親'이라고 하지. 아버지와 아들은 다른 선택이 없어.

자식은 아버지의 모든 것이니.

3-1-7. 明侍養疾病之禮圖

소학선생: "'明侍養疾病之禮圖' 즉, '질병을 모시고 봉양하는 예절을 밝히는 것'인데 이것도 앞의 것처럼 부모와 임금의 경우에 해당되지.

이 원문은 ≪禮記≫ 〈曲禮〉에 나오는 말로,

父母有疾(부모가 병이 있으면),

冠者不櫛(관을 쓴 자는 머리를 빗지 않으며)
行不翔(다닐 때 나는 듯이 걷지 않으며)
言不惰(말함에 게을리하지 않으며)
琴瑟不御(거문고와 비파를 타지 않으며)
食肉不至變味(맛을 모르도록 고기를 먹지 않으며)
飮酒不至變貌(얼굴빛이 변하도록 술을 먹지 않으며)
笑不至矧(잇몸이 드러나도록 웃지 않으며)
怒不至詈(노하되 꾸짖는데 이르지 않으며)
疾止(병이 나으면) 復故(예전처럼 돌아간다)

君(임금이) 有疾飮藥(병이 있어 약을 복용하면)

臣先嘗之(신하가 먼저 맛보며)
親(어버이)가 有疾飮藥이(병이 있어 약을 복용하면)
子先嘗之(자식이 먼저 맛보며)
醫不三世(의원이 3대가 이어지지 않았거든)
不服其藥(그 약을 복용하지 않아야 한다)

侍養疾病之禮圖
父母疾
○冠者 不櫛
○行不翔
○言不惰
○琴瑟不御
○食肉不至 變味
○飲酒不至 變貌
○笑不至矧
○怒不至詈
○醫不三世 不服其藥

集解해보면, 此는 '부모의 병환을 봉양하는 禮'를 말한 것이니(言養父母疾之禮), 빗질하지 않음은(不櫛) 꾸미지 않는 것이요(不爲飾), 활개치지 않음은(不翔) 모양을 내지 않음이요(不爲容), 게을리 하지 않음은(不惰) 다른 일에 미치지 않음이요(不及他事), 거문고와 비파를 타지 않음은(琴瑟不御) 즐거운 마음이 없기 때문이지(以無樂意). 오히려 고기를 먹되(猶可食肉) 다만 배불리 먹어 입맛이 변하는 데에 이르지 않을 뿐이요(但不至厭飫而口味變耳), 오히려 술을 마시되(猶可飲酒) 다만 술에 취하여 얼굴빛이 변하는 데에 이르지 않을 뿐이지(但不至醺酣而顔色變耳), 齒의 근본을 잇몸이니(齒本曰矧), 웃어서 잇몸을 보이면(笑而見矧) 크게 웃는 것이니(是大笑), 노하여 꾸짖음을 詈하니(怒罵曰詈) 노하여 꾸짖음에 이르면(怒而至詈) 이는 심히 노함이니(是甚怒), 이는 모두 걱정을 잊음이 되므로(皆爲忘憂) 故로 경계한 것이네(戒之). 復故는 평상시로 돌아가는 것이네(復常).

부모가 병환에 계시면(父母有疾) 자식을 안색을 가득히 하지 않으며(子色不滿容), 다른 일을 버려두고(捨置餘事) 오로지 의원을 맞이해 약을 조제하는 일로 삼아야 한다는 것이지(專以迎醫合藥爲務). 의원이 3대를 이어졌으면(醫三世) 사람이 치료함이 많고(治人多), 약물을 사용함이 익숙하니(用物熟), 功(효험)을 이미 시험하여 의심이 없는 뒤에(功已試而無疑然後) 복용하면(服之), 또한 병을 삼가는 도이지(亦謹疾之道). 經文에 말한 것은(經之所言) 또한 그 떳떳함을 말했을 뿐이니(亦道其常而已), 의술을 가업으로 전승한 경우가 아니더라도 혹 스스로 마음에 터득한 자이면(非傳業而或自得於心者) 3대에 미치지 않았어도(未及三世) 진실로 취할 바가 있는 것이라(固在所取). 해서 꼭 3대가 의술을 계승하지 않았어도 의술에 조예가 깊거나 병에 대한 공부를 많이 한 의사라면 믿어도 된다는 말일세.

3-1-8. 明謹身之禮圖

소학선생: "明謹身之禮圖' 즉, '몸을 삼가는 예절을 밝히는 것'인데 父在(아버지가 살아계실 때)와 父沒(아버지가 돌아가셨을 때)을 때 아들이 어떻게 해야 하는가의 문제이지. 딱 두 章에만 간단히 실려 있지.

≪論語≫ 〈學而〉에 나오는 말로,

孔子曰 父在에 觀其志(그 사람의 뜻을 보고)
父沒(아버지가 돌아가시면) 觀其行(그 행동을 본다)
三年을 無改於父之道(아버지의 행하던 도를 고치지 않아야)
可謂孝矣(효자라고 말할 수 있다)

≪禮記≫ 〈內則〉에 나오는 말로,

父母雖沒(부모가 비록 돌아가셨더라도)
將爲善(선한 일을 하려고 할 때에는)
思貽父母令名(부모에게 명예가 돌아가게 될 것을 생각하여)
必果(반드시 과감하게 행하며)
將爲不善(불선을 하려고 할 때에는)
思貽父母羞辱(부모를 욕되게 할 것을 생각하여)
必不果(반드시 실행하지 말아야 한다)

　　集解해보면, 아버지가 생존해 있으면(父在) 자식이 독단적으로 할 수 없으니(子不得自專) 뜻을 알 수 없고(而志則可知), 아버지가 돌아가신 뒤에는(父沒然後) 그의 행실을(其行) 볼 수 있다는 거지(可見). 이를 관찰하면(觀此) 그 사람의 선악을 알 수 있는 것이고(足以知其人之善惡), 또한 아버지가 행하던 道를 고침이 없어야(然又必能三年無改於父之道), 그 孝를 볼 수 있으니(乃見其孝) 그렇지 않으면(不然) 행하는 바가 善하더라도(則所行雖善) 또한 효라고 할 수 없는 것이지(亦不得爲孝). 3년 동안 고침이 없다는 것은(三年無改) 또한 마땅히 고쳐야 할 바에 있으나 아직 고치지 않아도 되는 것을 이른다고 하지(亦謂在所當改而可以未改者爾).

3-1-9. 明祭享大意(君子之祭)圖

이천태는 ≪禮記≫의 篇名 중 23편인 〈祭法〉, 24편인 〈祭義〉, 25
편인 〈祭統〉을 차례대로 읽기 시작했다. 소학선생으로부터 예기의 다
른 분야는 몰라도 이 편명은 모두 숙지해야 한다고 했기 때문이다.

〈祭法〉은,

　　天神과 地祇, 人鬼등의 여러 신에게 제사 지내는 법에 대해 기록
하고 있는데 聖王이 제사를 제정함에 있어 다음과 같은 경우에 한정하
도록 하고 있다. 법을 백성에게 베푼 자를 제사 지내도록 했고, 죽음을
무릅 쓰고 일에 힘쓴 자를 제사지내도록 했으며, 노고를 아끼지 않고 나
라를 안정시킨 자를 제사 지내도록 했고, 큰 재앙을 막은 자를 제사 지
내도록 했으며, 큰 환난을 막은 자를 제사 지내도록 했으며,

　　　　(夫聖王之制祀也　法施於民則祀之　以死勤事則祀之　以勞定國則
祀之　能禦大菑則祀之　能捍大患則祀之)

〈祭義〉는,

　　제사의 의의에 대하여 기록하고 있으며, 제사의 기본적인 마음가
짐인 효도와 경노의 도리에 대하여 기록하고 있다. 제사는 자주 지내지
않는다. 자주 지내면 번거롭게 되고 번거로우면 공경하지 않게 된다. 제
사는 너무 가끔 지내지 않는다. 너무 가끔 지내면 게으르게 되고 게으르
게 되면 잊어버리게 된다. 그러므로 군자는 하늘의 도리에 합하여 봄에
禘祭(제왕이 그 始祖를 하늘에 配享하는 제례)를 지내고, 가을에는 嘗祭(제왕이
가을에 새로 난 채소·과일·곡식 등을 宗廟에 올리기 위해 지내는 제례)를 지낸다.
가을 제사 때에 이슬이나 서리가 내리면 군자가 이것을 밟고 반드시 슬
픈 마음이 생기게 되는데, 이는 추워서 그런 것이 아니다. 봄 제사 때에

비나 이슬이 내려 땅이 젖으면 군자는 이것을 밟고 반드시 섬뜩한 마음이 생기게 되는데 마치 돌아가신 부모를 보는 것과 같기 때문이다. 봄에는 즐거움으로 선조의 혼이 오는 것을 맞이하며, 가을에는 슬픔으로 가는 것을 보낸다. 그러므로 체제에는 음악을 사용하고, 상제에는 음악을 사용하지 않는 것이다.

(祭不欲數 數則煩 則煩不敬 祭不欲疏 疏則怠 怠則忘 是故 君子合諸天道 春禘秋嘗 霜露旣降 君子履之 必有悽愴之心 非其寒之謂也 春雨露旣濡 君子履之 必有怵惕之心 如將見之 樂以迎來 哀以送往 故禘有樂而嘗無樂)

〈祭統〉은,

　　주로 제사의 根本의의에 대해서 기록하고 있는데 '統'이란 '근본'이라는 뜻이다. 대체로 사람을 다스리는 방법은 예보다 절실한 것이 없다. 예에는 다섯 가지 종류가 있는데, 제례보다 중요한 것이 없다. 대체로 제례는 사물이 외면으로부터 형성되어 이르는 것이 아니라 내면으로부터 나와서 마음속에 생기는 것으로, 마음으로 느끼는 것을 의례로서 받드는 것이다. 그러므로 오직 어진 자라야 제사의 의의를 다 할 수 있다.

(凡治人之道 莫急於禮 禮有五經 莫重於祭 夫祭者 非物自外至者也 自中出生於心也 心怵而奉之以禮 是故唯賢者能盡祭之義)

《禮記》의 〈祭法〉·〈祭義〉·〈祭統〉을 숙지한 이천태는 인터넷을 통해 '祭禮'에 대한 개념을 다음과 같이 정리했다.

> 원시시대 사람들은 자연 현상과 천재지변의 발생을 경이와 공포의 눈으로 보았으며 4계절의 운행에 따른 만물의 生成化育으로 인간이 생존할 수 있음을 감사하였다. 동시에 天·地·日·月·星辰·山·川에는 모

두 신령이 깃들여 있다고 생각하여 神의 加護로 재앙이 없는 안락한 생활을 기원하였는데, 이것이 제사의 기원이다. 제사는 인문(人文)의 발달에 따라 일정한 격식을 갖추었으며 이것이 곧 祭禮이다. 중국에서는 이미 堯·舜 시대에 天神·地祇·5嶽·4瀆을 제사한 기록이 《書經》·《史記》 등에 실려 있다. 특히 동양에서는 윤리 도덕측면에서 조상숭배가 크게 성행하여 이에 대한 제례가 夏·殷시대를 거쳐 周代에 확고하게 갖추어졌다. 한국에서 제례의 시초는 夫餘에서 '迎鼓'라 하여 12월에 하늘에 제사하였고, 고구려에서는 '東盟'이라 하여 10월에 하늘에 제사지냈으며, 東濊에서는 '舞天'이라 하여 10월에 하늘에 제사지낸 기록이 있다. 馬韓에는 '蘇塗'라는 神域이 있어 솟대를 세우고 북과 방울을 달아 하늘의 신을 제사지냈다. 신라에서는 南解王 때에 赫居世廟를 세우고 惠恭王 때에 5묘(廟)의 제도를 정했으며 산천도 제사지냈다. 백제에는 東明廟가 있었다. 고려시대에 중국의 제도를 본떠 圜丘(천신을 제사지내는 원형의 단)·方澤(지기를 제사지내는 사각형의 단)·社稷·宗廟·陵寢·先農壇·先蠶壇·文宣王廟(공자의 사당)·馬祖壇·司寒壇(氷神을 모신 단) 등을 설치하고 예절을 갖추어 제사지냈다. 그리고 명산·大川·雨師·雲師·雷師 등도 제사지냈다. 조선시대에도 원구와 방택 만을 제외하고 고려의 제도를 그대로 따랐다. 私家의 제례는, 고려시대에는 大夫이상은 증조까지 3대, 6品 이상의 벼슬아치는 할아버지까지 2대, 7품이하의 벼슬아치와 평민은 부모만을 家廟를 세워 제사지내게 했으나, 조선시대에 이르러 《朱子家禮》에 근거를 두어 신분을 가리지 않고 高祖까지 4대를 奉祀하게 했다. 오늘날에는 全州李氏의 宗約院이 거행하는 종묘의 제향, 서울의 성균관과 지방의 향교에서 儒林이 거행하는 文廟의 제향, 유림이 거행하는 각 서원의 제향, 사가의 조상 제사 이외의 다른 것은 찾아볼 수 있다.

소학선생: "제례의 의미는 《朱子家禮》에 의하면 帝王은 하늘에 제사지내고(祭), 제후는 산천에 제사지내며(祀), 사대부는 조상에 제사(享) 지낸다고 했지. 사람은 누구나 자기를 있게 한 조상에게 보답해야 하는데 그것이 바로 孝道이지. 공자선생은 제사에 참여하지 않으면 내가 제사를 지내지 않은 것과 같다고 하였고, 주자선생도 밥 한 그릇, 국

한 그릇 이라도 정성만 다하면 된다고 했지. 祭需의 많고 적음이나 예의격식보다는 정성과 공경으로 효를 극진히 하는 마음가짐이 중요하다고 했지. 누구든지 고조부모까지 4代 봉사를 할 수 있게 된 것은 1894년 甲午更張으로 신분제도가 철폐된 이후부터였지. 그전에는 신분에 따라 제사범위가 정해져 있어서 4대봉사도 마음대로 하질 못했지. 4대 봉사를 하는 이유는 사람의 수명으로 보아 고조부모님으로부터 생전에 내가 직접 사랑을 받을 수 있으므로 제사를 지내는 것이지. 제례의 절차는 어렵게만 생각하지 말고 살아계신 부모님께 정성껏 효를 실천한다고 생각하면 가능한 것이지.

다음은 '明祭享大意圖'로 즉, '祭享의 큰 뜻을 밝히는 것'으로 나는 이것을 '君子之祭'로 여기고 싶네. 예전에는 서민을 위하는 제사가 아니라 전부 군자 즉, 사대부를 위한 군자로 보면 되지. 군자의 祭享에 있어서 세 가지로 세분 할 수 있는데 致祭·入出室·先王之孝이지.

먼저 致祭를 보면, ≪禮記≫ 〈祭義〉에 나오는 말로,

致齊於內(안에서 致齊하고)
散齊於外(밖에서 散齊하여)
齊之日(齊戒하는 날에)
思其居處(그 계시던 곳을 생각하며)
思其笑語(그 웃고 말씀하시던 것을 생각하며)
思其志意(그 뜻하시던 것을 생각하며)
思其所樂(그 즐거워하시던 것을 생각하며)
思其所嗜(그 좋아했던 것을 생각하여)
齊三日(재계한 지 사흘 만이면)
乃見其所爲齊者(그 재계하는 대상인 어버이를 보게 될 것이다)

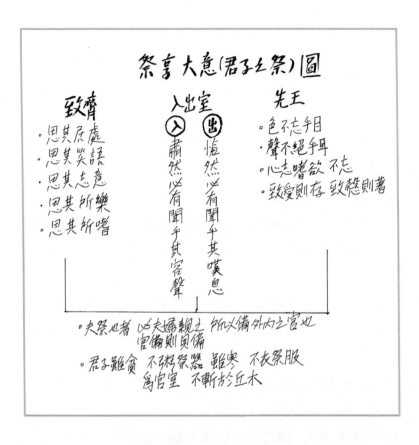

祭享大意(君子之祭)圖

致齊
○思其居處
○思其笑語
○思其志意
‧思其所樂
○思其所嗜

入出室
(入)
肅然必有聞乎其容聲

(出)
愾然必有聞乎其嘆息

先王
○色不忘乎目
‧聲不絕乎耳
○心志嗜欲 不忘
○致愛則存 致慤則著

○夫祭也者 必夫婦親之 所以備外内之官也
宫備則具備
○君子雖貧 不粥祭器 雖寒 不衣祭服
爲宮室 不斬於丘木

　　集解해보면, '齊'라는 말은(齊之爲言) '가지런함'(齊)이니 가지런하지
않음은 가지런히 하여 그 재계를 극진히 하는 것이요(所以齊不齊而致其
齊), '散齊'는 '산만한 것을 整齊하는 것'이며, '致齊'는 '재계를 지극히 하
는 것'으로 먼저 산제를 한 뒤에 치제를 하는 것인데, 산제는 제사 있기
전 7일간을, 치제는 祭官이 제사를 시작하는 날부터 마친 다음 날까지
사흘 동안 몸을 깨끗이 하고 삼가는 것을 말하지. 안에 '致齊'한다는 것
은(致齊於內), 마음에 구차하게 생각하지 않는 따위와 같은 것이요(若心不
苟慮之類), 밖에 '散齊'한다는 것은(散齊於外) 술을 마시지 않고 마늘을 먹
지 않는 따위와 같은 것이며(若不飮酒 不茹葷之類),

다음 入出室를 보면,

> 祭之日(제사 지내는 날에) 入室(사당에 들어가면)
> 僾然必有見乎其位(완연하게 어버이 모습이 신위에 보이고)
> 周還出戶(周還하여 문을 나오면)
> 肅然必有聞乎其容聲(숙연히 어버이가 동작하는 소리가 들리며)
> 出戶而聽(문을 나오면서 들으면)
> 愾然必有聞乎其嘆息之聲(개연히 탄식하는 소리가 들린다)

集解해보면, '入室'은 사당의 방에 들어감이고(入廟室), '僾然'은 방불한 모습이고(彷彿之貌), '見乎其位'는 조상이 神位에 계심을 보는 듯한 것이지(如見親之在神位), '周旋出戶'는 제기를 올리고 술잔을 올릴 때와(謂薦俎酌獻之時) 행보하고 주선하는 사이에(行步周旋之間) 혹 문안으로 나옴을 이르지(或自戶內而出). '肅然'은 공경하고 놀라는 모양이요(儆惕之貌), '容聲'은 거동하거나 기거 동작하는 소리이고(擧動容止之聲), '愾然'은 크게 탄식짓는 소리이라네(太息之聲).

다음 先王之孝를 보면,

> 色不忘乎目(어버이의 얼굴빛을 눈에서 잊지 않으며)
> 聲不絶乎耳(어버이의 소리가 귀에서 끊어지지 않으며)
> 心志嗜欲(心志와 즐기고자 했던 것을)
> 不忘乎心(마음에 잊지 않으셨으니)
> 致愛則存(사랑을 극진히 하면 존재하고)
> 致慤則著(정성을 지극히 하면 나타난다)

集解해보면, '致愛'는 부모를 사랑하는 마음을 극진히 함이요(極其愛親之心), '致慤'은 부모를 공경하는 정성을 극진히 함이요(極其敬親之誠), 사람의 행실은(人之行) 효도보다 큰 것이 없으니(莫大於孝), 능히 이 마음을 보존하였으며(能存此心), 부모의 용모와 안색을(父母之容色) 스스로 눈에 잊지 않고(自不忘乎目), 부모의 음성을(父母之聲音) 스스로 귀에 잊지 않고(自不忘乎耳), 부모의 심지와 좋아하고자 하시던 것을(父母之心志嗜欲) 자연히 마음에 잊지 않는 것이니(自不忘乎心), 진실로 억지로 힘써 그렇게 하는 것이 아니요(固非勉强所能然). 또한 내 마음의 사랑과 공경을 지극히 할 뿐이다(亦致吾心之愛敬而已). 사랑을 극진히 하면 존재하고(致愛則存), 정성을 지극히 하면 나타나고(致慤則著) 존재함을 잊지 않으면(著存不忘) 조상의 영혼이 성대히 계신 듯 할 것이니(則洋洋如在), 어찌 공경하지 않을 수 있겠는가(夫安得不敬乎)했으며,

〈祭統〉에서 말하기를 夫祭也者(제사는) 必夫婦親之(반드시 부부가 친히 하여야 하며) 所以備外內之官(이는 바깥과 안의 官을 갖추기 위해서이니) 官備則具備(官이 갖추어 지면 제물도 갖추어진다)고 했네. 夫婦親之(부부가 친히 한다는 것은) 若君制祭(군주가 제사를 관장하면) 夫人薦盎(부인이 술동이를 올리고) 君割牲(군주가 희생을 하면) 夫人薦酒(부인이 술을 올리고) 卿大夫相君(卿大夫가 군주를 도우면) 命婦相夫人(경대부의 처가 부인을 돕는 것과 같으니) 此外內之官也(이것이 바깥과 안의 官인 것이다). '官'은 所以執事(일을 집행하는 것이요), '事'는 所以具物(제물을 갖추는 것이니), 故로 官備則具備(官이 갖추어지면 제물이 갖추어진다고 말한 것이지). 또 〈曲禮〉에는 君子雖貧(군자는 비록 가난하나) 不粥祭器(祭器를 팔지 않으며) 雖寒(비록 추우나) 不衣祭服(祭服을 입지 않으며) 爲宮室(집을 지을 적에) 不斬於丘木(丘木을 베지 않는다고 했지). '祭器'는 所以奉祭(제사를 받드는 것이니) 粥之則無以祭(팔면 제사를 지낼 수 없고) '祭服'은 所以接鬼神(귀신을 접하는 것이니) 衣之則褻而不敬(평소에 입으면 더럽혀져 불경하게 되고). '丘木'은 所以庇其宅兆(그 무덤을 지키는 것이니) 爲宮室而伐之(집을 짓느라 이것을 베면) 則是慢其先而濟其私(이는 조상을 업신여기고 그 私慾을 이루

는 것)이라고 말 할 수 있지.

해봉: "그런데 선생님, 군자가 제사할 적에 몸소 친히 해야 한다고 했는데 질병이나, 부득이한 일이 있으면 어떻게 해야 하나요. 그리고 대부는 祭器를 빌리지 않는다고 했는데 제기가 없을 경우에는 빌리면 안 되는지요?"

소학선생: "원칙은 친히 제사지내는 것이니, 이는 그 조상이 계신 듯하여 정성을 지극히 하려고 해서이지. 만약 有故가 발생할 경우 예를 들어 질병이나 다른 일이 있을 경우, 제사에 참여 할 수 없는 입장이라면 他人으로 하여금 대행하는 것도 괜찮다고 하네. 제기를 빌리지 않는 것은 제기는 필수품으로 여기는 것이어서 그렇지. 만약 제기가 없고 다른 사사로운 그릇이 있다면 이는 잘못 된 것으로 여기지. 왜냐하면 다른 사사로운 그릇을 만들 처지라면 제기부터 만들어 보존하라는 것인데 이는 조상을 먼저하고 자신을 뒤로 하는 예절이라네. 제기를 빌린다는 것은 정성도 없을뿐더러 조상에 대한 예의가 아닌 것으로 여겼다네."

3-1-10. 言孝親之道(層別)圖

이천태는 다음 날 ≪孝經≫에 대한 자료조사와 내용을 정리하기 시작했다. 다음 章부터 孝道와 관련한 孝經에 대한 내용이 나오기 때문이다. 효경은 '공자와 그의 제자 曾參이 문답한 것 중에서 효도에 관한 것'을 추린 책이다. 그 내용은 孝의 처음과 끝을 정의하는데 부모가 물려준 신체의 보전으로부터, 효자들의 행적에 관한 후세의 평가에 이르기까지 효의 적용 대상이 아닌 것이 없음을 강조하고 있다. 또한 효는 모든 신분계층에 동일하게 적용되는 윤리 규범임을 밝히고 있다. 이천태는 효경의 목차를 보고 다음과 같이 정리하였다.

효경의 편명과 내용

번 호	篇 名	내　　　용
經 1章	開宗明義章	
傳 首章	廣至德章	지극한 덕만이 온 천하를 순하게 할 수 있다
傳 2章	廣要道章	백성을 가르치는 근본적인 길이 효에 있다
傳 3章	三才章	효가 하늘의 말씀 땅의 의로움, 백성의 행동
傳 4章	孝治章	효도를 근본으로 다스리면 백성이 화목, 나라가 평화
傳 5章	聖治章 上一節	효도가 덕의 근본
傳 6章	聖治章 下一節	부모를 不愛하고 타인 愛는 덕과 예에 어긋남
傳 7章	紀孝行章	부모가 病이면 근심하고 死하면 哀悼
傳 8章	五刑章	불효를 하면 죄를 받는다고 강조
傳 9章	事君章	임금을 섬기는 도리를 설명
傳 10章	感應章	왕이 해야 할 효도를 풀이
傳 11章	廣揚名章	선비의 효도하는 법을 해석
傳 12章	閨門章	효와 우애와 벼슬하는 법을 설명
傳 13章	諫爭章	부모에게도 의논을 하여야 한다는 것을 설명
傳 14章	喪親章	부모가 生=愛敬, 死=슬픔과 설움 부모 섬기기 전력

효경

≪孝經≫은 孔子와 그의 제자 曾參이 문답한 것 중에서 효도에 관한 것을 추린 책. 朱熹가 간오(刊誤: 글의 틀린 곳을 바로 잡음)하고 동정(董鼎)이 주(註)하였다. 본래 孔子舊宅에서 나온 것은 ≪古文孝經≫으로, 秦始皇 焚書 때 이 책을 顔芝가 保藏하여 전하였고, 그 아들 정(貞)이 다시 쓴 것이 ≪今文孝經≫이다. 公安國이 ≪고문효경≫을 해독하고 주석하였으며, 당 玄宗 때 ≪御注孝經≫이, 송 진종(眞宗) 때 ≪孝經正義≫가 나왔다. 주희는 古文이 잘못

되었다고 하여 새로 經文 1章과 傳文 14章으로 체계를 잡았다. 보통 元代의 학자 熊禾의 서문과 明代의 학자 徐貫의 발문이 있는 본이 널리 유행했고, 동정이 주석 및 편집한 책이 많이 통용되었다. ≪효경≫의 經과 傳은 초학자를 위한 글이므로 문장이 명백하고 간결하다. 또한 ≪大學≫이 학문의 근본을 밝힌 책이라 한다면, ≪효경≫은 행위의 준칙을 밝힌 책이라 하겠다. 그리하여 조선조에서 역대로 여러 차례 간행하여 보급하였는데 1589년(선조 22)에 柳成龍의 발문이 있는 後刊本이 중심이 되어 있다. 또 일반에서는 간본을 쉽게 구할 수 없어서 필사로 책을 꾸며 익히는 경우가 가장 많았다. ≪효경≫의 내용 글의 내용면에서 볼 때, 제1장인 〈開宗明義章〉은 효의 전체 대요(大要)를 밝히고, 제2장에서부터는 효의 세부적인 사항을 다루었다. **≪효경≫에 나타난 효의 의미는 두 가지 측면에서 찾아볼 수 있다. 그 하나는 종족(宗族)의 영속(永續)이라는 생물학적 측면이고, 다른 하나는 가문의 명예라는 가치 혹은 문화적 측면이라 하겠다.**

첫째로 효는 宗族保全이라는 생물학적 의미를 지니는 것이며, 또한 인류 문명의 전수라는 의미를 갖는다. "사람의 신체와 머리털과 피부는 모두 부모에게서 받은 것이니, 감히 훼손하지 않는 것이 효의 시작이다(開宗明義章)"라는 구절에서 볼 때, 나의 몸은 부모(조상)로부터 물려받은 것으로, 그것을 다시 후손에게 물려주어 자자손손 대를 이어 조상으로부터 물려받은 문화와 문명을 후대에 잇게 해야 한다. 대를 잇지 못하고 단절하는 것은 조상에 대한 최대의 불효가 되는 것이라 한다. 그러므로 〈五刑章〉에서는 죄 중에서 가장 무거운 죄가 불효라고 하였다. 이에 孟子는 불효 중에서 가장 큰 불효는 대를 단절시켜 후손이 없어지게 하는 것이라 하였다.

둘째로 효는 가치적·문화적 의미를 갖는다. "자신의 인격을 올바르게 세우고 도리에 맞는 행동을 하여 후세에 이름을 날려 부모님의 명예를 빛나게 하는 것이 효의 끝이다(開宗明義章)"라는 구절에서 볼 때, 사람은 훌륭한 일을 하여 그 이름을 세상에 떨쳐 가문의 명예를 빛나게 하는 것이 보다 더 큰 효행이라 하겠다. 여기에서 후세에 이름을 드날려 부모의 명예를 빛나게 한다는 것은, 속된 의미에서의 명예가 아니다. 즉 삶이란 생물학적인 생명 보전으로 끝나는 것이 아니라, 문화적·가치적 삶을 실현하는 것이 보다 더 중요하다는 것이다. 또한 이 책에서는 부모에 대한 효도를 바탕으로 집안의 질서를 세우는 일이 치국(治國)의 근본이며, 효도야말로 천(天)·지(地)·인(人) 삼재(三才)를 관철하고 모든 신분 계층에 동일하게 적용되는 최고덕목·윤리규범이라는 것을 강조하고 있다. 이로써 한국·중국·일본의 봉건 사회에서 '효'가 통치사상과 윤리관의 중심으로 자리 잡게 되는 데 큰 역할을 하였다.

우리나라에서 ≪효경≫의 위치는 백제시대에 박사 왕인(王仁)이 ≪논어≫, ≪천자문≫과 함께 ≪효경≫을 일본에 전수했다는 기록이 있고, 신라시대에는 국학(國學)에서 가르치는 교과목 중에 ≪논어≫와 ≪효경≫이 필수과목이었다는 점을 볼 때, ≪효경≫이 매우 중시되었음을 알 수 있다. 특히 인재 등용을 위해 설치한 독서삼품과(讀書三品科)에서도 상·중·하품(上·中·下品) 모두에 ≪효경≫은 ≪논어≫와 함께 필수과목이었다. 고려시대의 국자감에서도 경학에 ≪효경≫과 ≪논어≫가 필수과목이었다는 것은 우리나라 교육사(教育史)에 있어서 ≪효경≫의 비중이 얼마나 컸는가를 알려준다. ≪효경≫의 성격은 전통사회에 커다란 영향력을 미쳐, 효를 통치사상의 근간으로 삼는 데 일익을 담당하였다. 이 책은 민간의 아동들로부터 군왕에 이르기까지 모든 사람의 필독서였으며, 효는 전통사회 윤리관의 중핵사상(中核思想)으로 자리 잡게 되었다. 또한 전통사회의 문화적·사회적 일체감을 형성하는 가장 중요한 가치덕목이기도 하였다. ≪효경≫은 한국 전통사회의 성격 형성에 이와 같은 긍정적인 영향을 주었음과 동시에, 역기능적인 요인으로도 작용하였다. 뿌리 깊은 남존여비사상·가부장적 권위주의·엄격한 도덕적 지상주의·명분 위주의 윤리관 등은 오늘날 ≪효경≫이 普遍 倫理書로 자리 잡기위해서는 극복해야 할 한계라고 할 수 있다.

소학선생: "다음은 '言孝親之道(層別)圖'로 즉, '어버이에게 효도하는 도리를 말한 것'으로 나는 이것을 '天子·諸侯·卿大夫·士·庶人'등

層別로 구분해서 설명하고 싶네.

'孝親之道'의 시작은 ≪孝經≫에 나오는 말로,

> 身體髮膚는 受之父母라(身體髮膚는 부모에게서 받았으니)
> 不敢毁傷이 孝之始也요(감히 毁傷하지 않는 것이 효도의 시초이고)
> 立身行道하여 揚名於後世하여(몸을 세워 道를 행하여 후세에 이름을 드날려)
> 以顯父母 孝之終也니라(부모를 세상에 드러나게 하는 것이 효도의 끝이다)

이라고 하여 이는 사람 자식의 신체와 모발과 살은 모두 부모가 남겨주신 것인데 스스로 아껴 감히 毁損하지 않음이 효의 시작이 되는 것이요, 능히 몸을 세우고 道를 행하면 자기 이름이 후세에 드날려지고 부모의 이름이 또한 드러날 것이니, 효의 마지막이 된다고 것이지.

天子之孝를 보면,

> 愛親者(어버이를 사랑하는 사람은)
> 不敢惡於人(감히 남을 미워하지 못하고)
> 敬親者(어버이를 공경하는 사람은)
> 不敢慢於人(감히 남에게 교만하지 못하니)
> 愛敬(사랑하고 공경함을)
> 盡於事親(어버이를 섬기는 일에 극진히 한다면)
> 而德教加於百姓(德의 敎化가 백성에게 입혀져서)
> 刑于四海(세상의 본보기가 될 터이다)

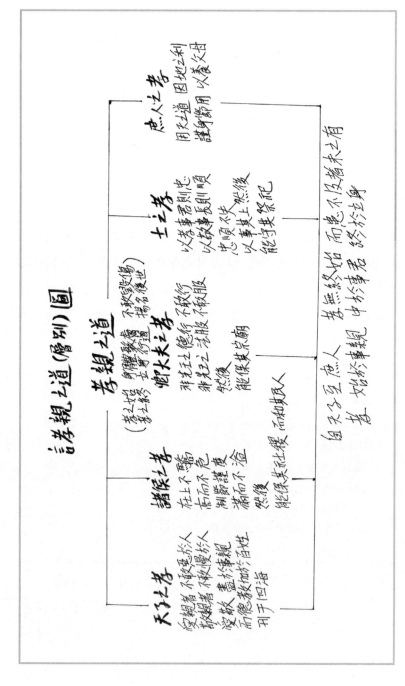

集解해보면, '孝者'는 사랑과 공경에서 벗어나지 않을 뿐이니(不出乎愛敬而已), 부모를 사랑하는 마음을 미루어 남들을 사랑하여(推愛親之心以愛人) 미워하는 바가 없고(而無所疾惡), 부모를 공경하는 마음을 미루어 남들을 공경하여(推敬親之心以敬人) 무례하는 바가 없으면(而無所慢易), 몸소 위에서 행하여(則躬行於上) 덕교가 스스로 아래로 모범이 되어(而德敎自儀法於下) 천하 사람들이(天下之人) 모두 그 부모를 사랑하고 공경하지 않는 이가 없을 것이지(無不皆愛敬其親矣).

諸侯之孝를 보면,

> 在上不驕(위에 있으면서 교만하지 않으면)
> 高而不危(높아도 위태롭지 않으며)
> 制節謹度(예절을 節制하여 법도를 삼가면)
> 滿而不溢(가득차도 넘치지 않는다)
> 然後에야
> 能保其社稷(능히 그 社稷을 보존하고)
> 而和其民人(백성을 화평하게 하는 것이다)

集解해보면, '制節'은 스스로 예절에 맞게 함이요(自制於禮節), '謹度'는 법도를 삼가 지킴이다(謹守法度). 귀함이 나라의 임금이 되었으니(貴爲國君) 높다고 할 만하고(可謂高矣), 부유함이 천승을 가졌으니(富有千乘) 가득하다고 이를만하다(可謂滿矣). 높으면 위태롭기가 쉬우나(高則易危), 위에 있으면서 무례하지 않으면(在上不驕), 故로 不危(위태롭지 않고) 滿則易溢(가득하면 넘치기 쉬우나) 制節謹度(예절에 맞게 하고 법도를 삼가므로), 故로 不溢(넘치지 않는 것이다). '社'는 '土神'이요 '稷'은 '穀神'이니 오직 제후만이 제사 할 수 있는 것이지(惟諸侯得祭之).

卿大夫之孝를 보면,

非先王之法服(先王의 법도에 맞는 옷이 아니면)
不敢服(감히 입지 못하고)
非先王之法言이(先王의 법도에 맞는 말이 아니면)
不敢道(감히 말하지 못하고)
非先王之德行(先王의 어진행실이 아니면)
不敢行(감히 행하지 못하니)
然後에야 能保其宗廟(능히 그 종묘를 보존하는 것이다)

集解해보면, '法'은 '法度'라. '宗'은 사람들이 이것을 종주(宗主)로 삼아 제사함을 말하며(言人宗於此而祭祀), 경대부는 家를 소유하고(卿大夫有家), 家에는 반드시 家廟가 있으므로(家必有廟), 故로 그 宗廟를 보존한다고 말한 것이다(言保其宗廟). 卿大夫有家의 家는 일반적인 家庭을 의미하는 것이 아니라, 家臣을 소유한 큰 집안을 의미하는 것이지.

士之孝를 보면,

以孝事君則忠(孝로써 임금을 섬기면 忠이 되고)
以敬事長則順(敬으로써 어른을 섬기면 順이 되고)
忠順을 不失(잃지 아니하여)
以事其上然後(그 윗사람을 섬긴 뒤에야)
能守其祭祀(그 제사를 지킬 수 있다)

集解해보면, 어버이를 섬기는 孝를 옮겨 임금을 섬기면(移事親之孝以事君) '忠'이 되고(則忠矣), 어버이를 섬기는 공경을 옮겨 어른을 섬기면(移事親之敬以事長) '順'이 되며(則順矣), 士와 祿과 지위를 소유하여(士有祿位) 제사를 받들므로(以奉祭祀) 故로 '祭祀'라 하지.

庶人之孝를 보면,

用天之道(하늘의 道를 쓰며)
因地之利(땅의 이로움에 따라)
謹身節用(몸을 삼기고 씀씀이를 절약하여)
以養父母(부모를 봉양하여야 한다)

集解해보면, 하늘의 도를 쓴다는 것은(用天之道) 하늘이 낳고 자라고 거두고 감출 때를 순히 하여 밭 갈고 김매고 거두고 수확함을(謂順天之生長收藏而耕耘斂穫) 각기 그 때에 의지함이요(各依其時), 땅의 이로움에 따른 것은(因地之利) 땅의 비옥함과 넓음과 높음과 저습함을 인하여 벼와 수수와 기장과 피를 심는 것을(謂因地之沃衍皐隰而稻粱黍稷) 각기 그 마땅함을 따름이다(各隨其宜). '謹身'은 몸을 지켜 함부로 하지 않음이요(謂守身而不妄爲), '節用'은 쓰기를 검소하게 하여 함부로 낭비하지 않음을 이른다(謂儉用而不妄費). 사람이 능히 이와 같이 하면(人能如此) 몸이 편안하고 힘이 넉넉하여(則身安力足), 그 부모를 봉양할 수 있을 것이다(有以奉養其父母矣).

해봉: "효경에 '孝親之道'를 이렇게 계층별로 다양하게 수록했는지는 몰랐는데요. 좋은 句節인 것 같아요. 그런데 제가 經書를 읽다보면 千乘이니 萬乘이니 하는 용어가 자주 나오는데요. 이것에 대해 자세히 알고 싶고요. 또 하나는 효가 당시에 굉장히 중요한 사회규범이라는 것은 알고 있는데 어느 정도 인지 궁금하군요."

소학선생: "일반적으로 萬乘이면 天子國이고, 千乘이면 諸侯國이라고 하는데 일반적으로 '乘'하면 戰車1대로 여기에는 甲士 3명, 步兵

72명, 취사병 25명 등 모두 1백 명인데, 千乘하면 여기에 천을 곱하면 되고 萬乘하면 만을 곱하면 되지. 예전의 효는 이런 말로 대신하겠네. 夫孝는 始於事親이요 中於事君이요 終於立身이니라. 무슨 말인가 알겠지. 이것은 孝之終始라고 하네. 세상만사 모든 것이 효에서 시작되고 마지막도 효라는 거야. 그러니 故로 천자로부터 서인에 이르기까지(自天子至於庶人) 孝에 終과 始가 없고서(孝無終始), 禍가 미치지 않는 자는 있지 않다(而患不及者未之有) 했고, 어버이를 섬기면서 終과 始가 있지 못하면(事親而不能有終有始) 재앙이 그 몸에 미침이(災及其身) 반드시 있다고(必矣)했지. 효가 어느 정도 중요했는가를 알려주는 名言들이지."

천태: "효행에 대한 그림과 글을 엮은 것이 '三綱行實圖'이지요. 제가 알기로는 조선 세종 때 편찬했다고 알고 있는데요. 이 책을 편찬하게 된 동기가 궁금하고요. 또 孝行子에 대한 포상제도와 주요 효행 내용이 무엇들인지 알고 싶어요."

소학선생: "조선사회의 통치이념은 유교이고, 유교 인간 관계론의 기본은 三綱五倫이지. ≪三綱行實圖≫는 아래의 내용을 참고하게나. 효행자 포상제도는 크게 두 가지로 나누어 볼 수 있는데, 하나는 효행자 포상이고, 다른 하는 불효자 처벌이지. 효행자 포상은 旌門, 賞職, 復戶, 賞物 등 네 가지가 있었네. 旌門은 가장 높은 단계의 표창으로, 賞職, 復戶, 賞物이 수반되는 제도이고 賞物은 의복이나 물건을 상으로 주는 제도이지. 효행내용은 '昏定晨省', '出必告反必面' 같은 일상적 효행인 '平常形'과 割股斷指나 기타 신체훼손 및 목숨을 건 사연이 동반된 '犧牲形, 3년 喪·6년 喪 같은 墓幕 살이 같은 '侍墓形', 남편이 죽어 절개를 지킨 '節概形' 등으로 구분할 수 있지. 효행유형별로 정리하면 시

묘형이 제일 많고 다음이 절개형, 평상형, 희생형 순이지. 불효자 처벌에 대해서는 다음 編을 참고하게나.

삼강행실도

≪三綱行實圖≫는 조선 세종 13년 때인 서기 1431년 왕명으로 편찬된 책으로, 총 3권이 1책이다. 책의 내용은 조선과 중국의 책에서 3綱으로 일컬어지는 군신·부자·부부의 모범이 될 만한 충신·효자·열녀 각 35명씩 총 105명의 이야기와 그림을 기록한 책이다. 1434년(세종 16) 직제학(直提學) 설순(偰循) 등이 왕명에 의하여 우리나라와 중국의 서적에서 三綱에 모범이 될만 한 충신·효자·열녀의 행실을 모아 만든 책. 3권 1책으로 인본(印本)이다. 1428년 진주(晉州)에 사는 김화(金禾)가 아버지를 살해한 사건에 대하여 강상죄(綱常罪 : 사람이 지켜야 할 도리에 어긋난 죄)로 엄벌하자는 주장이 논의 되었을 때, 세종이 엄벌에 앞서 세상에 효행(孝行)의 풍습을 널리 알릴 수 있는 서적을 간포(刊布)해서 백성들에게 항상 읽게 하는 것이 좋겠다는 취지에서 만들었다. 권부(權溥)의 ≪孝行錄≫에 우리나라의 옛 사실들을 첨가하여 국민교화서적(國民敎化書籍)으로 삼고자 하였으며, 규장각도서의 세종 조 간본에는 1432년 맹사성(孟思誠)·권채(權採)가 쓴 서(序)가 있으며, 그 뒤 성종·선조·영조시대의 중간본이 전해진다. 영조시대 중간본은 강원감영에서 간행된 것으로, 강원감사 이형좌(李衡佐)의 서와 간기(刊記)가 보태어져 있다. 내용은 〈三綱行實孝子圖〉·〈三綱行實忠臣圖〉·〈三綱行實烈女圖〉의 3부작으로 이루어져 있다.

효자도에는 〈虞舜大孝(순임금의 큰 효성)〉을 비롯하여 역대 효자 110명을, 충신도에는 〈龍逢諫死(용봉이 간하다 죽다)〉외 112명의 충신을, 열녀도에 는 〈皇英死湘(아황·여영이 상강에서 죽다)〉외 94명의 열녀를 소개하고 있다. 조선 사람으로서는 효자 4명, 충신 6명, 열녀 6명을 싣고 있다. 이 책이 이루어진 뒤 ≪二倫行實圖≫·≪五倫行實圖≫ 등이 이 책의 체재와 취지를 본받아 간행되었다. 권채는 서문에서, "중국에서 조선에 이르기까지 고금의 서적에 기록되어 있는 것으로 참고하지 않은 것이 없으며, 그 속에서 효자·충신·열녀로서 특출한 사람 각 110명씩을 뽑아 그림을 앞에 놓고 행적을 뒤에 적되 찬시(讚詩)를 한 수씩 붙였다. 이 시는 효자의 경우 명나라 태종(太宗)이 보내준 효순사실(孝順事實) 중 이제현(李齊賢)이 쓴 찬을 옮겨 실었으며, 거기에 없는 충신·열녀편의 찬시들은 모두 편찬관(編纂官)들이 나누어지었다."고 밝히고 있다. ≪삼강행실도≫의 밑그림에는 안견(安堅)의 주도 아래 최경(崔涇)·안귀생(安貴生) 등 당시의 유명한 화원들이 참여하였을 것으로 보인다. ≪東國新續三綱行實撰集廳儀軌≫에 안견의 그림으로 전한다는 기록이 있고, 이러한 유형의 작업에는 작업량으로 볼 때 여러 화원이 동원되고 실제 작품에서도 몇 사람이 나누어 그린 흔적이 발견된다. 구도는 산·언덕·집·울타리·구름 등을 가로세로로 구획하고, 그 가운데 마련된 공간에 이야기의 내용을 아래에서 위로 1~3장면을 순서대로 배치하였다.

인물은 이목구비를 뚜렷하게 표현하였고 옷 주름을 자세히 나타내었는데, 특히 충신 편에서 말을 탄 장수들의 격투장면이 생동감 넘친다. 산수 그림은 효자편의 〈文忠定省(문충의 문안)〉·〈李業授命(이업이 목숨을 바치다)〉 등에는 당시 유행한 안견풍의 산수표현이 보인다. ≪삼강행실도≫는 백성들의 교육을 위한 일련의 조선시대 윤리·도덕 교과서 중 제일 먼저 발간되었을 뿐 아니라 가장 많이 읽혀진 책이며, 충(忠)·효(孝)·정(貞)의 삼강(三綱)이 조선시대의 사회 전반에 걸친 정신적 기반으로 되어 있던 만큼, 사회·문화사적으로도 매우 중요한 의의를 지녔다. 이 책은 모든 사람이 알기 쉽도록 매 편마다 그림을 넣어 사실의 내용을 한눈에 알아볼 수 있게 하였다. 또한, 조선시대 판화의 주류를 형성하는 삼강이륜계통의 판화들에 큰 영향을 미쳤을 뿐만 아니라, 그 시초라는 점에서 판화사적 의의가 있다. 이 책은 일본에도 수출되어 이를 다시 복각한 판화가 제작되기도 하였다. 그리고 인물화와 풍속화가 드문 조선 전기의 상황으로 볼 때 판화로나마 그 면모를 살펴볼 수 있고, 우리

나라 인물은 평량자(平凉子) 등 조선 전기의 복식을 보여준다는 점에서
도 중요한 자료가 된다. 또한 이 책의 본문 끝에는 원문을 시구(詩句)로
요약, 정리하였으며, 그 가운데 몇 편에는 시구에 이어 찬(讚)을 달아놓
기도 하였다. 1982년 세종대왕기념사업회에 의하여 초기 복각본(覆刻本)
을 대본으로 하고 여기에 국역과 해제를 붙인 영인본이 간행되었다. 이
책은 조선시대의 윤리 및 가치관을 이해하는 데 귀중한 자료가 되며,
또한 국어사의 연구 및 전통 회화사의 연구를 위하여서도 많은 관심을
끌고 있다.

3-1-11. 言莫大於不孝圖

소학선생: "다음은 '言莫大於不孝圖'로 즉, '불효보다 더 큰 것이
없음을 말한 것'으로 흔히 不孝子에 대해 말하는 것이네. 不孝하면 생각
나는 것이 '朱子十悔: (주자의 열 가지 후회)'이네. 주자십회는 우리가 살
아가면서 조심하고 삼가지 않으면, 나중에 가서 뉘우치게 되는 것을 열
가지로 정리해 놓은 것이지. 잘 살펴보면 오늘날 우리에게도 되새겨 볼
점이 참 많이 있다네. 항상 현재에 충실한 유비무환(有備無患)의 자세로
미래에 대비하며 정진하는 것이 바로 朱子十悔가 주는 교훈이지. 우리가
살아가면서 꼭 명심해야 할 점이라고 할 수 있는데 젊었을 때에는 너무
看過하다가 어머니나 돌아가시거나 늙으면 절실히 생각나는 句節이지.

1. 不孝父母, 死後悔(부모님이 효도를 다하지 못하면, 돌아가신 뒤에 후회한다)
2. 不親家族, 疎後悔(가족들과 화목하게 못하면, 멀어지고 난 뒤 후회한다)
3. 少不勤學, 老後悔(젊었을 때 열심히 배우지 않으면, 늙고 난 뒤 후회한다)
4. 安不思難, 敗後悔(편안할 때 미래를 대비치 않으면, 실패한 뒤에 후회한다)
5. 富不儉用, 貧後悔(부유할 때 아껴 쓰지 않으면, 가난한 뒤에 후회한다)
6. 春不耕種, 秋後悔(봄에 농사준비 않으면, 가을이 된 뒤에 후회한다)
7. 不治垣墻, 盜後悔(부실한 담장을 고치지 않으면, 도둑을 맞고 후회한다)

8. 色不謹愼, 病後悔(여색을 삼가지 않으면, 병이 들고 나서 후회한다)

9. 醉中妄言, 醒後悔(술에 취해서 실수를 하면, 술이 깨고 나서 후회한다)

10. 不接賓客, 去後悔(손님을 잘 대접하지 않으면, 떠나간 뒤에 후회한다)

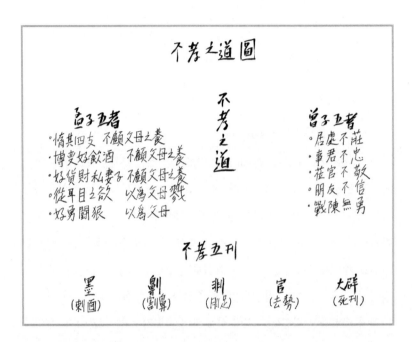

여기서도 '不孝父母, 死後悔'라고 해서 不孝하는 것을 나중에 제일 큰 후회라고 하면서 경계했다네. 不孝에 대해 孔子·孟子·曾子등 성인들은 모두 자세히 말씀하시면서 이 같은 인간은 사람이 아니라고 하셨지.

먼저 《孟子》〈離妻下〉에 나오는 말로

孟子五者는,

世俗所謂不孝者五니

(세속의 이른바 불효라는 것이 다섯 가지이니)

惰其四支하여 不顧父母之養이 一不孝也요
(四支를 게을리 하여 부모의 봉양을 돌보지 않는 것이 첫째 불효요)
博奕好飮酒하여 不顧父母之養이 二不孝也요
(장기·바둑을 두고 술을 좋아해 부모의 봉양을 돌보지 않는 것이 둘째 불효요)
好貨財 私妻子하여 不顧父母之養이 三不孝也요
(재물을 좋아해 처자만 돌보고 부모의 봉양을 돌보지 않는 것이 셋째 불효요)
從耳目之欲하여 以爲父母戮이 四不孝也요
(귀와 눈의 욕망에 따라 부모를 욕되게 함이 넷째 불효요)
好勇鬪狠하여 以危父母 五不孝也니라
(용맹을 좋아하여 싸우고 포악하여 부모를 위태롭게 하는 것이 다섯째 불효요)

다음은 ≪禮記≫〈祭義〉에 나오는 말로

曾子五者는,

身也者는
父母之遺體也니(내 몸은 부모가 주신 몸이니)
行父母之遺體하되 敢不敬乎아
(부모가 남겨주신 몸을 행하되 감히 공경하지 않겠는가)
居處不莊이 非孝也며(거처함에 장중하지 않으면 효가 아니며)
事君不忠이 非孝也며(임금을 섬김에 충성하지 않으면 효가 아니며)
莅官不敬이 非孝也며(벼슬에 임하여 공경하지 않음이 효가 아니며)
朋友不信이 非孝也며(친구 간에 신의가 없음이 효가 아니며)
戰陳無勇이 非孝也니(싸우는 마당에 용기가 없으면 효가 아니며)

五者를 不遂하면(다섯 가지를 완수하지 못하면)
烖災其親이니 敢不敬乎아
(재앙이 그 어버이에게 미치게 되니 감히 공경하지 않으랴)

다음은 ≪孝經≫에 나오는 말로

孔子 不孝五刑은,

五刑之屬이 三千이로되(다섯 가지 형벌은 3천 가지인데)
而罪莫大於不孝하니라(죄는 불효보다 더 한 것이 없다)

集解해보면, 四支는 '手足'이고, '顧'는 '念'이고, '博'은 판으로 놀이
함(局戲)이요, '奕'은 바둑(圍棋)이다. '戮'은 '羞辱'이요 '狠'은 성냄(忿戾)이지.
'行'은 '奉'이고, '莅'는 '臨'이고, '병기를 맞부딪치는 것'을 '戰'이라 하고(交
兵曰戰) '대열을 짓는 것'을 '陳'이라 하고(制行伍曰陳) '遂'는 '成'이요, 莊·
忠·敬·信·勇은 모두 효의 일이니(皆孝之事) 다섯 가지를 완수하지 못
하면(五者不遂) 효가 될 수 없고 몸에 재앙이 미치고(則不可以爲孝而身及於
災矣) 몸이 재앙을 당하면 어버이에게 미치니(身災則及於親矣) 이는 군자가
공경하지 않을 수 없는 이유이지(君子所以不可不敬). 어떤 자는 (부모가)
남겨주신 몸을 받들면서 전쟁에서 용기가 없다고 말함은(或疑奉遺體而曰
戰陳無勇) 어째서인가(何哉) 하고 의심하니 이는 몸을 죽여 仁을 이루면 孝
가 그 가운데에 있기 때문이라고 하였지(蓋殺身成仁而孝在其中矣).

'五刑'은 墨·劓·剕·宮·大辟이니, '墨者'는 '얼굴에 문신함(刺
面)'이요, '鼻者'는 '코를 벰(割鼻)'이요, '剕者'는 '발을 벰(刖足)'이요, '宮者'
는 '거세함(去勢)'이요, '大辟'은 '死刑'이다. ≪書經≫의 〈呂形〉에(按書呂
刑) 墨形의 종류가 천이요(墨屬千), 劓形의 종류가 천이요(劓屬千), 剕形의
종류가 오백(剕屬五百), 宮形의 종류가 3백이요(宮屬三百), 大辟의 종류가
2백(大辟之屬二百)이니 모두 3천 가지이다(凡三千餘). '刑'은 악행을 벌주는
것이니(所以罰惡) 악행은 불효보다 더 큰 것이 없으므로(惡莫大於不孝), 故

로 죄 또한 불효보다 더 큰 것이 없는 것이지(罪亦莫大於不孝).

3-2. 君臣之義

  이천태는 예전에 읽었던 ≪孟子≫의 篇名 중 君臣과 관련된 내용을
쭉 정리하기 시작했다. 君臣과의 관계를 經書에서 찾는다는 것은 孟子가
적격이기 때문이다. 우선 三綱五倫에 대해 간단히 정리했다. 綱은 '세상의
근본이 되는 것'을 말하니, 三綱五倫은 '인간이 지켜야 할 근본 도리'이고
유교에서 매우 중시하는 내용인 것은 다음과 같이 정리 하였다.

〈三綱〉

君爲臣綱   父爲子綱   夫爲婦綱

〈五倫〉

父子有親   君臣有義   夫婦有別   長幼有序   朋友有信

  그런데 君臣有義는 五倫의 父子有親 다음에 내세운 두 번째 덕
목인데 반해 三綱은 첫째 덕목으로 君爲臣綱이라 하여 부자관계를 첫
째로 내세운 오류과는 차이가 있음을 알았다. 君臣의 관계는 곧 국가와
사회를 다스리기 위한 목적 아래 결합된 관계이며, 군주는 통치의 주체
이고 신하는 그 군주를 보필하는 관계인 것이다. 따라서 군주와 신하의
관계를 결속하는 의리를 실현하기 위한 군신 쌍방 간의 윤리 덕목은, 임
금은 義로 워야 하고 신하는 충성스러워야 한다는 것이다. 그러나 임금
의 권위가 絶對視된 봉건국가에 있어서는 임금의 '義'보다는 신하의 '忠'
이 강조되었다. 이리하여 군신간의 윤리는 '忠'으로써 대표하게 되었다.
오늘날의 '군신유의'는 임금이 아니라 국가에 대한 것으로 代置한다면
타당할 것이다. 소학선생은 君臣之義를 앞서 밝혔듯 1) 明事君之禮圖

2) 明爲臣之節圖 등으로 구분했다.

3-2-1. 明事君之禮圖

소학선생: "다음은 '明事君之禮圖'로 즉, '임금의 섬기는 예절을 밝힌 것'으로나는 이것을 임금을 섬기는 곳을 세 곳으로 구분하였는데 公所 · 君使者 · 君賜이지.

먼저 公所를 보면,
≪禮記≫ 〈玉藻〉에 나오는 말로,

將適公所할새(장차 公所(임금이 계신 곳)에 나갈 적에는)
宿齊戒(먼저 재계하여) 居外寢(바깥 침실에서 거처하며)
沐浴하고 史進象笏(史官이 상아홀을 올리거든)
書思對命(進言하고자 생각하는 것과 대답할 것과 명령을 적고)
旣服(이미 朝服을 입으면) 習容觀玉聲(몸가짐과 玉소리를 익히고서)
乃出(이에 나간다)

集解해보면, '適'은 감(往)이요, '公所'는 임금이 계신 곳(君所)이다. '宿'은 기한보다 앞섬(前期)이고, 史는 문서를 담당하는 자(掌文史者)고, '笏者'는 '忽'이니 일을 기록하여 잊음에 대비하는 것(書事以備忽忘者)이지. '思'는 임금에게 아뢸 것을 생각함이요(謂所思告君者), '對'는 임금에게 대답할 것을 미리 헤아림이요(謂所擬對君者), '命'은 군주의 명령이니(謂君命) 三者를 모두 홀에 쓰는 것은(皆書之於笏) 공경과 삼감이 지극한 것이지(敬謹之至). '容觀'은 容貌와 儀觀이요(容貌儀觀), 玉聲은 패옥의 소리(佩玉之聲)이지.

다음 君使者를 보면,
≪禮記≫ 〈曲禮〉에 나오는 말로,

凡爲君使者已受命(임금의 심부름꾼 된 자는 이미 명령을 받고서는)
君言(임금의 말을) 不宿於家(집에 묵혀두지 않고)
君言이 至(이르면) 則主人(주인이)
出拜君言之辱(문밖에 나가서 절하여 임금의 명령을 받고)
使者歸(사자가 돌아가거든) 則必拜送于門外(반드시 문 밖에서 절하여 보낸다)
若使人於君所(만약 임금이 계신 곳에 사람을 심부름 보내게 되면)
則必朝服而命之(반드시 朝服을 입고 명하며)
使者反(사자가 돌아오면)
則必下堂而受命(반드시 堂(대청)에서 내려가 명령을 받는다)

集解해보면, '君言'은 임금의 명령이니(卽君命) 명령을 받고 곧바로 떠남은(受命卽行) 임금을 공경함이며(敬君), '辱'은 임금의 명령이 옴이 임금에게 욕(미천한 사람)이 됨을 이르며(謂屈辱君命之來) 이르면 명령에 절하고(至則拜命), 돌아가면 절하여 보냄은(歸則拜送) 모두 임금을 공경함이지(皆敬君). '反'은 '還'이며, 조복을 입고 사자를 보내며(朝服而遣使), 堂에서 내려가 명령을 받음은(下堂而受命) 임금의 명령을 공경함이지(皆敬君). 공자는 다른 나라에 사람을 보내어 안부를 물을 때에(孔子問人於他邦) 再拜하고 보내셨으니(再拜而送之) 하물며 임금이 계신 곳에 사람을 심부름 보냄에 있어서랴(況使人於君所乎). 조복을 입고 명했다고 말했으면(言朝服而命之) 上文의 拜辱와 拜送도 또한 조복을 입었음을 알 수 있고(則知上文拜辱拜送亦朝服), 拜辱拜送이라 말했으면(言拜辱拜送) 조복을 입고 명령할 때에도 또한 절했음을 알 수 있으며(則知朝服命之亦拜) 문 밖에서 拜送했다고 말했으면(言拜送於門外), 拜辱도 또한 문 밖에서 했음을 알 수 있고 (則知拜辱亦於門外), 이는 모두 互文으로써 나타낸 것이니(此皆互文以見), 읽는 자는 알지 않으면 안 된다(讀者不可不知)고 했지. 여기서 互文은 같은 내용이 두 곳 이상에 나올 경우, 같은 내용을 일일이 쓰지 않고 생략하여 한 가지만 쓰는 것을 말한다네.

다음 君賜를 보면,
≪禮記≫ 〈玉藻〉에 나오는 말로,

> 君賜(임금이 하사함에) 車馬(수레나 말을 하사하면)
> 乘以拜賜(타고 가서 감사하는 인사를 올리고)
> 衣服(옷을 하사하면) 服以拜賜(입고 가서 감사하는 인사를 올린다)
> 君이 未有命(명령이 없으면)
> 弗敢卽乘服也(감히 마음대로 타거나 입지 못한다)

≪禮記≫ 〈曲禮〉에 나오는 말로,

> 賜果於君前(임금 앞에서 과일을 하사하시거든)
> 其有核者(씨가 있는 것은)
> 懷其核(그 씨를 품에 간직한다)

> 御食於君(임금의 모시고 식사할 때에)
> 君賜餘(남은 것을 주시거든)
> 器之漑者(그릇을 씻을 수 있는 것이면)
> 不寫(다른 그릇에 옮기지 않고)
> 其餘(그 밖의 것은) 皆寫(모두 다른 그릇에 옮긴다)

《論語》〈鄕黨〉에 나오는 말로,

> 君賜食(임금이 음식을 내려주면)
> 必正席先嘗之(반드시 자리를 바르게 하고 앉아서 먼저 맛보았으며)
> 君賜腥(임금이 날고기를 내려주면)
> 必熟而薦之(반드시 익혀서 조상의 사당에 바쳤으며)
> 君賜生(임금이 산 것을 내려주면) 必畜之(반드시 길렀다)

集解해보면, 무릇 임금의 하사품을 받음에(凡受君賜) 하사품이 이르면 절하며,(賜至則拜) 다음 날에 이르러(至明日) 다시 하사받는 것을 타거나 입고(更乘服所賜) 임금 계신 곳으로 가서(往至君所) 또 절하니(又拜) 임금의 은혜를 중하게 여긴 것이지(重君恩). 하사를 경유하지 않으면(謂非經賜) 비록 수레와 말과 의복이 있더라도(雖有車馬衣服) 감히 곧바로 타거나 입지 않고(不敢輒乘服) 후세에(若後世) 三品은 비록 자주 빛 관복을 입을 수 있고(雖應服紫) 五品은 비록 붉은 색 관복을 입을 수 있으나(雖應服緋) 반드시 임금이 하사한 뒤에 입는 것과 같다(必君賜而後服). 임금이 하사해 주신 것은 공경하므로(敬君賜) 故로 씨를 버리지 않는 것이다(不敢棄核).

'御食'은 임금을 모시고 먹는 것(侍食)이지. 임금이 음식의 남은 것을(君以食之餘者) 주거든(賜之) 만일 질그릇이나 혹 나무그릇으로 씻을 수 있는 것은(若陶器或木器可以洗滌者) 그대로 먹고(則卽食之), 혹 그 그릇이 갈대나 대나무로 짠 것이어서(或其器是葦竹所織) 씻을 수 없는 것은(不可洗滌者) 다른 그릇에 옮겨 쏟아서 먹으니(則傳寫於他器而食之), 입 때로 더럽히지 않으려고 해서이지(不欲口澤之瀆). '食'은 혹 남은 것을 남겨줄까 두려우므로(恐或餕餘) 故로(조상께) 올리지 않는 것이고(不以薦), 자리를 바로 하여 먼저 맛봄은(正席先嘗) 임금을 대하듯이 하는 것이니(如對君) 먼저 맛본다고 말했으면(言先嘗) 나머지는 당연히 나누어 주었을 것이다(則餘當以頒賜矣). '腥'은 '生肉'이니 이것을 익혀서 祖考에게 올림은(熟而薦之祖考) 임금이 하사한 것을 영광스럽게 여긴 것이고(榮君賜) 기르는 것은(畜之者) 임금의 은혜를 사모하여(仁君之惠) 연고가 없으면(無故) 감히 죽이지 않는 것이지(不敢殺).

혹자가 묻기를(或問) 聖人은 자리가 바르지 않으면 앉지 않으시니(席不正不坐) 어찌 반드시 임금이 음식을 하사한 뒤에야(豈必君賜食而後) 자리를 바르게 한단 말입니까?(正之耶) 하니, 朱子曰 "자리는 본래 바르나(席固正) 장차 앉으려 할 때에 또 바로 잡음은(將坐而又正焉) 禮가 되는 것이요(所以爲禮), '曲禮'에 주인이 이미 손님을 맞이하면(主人旣迎賓) 자리를 들 것을 청하고(則請入爲席矣) 손님이 이미 堂에 오르면(賓卽升堂) (主人이) 또 무릎 꿇고 자리를 바르게 한다(又跪正席)" 하였으니 어찌 먼저 바르지 못한 자리를 해 놓고 있다가(豈先爲不正之席) 이에 이른 뒤에(至此然後) 바르게 하겠는가(正之哉). 이것은 공경과 삼감이 지극할 따름이다(蓋敬愼之至耳).

3-2-2. 明爲臣之節圖

　　소학선생: "다음은 '明爲臣之節圖'로 즉, '신하가 된 예절을 밝힌 것'으로 군자가 임금을 어떻게 섬겨야 하는 문제를 말한 것인지. 예전에는 임금이 단순히 백성의 지도자 차원을 넘어 철학이나 종교적으로도 숭배대상이었던 것을 이해해야 하네. 즉, 임금은 하늘같은 존재야. 소학에는 여러 군데 이와 관련한 내용을 뽑아 정리했는데 한번 알아보면 다음과 같지.

먼저 ≪孝經≫에 나오는 말로,

君子事君하되 進思盡忠하며 退思補過하여 將順其美하고 匡救其惡하나니 故로 上下能相親也니라
(군자가 임금을 섬기되 나아가서는 충성을 다할 것을 생각하고, 물러 나와서는 임금의 허물을 보충할 것을 생각하나니 그 아름다움을 받들어 따르고 그 악한 것을 바로잡아 구제한다. 그렇게 때문에 임금과 신하가 서로 親愛할 수 있다)

다음 ≪論語≫ 〈八佾〉에 나오는 말로,

> 君使臣以禮하며 臣事君以忠이니라
>
> (임금은 예의로 신하를 부리고, 신하는 충성으로 임금을 섬겨야 한다)

다음 ≪論語≫ 〈先進〉에 나오는 말로,

> 大臣은 以道事君하다가 不可則止니라
>
> (大臣은 바른 도리로써 임금을 섬기다가 행할 수 없으면 그만 두어야 한다)

다음 ≪論語≫ 〈憲問〉에 나오는 말로,

> 勿欺也요 而犯之니라(속이지 말고 범하여 간 해야 한다)

다음 ≪論語≫ 〈陽貨〉에 나오는 말로,

> 其未得之也엔 患得之하고
>
> 旣得之하여는 患失之하나니
>
> 苟患失之면 無所不至矣니라
>
> (벼슬자리를 얻지 못했을 때는 얻을 것을 걱정하고, 얻고 나면 잃을까 근심한다.
>
> 진실로 잃을 것을 근심한다면 못할 일 없이 다하게 된다)

다음 ≪孟子≫ 〈離婁上〉에 나오는 말로,

> 責難於君을 謂之恭이요
>
> 陳善閉邪를 謂之敬이요
>
> 吾君不能을 謂之賊이니라
>
> (어려운 일을 임금에게 권하는 것을 '恭'이라 하고, 善을 개진하여 사악한 마음의 싹틈을
>
> 막는 것을 '敬'이라 하고, 나의 임금은 선을 행 할 수 없다고 말하는 것을 '賊'이라 한다)

다음 ≪孟子≫ 〈公孫丑下〉에 나오는 말로,

> 有官守者는 不得其職則去하고
> 有言責者는 不得其言則去니라
> (官職을 맡은 자가 그 직무를 수행 할 수 없으면 관직에서 물러나야 하고,
> 바른 말하는 직책에 있는 자는 그 進言이 받아들여지지 않으면 떠나야 한다)

다음 ≪史記≫ 〈田單列傳〉에 나오는 말로,

> 忠臣은 不事二君이요
> 烈女는 不更二夫니라
> (忠臣은 두 임금을 섬기지 않고 烈女는 두 남편을 섬기지 않는다)

集解해보면, '將'은 '받듦(承)'과 같고 나아가 그 임금을 보면(進見其君) 자기의 충성을 다할 것을 생각하고(則思盡己之忠), 물러나 私室에 가면(退適私室) 임금의 과실을 보충할 것을 생각하고(則思補君之過) 한 때와 한 생각이라도 임금에게 있지 않음이 없는 것이지(無一時一念之不在君). 有善이면 받들어 순종하여(承順之) 더욱 선에 나아가게 하고(使益進於善) 有惡이면 바로잡아 그것을 구제하여(正救之) 그 악을 사라지게 하니(使潛消其惡) 此는 임금을 사랑함이 지극한 것이다(愛君之至). 신하가 충성과 사랑으로써 그 임금을 친히 하면(臣以忠愛而親其君) 임금도 또한 그 충성과 사랑을 헤아려 그를 친히 한다(則君亦諒其忠愛而親之).

임금을 바로잡는 義는(正君之義) 반드시 먼저 자기 몸을 바르게 해야 하고(必先正其身) 故로 나아가서는 자기의 충성을 다 할 것을 생각하고(進則思盡己之忠), 물러와서는 임금의 과실을 보충할 것을 생각하여(退則思補君之過) 자기의 마음으로 하여금(使己之心) 티끌이라도 다하지 않음이 없게 한다(無一毫之不盡). 然後에 임금이 아름다운 일이 있으면 받들

어 순히 하고(君有美則將順之) 나쁜 일이 있으면 바로 잡는 것이니(有惡則 匡救之), 임금 마음의 잘못을 바로 잡음은(格君心之非) 또한 자기를 바로 잡을 뿐 인 것이지(亦曰正己而已).

道로써 임금을 섬긴다는 것은(以道事君者), 임금의 욕심을 따르지 않음이요(不從君之欲), 불가하면 그만 둔다는 것은(不可則止者)은 반드시 자기의 뜻을 실행하는 것이지(必行己之志).
거짓말을 하고 바르지 않음을(僞言不直) '謂之欺'요, 곧은 말을 하고 숨기지 않음을(直言無隱) '謂之犯'이니 '欺與犯'은 정반대(正相反)이고, ≪禮記≫에 임금을 섬김에(事君)에 범함은 있고 숨김은 없다고(有犯而無 隱)하였지. '患得之'는 얻지 못함을 근심함을 이른다(謂患不能得之)고 하고, 작게는 종기를 빨거나 치질을 핥아주고(小則吮癰舐痔) 크게는 아버지 와 임금을 시해함이(大則弑父與君) 모두 잃음을 근심함에서 생길 뿐이다 (皆生於患失而已).

신하가(人臣) 어려운 일을 임금에게 권하여(以難事責於君) 그 임금 을 堯舜과 같은 임금으로 만듦은(使其君爲堯舜之君者) 임금을 공경함이 큰 것이요(尊君之大), 착한 道를 넓게 열어(開陳善道) 임금의 나쁜 마음을 막아서(以禁閉君之邪心) 오직 그 임금이 혹 과실에 빠질까 두려워함은(唯 恐其君或陷於有過之地者) 임금을 공경함이 지극한 것이요(敬君之至), 그 임 금이 善한 道를 행할 수 없다하여(謂其君不能行善道) 아뢰지 않음은(而不 以告者), 그 임금을 해침이 심한 것이지(賊害其君之甚).

'官守'는 관직을 맡은 자요(以官爲守者), '言責'은 언로를 직책으로 삼는 자이다(以言爲責者). '忠義之臣'은 始終 일심으로(始終一心) 두 임금을 섬기지 않고(不事二君), '貞烈之女'는 始終 한 뜻으로(始終一志) 두 남편을 바꾸지 않는다(不更二夫)는 뜻이지.

3-3. 夫婦之別

소학선생: "이번에 공부해야 할 것은 '夫婦之別'인데 간단한 것 같으면서 좀 복잡하다고 할 수 있어. '別'이 무엇이지에 대해 정확히 아는 사람이 드물지. 내가 아는 '夫婦之別'은 일반적 의미로는 '남자로서의 夫, 여자로서의 婦가 부부로서 살아가는 데 분별함이 있어야 한다는 뜻이지. 여기서 分別함이란 남편은 남편으로서 본분이 있고, 아내는 아내로서 본분이 따로 있으니 이를 잘 헤아려서 서로 침범하지 않고 잘 지켜야 한다는 말이네. 혹자는 男女有別이라는 말을 男女差別이라고 하여 봉건사회의 男尊女卑 思想에 나온 것으로 오해하는 사람도 있으나 이는 잘못된 지식이지. 夫婦有別에서 有別이란, 남자는 생리적으로나 정신적으로 씩씩하고 굳세며 강하고, 여자는 유순하고 섬세하며 아름다운 본래의 특성을 잘 살려, 남자는 남자답고 여자는 여자다워야 한다는 뜻이지. 다시 말해 이는 남녀 간의 불평등한 윤리가 아니라 오히려 남녀 간에 平等한 윤리라 할 수 있다네. 자녀를 낳아 기르고 교육하는 데는 아버지로서의 남편과 어머니로서의 아내의 본분이 서로 다르지. 아버지는 엄격하게 대하고 어머니는 자애로써 감싸 주어야 자녀가 강직하고도 훌륭한 인격을 갖추게 된다고 말하지. 부부 사이가 비록 사랑하는 사이라 할지라도 서로 인격을 존중하고 자신들의 본분을 서로 지키는 분별함이 있어야 부부간의 사랑도 영원할 수 있는 것이며, 가정생활도 원만해지고 사회도 좋아 진다네. 夫婦有別이 분명해야 齊家가 된다고 보고, 다음에 治國, 平天下가 가능하다고 보는 것이지.

이러한 사상은 중국 前漢 때의 유학자 董仲舒가 공자·맹자의 교리에 바탕을 두고 三綱五常說을 논한 데에서 유래되는데, 중국에서뿐만 아니라 우리나라에서도 오랫동안 人道의 실천덕목으로 존중되어 왔다네. 1431년(세종13)에 편찬한 ≪三綱行實圖≫, 1797년(정조21)에 편찬한 ≪五倫行實圖≫에도 실려 있고, ≪樂章歌詞≫에도 〈五倫歌〉로 실려 있지. 뿐만 아니라 조선 중종 때 유학자인 周世鵬, 인조 때 金尙容, 선조 때 朴仁老 등의 문집에도 시조나 가사로 이 윤리를 주창하고 있어 부부간에 마땅히 지켜야 할 행동기준으로 널리 중시되어 왔음을 입증해 주고 있다네. 핵가족이 늘어나고 해마다 이혼율이 높아지는 현대사회에 더욱 필요한 윤리라 할 수 있지. 재미나는 것이 있는데 茶山선생은 夫婦有別을 자기 나름대로 견해를 밝혔는데 좀 특이하지. 그는 자녀들에게 「流配地에서 보낸 편지」에서, "夫婦有別이란 각자가 그 짝을 配匹로 삼고 서로 남의 配匹을 침범하지 않는다는 것이다."라고 풀어놓았는데 적절한 해석인지는 각자 생각해보게나. 나의 견해는 다산선생과는 다르다네. 앞서 여러 선인들이 정리한 것처럼 모든 행위에 分別이 있어야 하는데, 이 분별은 남녀 간 서로 해야 할 일이 구별이 있다는 거야. 구체적인 예는 들지 않겠네. 나는 夫婦之別를 앞서 밝혔듯 1) 明婚姻之禮圖 2) 明男女之別圖 3) 明去取之義圖 4) 明寡婦之子圖 네 가지로 구분하여 그림을 그렸네. 한번 같이 자세히 알아보겠네."

3-3-1. 明婚姻之禮圖

해봉: "선생님, 夫婦之別을 말하면서 婚姻이 제일 먼저 나오는 것은 부부가 되기 전의 단계이기 때문인 것 같아요. 이번 기회에 전통적인 측면에서 혼인이라는 개념을 구체적으로 알고 싶군요. 그리고 婚姻과 지금 우리가 쓰고 있는 結婚이라는 개념의 차이를 알고 싶군요."

소학선생: "그래, 사람이 일생을 살아가면서 제일 중요한 것 중 하나가 혼인이지. 혼인을 어떻게 하느냐에 따라 행복은 물론 자식들이 생기고 종족보존도 하는 거고. 특히 여자는 남자를 잘 만나야지 그렇지 못하면 고달픈 인생을 살아가야 하는 것이 우리나라의 옛 여인의 인생이었지. 婚姻이라는 말은 사전적인 용어로는 '杖家들고 媤집(親庭)가는 것'이지. 장가는 신랑이 丈人집으로 가는 것을 의미하고, 신부는 媤宅으로 가는 것을 말하니 婚姻은 처가살이와 시집살이란 역사적인 배경을 가지고 있지. 婚姻이란 글자가 어떻게 나왔는가를 분석해보면 쉽게 알 수 있지. '婚'이라는 글자는 저녁 때(昏) 여인(女)을 만나는 것이 장가드는 것이고, '姻'이라는 것은 古例에 여자의 집에서 신랑감을 구하는데 중신하는 부인인 매씨(妹氏)에 의해 했으므로 여자(女) 매씨로 인해(因) 남자를 만나는 것이 시집가는 것이지. 婚姻과 結婚의 차이점은 앞서 말했듯 혼인은 남녀 공통개념인데 반해 結婚은 '婚'이라는 '장가든다' 는 의미만을 내포하고 있어 남성위주의 개념이라고 볼 수 있지. 그래서 民法등 각종 법률에서는 결혼이란 용어를 쓰지 않고 반드시 '혼인'이라는 말을 쓰고 있지. 남녀가 만나 부부가 되는 일을 '結婚'이라고 하면 남자가 장가드는데 여자가 곁붙여서 따라가는 것이 되고, '婚姻'이라고 하면 남자는 장가들고 여자는 시집가는 것이 되니 어휘에서부터 명실상부한 남녀평등을 의미한다고 할 것이지. 우리가 결혼식장에 갈 때 '祝 結婚', '祝 華婚' 이라는 말을 쓰는데 이는 신부에게 장가드는 것을 축하하는 것이 되어 '妄發'이라고 할 수 있지. 마땅히 '慶賀婚姻'이라는 말을 써야 하지. 하지만 지금은 혼인이라는 용어가 '남녀가 결혼한다는 의미'의 보통명사가 되었다고 볼 수 있지."

이천태: "혼인이라는 말이 이런 語原이 있는 줄을 몰랐네요. 간혹

혼인을 지금처럼 낮에 하는 것이 아니라 저녁에 한다는 말은 들었는데 그런 이유가 있었네요. 이번 기회에 婚禮라는 것에 대해 광범위하게 알고 싶어요. 혼례의 유래부터 어떻게 전래되어 지금까지 내려왔는가를."

소학선생: "'婚禮의 意義'에 대해서는 ≪禮記≫〈婚義〉편에 주로 기록하고 있지. 살펴보면 '혼례는(昏禮者) 장차 두 姓이 좋게 합하여(將合二姓之好) 위로는 宗廟를 섬기고(上以事宗廟) 아래로는 후세를 잇는 것이다(而下以繼後世也). 그러므로 군자는 이를 중시했다(故君子重之)'. 사람은 태어나서 결혼하고 나중에 죽게 되지. 生死는 하늘에 있지만 혼인은 사람이 선택하는 일이지. 상대를 한번 정하면 특별한 경우가 아니면 함께 살기에 배우자 고르는 일이 여간 어려운 일이 아니지. '婚禮의 由來'를 간단히 살펴보면 원시시대에는 남녀가 공동으로 생활하고 그 결과 공동 자손을 가졌으며, 남자는 가족의 보호와 생활권을 여자는 자식을 낳고 양육을 맡는 것이 오랜 습관이 됐다. 우리나라 혼인의 변천사를 보면, 夫餘시대에는 一夫一妻制였으나 실제로는 一夫多妻制였고 妬婦와 姦婦는 죽이는 관습이 있었다고 하네. 沃沮에서는 여자가 10세가 되면 남편이 될 소년의 집으로 가서 그곳에서 성장한 다음 집으로 돌아와 일정한 값의 돈을 받고 혼인하는 민며느리제도였으며, 三韓에는 몇 쌍의 부부가 공동세대를 이루었다고 하는데 이는 원시적인 공동생활을 하였다는 증거이지. 고구려에서는 혼인이 결정되면 신부 집에서 뒤 칸에다 작은 집 婿屋을 짓고 신랑과 함께 거처했다가 낳은 자식이 크면 비로소 아내를 데리고 집으로 돌아가는 母系社會의 流風이 있었다지. 그러나 이와 같은 다양한 혼인풍습은 조선에 와서 儒敎에 의한 윤리관에 의해 통제를 받고 혼례가 성립하게 되었지."

이천태: "婚姻·婚禮에 대해 선생님 덕분으로 확실히 정리 된 것 같네요. 이젠 선생님이 그리신 '明婚姻之禮圖'를 알아야 하는데 소학에 는 어떤 글들이 나오는지요."

소학선생: "'明婚姻之禮圖'는 즉, '婚姻의 예절을 밝힌 것'으로 나 는 이것을 取於異性·六禮·親迎을 순서로 정리했네. 먼저 결혼하기 전 에 異姓을 선택하고(取於異性) 그런 다음 六禮에 맞춰 순서를 행하고, 마 지막으로 남자가 여자를 친히 맞이하는 것(親迎)을 말했지.

먼저 '取於異性'에 관해 알아보면, ≪禮記≫ 〈郊特牲〉에,

天地合而后萬物興焉(천지를 합한 뒤에 만물이 일어나는 것이니)
夫昏禮(혼례는) 萬世之始(만대의 시초요)
取於異姓(서로 다른 姓氏를 취하는 것은)

所以附遠厚別(그 분별을 두텁게 하려는 것이요)

幣必誠(폐백을 반드시 정성스럽게 하며)

辭無不腆(말을 후하지 않음이 없게 함은)

告之以直信(곧음과 信으로써 고함이니)

信이 사람을 섬기며(事人)며 信이 부인의 덕이지(婦德)

一與之齊(한번 남편과 더불어 혼례를 올려 가지런히 하면)

終身不改(종신토록 고치지 않으니)

故로 夫死不嫁(남편이 죽어도 시집가지 않는다)

集解해보면, 異性을 취하는 것은(取異姓者) 서먹서먹함을 의지하는 道요(所以依附疏遠之道), 분별을 厚重하게 하는 뜻이고(厚重分別之義), '腆'은 '厚'함이며 '善'함이지. '齊'는 희생을 함께 먹어(謂共牢而食) 尊卑를 함께 함이고(同尊卑) 부부가 있은 뒤에(有夫婦而後) 有父子하니 父子는 代를 전하는 것이라(所以傳世), 故로 만대의 시작이고(萬世之始) '幣'는 혼인의 뜻을 받드는 것이요(所以將婚姻之意), '辭'는 혼인의 정을 통하게 하는 것이니(所以通婚姻之情) 말이 후하지 않음이 없게 하는 것은(辭無不腆者) 곧음으로서 고함이요(告之以直), 폐백을 반드시 정성스럽게 올리는 것은(幣必誠者) 믿음을 알리는 것이요(告之以信), 사람을 섬기는 자는(事人者) 반드시 信으로서 해야 하니(必以信) 婦人은 사람을 섬기는 일로 삼는 것이지(以事人爲事). 故로 信이 부인의 덕이 되는 것이지(信爲婦德) '不改'는 고쳐서 다른 데로 시집가지 않음을 이르고(謂不改而他適) 시집갈 수 없으므로(以其不可改), 故로 비록 남편이 죽더라도 시집가지 않는 것이지(雖夫死而不嫁).

≪儀禮≫〈士昏禮〉에,

父醮子(아버지가 아들에게 醮禮할 때에)

命之曰(명하여 말하기를)

往迎爾相(네 아내를 맞이하여)

承我宗事(우리의 宗廟의 일을 계승케 하라)

勖帥以敬(공경하는 도리로써 네 아내를 인도하여)

先妣之嗣(어머니의 뒤를 잇게 하고)

若則有常(너는 늘 변함없게 하라)

子曰 諾(그렇게 하겠습니다)

唯恐不堪(오직 감당하지 못할까 두렵습니다)

不敢忘命(감히 명령을 잊지 않겠습니다)

父送女(아버지가 딸을 시집보낼 때)

命之曰(명하여 말하기를)

戒之敬之(경계하고 공경하여)

夙夜無違命(밤이나 낮이나 시부모의 명령을 어김없도록 해라)

集解해보면, 술을 따르기만 하고 주고받지 않음을 '醮'라 하고(酌而無酬酢曰醮) 아들에게 醮禮하여 친히 아내를 맞이하게 한 것이다(盖醮子以親迎). '相'은 '助'니 '妻'는 남편을 돕는 것이니(所以助夫), 故로 '相'이라 이른 것이다(謂之相). '宗事'는 宗廟의 일이요(宗廟之事), '勖'은 '勉'요, '帥'은 '倡'니 마땅히 힘써 너의 아내를 통솔하되 공경으로써 하라는 것이고(言當勉帥爾婦以恭敬), 어머니를 先妣라 함은(母曰先妣), 옛날의 칭호이니(盖古稱) 先妣를 잇는다는 것은(先妣之嗣) 며느리와 시어머니가 맡았던 제사를 대신함을 이른다(謂婦代姑祭). '若'은 '爾'라, '有常'은 시종 변하지 않음이고(始終不替), '諾'은 응하는 말(應辭)이고, '堪'은 '能'라.

다음 '六禮'에 관해 알아보면,

우리가 흔히 婚姻하는 것을 "六禮를 갖춘다"고 말하는데 그것은 일정한 절차를 거쳐야 한다는 말이다. 그리고 '육례'라 하면 지금부터 약

3천 년 전 중국 周나라 때의 혼인절차라 이해하는데 ≪禮記≫ 〈婚義〉 편에 내용이 실려 있다네.

살펴보면 혼례에는 納采·問名·納吉·納徵·請期의 절차를 행함에(昏禮納采問名納吉納徵請期) 모두 주인이 사당에서 几筵을 베풀고(皆主人筵几於廟) 문 밖에서부터 절해 맞이하면(而拜迎於門外) 읍하고 사양하며 들어와 堂에 오르고(入揖讓而升) 사당에서 명을 듣고(聽命於廟) 이는 공경하고 삼가서 혼례를 무겁고 바르게 여기기 때문이다(所以敬愼重正昏禮). 이를 자세히 알아보면,

> 納采는 求婚이 허락하면 남자 측에서 예물을 보내 청혼하는 것을 말하며, 幣帛으로는 偕老를 약속하는 기러기를 썼으며,
> 問名은 남자 측에서 運數를 점치기 위해 생육책임자인 그 어머니에게 이름을 묻는 것으로 이는 딸은 母系쪽을 닮기에 家風을 살피기 위한 것이며,
> 納吉은 問名의 결과가 합당하면 祠堂에 고하고 좋은 징조임을 검증하여 여자 집에 알리는 것이며, 즉 혼인에 대한 승낙이며,
> 納徵은 예물을 담아 혼약의 징표로 삼아 여자 집에 보내는 것이며,
> 請期는 남자 측에서 여자 측에 혼인 날짜를 정해 달라고 청하는 것이며,
> 親迎은 남자가 여자 측에 가서 신부될 규수를 데려다가 예식 하는 절차이며,

아울러 朱子四禮도 알아보면, 지금부터 약 8백 년 전 중국 宋나

라의 학자 朱熹가 주나라의 육례와 그 시대에 이미 변하여진 시속의 예를 참작하여 네 가지로 축소한 혼례의 절차로,

議婚은 남자 측과 여자측이 혼인할 것을 의논하는 절차이며,
納采는 남자 측에서 여자 측에 며느리 삼기로 결정했음을 알리는
　　　　절차이고,
納幣는 남자 측에서 여자 측에 예물을 보내는 절차이고,
親迎은 남자가 여자 측에 가서 규수를 데려다가 예식을 올리는 절
　　　　차이고,

　　우리나라의 傳統婚姻禮는 네 가지로 된 주자가례를 숭상하면서
도 "六禮를 존중 한다"고 하여 다음과 같이 육례로 변모했는데 이를 알
아보면,

婚談은 남자 측에서 여자 측에 請婚하고, 여자측이 許婚하는 절차이고,
納采는 남자 측에서 여자 측에 혼인을 정했음을 알리는 것으로 신랑
　　　　될 郎子의 생·년·월·일·시를 적은 四柱를 보내는 절차이고,
納期는 여자 측에서 남자 측에 혼인 날짜를 정해 알리는 것으로
　　　　혼인날을 택일(擇日)해 보내는 절차이고,
納幣는 남자 측에서 여자 측에 예물을 보내고 받는 절차이고,
大禮는 신랑이 여자의 집에 가서 부부가 되는 의식을 행하는 절차이며,
于歸는 신부가 신랑을 따라 媤宅으로 들어가는 절차이라고 할 수
　　　　있지.

다음 '親迎'에 관해 알아보면,

男子親迎(남자가 친히 맞이하여)
男先於女(남자가 여자에게 먼저 함은)
剛柔之義(剛이 柔보다 먼저 움직이는 도리이니)
天先乎地(하늘이 땅보다 먼저 움직이고)
君先乎臣(임금이 신하보다 먼저 함이)
其義一也(그 뜻이 같다)

執摯以相見(폐백을 잡고서 서로 만나봄은) 敬章別(공경하여 분별을 밝게 하는 것이니)
男女有別然後(남여가 분별이 있은 뒤에) 父子親(부자가 친하고)
父子親然後(부자가 친한 후에) 義生(義가 생기고)
義生然後(義가 생긴 뒤에)에 禮作(禮가 일어나고)
禮作然後(禮가 일어난 뒤에)에 萬物安(만물이 편안하니)
無別無義(남여의 分別이 없고 부자의 義가 없음은) 禽獸之道(짐승의 길이다)

集解해보면, 남자가 친히 맞이하여 남자가 여자에게 먼저 함은(男子親迎而男先於女者) 剛이 柔에게 먼저 하는 뜻이니(剛先於柔之義), 어찌 다만 혼인할 때 만 이와 같겠는가(豈獨婚姻之際如此). 하늘이 창조하여 시작하면 땅은 대신하여 끝을 맺고(天造始而地代終) 임금이 선창함을 주장하면 신하가 화답함을 주장하니(君主倡而臣主和) 그 義가 두 가지가 없다(其義無二). '執摯'는 기러기의 올림(奠雁)이고, '章'은 '明'이니 공경을 행하여 그 분별을 밝게 하는 것이다(行敬以明其別). 父子는 천성에게 나왔는데(出於天性) 남자가 분별이 있은 뒤에 부자가 친하다고 말함은(而曰男女有別然後父子親) 어째서인가(何)? 남녀가 안에서 분별이 없으면(蓋男女無別於內) 부부가 도리를 상실하여(則夫婦之道喪) 음란하고 간사한 죄가 많아지니(而淫辟之罪多) 비록 부자간의 친함이라도(雖父子之親) 또한 친할 수가 없다(亦不得而親之). 남녀가 분별이 있은 뒤에(男女有別然後) 부자가 서로 친하는 은혜가 있으니(父子有相親之恩) 부자가 서로 친하는 은혜가 있으면(父子有相親之恩) 반드시 서로 친하는 義가 있으니(則必有相親之義), 故로 義가 생기는 것이니(義生焉) 이로 말미암아 미루어서(由是推之) 君臣과 兄弟와 長幼와 朋友의 사이에 이르기 까지(至於君臣兄弟長幼朋友之際), 모두 義가 있으면(皆有義) 찬란히 文이 있어 서로 접할 수 있다(則粲然有文以相接). 故로 義가 생긴 뒤에 禮가 일어난다고 한 것이지(義生而後禮作). 禮가 일어나면 貴賤의 등급이 있고(禮作而貴賤有等), 上下에 분수가 있으니(上下有分) 此는 만물이 편안해지는 것이지(萬物所以安). 금수는 어미가 있음을 알고 아비가 있음을 알지 못함은(禽獸知有母而不知有父) 분별이 없기 때문이지(無別故).

3-3-2. 明男女之別圖

소학선생: "다음은 '明男女之別圖'는 즉, '男女의 구별을 밝힌 것'으로 나는 이것을 '夫婦有別'과 거의 같다고 보면 되네. 원래는 男女有別 아래에 夫婦有別에 있는 것인데, 五倫의 입장에서 보니 거꾸로 된 것이지. 쉽게 말해 남녀유별은 어렸을 때 행동지침으로 보면 되고 부부유별은 부부간의 행동규범으로 보면 되지."

이천태: "선생님께서는 男女有別 아래에 夫婦有別이 존재한다고 했는데 소학 책에서 따로 明男女之別이란 편명이 따로 없는 것을 보면 거꾸로 부부유별에서 남녀유별을 구분하려고 하는 것이 아닌지요. 내용을 보니 그런 것이 많아 있기도 하고요."

소학선생: "응, 그런 면도 있다고 봐야지. 나는 원칙적인 말만 한 것이야. 지금 우리가 공부하는 대목이 夫婦之別이니 그런 면이 강하지.

하지만 내용을 보면 어렸을 때 男女有別하는 것도 있으니 이것도 참작하여 공부했으면 하네.

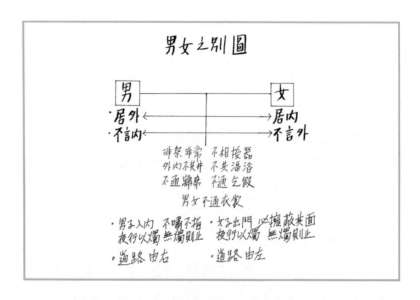

먼저 ≪禮記≫ 〈內則〉에 나오는 말로,

禮는 始於謹夫婦(부부 사이의 도리를 삼가는데서 시작되고)

爲宮室(집을 지을 때) 辨內外(안과 밖을 구별하여)

男子는 居外(밖에 거처하고) 女子는 居內(안에 거처하여)

深宮固門(안채를 깊숙이 하고 문을 굳게 하여)

閽寺守之(문지기를 하여금 지키게 하여)

男不入(남자는 들어가지 않으며) 女不出(여자는 나오지 않는다)

男不言內(남자는 안의 일을 말하지 않고)

不女言外(여자는 밖의 일을 말하지 않으며)

非祭非喪(제사나 喪事가 아니면) 不相授器(서로 그릇을 주고받지 않으며)

其相授則女受以篚(서로 그릇을 주게 되면 여자는 광주리로 받고)

其無篚則皆坐奠之而後에 取之니라

(광주리가 없으면 남녀가 모두 앉아서 그릇을 땅에 놓은 뒤에 취한다)

外內不共井(내외의 우물을 함께 않으며) 不共湢浴(욕실을 함께 하지 않으며)
不通寢席(이부자리를 통용 않으며) 不通乞假(빌리고 빌려줌을 통하지 않으며)
男女不通衣裳(남녀가 옷을 통용하지 않는다)
男子入內(남자가 안에 들어가서) 不嘯不指(휘파람 불지 않고 손가락질 않으며)
夜行以燭(밤에 촛불을 들고 다니며) 無燭則止(촛불이 없으면 가지 않는다)
女子出門(여자가 문밖에 나갈 때는) 必擁蔽其面(그 얼굴을 가리고)
夜行以燭(밤에 다닐 때는) 無燭則止(촛불이 없으면 그만둔다)
道路에 男子는 由右(오른쪽으로 가고) 女子는 由左(왼쪽으로 간다)

集解해보면, 夫婦는 人倫의 시초이니(人倫之始), 삼가지 않으면(不謹) 그 윤리를 어지럽히고(則亂其倫類), 故로 禮는 부부를 삼가는데서 시작되는 것이다(禮始於謹夫婦). '閽'은 '中門의 금함'을 지킴을 담당하고(掌守中門之禁), '寺'는 '內人(宮女)의 금령'을 담당한다(掌內人之禁令).

남자는 밖에서 자리를 바로 하니(男正位乎外) 여자의 일을 말하지 않아야 하고(不當言女事), 여자는 안에서 자리를 바로 하니(女正位乎內) 남자의 일을 말하지 않아야 한다(不當言男事). 남녀는 주고받음을 친히 하지 않으며(男女授受不親), 오직 喪事와 祭祀에는(惟喪祭) 그릇을 서로 줄 수 있으니(得以器相授) 제사는 엄숙하고 상사는 급하여(祭嚴喪遽) 혐의하지 않는 것이다(不嫌). 상사와 제사 때에(於喪祭之時) 남자가 그릇을 여자에게 주면(男以器授女), 여자는 광주리로 그 그릇을 받으니(則女以筐受其器) 여자가 광주리로써 받는다면(女受以筐) 남자가 받는 것도(則男所受) 알 수 있다(可知). 남자가 그릇을 여자에게 주는데 여자가 받을 광주리가 없으면(男以器授女而女無筐受之), 남자가 앉아 그릇을 땅에 놓은 뒤에(則男跪而以器停之於地而後) 여자도 또한 앉아 가져가니(女亦跪而取之) 여자가 땅에 놓으면 남자가 가져 갈 때에는 또한 이와 같다(女奠男取亦如之).

우물을 함께 하지 않음은(不共井) 함께 물을 길음에 혐의해서요(嫌同汲), 욕실을 함께 하여 목욕하지 않음은(不共湢浴)은 무례함을 혐의해서요(嫌相褻)요, 잠자리를 통하지 않음은(不通寢席) 가까이 함을 혐의해서요(嫌相親), 빌리고 빌려줌을 통하지 않음은(不通乞假) 서로 왕래함을 혐의해서요(嫌往來), 의상을 통하지 않음은(不通衣裳) 서로 난잡함을 미워해서이다(惡淆雜). '嘯'는 입을 오무려 소리를 내는 것이요(謂蹙口出聲), '指'는 손을 사용하여 가리킴을 이르고(謂用手指畫) '不嘯' '不指'는 소리와 모양에 다름이 있어(謂聲容有異) 남의 보고 들음을 놀라게 하는 것이지(駭人視聽). 길을 다니는 법칙에(道路之法) 그 오른쪽은(其右) 남자를 다니게 하고(以行男子), 그 왼쪽은(其左) 여자가 다니게 하니(以行女子) 옛날의 道이지(古之道).

3-3-3. 明去取之義圖

소학선생: "다음은 '明去取之義圖'는 즉, '버리고 취하는 뜻을 밝힌 것'으로 《孔子家語》란 책이 出典이지. 《孔子家語》는 孔子의 언행 및 공자와 門人과의 論議를 수록한 책인데 魏의 王肅이 편집한 僞書라고 하는데 확인할 길이 없지. 《孔子家語》에는 《左傳》·《國語》·《孟子》·《荀子》·《大戴禮》·《禮記》·《史記》·《說苑》·《晏子》·《列子》·《韓非子》·《呂覽》 등에서 공자에 관한 기록을 모아 수록한 것으로 한번 읽어보면 이 속에는 공자의 遺文과 逸話가 섞여 있어 공자를 이해하는데

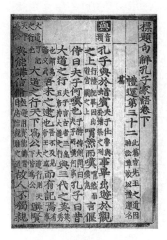

공자가어

크게 도움이 되지. 王肅이란 사람은 字는 '子雍'으로 山東省사람으로 학자로서는 父親인 王朗의 자질을 상회하며, 고문학에 전념하고 鄭玄의 신비성을 섞은 경학에 강하게 반박한 사람이라네. ≪주역≫·≪모시≫·≪예기≫를 비롯한 많은 경서에 주석을 달아, '大儒'라고 존경받았던 분이지. 僞書라고 하여 정통파 학자들은 등한시 하는 경우가 있으나 내용이 自作이라고 보기보다는 다른 책에 있는 것들은 모아 편집한 것이어서 유학에 관심 있는 사람은 한 번 쯤은 공부했던 것이지. 아무튼 소학 책에서 단 한 번의 ≪孔子家語≫·≪大戴禮≫〈本命解〉篇을 인용했는데 바로 '明去取之義'이니 내가 간단히 소개하는 거야. 나중에 공부 더 하고 싶으면 이 책을 꼭 보도록 하게. '明去取之義' 나는 이것을 三從之道·五不取·七去·三不去 등을 순서로 정리했네. 많이 들어본 용어인데 여자 입장에서 별로 좋은 말이 아니지.

먼저 '三從之道'에 관해 알아보면,

> 婦人은 伏於人(남에게 복종하는 사람이니)
> 是故로 無專制之義(專制하는 의리가 없고)
> 有三從之道(삼종의 도리가 있으니)
> 在家從父(집에 있을 때는 아버지에게 순종하고)
> 適人從夫(시집가서는 남편에게 순종하고)
> 夫死從子(남편이 죽으면 아들에게 순종하여)
> 無所敢自遂也(감히 제 마음대로 일을 처리하지 못하니)
> 敎令이 不出閨門(교훈이나 명령이 閨門밖에 나가지 못하고)
> 事在饋食之間而已矣(일은 음식을 供饋하는데 있을 뿐이다)
>
> 是故로 女及日乎閨門之內(여자는 종일토록 閨門 안에 있으며)
> 不百里而奔喪(1백리 밖에 奔喪하지 않으며)
> 事無擅爲(일은 제 멋 데로 하지 않으며)

行無獨成(행동은 단독으로 하지 않으며)

參知而後動(참여하여 알게 한 뒤에 행동하며)

可驗而後言(증거함이 있은 뒤에 말하며)

晝不遊庭(낮에는 뜰에 나다니지 않으며)

夜行以火(밤에 다닐 때는 횃불을 사용하니)

所以正婦德(이른 婦德을 바르게 하는 것이다)

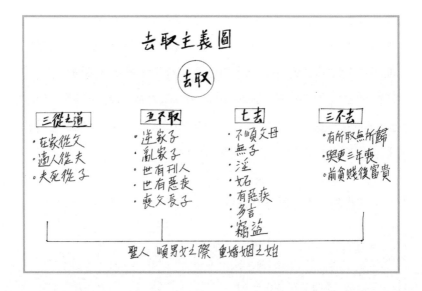

集解해보면, '專制'와 '自遂'는 바로 아래 글에 이른바 제멋대로 하고 독단으로 이룬다는 것이고(卽下文所謂擅爲獨成), '饋食'는 술과 밥을 供饋함이고(供饋酒食), '巳'는 '止'이고 '及日'은 '하루종일'이란 말과 같고(猶言終日), '不百里'는 '국경을 넘지 않는다'는 말과 같고(猶言不越境), '參'은 사람으로 하여금 서로 참여하게 함이요(使人相參). '驗'은 '證據'라. 낮에는 안에 거처하여 뜰 안에 나가지 않고(晝居於內而不出中庭). 밤에 안에 다닐 때는 반드시 횃불로써 비추니(夜行於內而必照以火). 凡此는 모두 婦德을 바르니 바르게 하는 것이지(皆所以正婦德而使之正).

먼저 '五不取'에 관해 알아보면,

> 女有五不取(여자가 남편으로 선택하지 않는 다섯 가지가 있는데)
> 逆家子(悖逆한 집의 아들을) 不取(택하지 않으며)
> 亂家子(人倫을 어지럽힌 집의 아들을) 不取하며
> 世有刑人(대대로 형벌을 받은 사람이 있으면) 不取하며
> 世有惡疾(대대로 나쁜 병이 있으면) 不取하며
> 喪父長子(아버지를 여읜 맏아들을) 不取니라

集解해보면, '逆家'는 德을 거슬렸기 때문이요(爲其逆德), '亂家'는 인륜을 어지럽혔기 때문이요(爲其亂人倫), 대대로 형벌을 받은 사람이 있는 집안은(世有刑人) 사람들에게 버림을 받았기 때문이요(爲其棄於人), 대대로 나쁜 질병이 있는 집안은(世有惡疾) 하늘에게 버림을 받았기 때문이요(爲其棄於天也), 아버지를 잃은 맏아들은(喪父長子) 그 가르침을 받을 바가 없기 때문이지(爲其無所受命). 혹자가 '대대로 형벌 받은 사람이 있으면 취하지 않는다고 하니(或問世有刑人不取) 만일 윗대에는 어질지 못했는데 자손이 어질면(如上世不賢而子孫賢) 어찌 합니까?'(則如之何)하니 朱子曰 '취하지 않는다고 말한 것은(不取者) 대대로 악행을 하여(是世世爲惡) 고칠 수 없는 자이고(不能改者), 한 대를 가리켜 말한 것이 아니지(非指一世而言). 아버지를 잃은 맏아들을 취하지 않음은(喪父長子不取) 先儒들이 의심하였지만(先儒以爲疑) 만약 아버지가 비록 죽었더라도, 어머니가 어질면(若父雖喪而母賢) 그 아들의 가르침에 반드시 법도가 있을 것이니(則其敎子必有法), 또한 구애할 바가 아니다(又非所拘)라고 하였네.

다음 '七去'에 관해 알아보면,

婦有七去(부인은 일곱 가지 내쫓김이 있으니)

不順父母去(부모에게 순종치 않으면 내보내며)

無子去(아들이 없으면 내보내며)

淫去(행동이 음란하면 내보내며)

妬去(질투하면 내보내며)

有惡疾去(나쁜 병이 있으면 내보내며)

多言去(말을 많이 하면 내보내며)

竊盜去(남의 물건을 훔치면 내보낸다)

集解해보면, 시부모에게 순종하지 않음은(不順父母) 덕을 거슬리기 때문이고(爲其逆德), 자식이 없음은(無子) 代가 끊기기 때문이고(爲其絶世), '淫'은 족속을 어지럽히기 때문이고(爲其亂族), '妬'는 집안을 어지럽히기 때문이고(爲其亂家), '有惡疾' 나쁜 질병이 있음은 함께 粢盛(祭需)을 마련할 수 없기 때문이요(爲其不可與共粢盛). '多言'은 친족을 이간시키기 때문이요(爲其離親), '竊盜'는 의리에 반대되기 때문이지(爲其反義). '無子'와 '有惡疾'은 天命인데 내쫓음은(而去之) 의리에 온당하지 못하나(於義未安) 반드시 내쫓지 않는다고 하면(必以爲不去), 宗廟의 제사를 받들지 못하고 후대를 계승시키지 못하니(則無以承宗事繼後世) 처리하기를 또한 마땅히 義로써 해야 하니(處之亦當以義) 어찌 내쫓음에 이르겠는가(何至於去耶)? 이것은 모두 의심할 만하지(此皆可疑).

다음 '三不去'에 관해 알아보면,

有三不去(세 가지 내쫓지 않는 이유가 있으니)

有所取(맞이 해온 곳은 있고) 無所歸(돌아갈 곳이 없거든) 不去하며

> 與更三年喪(함께 3년喪을 지냈거든) 不去하며
> 前貧賤後富貴(전에 빈천하다가 후에 부유해졌으면) 不去니라

集解해보면, 맞이 해온 곳은 있고(有所取) 돌아갈 곳이 없다는 것은(無所歸), 아내가 시집올 때에는(謂妻嫁時) 명을 받을 곳이 있었는데(有所受命) 뒤에는 가 있을만한 父兄이 없음을 말하고(後無父兄可與之), 함께 3년 喪을 지냈다는 것은(與更三年喪) 일찍이 시부모의 喪을 살았음을 말하고(謂曾居舅姑之喪), 전에는 빈천하다가 뒤에 부귀하다는 것은(前貧賤後富貴) 자기의 아내를 맞이해 올 때에는 가난했는데 지금은 부귀함을 말하고(謂己娶婦時貧賤而今富貴), 故로 모두 내쫓지 않는 것이지(皆不去). 凡此는 聖人이 남녀의 교제를 신중히 하고(所以愼男女之際) 혼인의 처음을 소중히 하신 것이지(重婚姻之始). '際'는 교제의 도리를 이르고(謂交際之道), '始'는 처음을 바르게 하는 의리를 이르니(謂正始之義), 이 章을 총괄해서 끝맺은 것이야(總結此章).

3-3-4. 明寡婦之子圖

소학선생: "다음은 '明寡婦之子圖'는 즉, '寡婦 자식에 대한 밝힌 것'으로 ≪禮記≫〈曲禮〉란 책에 나오지. 寡婦에 관한 이야기라 그런지 단 한 줄 밖에 있지 않아. 圖解한다는 것이 우습지만 단 한 줄이라도 해야 할 것은 해야 하네.

> 寡婦之子圖
>
> 非有見焉 弗與爲友

> 寡婦之子非有見焉(과부의 아들은 드러남이 있지 않거든)
> 弗與爲友(함께 친구를 삼지 않는다)

'有見'은 재능이 탁월한 것이니(才能卓異), 만약 德을 좋아하는 실상이 없으면(若非有好德之實) 女色을(좋아한다는) 혐의를 피하기가 어려우므로(則難以避好色之嫌), 故로 벗을 취하는 자가 삼가는 것이지(取友者謹之). 한마디로 과부의 자식을 사귈 때는 신중을 기해야 하고 재능이 있는 지 알아보고 사귀라는 것이야.

3-4. 長幼之序

이천태: "이번부터 공부해야 할 것이 長幼之序인데 總目에 보니 다음과 같은 내용이 나오는데요.

> 舜命契以敎五敎(舜이 契에게 명령하여 五敎를 가르치게 하시면서)
> 不曰兄弟而曰長幼者(형제라도 말하지 않고 長幼를 말한 것은)
> 盖以宗族鄕黨皆有長焉(宗族과 鄕黨에 모두 어른이 있고)
> 非但同氣而已(다만 同氣間뿐만이 아니기 때문이다).

이 글을 보고 兄弟라고 말하지 않고 長幼라고 한 것에 대해 확실히 이해 할 수 있었네요. 선생님은 長幼之序를 어떻게 알고 계시며, 소학에 나오는 내용을 어떻게 圖解 하셨는지요."

소학선생: "그래, 내가 알고 있는 내용 중 지금 생각나는 것이 ≪童蒙先習≫의 〈長幼有序〉야. 이번 기회에 조선 명종 때 유학자 朴世茂가 학동을 위해 지었다는 ≪童蒙先習≫을 한번 알아보면, 책 내용이 서당

에 들어가 ≪천자문≫을 배운 다음 단계에 주로 사용하였던 교재이지. 어린이 교육을 위한 우리나라 최초의 교과서라 할 수 있지. 책머리에 영조가 1742년 6월에 쓴 어제서(御製序)가 있고, 책 끝에 1670년 10월에 송시열(宋時烈)이 쓴 발문이 있지. 내용은 먼저 父子有親·君臣有義·夫婦有別·長幼有序·朋友有信의 五倫 하나하나를 나누어서 해설하고 있다네. 총론에서는 五倫이란 '인간 도리의 자연 법칙으로서 사람의 모든 행실이 이에서 벗어날 수 없다' 하고, 孝는 '百行의 根源이 된다'하여 事親의 道와 절차를 대표적으로 들어 말하였네. 즉, 인간이 짐승과 다른 점은 五倫을 가졌기 때문이라는 것이지. 다음은 중국 三皇五帝에서부터 명나라까지의 역대 사실과, 우리나라 단군에서부터 조선왕조까지의 역사를 약술하고 국가의 흥망도 역시 人倫에 좌우된다고 하였지. 이 책은 학동들의 필수 교양서적이므로, 그들을 이해시키는 데 편리하도록 보다 쉬운 글자와 간명한 문구를 사용하여 편찬하였다네. 영조는 이 책의 중요성을 느끼고 운각(芸閣)에 인출(印出)을 명하여 널리 보급하도록 하였다. 발문에서는 "編 중의 <理氣性命說>은 童蒙으로서 이해하기 힘든 것일지라도, 朱子의 論仁說로 미루어 본다면 저자의 본의를 충분히 이해할 수 있다."고 하였네. 원문에 한자를 차용하여 구결(口訣 : 토)을 달아 놓았으므로 國語史 자료로 중요한 가치가 인정되고 있지.

≪童蒙先習≫의 〈長幼有序〉의 내용을 알아보면,

長幼 天倫之序 兄之所以爲兄 弟之所以爲弟 長幼之道 所自出也 蓋宗族鄕黨 皆有長幼 不可紊也.
(어른과 아이는 하늘이 차례 지어 준 관계이다. 형이 형 노릇하고 아우가 아우 노릇 하는 것이 어른과 어린이의 도리가 비롯된 유래이다. 종족과 향당에는 모두 어른과 아이가 있으니, 이를 문란 시켜서는 안 된다.)

年長以倍 則父事之 十年以長 則兄事之 五年以長則肩隨之 長慈幼 幼
敬長然後 無悔少陵長之弊 而人道正矣
(나이가 갑절 많으면 어버이 섬기는 도리로 섬기고, 나이가 열 살이 많으면 형을 섬기는
도리로 섬기고, 나이가 다섯 살이 많으면 어깨 폭 만큼 뒤쳐져 따라가니, 어른은 어린 사
람을 사랑하며 어린 사람은 어른을 공경한 뒤에야 젊은이를 업신여기거나 어른을 능멸하
는 폐단이 없어져서 사람의 도리가 바로 설 것이다.)

而況兄弟 同氣之人 骨肉至親 尤當友愛 不可藏怒宿怨 以敗天常也
(하물며 형제간은 기운을 함께 나눈 사람이다. 뼈와 살을 나눈 지극히 가까운 관계이니
더욱 우애해야 할 것이요, 노여움을 마음속에 감추고 원한을 묵혀서 하늘의 떳떳한 도리
를 무너뜨려서는 안 된다.)

昔者 司馬光 與其兄伯康 友愛尤篤 敬之如嚴父 保之如嬰兒 兄弟之道
當如是也 孟子曰 孩提之童 無不知愛其親 及其長也 無不知敬其兄也
(옛적에 司馬光이 그의 형 伯康과 더불어 우애하기를 더욱 돈독히 하여, 형을 엄한 아버지
처럼 공경하고, 어린아이처럼 보호하였으니, 형제간의 도리는 마땅히 이와 같아야 한다.
孟子께서는 "웃을 줄 알고 손을 잡아주고 안아 줄만한 아이도 자기 어버이를 사랑할 줄
모르는 경우가 없으며, 그가 성장해서는 그 형을 공경할 줄 모르는 이가 없다."고 하셨다.)

　　우선 나는 長幼之序를 '明敬兄之禮圖'와 '明凡進退應對灑掃飮食
燕射行坐之禮圖'와 두 가지로 구분해서 설명하였지. 자세한 것은 아래
에서 살펴보겠네.

3-4-1. 明敬兄之禮圖

　　'明敬兄之禮圖'는 즉, '兄을 恭敬하는 예절을 밝힌 것'으로 이것은
≪孟子≫〈盡心上〉, ≪孟子≫〈告子下〉에 나오는 말로,

敬兄之禮
孩提之童 無不知愛其親 及其長也
無不知敬其兄
徐行後長者 謂之弟
疾行先長者 謂之不弟

먼저 ≪孟子≫ 〈盡心上〉에,

孩提之童(두세 살 난 어린애라도)
無不知愛其親(그 어버이를 사랑할 줄 모르는 자가 없고)
及其長也(자라나면은)
無不知敬其兄也(그 형을 공경할 줄 모르는 자가 없다)

다음 ≪孟子≫ 〈告子下〉에,

徐行後長者(천천히 걸어서 어른의 뒤에 가는 것을)
謂之弟(공순하다 하고)
疾行先長者(빨리 걸어서 어른의 앞에 가는 것을)
謂之不弟(공순치 않다고 한다)

　　함께 集解해보면, '孩提'는 2~3세 사이에(二三歲之間) 웃을 줄 알고 안아 줄만한 자이고(知孩笑可提抱者), 어버이를 사랑하고 형을 공경함은 (愛親敬兄), 이른 바 '良知良能'이라는 것이다(所謂良知良能). '徐'는 '緩'고, '後長者'는 어른의 뒤에 있음이다(在長者之後). '疾'은 '速'이고, '先長者'는 어른의 앞에 있음이다(在長者之先).

275

明倫

참고로 하나 더 공부한다면, ≪擊蒙要訣≫에,

兄弟는 同受父母遺體하여 與我如一身하니 視之를 當無彼我之間하여
飮食衣服有無를 皆當共之니라 設使兄飢而弟飽하고 弟寒而兄溫이면
則是一身之中에 肢體或病或健也니 身心이 豈得偏安乎아 今人이 兄
弟不相愛者는 皆緣不愛父母故也라 若有愛父母之心이면 則豈可不愛
父母之子乎아 兄弟 若有不善之行이면 則當積誠忠諫하여 漸喩以理하
여 期於感悟요 不可遽加厲色拂言하여 以失其和也니라
(형제는 부모가 남겨 주신 몸을 함께 받아서 나와 더불어 한 몸과 같으
니, 형제를 보기를 마땅히 저와 나의 구분이 없게 하여, 음식과 의복의
있고 없음을 모두 마땅히 함께해야 한다. 가령 형은 굶주리는데 아우는
배부르고, 아우는 추운데 형은 따뜻하다면, 이는 한 몸 가운데에 지체가
어떤 것은 병들고 어떤 것은 건강한 것과 같으니, 몸과 마음이 어찌 한
쪽만 편안할 수 있겠는가? 요즘 사람들이 형제간에 서로 사랑하지 않는
것은 모두 부모를 사랑하지 않기 때문이다. 만일 부모를 사랑하는 마음
이 있다면 어찌 그 부모의 자식을 사랑하지 않을 수 있겠는가? 형제가
만일 좋지 못한 행실을 저지르면 마땅히 정성을 쌓아 충고해서, 점차
도리로써 깨우쳐 감동하여 깨닫게 하기를 기약할 것이요, 갑자기 노여
운 낯빛과 거슬리는 말을 하여 그 화합함을 잃어서는 안 된다.)

3-4-2. 明凡進退 · 應對 · 灑掃 · 飮食燕 · 射行坐之禮圖

'凡進退應對灑掃飮食燕射行坐之禮'는 즉, '무릇 나아가고 물러나
며 응하고 대답하고 물뿌리고 쓸며 마시며 먹으며 연회하며 활 쏘며 다
니고 앉는 예절을 밝힌 것'으로 나는 이것은 進退 · 應對 · 灑掃 · 飮食燕
· 射行坐로 구분하여 설명했네.

먼저 '進退'에 관해 알아보면, 《禮記》〈曲禮〉에,

見父之執(아버지의 친구를 뵐 때는)
不謂之進(나오라고 하지 않으면) 不敢進(감히 나아가지 않고)
不謂之退(물러가라고 하지 않으면) 不敢退(감히 물러가지 않고)
不問(묻지 않으면) 不敢對(감히 대답하지 않는다)
年長以倍則父事之(나이가 갑절 많으면 아버지처럼 섬기고)
十年以長則兄事之(10년 위라면 형처럼 섬기고)
五年以長則肩隨之(5년 위라면 어깨를 나란히 하여 조금 뒤떨어져 걸어간다)

집해해보면, '執'은 뜻을 가짐이 같은 자이니(謂執志同者), 곧 '예기'에 이른바 '執友'라는 것이고(卽記所謂執友), '謂'는 '命'니 공경하기를(敬之) 아버지와 같이 하는 것이지(同於父). '肩隨'는 나란히 가되 조금 물러남이고(竝行而差退), 此는 어른과 젊은이의 차례를 널리 말한 것이요(泛言長少之序), 친한 바를 말한 것이 아니다(非謂所親). 인생은 10년을 한 마디(단위)로 삼으니(以十年爲一節), 倍이면 20년인 것이지(倍之則二十年).

다음 '應對'에 관해 알아보면,

將卽席(장차 자리에 나아갈 때에는)
容毋怍(부끄러운 용모를 갖지 말며)
兩手摳衣(두 손으로 옷을 걷어잡아)
去齊尺(〈땅에서〉 옷자락이 한 자쯤 떨어지게 하며)
衣毋撥(옷을 휘날리지 말며)
足毋蹶(발을 황급하게 하지 말아야 한다)
先生書策琴瑟(선생의 서책·거문고·비파 등이) 在前(앞에 있으면)

進退 應對 灑掃 飲食 射御坐之禮圖

進退

- 不請之進 不敢進
  不請之退 不敢退
  不問 不敢對
- 年長以倍則父事之
  十年以長則兄事之
  五年以長則肩隨之

應對

- 將即席 容毋怍
  兩手摳衣 去齊尺
  不虛坐 足毋蹶
- 先生書策琴瑟在前
  坐而遷之 戒勿越
  坐必安 執爾顏
  長者不及 毋儳言
  正爾容 聽必恭
  毋勦說 毋雷同
  必則古昔者 稱先王

灑掃

- 凡加帚於箕上
  以袂拘而退
  其塵不及長者
  以箕自鄉而扱之

飲食

- 侍飲於長者
  酒進則起
  拜受於尊所
  長者辭
- 少者反席而飲
  長者舉未釂
  少者不敢飲
- 長者賜
  少者賤者不敢辭
- 御同於長者
  雖貳不辭
  偶坐不辭

射御坐

- 侍射則約矢
  侍投則擁矢
  勝則洗而以請
- 父之齒隨行
  兄之齒雁行
  朋友不相踰
- 輕任并 重任分
  頒白者不提挈
  須白者不提挈
- 君子式黃髮
  無入者式不降食

坐而遷之(앉아서 옆으로 옮겨놓고)

戒勿越(조심하여 넘어가지 않는다)

坐必安(앉기를 반드시 편안히 하며)

執爾顔(네 얼굴빛을 바르게 하며)

長者不及(어른이 말을 마치지 않았으면)

毋儳言(딴말을 꺼내어 끼어들지 않는다)

正爾容(네 용모를 바르게 하며)

聽必恭(듣기를 반드시 공손히 하며)

毋勦說(남의 말을 제 말로 삼지 말며)

毋雷同(남의 말에 분별없이 贊同하는 일이 없도록 하며)

必則古昔(반드시 옛날 것을 본받아)

稱先王(先王의 法度를 말해야 한다)

集解해보면, '怍'은 부끄러워 불안해하는 모양이니(愧赧不安之貌), 부끄러워하고 불안해함은(愧赧不安) 야박스러운 잘못이다(失之野). 두 손으로(以兩手) 옷의 양 옆을 걷어잡아(摳衣兩旁) 옷자락을 밟아 넘어져서 容儀를 잃음을 면하게 한다(免有蹉躓失容). '撥'은 휘날리는 모양이요(發揚貌), '躍'은 황급히 걸어가는 모양이니(行遽貌) 二者는 모두 용의를 잃은 것이고(皆失容), '坐'는 또한 꿇어앉음이니(亦跪), 제자가 장차 가려고 할 때에(弟子將行) 만약 스승의 여러 물건이(若遇師諸物) 혹 자기 앞에 당함을 만나면(或當己前) 꿇어앉아 옮겨놓고(則跪而遷移之) 조심하여 넘어가지 말아야 하지(戒愼不得踰越). '安'은 움직이지 않음이고(謂不搖動), '爾'는 젊은 자를 가리키고(指少者), '執顔'은 바로 얼굴빛을 바르게 하는 것이지(卽正顔色). '儳'은 參錯(어긋남)하여 가지런하지 않은 모양이니(參錯不齊之貌), 어른이 일을 말함은 끝나지 않았으면(長者言事未竟) 젊은 자가 다른 일을 들어 말하여(少者不可擧他事爲言) 어른의 말을 어긋나고 혼잡하게 해서는 안 되네(錯雜長者之說). '正爾容'은 그 일신의 용모를 바르게 함이고(正其

279
明倫

一身之容貌) 듣기를 반드시 공손히 한다는 것은(聽必恭) 또한 어른의 말을 듣는 것이지(亦謂聽長者之言). 다른 사람의 말을 취하여(摩取他人之說) 자기의 말로 삼음을(以爲己說) '謂之勦說'이라 이르고, 남의 말을 듣고서 부화함을(聞人之言而附和之) '謂之雷同'이라 하고, 오직 옛날 것을 본받아(惟法則古昔) 선왕의 법을 稱述(말함)하여야(稱述先王) 善이 되는 것이지네(乃爲善耳).

다음 '灑掃'에 관해 알아보면,

> 凡爲長者糞之禮(어른을 위하여 계신 곳을 청소하는 예절은)
> 必加帚於箕上(반드시 비를 쓰레받기 위에 놓으며)
> 以袂로 拘而退(소매로 앞을 가리고 쓸면서 뒤로 물러나)
> 其塵이 不及長者(그 먼지가 어른에게 미치지 않게 하고)
> 以箕로 自鄕而扱之(쓰레받이를 자신을 향하게 하여 쓸어 담는다)

集解해보면, '糞'은 더러운 오물을 제거함이고(除穢) 비를 쓰레받이 위에 놓은 것은(加帚箕上者), 처음 쓰레받이를 가지고 갈 때에(初持箕往時) 비를 쓰레받이 위에 놓고(帚置箕上), 두 손으로 쓰레받이를 들고 있다가(兩手捧箕) 쓸 때에는(掃時) 한손으로 비를 잡고(一手提帚) 한 손으로 옷의 소매를 들어(擧一手衣袂) 비 앞을 가리고(以拘障於帚前), 한편으로 쓸면서 한편으로 옮겨간다(且掃且移). 故로 '가리고 물러간다'고 말한 것이고(云拘而退), '扱'은 거두어 담음이니(斂取), 쓰레받이를 자기에게 향하게 하고(以箕自向) 오물을 거두어 담아(斂取糞穢) 쓰레받이를 어른에게 향하지 않게 하는 것이다(不以箕向尊長).

나는 상고해 보건대, 선왕이 가르침을 세울 때에(愚按先王立敎) 세

세하고 미비한데까지 모두 갖추어졌으나(纖悉畢具), 이 章에서 子弟들에게 掃除하는 예를 관찰하면(觀此章敎子弟糞除之禮) 볼 수 있다(可見矣). 사람이 이 때에는(人生是時) 어릴 때부터(自幼穉) 곧 날마다 어른 섬기는 방도를 익혀서(卽日習事長之方) 물 뿌리고 쓸며 명령하는 일을 편안하게 여겼으며(安於灑掃使令之役), 故로 능히 그 放心을 거두고(能收其放心) 德性을 길러서(養其德性) 교만하고 게으른 마음이 생겨 날수가 없었던 것이다(而驕惰無自生矣). 後世엔 이 예를 강구하지 않고(此禮不講) 부모가 사랑에 빠져(父母溺愛) 그 교만하고 게으른 마음을 방종하게 하고(縱其驕惰), 무릇 어른을 섬기는 禮를(凡奉長之禮) 일체 종에게 부려 맡기니(一切委之廝役) 子張子가 이른바 '灑掃應對를 편안히 여기지 못하여(子張子所謂不能安灑掃應對) 病根이 거처하는 바와 접하는 바를 따라서 성장한다는 것이(病根隨所居所接而長) 이것이지.

近世에 魯齋(許衡)先生은 귀족 자제를 가르칠 때에(敎貴游子弟) 반드시 먼저 灑掃應對의 예절을 익히게 하여(必先使習灑掃應對之禮), 교만하고 방자하고 오만한 기운을 꺾게 하여(以折其驕恣傲慢之氣) 옛날에 사람을 가르치던 법에 깊이 얻었으니(深得古昔敎人之法), 아!(吁) 남의 부모와 스승이 되어(爲人父師) 자제의 교육에 뜻을 둔 자는(有志於敎子弟者), 마땅히 깊이 살펴야 할 것이지(宜深察焉).

다음 '飮食燕'에 관해 알아보면,

여기서 간단히 당시 양반 사대부의 필수적인 덕목인 '접빈객(接賓客) 봉제사(奉祭祀)'를 알아보면, 집에 찾아오는 손님접대를 잘해야 하고, 조상제사를 잘 모시는 일이 뼈대 있는 집안이 갖추어야 할 품격이었지. '接賓客'이 살아있는 주변 사람들에 대한 수평적인 배려라고 하면, '奉祭

祀'는 죽은 조상에 대한 수직적인 봉사였다네. 그런데 이 두 가지 덕목을 이행하기 위해서는 반드시 필요한 음식이 바로 술(酒)이지. 원래는 제사를 지낼 때 주로 차(茶)를 많이 올렸다고 하지. 그래서 '茶禮'라는 말이 나오게 된 거지. 이후 술로 바뀌었는데 이는 배가 고플 때 요기가 됐기 때문이지. 술은 집집마다 필수적으로 갖추어야 할 상비약처럼 술을 담글 수밖에 없었지. 제사를 올리는 예물은 전부 집에서 장만했으니 술도 그런 실정이니 안주인의 술 담그는 수준은 거의 전문가 급이었지. 잘 알아두게나. 술은 사다가 제사에 올리는 것이 아니라 집에서 안주인이 준비하는 것을. 다시 예전에 술 마시는 예절을 살펴보면,

侍飮於長者(어른을 모시고 술 마실 적에)
酒進則起(술이 나오면 일어나고)
拜受於尊所(술통이 있는 곳에 가서 절하고 받되)
長者辭(어른이 사양하거든)
少者反席而飮(젊은이는 제자리로 돌아와서 마시되)
長者擧未釂(어른이 술을 아직 다 마시지 않았으면)
少者不敢飮(젊은이는 감히 마시지 못한다)
長者賜(어른이 주시면)
少者賤者不敢辭(연소한 자와 비천한 자는 감히 사양하지 못한다)
御同於長者(어른을 모시고 음식을 먹을 때는)
雖貳나 不辭(비록 더 내어오더라도 사양하지 않으며)
偶坐不辭(배석(陪席)하는 경우에도 사양하지 않는다)

　　集解해보면, '尊所'는 술통을 놓은 곳이고(置酒尊之所), '辭'는 '止'라. 자리에 내려가 절하고 받음은(蓋降席拜受), 젊은 자로서 당연한 것이로되(少者當然) 존자가 만약 사양하면(尊者若止之) 제자리로 돌아와 마신다(則還席而飮). '擧'는 '飮'이고, '釂'는 '술을 마셔 다함'(飮盡酌)이고, 어

른이 마시기를 다함을 기다려서 뒤에 마심은(待長者飮盡而後飮者), 감히 먼저 하지 못해서이다(不敢先). 사양한 뒤의 받음은(辭而後受), 평상시 사귐의 예요(平交之禮). 젊고 천한이가 존귀한 자를 섬기는 도리가 아니다(非少賤事尊貴之道). 윗사람이 줌은(上之賜) 은혜로써 하고(以恩), 아랫사람이 받음은(下之受) 의리로써 하니(以義), 의리에 可한 것이면(義之所可), 비록 어른이 주더라도(雖長者之賜) 감히 사양할 수가 없고(不敢辭), 의리에 불가하면(義之所不可) 비록 임금이 주더라도(雖君賜) 받지 않는 경우가 있는 것이지(有所不受). '御'는 '侍'이고, '貳'는 물건을 더하는 것이고(益物), 모시고 먹는 자가 비록 고기와 음식의 더 많이 얻더라도(侍食者 雖獲殽饌之重) 많음을 사양하지 않음은(而不辭其多者), 이 음식이(以此饌) 본래 어른을 위하여 베풀어 진 것이기 때문이지(本爲長者設耳). '偶者'는 '배우자'의 뜻이니(配偶之義), 손님이 있음으로 인하여 자기도 또 한 자리에 짝하여 앉았으므로(因其有賓而己亦配偶於坐), 故로 또한 사양하지 않는 뜻 이라네(亦不辭).

다음 '射行坐'에 관해 알아보면,
≪禮記≫ 〈少儀〉에 나오는 말로,

尊長이 於己(자기보다) 踰等(등급이 높거든)
不敢問其年(감히 그 나이를 묻지 않으며)
燕見(私席에서 만날 때)
不將命(사람을 시켜 전달하지 않으며)
遇於道(길에서 만났을 때)
見則面(보고 가서 뵐뿐)
不請所之(그 가는 곳을 묻지 않는다)

侍坐(모시고 앉았을 때는)

集解해보면, '燕'은 '私'요, '之'는 '往'라. '蹞等'은 할아버지나 아버지의 항렬이지(祖與父之行). 감히 나이를 묻지 않음은(不敢問年), 연치를 서열하는 듯 함을 혐의해서 이고(嫌若序齒), '不將命'은 擯者(손님)로 하여금 명령을 전달하지 않음이니(謂不使擯者傳命), 이는 賓主의 禮가 아니기 때문이지(非賓主之禮). 만약 존장을 우연히 길에서 만나(若遇尊長於路) 존자가 보았으면 달려가 뵙고(尊者見則趨見之), 보지 않았으면 숨어 피하니(不見則隱避), 이는 번거롭게 움직이지 않고자 해서이지(不欲煩動之). '不請所之'는 감히 그 가는 바를 묻지 않음이지(不敢問其所往). '翣'은 '扇'요, '坐'는 '跪'라. 존자를 모시고 앉았을 때(侍坐於尊者) 금슬을 잡게 하지 않으면(不使之執琴瑟) 제멋대로 잡아서 두드리지 않고(則不得擅執而鼓) 연고 없이 땅을 긋는 것도(無故而畵地) 또한 不敬이 되지(亦爲不敬). 손 모양은 공손해야 하니(手容恭) 만약 손을 들어 움직이면(若擧手以爲容) 또한 不敬이 된다네(亦爲不恭). 때가 비록 덥더라도(時雖暑熱) 부채를 부쳐서는 안되며(不得揮扇), 만약 존장이 누워 계실 때를 당하여 명령을 전달하게 되면(若當尊長寢臥之時而傳命) 반드시 꿇어앉아서 말할 것이요(必跪而言之),

똑바로 서서 임해서는 안 된다(不可直立以臨之).

무릇 활을 쏠 때는(凡射) 반드시 두 사람이 짝이 되니(必二人爲耦) 화살 통은 뜰 가운데 있고(楅在中庭) 화살은 화살 통에 넣는 것이지(箭置於楅). 上耦(첫 번째 짝)가 먼저 한 개의 화살을 취하면(上耦前取一矢), 다음 下耦가 또 나아가 한 개의 화살을 취하고(次下耦又進取一矢), 이와 같이 번갈아 나아가서(如是更進) 각각 네 개의 화살을 잡는데(各得四矢) 만약 낮은 자가 어른을 모시고 쏘게 되면(若卑者侍射) 감히 번갈아 취하지 못하고(則不敢更迭取之), 다만 일시에 네 개의 화살을 다 취하지(但一時并取四矢). '故'로 '約矢'라 한 것이지. '投壺之禮'는 또한 손님과 주인이 각각 네 개의 화살로 하니(亦賓主各四矢), '尊者'는 네 개의 화살을 땅에 놓고서 (尊者則委四矢於地) 하나하나 집어서 던지지만(一一取而投之), '卑者'는 감히 땅에 놓지 못하므로(不敢委於地), 故로 그것을 모두 품에 안는 것이다(悉擁抱之). 활쏘기와 投壺의 禮(射與投壺之禮), 이긴 자의 제자가(勝者之弟子) 술을 따라 술잔을 받치는 그릇 위에 놓으면(酌酒置于豐上), 이기지 못한 자가 꿇어앉아 술을 마신다(其不勝者跪而飮之). 만일 낮은 자가 이겼으면 (若卑者得勝), 감히 곧바로 술을 따르지 못하고(則不敢徑酌) 마땅히 앞에서 술잔을 씻고 잔을 들기를 청해야 한다네(當前洗爵而請行觴).

≪禮記≫ 〈射義〉에 나오는 말로,

> 射者는 進退周還(旋)(나아가고 물러나고 읍하고 사양함에 반드시)
> 必中禮(반드시 예절에 맞아야)
> 內志正(안으로 뜻이 바르고)
> 外體直然後(밖으로 몸이 곧은 뒤에야)
> 持弓矢審固(활과 화살을 잡음이 정확하고 견고하며)
> 持弓矢審固然後(활과 화살을 잡음이 정확하고 견고한 뒤에야)

可以言中(과녁을 맞춘다고 말할 수 있으니)
此可以觀德行矣(이 활쏘기에서 德行을 볼 수 있다)

集解해보면, '進退者'는 오르고 내리는 절도요(升降之節), '周還者'는 읍하고 사양하는 모양이며(揖讓之容), '中禮'는 활 쏘는 예절에 맞는 것이지(合乎射之禮節也). 안의 뜻이 바른 뒤에야(內志正然後) 활과 화살을 잡음이 정확하고(持弓矢審), 밖의 몸이 곧은 뒤에야(外體直然後) 활과 화살을 잡음이 견고하지(持弓矢固). 견고하기 때문에(唯固也) 그 힘이 능히 이르고(故其力能至), 정확하기 때문에(唯審也) 그 공교함이 능히 맞추는 것이니(故其巧能中), 여기에서 관찰하면(於此而觀) 그 德行을(則其德行) 볼 수 있다네(可見矣).

≪禮記≫ 〈王制〉에 나오는 말로,

父之齒(아버지의 나이인 자에게는) 隨行(뒤에서 따라가고)
兄之齒(형의 나이인 자에게는) 雁行(나란히 가되 조금 뒤떨어져가고)
朋友(벗 사이에는) 不相踰(나란히 가고 서로 앞서지 않는다)
輕任(가벼운 짐은) 幷(혼자지고)
重任(무거운 짐은) 分(나누어 져서)
頒白者不提挈(반백이 된 자가 짐을 끌지 않게 한다)
君子耆老(군자인 노인은) 不徒行(걸어 다니지 않고)
庶人耆老(서인인 노인은) 不徒食(맨밥을 먹지 않는다)

集解해보면, '父之齒'와 '兄之齒'는 그 사람의 나이가(謂其人年) 아버지와 같거나(與父等), 또는 형과 같음을 이르지(或與兄等). '隨行'은 그 뒤를 따름이요(隨其後), '雁行'은 나란히 가되 조금 뒤에 가는 것이지(幷行而稍後). 붕우가 나이가 서로 비슷하면(朋友年相若), 피차간에 서로 넘어가서 先後가 있어서는 안 되니(則彼此不可相踰越而有先後) 나란히 가서 가지런히 함을 말 한 것이지(言並行而齊). '任'은 '擔'라 '幷'은 '獨任之'요, '分'은 나누어 둘로 함이요(析而二之), 짐이 가벼우면 젊은 자가 홀로 메고(言輕則少者獨任之), 무거우면 나누어 맴을 말한 것이지(重則分任之). '頒白'은 노인의 머리가 반을 희고 검은 것이고(老人頭半白黑者), '提挈'은 손으로 물건을 잡음이니(以手提物) 잡지 않는다는 것은(不提挈) 젊은 자가 대신하는 것이지(少者代之). '六十曰耆'요 '七十曰老'라 '徒'는 '空'이라, '徒行'은 수레가 없이 다니는 것이요(謂無乘而行), '徒食'은 반찬이 없이 먹는 것이지(謂無羞而食).

3-5. 朋友之交圖

해봉: "이번부터 공부해야 할 것이 **'朋友之交'**인데 總目에 보니 朱子선생이 다음과 같은 長文을 적시해 놨는데요. 제가 한번 읽어 보지요.

人之大倫이 有五하니 聖賢皆以爲天之所叙라 然今考之컨대 惟父子兄弟 爲天屬이요 而以人合者 三焉이라 然夫婦者는 天屬之所由以續者也요 君臣者는 天屬之所賴以全者也요 至若朋友者하여는 則天屬之所賴以取正者也라 故로 欲君臣父子兄弟夫婦之間에 交盡其道而無悖인댄 非有朋友以責其善, 輔其仁이면 其孰能使之然哉아 故朋友之於人倫에 其勢若輕而所繫爲甚重하고 其分若疎而所關爲至親하고 其名若小而所職爲甚大하니 此는 古之聖人이 修道立敎에 所以必重於此하여 而不敢怠也시니라.

(사람에게 큰 윤리가 다섯 가지가 있는데 聖賢이 모두 하늘이 편 것이라고 하였다. 그러나 지금 상고해 보건대, 오직 父子와 兄弟만이 天倫인 親屬이고, 인간으로서 합한 것은 세 가지이다. 그러나 夫婦는 天屬(천륜인 친속)으로 말미암아 이어지는 것이고, 君臣은 천속이 의뢰하여 온전하게 되는 것이며, 만약 朋友에 이르면 천속이 의뢰하여 바름을 취하는 것이다. 그러므로 君臣·父子·兄弟·夫婦사이에 서로 그 도리를 다하여 어긋남이 없고자 한다면, 朋友로써 그 善을 책하고 그 仁을 돕지 않고서는 그 누가 능히 그렇

게 할 수 있겠는가? 그러므로 朋友가 인륜에 있어 그 형세가 가벼운 듯하나 관계 된 바가 매우 중하고, 그 나눔이 소원한 듯하나 관계 된 바가 지극히 치밀하며, 그 이름이 작은 듯하나 맡은 바가 매우 크니, 이는 옛날 聖人이 道를 닦고 가르침을 세움에 반드시 이를 중히 여겨 감히 태만히 하지 않았던 이유이다.)

선생님, 이 내용은 五倫에 대한 것인데 왜 明倫편 첫 장에 넣지 않고 朋友之交편에 설명했는지 선 듯 이해가 되지 않는군요. 혹시 아시는 것이 있는지요. 그리고 朋友之敎에 대한 대략적인 이해를 구하고 싶군요?

소학선생: "나도 그것이 궁금했지. 잘 알다시피 小學책은 劉淸之가 엮고 주자선생이 監修한 것으로 알려졌는데 이 내용은 당연히 明倫편 첫 장에 넣어야 할 것을 소홀히 하여 뒤편에다 첨부한 것이지. 아마 편집하는 과정에서 실수 한 것 같아. 朋友之敎에 대해선 내가 정리한 것은 30여 가지 있는데 이 중 대표적인 세 가지만 소개하도록 하지.

우선 《禮記》〈表記〉에 나오는 말로,

君子之接(군자의 교류는) 如水(물과 같고)
小人之接(소인의 교류는) 如醴(감주와 같고)
君子는 淡而成(담담하게 교제가 이루어지고)
小人은 甘以壞(달콤하여 교제가 파괴된다)

다음 《論語》〈爲政〉에 나오는 말로,

君子는 周而不比(두루 사귀되 편벽되지 않으며)
小人은 比而不周(편파적이며 두루 통하지 않는다)

다음 ≪論語≫ 〈學而〉에 나오는 말로,

> 與朋友交(친구와 더불어 사귀되)
> 言而有信(말이 믿음이 있으면)
> 雖曰未學(비록 배우지 않았다 하더라고)
> 吾必爲之學矣(나는 반드시 그가 공부를 했다고 할 것이다)

'朋友之交圖' 나는 이것을 輔仁之職·責善之義·不可則止·取友 之義·辭受賓主之儀 등을 순서로 정리했네. '輔仁之職'은 '仁을 돕는 직 책'이고 '責善之義'은 '善을 책하는 道理'이고, '不可則止'은 '불가하면 그 만두어야 함'이고, '取友之義'는 '친구를 취하는 도리'이고, '辭受賓主之 儀'은 '사양하고 받으며 賓主가 되는 예의' 등을 순서로 정리했네.

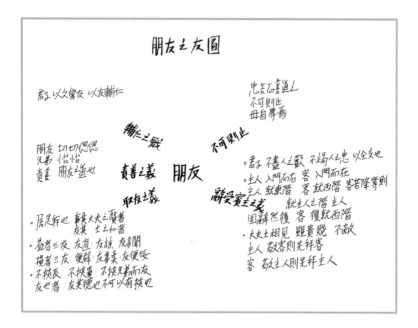

輔仁之職은 ≪論語≫〈顔淵〉에 나오는 말로,

> 君子는 以文會友(글로써 벗을 모으고)
> 以友輔仁(벗으로써 인을 돕는다)

集解해보면, 학문을 강하여 벗을 모으면(講學以會友), 도가 더욱 밝아지고(則道益明), 선을 취해 인을 도우면(取善以輔仁), 덕이 날로 진전된다(則德日進).

責善之義은

≪論語≫〈子路〉에 나오는 말로,

> 朋友는 切切偲偲(정성을 다하여 권면하고)
> 兄弟는 怡怡(화목하고 즐겁게 지내야 한다)

集解해보면, '切切은 정성이 지극함이요(懇到也), 偲偲는 상세히 권면함이요(詳勉), 怡怡는 마음이 화평하여 기쁜 것이다(和悅).

≪孟子≫〈離婁下〉에 나오는 말로,

> 責善은 朋友之道(친구간의 도리이다)

集解해보면, '朋友'는 마땅히 선으로써 책해야 하며(當相責以善), '責善之道'는 정성은 남는 듯 하고 말은 부족하게 해야 하니(要使誠有餘而言不足), 이렇게 하면 남에게는 유익함이 있고 나에게도 욕됨이 없을 것이지(則於人有益而在我者無辱矣).

不可則止는 ≪論語≫〈顔淵〉에 나오는 말로,

> 子貢이 問友(벗에·대하는 도리를 물으니)
> 孔子曰 忠告而善道之(충고하여 선의 길로 인도하되)
> 不可則止(듣지 않으면 그만두어서)
> 毋自辱焉(자신을 욕되게 함이 없게 하라)

集解해보면, '友'는 인을 돕는 것이므로(所以輔仁), 故로 그 마음을 다하여 고해주고(盡其心以告之) 그 말을 선하게 인도하며(善其說以道), 然이나 의로써 합한 자이므로(以義合者), 故로 불가하면 그만두어야 하니(不可則止) 만일 여러번 하다가 서먹서먹함을 당하면(若以數而見疏), 스스로 욕되는 것이다(則自辱矣).

取友之義는
≪論語≫〈衛靈公〉에 나오는 말로,

> 居是邦也(그 나라에 살거든)
> 事其大夫之賢者(그 나라 大夫의 현명한 이를 섬기고)
> 友其士之仁者(그 나라 선비의 어진 이를 벗으로 삼아야 한다)

集解해보면, '賢'은 일로 말하고(以事言), '仁'은 덕으로 말한 것이다(以德言). 대부 중에 어진 이를 섬기면(事大夫之賢者), 두려운 꺼림이 바가 없고(有所嚴憚), 선비 중에 인한 자를 벗하면(友士之仁者), 切磋琢磨하는 바가 있으니(則有所切磋), 모두 덕을 진취함에 도움이 된다(皆進德之助).

≪論語≫ 〈季氏〉에 나오는 말로,

益者三友(유익한 벗 세 가지 있고)
友直(벗이 바르고)
友諒(벗이 성실하며)
友多聞(벗이 聞見이 많으면) 益矣요

損者三友(해로운 벗 세 가지 있으니)
友便辟(벗이 겉치레만 잘하고)
友善柔(벗이 유순하기를 잘하며)
友便佞(벗이 말만 잘하면) 損矣니라

集解해보면, '諒'은 믿음직하고 착실함이요(信實), '善'은 잘함과 같다(工). 벗이 곧으면 그 과오를 듣게 되고(友直則聞其過), 벗이 성실하면 성실함에 나아가고(友諒則進於誠), 벗이 聞見이 많으면 밝음에 나아간다(友多聞則進於明). '便'은 익숙함이고(習熟), '便辟'은 威儀에만 익숙하고 곧지 않는 것이요(謂習於威儀而不直), '善柔'는 남을 기쁘게 하는 데만 잘하고 성실하지 않는 것이요(謂工於媚悅而不諒), '便佞'은 말에만 익숙하고 聞見에 실제가 없는 것이니(謂習於口語而無聞見之實), '三者損益'이 정반대가 된다(正相反).

다음 ≪孟子≫ 〈萬章〉에 나오는 말로,

不挾長(나이 많음을 내세우지 않으며)
不挾貴(존귀한 지위를 내세우지 않으며)
不挾兄弟而友(형제를 내세우지 말아야 벗함이다)

友也者(벗한다는 것은)
友其德也(그 상대방의 덕을 벗한다는 것이니)
不可以有挾也(자신의 남다른 것을 믿어서 우월감을 가져서는 안 된다)

集解해보면, '挾者'는 소유하고 그것을 믿음에 대한 칭호이다(兼有而恃之之稱). '挾兄弟'는 자기가 형제의 도움이 있다고 하여 남에게 의지하지 않음을 이르고(謂己有兄弟之助而不資於人), 내세움이 있으면 벗을 취하는 뜻이 성실하지 못하니(有挾則取友之意不誠), 현자가 반드시 그와 사귀지 않을 것이지(賢者必不與之友矣).

辭受賓主之儀는 ≪禮記≫ 〈曲禮〉에 나오는 말로,

君子는 不盡人之歡(남이 극진하게 환대해 줄 것을 기대하지 않고)
不竭人之忠(남이 충성스럽게 해주기를 다 바라지 않으며)
以全交(사귐을 온전히 한다)

凡與客入者每門(무릇 손님과 함께 들어가는 자는 문마다)
讓於客(손님에게 양보하여) 客至寢門(손님이 寢門에 이르거든)
主人이 請入爲席然後(자리를 펴겠다고 청한 뒤에 나와)
出迎客(손님을 맞이 하되)
客이 固辭(굳이 사양하거든)
主人이 肅客而入(손님에게 읍하고 들어간다)

主人은 入門而右(문에 들어와 오른쪽으로 가고)
客은 入門而左(문에 들어가 왼쪽으로 가서)
主人은 就東階(동쪽 계단을 향하고)
客은 就西階(서쪽 계단으로 향한다)
客若降等(손님이 만약 지위가 주인보다 낮으면)
主人이 固辭然後(굳이 사양한 뒤에야)
客이 復就西階(다시 서쪽 계단으로 나아간다)

主人이 與客讓登(손님과 올라가기를 사양하며)
主人이 先登(먼저 올라가면)
客이 從之(뒤따라 가는데)

拾級聚足(계단마다 두 발을 모아 가면서)

連步以上(걸음을 이어서 올라간다)

上於東階則先右足(동쪽 계단으로 오를 때는 오른발을 먼저 내디디고)

上於西階則先左足(서쪽 계단으로 오를 때는 왼발을 먼저 내디딘다)

大夫士相見(大夫와 士가 서로 마주보는 자리에서는)

雖貴賤(비록 신분의 귀천이) 不敵(대등하지 않으나)

主人敬客(주인이 손님을 공경하면) 則先拜客(주인이 먼저 손님에게 절하고)

客敬主人(손님이 주인을 공경하면) 則先拜主人(손님이 먼저 주인에게 절한다)

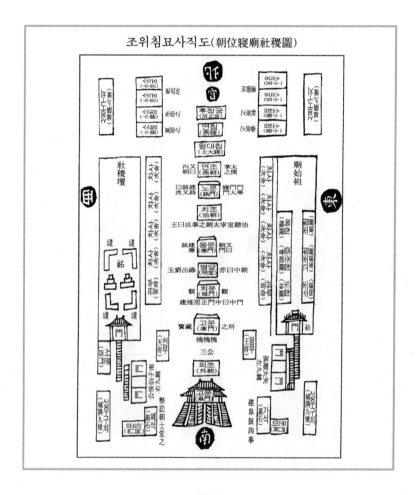

조위침묘사직도(朝位寢廟社稷圖)

集解해보면, 남이 기쁘게 해주기를 다 바라고(盡人之歡) 남이 충성스럽게 해주기를 다 바램(竭人之忠), 모두 남에게 책망을 관대하게 하는 것이니(皆責人厚者也) 남에게 책망을 관대하게 해도 남이 응해주지 못하면(責人厚而莫之應), 此는 사귐이 온전하기가 어렵게 되는 것이다(交所以難全也). '歡'은 나에게 좋게 해줌이요(謂好於我也), '忠'은 나에게 마음을 다 하는 것이다(謂盡心於我也). 나에게 좋게 해주기를(好於我者), 바램이 깊지 않고(望之不深) 나에게 마음을 다 해주기를(盡心於我者) 요구하지 않는다면 반드시 다 해주기를(不要其必盡) 계속되기 어려운 데에 이르지 않을 것이지(則不至於難繼也). '讓於客'은 손님이 먼저 들어가게 하고자 함이요(欲客先入也), '爲'는 폄과 같지(猶布).

'天子'는 '五門(皋門·雉門·庫門·應門·路門)'이요, '諸侯'는 '三門(皋門·應門·路門)'이요, '大夫'는 '二門(外門·內門)'이라. '禮有三辭'하니 '初曰禮辭'요, '再曰固辭'요, '三曰終辭'라. '肅客'는 손을 굽혀 읍함이니(俯手以揖之) 이른바 '肅拜'라는 것이다(所謂肅拜也). 入右는 동쪽 계단으로 향하기 위한 것이요(所以趨東階), 入左는 서쪽 계단으로 향하기 위한 것이지(所以趨西階). '降等者'는 '其等列'이 주인보다 낮음이고(卑於主人也), 주인이 굳이 만류함은(主人固辭者) 客이 자기를 높여 줌을 감당하지 못해서이지(不敢當客之尊己也). '拾'은 '當作涉'이니 音이 비슷해서 잘못된 것이지(聲之誤). '讓登'은 客이 먼저 오르게 하고자 함이니(欲客先升也), 客이 이것을 감당할 수 없으므로(客不敢當), 故로 주인이 먼저 오르고 객이 뒤 따르는 것이지(主人先而客繼之). '拾級'은 계단의 층계를 건넘이고(涉階之級也), '聚足'은 뒤발이(後足) 앞발과 서로 합함이고(與前足相合也), '連步'는 걸음이 서로 이어짐이지(步相繼也). 오른발이 먼저하고 왼발을 먼저 함은(先右先左), 각기 문에 들어가는 左右를 순순히 한 것이야(各順入門之左右也). 孔

氏는 말하기를 오직 현자를 공경하는 것이요(惟賢是敬), 귀천을 따지지 않는다(不計貴賤也)라고 했네.

孔子와 老子의 차이는?

공자와 노자는 둘 다 중국 춘추시대 말기의 사람이다. 공자는 BC 551~BC 479에 생존하였는데 魯나라에서 태어났다. 노자는 楚나라 사람으로, 그의 생존연대는 정확히 알려져 있지 않다. 공자가 노자를 찾아갔다는 말이 있어 같은 시대의 사람으로 말한다. 두 聖人의 차이점은 다음과 같다.

첫째 學派의 차이이다. 공자는 儒家의 창시자이고, 노자는 道家의 창시자이다. 따라서 서로 주장하는 근본 사상과 교육 방법이 다르다. 공자는 仁을 존중하면서 禮를 중시하였다. 예를 중시한다는 것은 올바른 사람을 만들기 위해 인위적 교육이 필요하다는 것이다. 왜냐하면 예라고 하는 것은 사람이 만든 것이기 때문이다. 그러나 노자는 無爲自然을 중시하면서 인위적 교육을 반대한다. 인위적 조작을 가하는 교육을 반대하고 자연의 순리에 따를 것을 중시한다.

공자와 노자

둘째 세상을 보는 世界觀도 다르다. 공자는 세계를 改革의 대상으로 보았다. 공자는 예를 중시하기 때문에 인간이 살아가는 현실의 인간 세상 속에서 인간과 부딪히면서 잘못된 것을 개혁하고자 한다. 그러나 노자는 세계를 개혁의 대상으로 보지 않았다. 은거를 통해 자신의 도를 지켜나가는 것이 옳은 삶이라 생각한다.

셋째 指向點이 다르다. 공자는 形而下學적인 것을 지향한다. 그래서 공자는 현실 사회 속에서 인간이 구체적으로 살아가는 방법에 관심을 갖는다. 즉 그는 도덕이나 지혜에 의하여 인위적으로 백성을 지배하려고 하였다. 그러나 노자는 形而上學적이다. 노자는 無爲自然에 의하여, 無爲無欲으로 남에게 겸양하는 것에 의하여 자신을 수양하려고 하였다. 그래서 노자는 현상의 배후에 불가지(不可知)의 실재(實在)인 道를 설정하여, 우주생성설과 음양의 자연학을 도입하여, 세계는 '道'에 의하여 생성·사멸의 운동을 한다는 객관적 관념론을 전개하였다.

3-6. 通論

이천태: "明倫이 朋友之敎로 마지막인 줄 알았는데, 通論이 있었군요. 通論이 구체적으로 무엇을 의미하는지 알고 싶네요. 그리고 선생님께서 통론에 해당하는 그림은 무엇인지 궁금하고요."

소학선생: "그래, 소학에 통론에 해당하는 분야가 있다는 것을 아는 사람은 드물지. 通論을 사전적인 의미로 말하면, ①事理에 通達한 理論 ②全體를 通한 一般的이고 共通된 理論 ③世上에 通用하는 意見 등이라고 말 할 수 있다. 그런데 여기서 통론이라는 것은 五倫에 해당하는 분야를 각각 편집해 놨는데 나중에 알고 보니 미처 빠트린 거나, 아니면 오륜 중 어느 하나에 해당 되지 않는 것들을 모아 통론으로 정리하거라고 보면 되지. 총9章인데 나는 이것을, 1) 明三事之圖 2) 明禮之善物(事)之道 등으로 구분하여 설명했네. 자세한 것은 아래에서 설명하기로 하지.

　　소학선생: " 다음은 '明三事之圖'로 즉, '세 가지 섬김을 밝힌 것'
으로 나는 이것을 세 부류로 구분했는데, 事親(어버이 섬김)·事君(임금
을 섬김)·事師(스승을 섬김)이지. 자세히 알아보면,

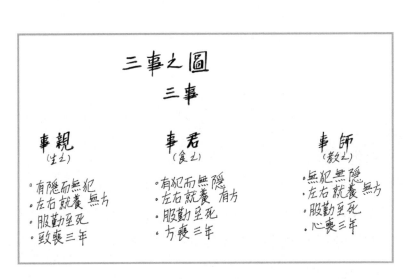

먼저 事親(어버이 섬김)를 보면, ≪禮記≫〈檀弓〉에 나오는 말로,

有隱而無犯(은미하게 간함은 있으나 범함은 없으며)

左右就養(좌우로 가까이 나아가 봉양하되)

無方(일정한 방위가 없으며)

服勤至死(부지런히 일하여 죽음에 이르며)

致喪三年(喪을 3년 동안 지극히 한다)

　　集解해보면, '隱'은 은미하게 간함이요(微諫), '犯'은 얼굴을 범하여
간하는 것이며(犯顏以諫), '親者'는 인이 있는 곳이니(仁之所在), 허물이 있
다고 하여 범하면 은혜를 상하게 된다네(有過而犯則傷恩). 故로 은미하게

간하고 범함이 없는 것이지(有隱而無犯). '左右'는 '卽方'니, '或左或右'하여 가까이 나아가 봉양하여(近就而奉養之) 일정한 방소가 없으니(無一定之方), 일마다 모두 마땅히 理會(알아서 처리함)함을 말하고(言事事皆當理會), '服勤'은 부지런히 일을 행함이고(服行勤勞之事), 부지런함이 있어(於勤) 죽음에 이른다고 말하였으나(言至死) 부지런함을 어느 때이든 혹시라도 그침이 없는 것이지(則勤無時或已矣). '致喪'은 그 슬퍼하고 훼손하는 예절을 지극히 하는 것이라네(極其哀毀之節也).

다음 **事君**(임금을 섬김)을 보면,

> 有犯而無隱(범함은 있고 은미하게 간함은 없으며)
> 左右就養(좌우로 나아가 봉양함이)
> 有方(일정한 방소가 있으며)
> 服勤至死(부지런히 일하여 죽음에 이르며)
> 方喪三年(부모의 3년喪에 비견한다)

集解해보면, '君者'는 義가 있는 곳이니(義之所在), 허물이 있으면 숨기고(有過而隱) 아첨에 가까우므로(則近於容悅), 故로 범함은 있고 은미하게 간함은 없는 것이지(有犯而無隱). 좌우로 나아가 봉양함이 일정한 방소가 있다는 것은(左右就養有方), 각각 맡은 직책을 다하는 것이다(言當各盡職守也). '方喪'은 부모의 喪에 비견함이지(比方於親喪也).

다음 **事師**(스승을 섬김)를 보면,

> 無犯無隱(범함도 없고 숨김도 없으며)
> 左右就養(좌우로 나아가 봉양함이)

無方(일정한 방소가 없으며)

服勤至死(부지런히 일하여 죽음에 이르며)

心喪三年(心喪 3년을 한다)

集解해보면, '師者'는 道가 있는 곳이다(道之所在). 간하더라도 반드시 거절을 당하지 않을 것이니(諫必不見拒) 반드시 범할 것이 없고(不必犯), 허물이 있으면 마땅히 의심하여 물어야 하니(過則當疑問), 반드시 숨길 것이 없다(不必隱). '心喪'는 몸에 衰麻의 상복은 없으나 마음에 哀戚(슬퍼함)하는 情이 있는 것이지.(身無衰麻之服而心有哀戚之情).

事親·事君·事師 이 셋을 종합해보면,

≪國語≫〈晉語〉에 나오는 말로,

民生於三(백성은 세 군데에서 생명을 받으니)

事之如一(그 셋을 섬기기를 동일하게 해야 한다)

父生之(아버지가 나으시고)

師敎之(스승이 가르쳐 주시고)

君食之(임금이 길러주신다)

非父면 不生(몸이 생겨나지 못하고)

非食면 不長(성장하지 못하고)

非敎면 不知(도리를 알지 못하는 것이다)

生之族也(낳게 해주 신 것 똑 같다)

故로 一事之(동일하게 섬겨야 하니)

唯其所在(오직 있는 곳에)

則致死焉(그 죽음을 다해야 한다)

報生以死(생명의 은혜는 죽음으로써 보답하고)

報賜以力(물건을 줌에 보답할 때에는 힘으로써 함이)

人之道也(사람의 道이다)

集解해보면, '族'은 '類'라. 임금과 아버지와 스승 세분에 대하여 (言於君父師三者) 섬기기를(事之) 마땅히 한결같이 해야 함이요(當如一), 아버지가 나를 낳아 주시고(父生我) 스승은 나를 가르켜 주시고(師敎我) 임금은 나를 먹여 주신자이니(君食我者也), 아버지가 아니면 낳지 못하고(非父則不生) 먹어줌이 아니면 자라지 못하고(非食則不長) 가르쳐 줌이 아니면 알지 못하니(非敎則不知), 此는 먹여주고 가르쳐 준 것이(食之敎之) 낳아준 것과 한 종류인 것이다(所以與生之一類也). 한결같이 섬긴다는 것은 (一事之), 곧 이른바 섬기기를 한결같이 한다는 것이다(卽所謂事之如一也).

있는 바에 죽음을 다한다는 것은(所在致死), 임금에게 있을 때는 임금을 위하고(謂在君爲君) 아버지에게 있을 때는 아버지를 위하고(在父爲父) 스승에게 있을 때는 스승을 위하는 것이다(在師爲師也). '食'는 '養'라. '君父師'는 모두 사람이 말미암아 살게 되는 바이다(皆人之所由生也). 故로 사람은 세분에 의해 산다고 말한 것이다(曰民生於三). '報生以死'는 임금과 아버지와 스승을 이르고(謂君父師也), '報賜以力'은 타인으로서 나에게 물건을 줌이 있는 자에게는(謂他人之有賜於我者), 또한 힘으로써 보답함에 이른다(則亦以力報之也)고 하였네.

국어

≪國語≫와 ≪左氏傳≫ 책에 대해 알아보면,
우선 ≪國語≫란 책은, 周나라 左丘明이 ≪左氏傳≫을 쓰기 위하여 각국의 역사를 모아 찬술(撰述)한 것으로, 周語 3권, 魯語 2권, 齊語 1권, 晋語 9권, 鄭語 1권, 楚語 2권, 吳語 1권, 越語 2권으로 되어있지. 孔子의 ≪春秋≫에 주석을 붙여 ≪春秋左氏傳≫을 짓고, 失明한 뒤에는 ≪國語≫를 지었다고 하는데 左傳은 노나라의 역사를 주로 기술하였는데 반하여, ≪國語≫는 晉나라와 楚나라를 비롯한 諸侯의 여덟 나라 역사를 기록한 것이지. 허신(許愼)의 ≪說文≫에서는 '春秋國語'라 적혀 있고, 또 주로 魯나라에 대하여 기술한 ≪左氏傳≫을 〈內傳〉이라 하는데 대해 이를 〈外傳〉이라 하며, 司馬遷이 좌구명을 무식꾼으로 몰았다 하여 ≪盲史≫라고도 하지. 또 唐나라 柳宗元이 ≪非國語≫를 지어 이 책을 비난하자, 宋나라의 江端禮가 ≪非非國語≫를 지어 이를 반박했으며, 그 후로 학자들의 논쟁이 끊이지 않았지. 현재는 吳나라 위소(韋昭)의 주(註)만이 완전하게 남아 있지. 중국의 고대사를 연구하는 데 아주 귀중한 책이라네.

좌씨전

≪左氏傳≫은 ≪春秋左氏傳≫ 이라고도 함. ≪春秋≫는 중국 魯나라의 역사책으로 노나라 隱公 원년에서 哀公 14년에 이르는 12公 242년간의 춘추시대 列國의 역사가 編年體로 기술되어 있지. 책의 제목은 한해 한해의 기록이라는 뜻에서 일 년 사계절 가운데 봄과 가을 두 계절을 따서 ≪春秋≫라 함. ≪孟子≫ 藤文公에 의하면, '세상이 쇠퇴하고 도가 미약해짐에 따라 孔子가 ≪춘추≫를 저술하여 그 결과 亂臣賊子들이 두려워하였다'고 함. ≪춘추≫에 대한 해설서로는 ≪左氏傳≫·≪公羊傳≫·≪穀梁傳≫·≪鄒氏傳≫·≪夾氏傳≫ 등이 있음. ≪추씨전≫과 ≪협씨전≫은 현재 전하지 않고, ≪좌씨전≫·≪공양전≫·≪곡량전≫을 春秋三傳이라 함. ≪좌씨전≫은 BC 722~BC 481년의 역사를 다룬 것으로 ≪國語≫와 자매편이지. 편찬자는 異說이 있는데 노나라의 左丘明이라는 설, 천자의 左史의 편찬이라는 설, 한나라의 劉歆의 僞作이

라는 설 등이 있지. 《公羊傳》·《穀梁傳》과 함께 三傳의 하나인데 원본은 전국시대에 되었으나, 지금 전해지는 것은 前漢 말기 劉歆일파 가 편찬한 것이야. 다른 二傳이 經文의 辭句에 대한 筆法을 설명한 것에 비하여 이 책은 경문에서 독립된 역사적인 이야기와 문장의 교묘함 및 인물묘사가 명확하다는 점 등에서 문학작품으로도 뛰어나 古典文의 모범이 되고 있다네. 春秋三傳은 고려 시대에 과거의 과목으로 채택되어 三傳業이라 하였으며, 宣宗 원년에 禮記·周禮·儀禮 등의 三禮業과 함께 그 試取 방법을 규정하기도 했지. 이 중에서 《좌씨전》은 삼전업의 이업대경(肄業大徑)으로, 시험 방법으로 경(經)의 열 곳을 접어서 시험하되 여섯 곳 이상을 通(합격)으로 하고, 산가지를 열 곳에 꽂아 문장을 讀破하여 義理를 통함이 여섯 이상을 通으로 하였지.

3-6-2. 明禮之善物(事)之道

소학선생: "다음은 '明禮之善物(事)之道'로 즉, '예의 아름다움을 밝힌 것'으로 나는 이것을 君臣·父子·兄弟·夫妻·姑婦 등으로 분류 하였네.

출전은 《左傳》〈昭公二十六年〉으로 晏子曰,

君令臣共(임금이 명령하면 신하는 공손하게 받들고)
父慈子孝(아버지는 자애하고 아들은 효도하며)
兄愛弟敬(형은 사랑하고 아우는 공경하며)
夫和妻柔(남편은 온화하고 아내는 유순하며)
姑慈婦聽(시어머니는 자애하고 며느리는 순종하는 것이) 禮니라
君令而不違(임금은 명령을 내리되 도리에 어긋나지 않고)
臣共而不貳(신하는 공손하되 마음을 둘로 하지 않으며)
父慈而教(아버지는 자애하되 아들을 가르치고)
子孝而箴(아들은 효도하되 아버지의 허물을 諫하며)

兄愛而友(형은 아우를 사랑하되 벗과 같이하며)

弟敬而順(아우는 공경하되 순종하며)

夫和而義(남편은 화하되 의로우며)

妻柔而正(아내는 유순하되 바르게 하며)

姑慈而從(시어머니는 사랑하고 따르며)

婦聽而婉(며느리는 순종하고 온순하게 함이)

禮之善物也(예의 아름다운 일이다)

禮之善物之圖

君令臣共→君令而不違 臣共而不貳
君臣

姑慈婦聽→姑慈而從 婦聽而婉
姑婦

禮
弟敬而順
兄愛而友
兄愛弟敬

父慈子孝→父慈而敎 子孝而箴
父子

兄弟

夫和妻柔→夫和而義 妻柔而正
夫妻

集解해보면, '聽'은 '從'라, '此十者'는 모두 예의 당연함이다(皆禮之當然). '箴'은 '諫'라, '從'은 스스로 오로지 하지 않음이다(不自專). '婉'은 '順'요, '物'은 '事'라, 임금은 명령을 내림을 직무로 삼으나(君以出令爲職) 요점은 반드시 도리에 어긋나지 않게 한 뒤에(要必不違於理然後), 인심이 복종하여 명령이 행해진다(人心服而令行). 신하가 임금을 섬김은(臣之事君) 공손함은 근본으로 삼으나(以恭爲本) 반드시 충성하고 두 마음을 품지 않은 뒤에야(然必忠誠不二然後) 귀할 수 있는 것이다(可貴). 아버지가 사랑하기만 하고 가르치지 않으면(父慈而不能敎) 그 자식을 실패하게 하고(則敗其子), 자식이 효도하기만 하고 허물을 간(諫)하지 않으면(子孝而不能箴) 아버지를 불의에 빠트린다(則陷父於不義). 형은 아우를 사랑하되(兄能愛弟矣) 반드시 절차탁마하는 유익함이 있어(必有切磋之益) 붕우가 서로 도움을 주듯이 하고(如朋友之相資), 아우는 형을 공경하되(弟能敬兄矣) 반드시 화순한 아름다움이 있어(必有和順之美) 情意가 서로 친하게 해야 한다(使情意之相親). 남편은 아내에 대하여(夫之於妻) 비록 즐거움을 귀하게 여기나(雖貴和樂) 반드시 義로써 그 아내를 따르게 하고(必以義而帥其妻), 아내는 남편에 대하여(妻之於夫) 비록 유순함을 귀하게 여기나(雖貴柔順) 반드시 정도로써 그 남편을 섬겨야 한다(必以正而事其夫). '君臣以下'는 모두 두 가지 德으로 서로 救濟하는데(皆以二德相濟) 시어머니가 며느리에 대해서는(姑之於婦) 자애하고 따름이 한결같이 하고(一於慈而從), 며느리와 시어머니에 대해(婦之於姑) 순종하고 공경함을(一於聽而婉者) 며느리와 시어머니는 서로 더불어 화목하고 유순함을 오로지 주장하기 때문이다(蓋婦姑相與專主於和柔也). '此一者'는 예에 있어(於禮) 지극히 좋음이 된다(爲至善).

晏子는 중국 춘추 시대 제나라의 정치가인 '晏嬰'을 높여 이르는 말로 '晏子春秋'를 지었다고 함. 顔子는 중국 춘추 시대의 유학자인 '顔回'를 높여 이르는 말이다. 晏子의 字는 '平仲'이며 춘추시대 제나라 출신으로 태어난 해는 알 수 없고, 기원전 500년에 죽었다고 한다. 제나라의 명문가 출신으로 아버지 晏弱이 죽은 뒤 아버지의 직위를 이어 卿이 되어, 영공·장공·경공을 거치면서 관직이 相國(宰相)에까지 이르렀다. 그는 관중 이후 제나라가 배출한 걸출한 재상의 한 사람으로 무려 57년 동안

晏子

제나라를 위해 충성을 다했다. 그의 정치적 입장은 仁義로 나라를 다스리고 평화로 외교한다는 '인의치국(仁義治國), 화평외교(和平外交)'로 요약될 수 있다. 그는 백성들을 자기 몸처럼 아꼈고, 근검절약 하는 생활에 힘썼다. 박학다식했으며 논쟁에도 능숙했다. 아부를 모르는 강직한 성품으로 늘 임금의 면전에서 어진 정치를 펴고 형벌을 줄이며 세금을 가볍게 하라고 바른 소리를 했다. ≪안자춘추≫ 8권 215장을 저술했다고 전해지고 있으나 사실은 후세 사람이 그의 이름을 빌린 것이고, 대체로 안영과 동시대 사람들이 그의 말과 행동을 기록한 것을 바탕으로 후대에 다시 정리하여 책으로 엮은 것으로 보인다. 안영은 중국 고대의 위대한 정치가·외교가·문학가였으며, 재능이 넘치고 자신의 몸으로 직접 실천한 모략가였다.

顔子

顔子는 字가 '淵'으로 공자가 가장 신임하였던 제자이며, 공자보다 30세 年少이나 공자보다 먼저 죽었다. 학문과 덕이 특히 높아서, 공자도 그를 가리켜 학문을 좋아하는 사람이라고 칭송하였고, 또 가난한 생활을 이겨내고 道를 즐긴 것을 칭찬하였다. 隱君子的인 성격 때문인지 그는 "자기를 누르고 예(禮)로 돌아가는 것이 곧 인(仁)이다"라든가, "예가 아니면 보지도 말고, 듣지도 말고, 말하지도 말고, 행동하지도 말아야 한다"는 공자의 가르침을 지킨 사람임에도 불구하고, 莊子와 같은 道家에게서도 높이 평가되었다. 젊어서 죽었기 때문에 저술(著述)이나 업적은 남기지 못했으나, ≪論語≫에 〈顔淵篇〉이 있고, 그 외에 몇몇 서적에도 그를 賢者와 好學者로서 德行이 뛰어난 사람이라고 전하는 구절이 보인다.

4. 敬身

4. 敬身

敬身堂

이천태는 '敬身편' 학습에 앞서 '敬身'이란 용어에 대해 자세히 알아보았다. '敬身'은 '몸가짐을 공경히 하는 것'을 말하는데, 心術·威儀·飮食·衣服의 네 가지를 구분했는데 모두 46章으로 되어있었다. 그리고는 敬身에 관한 자료를 찾아보았는데, ≪禮記≫〈哀空間〉에 다음과 같은 내용을 찾을 수 있었다.

孔子曰 君子無不敬也나 敬身이 爲大하니라 身也者는 親之枝也니 敢不敬與아 不能敬其身이면 是는 傷其親이요 傷其親이면 是는 傷其本이니 傷其本이면 枝從而亡이라하시니 仰聖模하며 景賢範하여 述此篇하여 以訓蒙士하노라
(공자가 말하기를 "군자가 공경하지 않음이 없으나 몸을 공경함이 가장 크게 여긴다. 몸은 부모의 가지이니, 감히 공경하지 않을 수 있겠는가. 그 몸을 공경하지 않으면 이는 그 어버이를 傷함이요, 그 어버이를 상하면 이는 그 근본을 상함이니, 그 근본을 상하면 가지도 따라서 망한다."하셨다. 聖人의 법을 우러르며 賢人의 법을 사모하여, 이 篇을 지어 어린 선비를 가르치노라.)

心術之要圖

- 敬勝怠者吉
- 怠勝敬者滅
- 義勝欲者從
- 欲勝義者凶

敬有畏懼

禮　不踰節　不侵侮
　　不好狎
君子食無求飽
居無求安
敏於事而慎於言
就有道而正焉

持敬之功

（心術）

九思
視思明
聽思聰
色思溫
貌思恭

追學益智
莫切於九思

見得思義
忿思難
疑思問
事思敬
言思忠

敬乃禮之本

- 毋不敬 儼若思 安定辭 安民哉
- 敖不可長 欲不可從
  志不可滿 樂不可極
- 狎而敬之 思而愛之
  愛而知其惡
  憎而知其善
  積而能散 安安而能遷

涵養本原

- 非禮勿視 非禮勿言
  非禮勿聽 非禮勿動
- 出門如見大賓
  使民如承大祭
- 己所不欲 勿施於人

集解해보면, 몸은 어버이에 있어(身之於親) 나무에 가지가 있음과 같고(猶木之有枝), 어버이는 자신에게 있어(親之於身) 마치 나무에 뿌리가 있음과 같아(猶木之有本), 서로 필요로 하고 몸을 함께 하니(相須而共體), 이 때문에 감히 공경하지 않을 수 없는 것이다(此所以不敢不敬也). '仰'은 '慕'요, '景'은 '向'이요, '聖賢之言'이 천하와 후세의 법이 되므로(爲天下後世法), 모범이라고 말한 것이다(故曰模範).

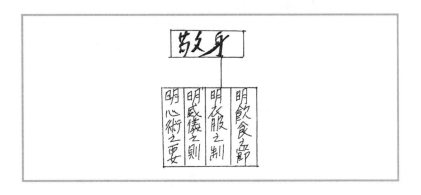

　　내가 보기에는 몸을 공경하는 道理에는, 두 가지가 있는데 하나는 '육체를 소중히 간직하여 손상하지 않는 것'이며, 다른 하나는 '몸가짐을 바르게 하여 다른 사람에게 모범을 보이는 것' 이지. 몸을 소중히 간직하는 것은 말 할 것도 없고, 몸가짐을 바르게 하지 않으면 그 害가 자신은 물론 부모에 까지 미치게 되기 때문이지. 사람은 반드시 이 두 가지 도리를 지켜서 자신은 물론 부모의 은혜에 보답해야 하네. 윗글에서도 孔子의 말을 인용하여 몸을 공경할 것을 강조하고, 옛 성현의 교훈을 기술하여 이 編을 만드는 취지를 설명하신거지

4-1. 明心術之要圖

소학선생: "'明心術之要圖'는 '마음가짐을 요체를 밝히는 것'인데 모두 12章 으로 구성되었는데, 내용을 분석해보면,

首一章은 丹書之戒니 以敬對怠而言하여 明敬有畏懼之義也요, 次曲禮一章은 明敬乃禮之本하고 兼陳敬之目也요, 次論語六章은 皆明涵養本原而以敬爲主요, 次曲禮樂記論語三章은 皆明持敬之功이요, 終之以管子之言하니 則指畏之一字하여 爲切要工夫也니라.

(처음 한 장은 〈丹書〉의 경계이니, 敬을 怠와 대립하여 말해서 敬에는 두려워하는 뜻이 있음을 밝혔고, 다음 〈曲禮〉의 한 章은 敬이 바로 禮의 근본임을 밝히고 겸하여 敬의 조목을 말하였고, 다음 ≪論語≫의 여섯 장은 모두 근본원리를 함양함을 밝혔는데, 敬을 주장으로 삼았고, 다음 〈曲禮〉·〈樂記〉·≪論語≫의 세 장은 모두 敬의 공부를 잡는 것을 밝혔으며, ≪管子≫의 말로 끝을 맺었으니, '畏' 한 글자를 지적하여 절실하고 긴요한 공부를 삼았다.)

따라서 나는 이 編을 '明敬有畏懼之義', '明敬乃禮之本', '明涵養本原' '明持敬之功'과 여기에다 따로 '九思'를 포함시켰지.

우선 '明敬有畏懼之義'를 보면 ≪大戴禮≫〈武王踐阼〉에,

敬勝怠者(공경히 하는 마음이 게으른 마음을 이기는 자는) 吉하고
怠勝敬者(게으른 마음이 공경히 하는 마음을 이지는 자는) 滅하며
義勝欲者(의리의 마음이 욕심을 이기는 자는) 從하고
欲勝義者(욕심이 의리를 이기는 자는) 凶하니라

集解해보면 '敬者'는 하나를 주장하고 다른 데로 감이 없음을 이르고(主一無適之謂), '怠'는 '惰慢'이고, '滅'은 '亡'이며, '義者'는 천리의 공정함이요(天理之公), '欲者'는 욕심의 사사로움이다(人欲之私). '從'은 '順'이

다. 太師인 尙父가 武王에게 아뢸 때는(師尙父之告武王) 敬과 義의 두 말씀에서 벗어나지 않았으니(不出敬與義之二言) 敬하면 모든 善이 다 확립되고(盖敬則萬善俱立), 게으르면 모든 善이 다 폐해지고(怠則萬善俱廢), 의로우면 이치가 주장이 되고(義則理爲之主), 욕심을 부리면 물건이 주장이 되니(欲則物爲之主) 吉과 凶, 存과 亡이 이로 말미암아 나누어지는 것이지(吉凶存亡之所由分也). 참고로 ≪大戴禮≫는 공자(孔子)의 72弟子의 예에 關한 설을 모은 冊으로 前漢의 戴德이란 사람이 엮었다고 하네. 내용은 周·秦·漢代 여러 선비의 禮設을 蒐集하여 214편에 달하였으나 煩雜하고 중복되는 것이 많아 대덕이 이것을 整理하여 85編으로 만들었지. 그 후 戴聖이란 사람이 다시 49編의 ≪小戴禮≫를 내었는데 이것이 지금의 ≪禮記≫라고 하네.

다음 '明敬乃禮之本'을 보면, ≪禮記≫ 〈曲禮〉에,

毌不敬(恭敬하지 않음이 없어) 儼若思(嚴肅이 생각하는 듯이 하며)
安定辭(말을 안정되게 하면) 安民哉(백성을 편안하게 할 것이다)
敖不可長(오만을 키우면 안 되며) 欲不可從(욕심을 방종해서도 안 되며)
志不可滿(뜻을 자만하면 안 되며) 樂不可極(즐거움을 극도로 해서는 안 된다)

賢者는,

狎而敬之(치밀하나 공경하며)
畏而愛之(두려워하나 사랑하며)
愛而知其惡(사랑하나 악함을 알며)
憎而知其善(미워하나 악함을 알며)
積而能散(쌓으면서도 흩을 줄 알고)
安安而能遷(편안한 것을 편안하게 여기지만 옮길 줄 안다)

臨財毋苟得(재물을 임하여 구차하게 얻으려 하지 말며)

臨難毋苟免(환난에 당하여 구차하게 모면하려고 하지 말며)

狠毋求勝(싸워서 이김을 구하려 하지 말고)

分毋求多(물건을 나누어서 많이 가지려고 하지 말라)

疑事(의심나는 일을) 毋質(質正하지 말아)

直而勿有(곧게 의견을 개진하기만 하고 고집을 피지마라)

集解해보면 '毋'는 '禁止辭'라. '毋不敬者'는 몸과 마음, 안과 밖이 조금이라도 공경하지 않음이 있지 않음을 이르며(謂身心內外不可使有一毫之不敬), '其容貌'는 반드시 단정히 하고 엄숙히 하여 생각하듯이 하고(必端嚴而若思), '其言辭'는 반드시 안정되게 하여 급박하지 않아서(必安定而不遽), 이로써 백성에게 임한다면(以此臨民) 백성이 편안하지 않을 자가 있겠는가(民有不安者乎). 이는 비록 네 마디 말이나(此雖四言) 몸을 닦고 나라를 다스리는 방법이 대략 갖추어졌으니(而修身治國之道略備), 반드시 聖賢이 남기신 말씀일 것이다(其必聖賢之遺言歟).

敬의 반대는 '傲'이고(敬之反爲傲), 情의 움직임이 '欲'이다(情之動爲欲). 뜻은 자만하면 넘치고(志滿則溢), 즐거움은 극에 이르면 뒤집힌다(樂極則反). 오만함을 키워서는 안 된다는 것은(敖不可長者) 사라지게 하여 끊고자 함이요(欲消而絶之也), 욕심을 방종하게 해서는 안 된다는 것은(欲不可縱者) 이겨 그치고자 함이요(欲克而止之也), 뜻을 가득차게 해서 안 된다는 것은(志不可滿者) 덜어서 억제하고자 함이요(欲損而抑之也), 즐거움을 극도로 해서는 안된다는 것은(樂不可極者) 절제해서 예로 돌아가고자 함이다(欲約而歸於禮也).

'此'는 '賢者'를 그 친압한 바에도(於其所狎) 능히 공경하고(能敬之), 그 두려워하는 바에(於其所畏) 능히 사랑하며(能愛之), 그 사랑하는 바에도(於其所愛) 능히 그 악함을 알고(能知其惡), 그 미워하는 바에도(於其所憎) 능히 그 선함을 알고(能知其善), 비록 재물을 쌓더라도 능히 흩어 베풀고(雖積財而能散施), 비록 편안함을 편안히 여기더라도 능히 義에 옮겨(雖安安而能徙義), 法이 될 수 있음을 말하였으니(可以爲法), 위아래 글의 금지하고 경계한 말과는(與上下文禁戒之辭) 不同이니라. '安安者'는 편안한 바에 따라 편안히 여김이니(隨所安而安也) '安者'는 仁의 순함이요(仁之順), '遷者'는 義의 결단이다(義之決).

　　'苟'는 '苟且'요, '狠'은 '鬪狠'이요. '分'은 '分財'라, '毋苟得'은 이익을 보면 義를 생각함이요(見利思義也), '毋苟免'은 죽음으로 선한 道를 지킴이요(守死善道也), 다툼에 이김을 구하지 말라는 것은(狠毋求勝) 분할 때에 어려움을 생각함이고(忿思難也), 나눔에 많음을 구하지 말라는 것은(分毋求多), 적음을 근심하지 않고 고르지 못함을 걱정한다는 것이다(不患寡而患不均也). 이것은 두 句를 이어서 설명함이 옳으니(兩句連說) 爲是하니 '疑事毋質'은 곧 ≪少儀≫에 이른 바 몸소 언어를 질정하지 말라는 것이다(卽少儀所謂毋身質言語也). '直而勿有'는 나의 소견을 진술하여(陳我所見) 상대방이 결단하여 선택하도록 내버려 둘것이요(聽彼決擇), 점거하고 선입견을 두어(不可據而有之) 오로지 강변을 힘써서는 안된다(專務强辨)고 하였지.

다음 '明涵養本原'을 보면, ≪論語≫ 〈顔淵〉에,

> 非禮勿視(禮가 아니면 보지 말며)
> 非禮勿聽(禮가 아니면 듣지 말며)
> 非禮勿言(禮가 아니면 말하지 말며)
> 非禮勿動(禮가 아니면 움직이지 말라)
> 出門如見大賓(문을 나감에 큰 손님을 뵙듯이 하고)

使民如承大祭(백성의 부림은 큰 제사를 받들 듯이 하며)
己所不欲(내가 원하지 않는 것은)
勿施於人(남에게도 시키지 말라)

集解해보면 '非禮者'는 '私慾'이고 '勿者'는 금지하는 말이니(禁止之辭), 是는 사람의 마음이 주장이 되어서 私慾을 이기고 禮로 돌아가는 기틀이지(人心之所以爲主而勝私復禮之機也). 私慾을 이기면 용모와 주선이 (私勝則動容周旋) 禮에 맞지 않음이 없어(無不中禮), 일상생활 하는 사이에 (而日用之間) 天理의 流行 아님이 없을 것이다(莫非天理之流行矣). 공경하여 자기 몸을 갖고(敬以持己), 恕하여 남에게 미치면(恕以及物), 私慾이 용납 될 곳이 없어 마음의 德이 온전해진다(則私意無所容而心德全矣). 문의 나감에 큰 손님을 뵙듯이 하고(出門如見大賓), 백성을 부림에 큰 제사를 받들 듯이 한다는 것은(使民如承大祭) 공경하여 자기 몸을 잡는 것이요(敬以持己也), 자기가 하고자 하지 않는 것을(己所不欲) 남에게 베풀지 말라는 것은(勿施於人), 恕하여 남에게 미치는 것이다(恕以及物也).

다음 '明持敬之功'을 보면, ≪禮記≫〈曲禮〉에,

禮는 不踰節(절도를 넘지 않으며)
不侵侮(업신여기거나 침해하지 말아야 하며)
不好狎(친압하기를 좋아하지 말아야 하며)
修身踐言(몸을 닦고 말을 실천하는 것을)
謂之善行(착한 행실이라고 한다)

集解해보면, 절도가 넘으면 욕을 부르며(踰節則招辱), 침해하고 업신여기면 겸양을 잊으며(侵侮則忘讓), 친압함을 좋아하면 敬을 잊으니(好

狎則忘敬), '三者'는 모두 예를 위반하는 일이다(皆叛禮之事). 이와 같이 하지 않으면(不如是) 그 莊敬과 純實한 誠을 잡음이 있어서(則有以持其莊敬純實之誠) 치욕에서 멀어질 것이다(而遠於恥辱矣). '三者'는 '皆非禮'니 오직 그 몸을 닦고 다스려(惟能修治其身) 그 말을 실행함이(以踐行其言) 이것이 善한 행실이다(是爲善行也).

九思 30×40

「논어」「계씨」편에 나오는 글이다. 군자가 생각하는 방법을 아홉 가지로 말한 것이다. 어떻게 하면 군자다운 것인가? 군자는 고상하거나 특이한 존재가 아니다. 우리와 같이 보고 듣고 말하고 의심하지만 생각한다는 점이 다르다. 생각은 지혜롭게 한다. 생각은 차분하게 한다. 생각은 올바로 판단하게 한다. 군자가 우리와 남다른 점은 생각하며 존재하는 것이다.

〈여산 / 이성배 作〉

≪論語≫〈學而〉에,

> 君子食無求飽(君子는 음식을 먹음에 배부름을 구하지 않으며)
> 居無求安(거처함에 편안함을 구하지 않으며)
> 敏於事而愼於言(일에는 민첩하되 말을 신중히 하며)
> 就有道而正焉(道가 있는 곳에 나아가 바로잡으면)
> 可謂好學也已(배움이 좋아한다고 이를 만 하다)

　　集解해보면, 편안함에 배부름을 구하지 않는 것은(不求安飽者), 뜻
이 있는 곳이 있어 여기에 미칠 겨를이 없어서이다(志有在而不暇及也). 일
에 민첩히 한다는 것은(敏於事者) 그 부족한 바를 힘씀이요(勉其所不足),
말을 삼간다는 것은(愼於言者) 그 남음이 있는 바를 감히 다하지 않는 것
이다(不敢盡其所有餘也). 그러나 오히려 감히 스스로 옳다고 생각하지 않고
반드시 道가 있는 사람에게 나아가(然猶不敢自是而必就有道之人) 그 옳고
그름을 바로 잡는다면(以正其是非) 배움을 좋아한다고 이를 만 하다(則可
謂好學矣).

다음 '九思'을 보면, ≪論語≫〈季氏〉에,

> 君子有九思(군자는 아홉 가지 생각하는 것이 있으니)
>
> 視思明(보는 것은 밝게 보기를 생각하며)
> 聽思聰(듣는 것을 밝게 듣기를 생각하며)
> 色思溫(얼굴빛은 온화하게 하기를 생각하며)
> 貌思恭(용모는 공손하게 가지기를 생각하며)
> 言思忠(말을 성실하기를 생각하며)
> 事思敬(일을 처리하는 것은 공경히 하기를 생각하며)
> 疑思問(의심나는 것은 묻기를 생각하며)
> 忿思難(성날때는 장차 닥치게 될 어려움을 생각하며)
> 見得思義(얻는 것이 있다면 그것이 의로운 것인가를 생각한다)

集解해보면, 보는 것에 덮는 것이 없으면 밝아서 보지 못함이 없고(視無所蔽則明無不見), 듣는 것에 막는 것이 없다면 귀 밝아서 듣지 못함이 없고(聽無所壅則聰無不聞), '色'은 얼굴에 나타나는 것이요(見於面者), '貌'는 몸 전체를 들어 말하는 것이지(擧身而言). 물음을 생각하면 의심이 쌓이지 않고(思問則疑不蓄), 후환을 생각하면 울분이 반드시 징계되고(思難則忿必懲), 義를 생각하면 얻음을 구차스럽게 하지 않는다(思義則得不苟).

紫虛元君誠諭心文曰,

福生於淸儉(복은 청렴과 검소함에서 생기고)
德生於卑退(덕은 낮추고 물러서는 데서 생기며)
道生於安靜(도는 안정에서 생기고)
命生於和暢(생명은 화창함에서 생긴다)
患生於多慾(근심은 욕심이 많음에서 생기고)
禍生於多貪(재앙은 탐욕이 많은 데서 생기며)
過生於輕慢(과실은 경솔하고 교만한 데서 생기고)
罪生於不仁(죄악은 어질지 못한 데서 생긴다)

戒眼하여 莫看他非(눈을 경계하여 다른 사람의 그릇된 것을 보지 말고)
戒口하여 莫談他短(입을 경계하여 다른 사람의 결점을 말하지 말고)
戒心하여 莫自貪嗔(마음을 경계하여 스스로 탐내고 성내지 말고)
戒身하여 莫隨惡伴(몸을 경계하여 나쁜 짝을 따르지 말며)
無益之言을 莫妄說(유익하지 않은 말은 함부로 하지 말고)
不干己事를 莫妄爲(나에게 관계없는 일은 함부로 하지 말라)

尊君王, 孝父母(임금을 높이고 부모에게 효도하며)
敬尊長, 奉有德(尊長을 존경하고 덕이 있는 사람을 받들며)
別賢愚, 恕無識(어진 이와 어리석은 이를 분별하고 무식한 사람을 용서하며)
物順來而勿拒(일이 순리로 오거든 물리치지 말고)
物旣去而勿追(일이 이미 지나갔거든 쫓지 말며)
身未遇而勿望(몸이 아직 〈때를〉 만나지 않았거든 원망하지 말고)

事已過而勿思(일이 이미 지나갔거든 생각하지 마라)

聰明도 多暗昧(총명한 사람도 어두운 때가 많고)
算計도 失便宜(계산해 놓았어도 편의를 잃는 수가 있다)
損人終自失(남을 손상하면 마침내 자기도 손실을 입을 것이요)
依勢禍相隨(세력에 의존하면 재앙이 서로 따른다)

戒之在心(경계할 것은 마음에 있고)
守之在氣(지킬 것은 기운에 있다)
爲不節而亡家(절약하지 않음으로써 집을 망치고)
因不廉而失位(청렴하지 않음 때문에 지위를 잃는다)
勸君自警於平生(그대에게 평생을 두고 스스로 경계할 것을 권고하노니)
可歎可驚而可畏(탄식할 만하고 놀랄 만하고 두려워할 만하다)

上臨之以天鑑(위에는 하늘의 거울이 그대를 굽어보고)
下察之以地祇(아래에는 땅의 신령이 그대를 살피고 있다)
明有王法相繼(밝은 곳에는 王法이 서로 이어져 있고)
暗有鬼神相隨(어두운 곳에는 귀신이 서로 따르고 있다)
惟正可守(오직 바른 것을 지켜야 하고)
心不可欺(마음을 속여서는 안 되니)
戒之戒之(이 점을 경계하고 이 점을 경계하라)

4-2. 明威儀之則圖

소학선생: "'明威儀之則圖'는 '예의를 본 받는 법칙을 밝히는 것'
인데 모두 21章으로 구성되었는데, 내용을 분석해보면,

首一章은 明二十而冠하니 實威儀之始요,
次十八章은 言當勉威儀之敬하고 而必戒其威儀之非敬者요,
終二章은 則明威儀心術交相培養之禮也하니라
(처음 한 章은 20세에 冠禮를 함을 밝혔으니 실로 威儀의 시작이요, 다음 열여덟 章은

마땅히 威儀의 敬을 힘쓰고 威儀의 敬이 아닌 것을 반드시 경계해야 함을 말하였고, 끝의 두 章은 威儀와 心術이 서로 배양하는 예절을 밝혔다.)

따라서 나는 이 編을 '威儀之始', '威儀之敬', '威儀心術文'과 여기에다 따로 '九容'을 포함시켰지.

우선 '威儀之始'를 보면 ≪禮記≫ 〈冠義〉에,

凡人之所以爲人者(무릇 사람이 사람다운 것은)
禮義也(예의가 있기 때문이다)
禮義之始(예의의 시초는),
在於正容體(얼굴과 몸을 바르게 하고)
齊顔色(얼굴빛을 온화하게 하며)
順辭令(말소리가 순하게 하는데 있다)
容體正(얼굴과 몸이 바르고)
顔色齊(얼굴빛이 온화하여)
辭令順而後(말소리가 순한 뒤에야)
禮義備(예의가 갖추어진다)

以正君臣(이로써 임금과 신하가 바르게 되고)
親父子(아버지와 아들이 친애하며)
和長幼(어른과 어린이 사이에 화순하게 만든다)
君臣正(군신사이의 도리가 바르게 되고)
父子親(아버지와 아들이 친애하며)
長幼和而後(어른과 어린이 사이에 화순하게 된 뒤에야)
禮義立(예의가 확립된다)

集解해보면, 此는 사람이 금수와 다른 까닭은(言人之所以爲人而異於禽獸者) 그 禮義가 있기 때문임을 말하였으니(以其有禮義也), 禮로써 몸을

꾸미고(禮以飾身) 義로써 일을 제재함은(義以制事) 사람의 도리이다(人之
道). 그 시초는 용체를 바르게 되며(其始則在乎正容體), 얼굴을 바르게 하며
(齊顔色), 반드레한 말을 순하게 하는데 있을 뿐이니(順辭令而已), 용체가
바르게 되어 거침과 거만함을 멀리하며(及夫容體正而遠暴慢), 얼굴이 가지
런해져 信에 가까우며(顔色齊而近信), 반드레한 말이 순하여 비루함과 도
리에 어긋남을 멀리함에 이르면(辭令順而遠鄙倍), 사람의 도리가 온전해져
禮義가 갖추어진다(則人道全而禮義備矣). 禮義가 이미 갖추어짐에(禮義旣
備) 이로 말미암아 君臣을 바르며(由是以正君臣), 부자가 친하게 되며(親父
子), 長幼가 화하게 되니(和長幼), 군신이 바르게 되어 上下의 분수가 정해
지고(及夫君臣正而上下之分定), 부자가 친하여 慈孝의 도가 융성해지고(父子
親而慈孝之道隆), 長幼가 화하여 遜順의 뜻이 화합에 이르면(長幼和而遜順之
意洽), 사람의 도리가 바르게 되어 예의가 확립된다(則人道正而禮義立矣).

다음 '威儀之敬'를 보면 ≪禮記≫〈曲禮〉에,

毋側聽(귀를 기울려 엿듣지 말고)
毋噭應(고함쳐 응답하지 말며)
毋淫視(곁눈질하여 보지 말며)
毋怠荒(태만하고 방종하지 말며)
遊毋倨(다닐 때에 거만하지 말며)
立毋跛(설 때에 한 족 발에 의지하지 말며)
坐毋箕(앉을 때에 두 다리를 뻗어 키 모양으로 앉지 말며)
寢毋伏(잠잘 때 엎드려 눕지 말아야 하며)
斂髮毋髢(머리털을 거두어 싸매고서 늘어뜨리지 말며)
冠毋免(冠을 벗지 말며)
勞毋袒(피로해도 윗옷의 소매를 걷어 어깨를 드러내지 말며)
暑毋褰裳(더워도 하의를 걷어 올리지 말아야 한다)

威儀之則圖

禮義之始 在於正容體
正容體, 齊顏色, 順辭令
容體正 顏色齊
辭令順而後 禮義備
以正君臣 親父子 和長幼

威儀之始

君子 心佩玉 右徵角 左宮羽
趨 以采齊
行 以肆夏
周還中規
折還中矩
進則揖之
退則揚之
然後
玉鏘鳴 威儀心術之也

（威儀）

威儀之敬

母側聽
母噭應
母淫視
母怠荒
遊母倨
立母跛
坐母箕
寢母伏
斂髮髢
冠母免
勞母袒
暑母褰裳

九容

收斂身心
莫切於九容

足容重
手容恭
目容端
口容止
聲容靜
頭容直
氣容肅
立容德
色容莊

集解해보면, 들을 때는 반드시 공손해야 하니(聽必恭), 귀를 기울여 들음은(側耳以聽) 공손함이 아니다(非恭也). 응답하는 소리는(應答之聲) 마땅히 화평해야 하니(宜和平) 높고 급함은(高急者), 어그러짐에서 나오는 것이다(悖戾之所發也). '淫視'는 움직여 곁눈질하여 보는 것이요(流動邪眄也), '怠荒'은 행동거지가 방종하고 태만함이다(謂容止縱慢也). '遊'는 '行'요, '倨'는 '傲慢'함이다. 설 때에는 마땅히 두발을 가지런히 해야 하니(立當兩足整齊), 몸을 한쪽 발에 치우치게 맡겨서는 안 된다(不可偏任一足也). '箕'는 그 발을 양쪽으로 뻗어서(謂兩展其足) 모양이 마치 키의 혓바닥과 같은 것이다(狀如箕舌也). '伏'은 '覆'라, '髢'는 '髮(다리)'니 '垂如髮'이고, '冕'은 '去冠', '袒'은 '露臂'요, '褰'은 '揭'니, 덥다고 하여 아랫도리를 걷음은(以暑熱褰裳) 또한 不敬이 된다(亦爲不敬也). 이를 흔히 十二毋(열두 가지 금지할 사항)이라고 하는데 모두 외워 머릿속에 간직하도록 해라.

다음 '威儀心術文'를 보면 ≪禮記≫ 〈玉藻〉에,

古之君子(옛날 군자는),   必佩玉(반드시 玉을 찼으니)
右徵角(오른쪽에는 徵와 角의 소리가 나는 것을 차고)
左宮羽(왼쪽에는 宮과 羽의 소리가 나는 것을 차고)
趨以采齊(달려감에는 ≪采齊≫에 맞추고)
行以肆夏(걸어감에는 ≪肆夏≫에 맞추고)
周還中規(두루 돌 때에는 規에 맞게 하고)
折還中矩(꺾어서 돌 때에는 矩에 맞게 하며)
進則揖之(나아감에는 읍하듯이 하고)
退則揚之(물러나옴에는 몸을 드니)
然後에 玉鏘鳴(옥소리가 쟁쟁히 울린다)
故로 君子는,
在車則聞鸞和之聲(수레에 있으면 鸞和의 소리를 듣고)
行則鳴佩玉(걸어가면 佩玉소리가 울린다)

集解해보면, '徵·角·宮·羽'는 玉소리에 맞는 것을 말한 것이요
(以玉聲所中言), '徵爲事'하고 '角爲民'이라, 故在右하니 오른쪽은 동작하
는 방향이요(右爲動作之方). '宮爲君'하고 '羽爲物'하니, 임금의 도는(君道)
는 고요하여야 하고(宜靜) 물건의 道는(物道) 쌓여야 하므로(宜積) 故在左
하니 왼쪽은 곧 일이 없는 방향이다(左乃無事之方). 商을 말하지 않는 것
은(不言商者) 혹 西方의 肅殺(날씨가 추워서 죽음) 하는 소리이므로(或以西方
肅殺之音) 뺏는가 보다(故遺之歟). '采齊' '肆夏'은 '皆詩篇名'이라. '規者'는
원형을 만드는 기구이고(爲圓之器), '矩者'는 방형을 만드는 기구이다(爲方
之器). '周旋'은 곧바로 갔다가 물러나 돌아옴이니(是直去却回來), 그 회전
하는 곳에(其回轉處) 원형의 規와 같고자 하고(欲其圓如規), '折旋'은 곧바
로 갔다가 다시 옆으로 가는 것이니(是直去了復橫去) 옆으로 도는 곳에(其
橫轉處) 방정함이 곡척과 같고자 한다(欲其方如矩).

달려갈 적에는(趨時) 〈采齊〉의 詩를 노래하고(歌采齊之詩) 이것으
로 절도를 삼고(以爲節), 다닐 때에는(行時) 〈肆夏〉의 詩를 노래하여(歌肆
夏之詩) 이것으로 절도로 삼는다(以爲節). 나아가 앞으로 감에는(進而前)
그 몸을 약간 숙여 읍하는 듯 하고(則其身略俯如揖然), 물러나 뒤로 갈 때
에는(退而後) 그 몸을 약간 구부린다(則其身微仰). 故로 몸을 든다고 한 것
이다(曰揚之). '進退俯仰'이 모두 그 절도에 얻으므로(皆得其節), 故로 佩
玉의 울림이(佩玉之鳴)이 옥소리하여 들을 만한 것이다(玲然可聽). '鸞和'
는 '鈴'라, '心'은 '內'이니, 마음이 비록 안에 있으나(盖心雖在內) 물건이
탐색하여 나가니(有物探之而出) 그 오램을 미쳐서는(及其久也) 물건과 함
께 들어온다(則與物俱入). 故로 들어온다고 말한 것이지(以入言焉).

325
敬身

◎ '矩'와 '規'

《才物譜》에는 목수의 연장으로 '구(矩)' 또는 '곡척(曲尺)'은 사각형을 그리는 것, '규(規)'는 원을 그리는 도구라고 설명하고 있다. **사물의 준칙 (準則)을 뜻하는 규구준승(規矩準繩)은 본래 規와 矩외에 수평을 측정하는 기구인 준(準)과 수직을 재는 노끈인 승(繩)이 모여서 생긴 단어로서, 규구는 모든 사물을 바르게 잡아준다는 의미를 가지고 있다.** 규구가 어떤 형태인지를 알려 주는 가장 오랜 자료는 중국 산동성(山東省) 가상현 (嘉祥縣) 소재 무씨사석실(武氏祠石室, 建和元年, 147년)의 화상석(畵象石) 그림이다. 이 그림에는 두 가지 연장이 나오는데 하나는 十자형이며 또하나는 ㄱ자 모양이다. 十자형은 원을 그리는 규이며, ㄱ자형은 구라고한다. 조선시대에는 용도에 따라 다양한 자들이 사용되었는데, 곡자· 정자자(丁字尺)·연귀자·장척(長尺)·동척(童尺)·승척 외에 흘럭자 등이 있었다. 곡척은 길이가 서로 다른 2개의 나무를 맞추어 ㄱ자 모양으로 만들었으며, 긴 쪽을 '장수(長水)', 짧은 쪽을 '단수(短水)'라 한다. 앞과 뒷면에 눈금이 그어져 있는데 앞쪽 눈금을 '겉눈', 뒤쪽 눈금을 '속눈'이라고 한다. 겉눈 장수에 1.58자, 단수에 0.75자로 그어 장수는 서까래·샛기둥·장선 등을 나누기 좋게 4분의 1간으로 되어 있다. 속눈 장수에는 겉눈 길이를 정방형으로 한 대각선 길이를 10등분하여 매겨놓았다. 이 겉눈과 속눈을 이용하면 정방형의 한 변 길이로써 대각선 길이를 알 수 있고, 대각선 길이로써 정방형의 한 변 길이를 알 수 있게 된다. 특히, 원목을 제재할 때 이 자를 이용하면 얼마만한 정방형의 목재를 얻을 수 있는지 알 수 있게 된다.

곡자 중에는 단순히 직각을 재는 데 쓰기 위한, 눈금이 없는 것도 있다. 정자자는 직각이나 수직 등의 치수를 재기도 하고 먹매김을 할 때도 사용된다. 세로 자는 눈금이 없어 손잡이로 사용하고, 가로 자에는 눈금이 새겨져 있다. 먹매김 할 때 쓴다고 해서 '먹자(墨尺)'라고도 하며 다른 말로는 '미레자'라고 한다. 연귀자는 '연귀맞춤'을 위하여 45°또는 다른 각도를 이룬 자이다. 연귀맞춤이란 창호나 치장재의 두 부재가 모이는 모서리 등을 맞추기 위하여 마구리가 보이지 않게 45°로 접어서 맞추는 것을 말한다. 장척은 1장(10尺) 이상으로 만드는데 보통 10자 혹은 12자로 되어 있다. 주로 원목을 재단하고 기둥간격·높이·방 치수 등 긴 것을 재는 데 사용된다. 목수에 따라서는 임시변통으로 공사현장에서 직접 만들어 사용하기도 하며, 집이 완성된 뒤에는 그 집에 보관해두었다가 수리나 증축 때 다시 사용하기도 한다. 동척은 짧게 나무로 만든 자로 세밀한 곳이나 정확성을 요할 때 사용된다. 승척은 긴 거리나 간답(기둥 사이의 폭) 등을 재기 위한 것으로 긴 노끈으로 만들거나 대나무를 가늘게 잘라 엮어서 만들기도 한다. 흘럭자는 두 개의 자를 한 쪽에 연결할 때 고정되지 않게 연결하여 원하는 각도로 먹줄을 그을 수 있도록 한 것이다.

다음 '九容'를 보면 ≪禮記≫〈玉藻〉에,

足容重(발모양은 무겁게 하며)

手容恭(손모양은 공손하게 하며)

目容端(눈 모양을 단정하게 하며)

口容止(입모양은 멈추며)

聲容靜(소리 모양은 고요하게 하며)

頭容直(머리 모양은 곧게 하며)

氣容肅(기운 모양은 엄숙하게 하며)

立容德(서있는 모양은 덕스럽게 하며)

色容莊(얼굴모양은 장중하게 해야 한다).

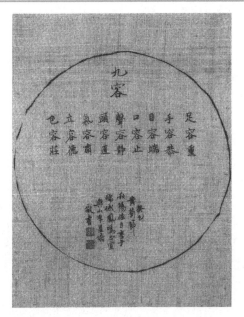

九容 30×40

「禮記」「玉藻」편에 나오는 글이다. 구용은 일상 생활에서 인격
수양을 위해 지켜야할 기본 준칙이다. 우리 선조들은 구용을 중시하여
실행하는데 힘썼다. 구용의 근본 정신은 敬이다. 「주역」에 敬以直
內 義以方外라고 하였다. 경과 의는 드러나지 않음과 드러남의 차이
지만 그 근본은 하나이다. 구용은 내 마음과 행동을 방정하게 하기 위
한 공부이다. 흐트러진 마음을 잡는데 특효약이다.

〈어산/이성배 作〉

集解해보면, '重'은 가볍게 들어 옮기지 않음이요(不輕擧移也), '恭'은
태만함이나 해이함이 없음이요(毋慢弛也), '端'은 곁눈질하여 보지 않음이요
(毋邪視也), '止'는 망령되이 움직이지 않음이요(不妄動也), '靜'은 구역질하거
나 기침하지 않음이요(不噦咳也), '直'은 기울여 돌아보지 않음이요(不傾顧
也), '肅'은 숨 쉬지 않는 듯이 함이요(似不息也), '德'은 한가운데에 서고
몸을 기울이지 아니하여(謂中立不倚), 엄연히 德이 있는 기상을 말하며(儼然
有德之氣象也), '莊'은 당당한 모양이다(矜持之貌也). 여기서 앞서 九思, 九容,

張思淑座右銘을 다시 공부한다는 의미로 心身之束(마음 및 몸가짐)이라는 표를 내가 그려 보았으니 精讀하면서 완전히 외우도록 하게.

心身之束(마음 및 몸가짐)

	九 思(內)	九 容(外)	張思淑座右銘(14)
頭		頭 容 直	衣冠必整肅
色	色 思 溫	色 容 莊	容貌必端莊
耳	聽 思 聰		
目	視 思 明	目 容 端	見善如己出 見惡如己病
口	言 思 忠	口 容 止 聲 容 靜	出言必顧行 凡語必忠信
鼻		氣 容 肅	
中	忿 思 難		常德必固持
手		手 容 恭	
足		足 容 重	步履必安詳
立	貌 思 恭	立 容 德	
坐			居處必正靜
學	疑 思 問		字劃必楷正
事	事 思 敬		作事必謨始
行	見得思義		凡行必篤敬 然諾必重應
食			飮食必愼節

4-3. 明衣服之制圖

소학선생: "'明衣服之制圖'는 '의복의 제도를 밝히는 것'인데 모두 7章으로 구성되었는데, 내용을 분석해보면,

首一章은 明旣冠成人하고 加以盛服하여 服備어든 乃責以成德이요,
次四章은 明古人致謹於衣服如此요,

次一章은 明未成人不當加以成人之服이요,
終一章은 明不可恥惡衣食而忘心德之重也하니라(처음 한 章은 이미 冠禮를
하여 成人이 되게 하고 잘 차린 의복을 입혀주어, 의복이 갖추어지면 이에 德을 이루는
것으로써 책임을 밝혔고, 다음 네 章은 옛날 사람들이 의복에 삼가기를 지극히 함이 이와
같음을 밝혔고, 다음 한 章 은 成人이 못된 자에게는 성인의 의복을 입혀서는 마땅하지
않음을 밝혔고, 끝의 한 章은 나쁜 옷과 음식을 부끄러워 心德의 중요함을 잊어서는 안
됨을 밝혔다)

따라서 나는 이 編을 ≪儀禮≫에 나오는 〈士冠禮〉에 따라 '始加(首
服)·再加 (皮弁)·三加(爵弁)의 순서를 정하고 謹於衣服을 설명하였지.

우선 '始加(首服)'를 보면 ≪儀禮≫ 〈士冠禮〉에,

始加할새 祝曰(처음 치포관을 씌울 때에 祝辭를 하는데),

令月吉日(좋은 달 길한 날에)
始加元服(비로소 원복(첫 번째로 씌어주는 冠)을 더하니)
棄爾幼志(너의 어린 마음을 버리고)
順爾成德(너의 德이룸을 순히하면)
壽考維祺(장수를 누리는 祥瑞가 있고)
介爾景福(너의 큰 복을 크게 하리라)

集解해보면, '禮'에 男子二十而冠하니 '將冠'이면 날을 점치고 빈객을 점치고,(則筮日筮賓) 관례식에 이르면(及冠) 三加하는 禮가 있으니(則有三加之禮), 始加에 치포관을 사용하고(用緇布冠), '祝者'는 빈객이 축원하는 말이다(賓所祝之辭也). '令'과 '吉'은 '皆善也'라. '元服'은 '首服'요, '幼志'는 '童心'요, '祺'는 '祥'라. '介'와 '景'은 '皆大'라. 달과 날의 좋은 때를 당하여(當月日之善) 너에게 元服(首服)을 가하노니(加爾首服), 너는 마땅히 어릴 적의 마음을 버리고(爾當棄其童幼之心) 너의 德을 순히 이르면(順成爾德) 반드시 장수(長壽)의 길함이 있고(則必有壽考之祥), 그 큰 복을 크게 받으리라(而大受其大福矣).

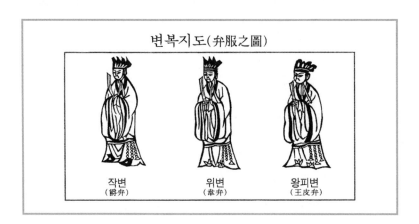

변복지도(弁服之圖)

작변
(爵弁)

위변
(韋弁)

왕피변
(王皮弁)

다음 '再加'를 보면,

再加할새 曰(두번째 皮弁을 가할 때에 祝辭를 하기를),

吉月令辰(길한 달 길한 날에)

乃申爾服(거듭 네게 冠服을 더하니)

敬爾威儀(너의 威儀를 공경히 하고)

淑愼爾德(너의 덕행을 잘 삼가하면)

眉壽萬年(천 년 만 년 장수를 누리고)

永受胡福(길이 영원한 복을 받으리라)

集解해보면, '再加'엔 皮弁을 쓰고(用皮弁: 冠禮를 올리거나 벼슬아치가 조정에 나아갈 때 쓰던 관) '辰'은 '時'라. '申'은 '重'라.

위엄이 있어서 두려워 할 만함을(有威而可畏)를 威라 하고(謂之威),

예의가 있어서 본받을 만한 함을(有儀而可象) 儀라 한다(謂之儀).

'淑'은 '善'라, '眉壽'는 老人이 긴 눈썹으로서 장수할 징조를 삼는다(以秀眉爲壽徵). '胡'는 '遐'라, 때와 달의 길함을 당하여(當時月之吉) 너에게 옷(冠)을 거듭 加하노니(重加爾服), 너는 마땅히 네 威儀를 공경하여(爾當敬爾威儀), 네 德을 잘 삼가면(而善謹爾德) 반드시 眉壽를 만년토록 누려서(則必有眉壽萬年), 길이 복을 누릴 것이지(而永享遐福矣).

다음 '三加(爵弁)'를 보면,

三加할새 曰(세번째 爵弁을 가할 때에 祝辭를 하는데),

以歲之正(해가 좋고)

以月之令(달이 좋을 때에)

咸加爾服(네게 官服을 모두 더하니)

兄弟具在(형제가 모두 건재하여)

以成厥德(그 덕행을 이루면)

黃耇無疆하여(長壽가 無窮하여)
受天之慶(하늘의 慶事를 받으리라)

集解해보면, '三加'엔 爵弁(爵은 '참새'의 뜻으로, 참새 머리와 같은 모양을 하고 있고, 弁은 위가 뾰쪽하거나 둥근 모자)을 사용한다(用爵弁). '正'은 '善'이라, '咸'은 '悉'이라. '黃'은 머리털이 희었다가 황색으로 변함이요(謂髮白而變黃), '耇'는 노인의 얼굴이 얼어 배(과일) 색깔이어서(老人面凍梨色) 때가 떠 있는 듯하며(如浮垢) 모두 장수할 징조이다(皆壽徵). '無疆'은 무궁이란 말과 같다(猶言無窮). 해와 달의 좋은 때를 당하여(當歲月之正), 너에게 세 가지 옷을 다 加하노니(悉加爾以三者之服), 마땅히 너의 형제가 무고한 때에(當爾兄弟無故之時) 그 덕을 성취하여야 하니(以成就其德), 네 덕이 이미 이루어지면(爾德旣成) 반드시 무궁한 수명이 있어서(則必有無窮之壽), 하늘의 복과 경사를 받게 되리라(而受天之福慶矣).

다음 '謹於衣服'를 보면, ≪禮記≫ 〈曲禮〉에,

爲人子者(사람의 아들 된 자는) 父母存(부모가 생존해 계시거든)
冠衣(冠과 옷에) 不純素(흰 선을 두르지 않고)
孤子當室(孤子(아버지를 여윈 아들)가 집안을 맡아서는)
冠衣(冠과 옷에) 不純采(채색으로 선 두르지 않는다)

集解해보면, '冠純'은 '冠飾'이요, '衣純'은 '領緣'라. '當室'은 아버지의 후계자를 된 자를 이르고(謂爲父後者), 채색으로 선 두르지 않음은(不純采者), 비록 喪을 벗더라도(雖除喪) 그대로 흰색으로 선 두르는 것이다(猶純素). 오직 집안을 맡은 자만이 이것을 행하고(惟當室者行之), 집안을 맡은 자가 아니면(非當室者) 그렇게 하지 않는다(不然).

≪論語≫ 〈鄕黨〉에,

君子는 不以紺緅飾(감색과 붉은 색으로 옷깃과 단을 꾸미지 않았으며)
紅紫(붉은 빛과 자줏빛으로) 不以爲褻服(私服을 만들어 입지 않았다)
當暑(더운 때는) 衫絺綌(칡베로 만든 홑옷을)
必表而出之(반드시 표면에 드러나게 입었다)
去喪(喪服을 벗은 뒤에는) 無所不佩(모든 佩玉을 패용했다)
孔子는 羔裘玄冠(검은 양피 갖옷과 검은 관 차림으로)
不以弔(弔問하지 않았다)

集解해보면, '紺'은 짙은 청색에 적색을 띤 것이니(深靑揚赤色), '齊服'요. '緅'는 '絳色'이니, 三年之喪에 練服을 꾸미는 것이다(以飾練服者). '飾'은 목에 선두름이다(領緣). '紅紫'는 '間色'이니, '不正'이요. 또 부인과 여자의 옷에 가깝기 때문이다(且近於婦人女子之服). '褻服'은 사사로이 거처할 때의 옷이니(私居服), 이것을 말했으면(홍색과 자주색으로) 朝服과 祭服을 만들지 않았음을(言此則不以爲朝祭之服) 알 수 있다(可知). '衫'은 '單'라.

葛布의 정밀한 것을 '絺'라 하고(葛之精者曰絺),
거친 것을 '綌'라 한다(麤者曰綌)

'表而出之'는 먼저 속옷을 입고(先著裏衣) 葛布옷을 겉에 입어서 밖에 나오게 하는 것이니(表絺綌而出之於外), 몸이 보이지 않게 하고자 함이다(欲其不見體也). 군자가 연고가 없으면(君子無故) 玉을 몸에서 제거하지 않으니(玉不去身), 뿔송곳(매듭을 푸는 송곳)이나 숫돌 따위도(觿礪之屬) 모두 차는 것이다(亦皆佩). '羔裘'는 검은 양가죽을 사용하여 만든 것이다(用黑羊皮爲之). '玄'은 '黑色'이라, 喪에는 흰색을 주장하고(喪主素), 吉事에는 검은색을 주장하니(吉主玄), 弔問에 반드시 옷을 바꿈은(弔必變服)

죽은 이를 슬퍼하기 때문이다(所以哀死).

　여기서는 糸자와 관련된 생소한 한자가 많으니 간단히 복습해 넘어갔으면 하네. 부수와 관련해 익히면 기억하기도 좋을 것 같고. 앞에 나온 것부터 보면,

---

'純'은 '緣'(선두름)이라 해서 '선두를 선'이요,
'紺'은 '深靑揚赤色'(짙은 청색에 적색을 띤 것)이니, '감색 감'이요,
'緅'는 '絳色'(붉은 색)이니, '붉은 강'이요,
'練'는 '練服'(삼베로 만든 喪服)이니, '연복 연'이요.
'絺'는 '葛之精者'(葛布의 정밀한 것)이니, '가는 갈포 치'이요,
'綌'는 '麤者'(葛布의 거친 것)이니, '굵은 갈포 격'이지.

　여기서 내가 알고 있는 말을 하나 더 보탠다면,

'童蒙須知'에 나온 말로,

為人　先要身體(사람됨은 먼저 몸을 단정히 하는데 요점을 둘 것이니)
自冠巾衣服鞋襪(관, 두건, 의복, 신, 버선을)
皆須收拾愛護(모두 잘 간수하고 아껴)
常令潔淨整齊(항상 청결하고 바르게 유지해야 한다)
男子는　有三緊(남자는 세 가지 묶어야 할 것이 있으니)
謂頭緊　要緊　脚緊(두건과 허리끈과 대님이다)
寬慢하면　則身體放肆(이 끈들이 느슨하면 신체가 흐트러져)
不端嚴하니　為人所輕賤矣(단정하지 못하니 사람이 賤하고 가벼이 보게 된다)

　참고로 童蒙須知는 朱熹선생이 兒童敎育을 위해 儒敎的인 規範

335
敬身

을 모아 編輯한 책(冊)으로, 內容은 모두가 兒童들의 일동일정(一動一靜)을 규제(規制)하는 것들로 이루어져 있다네. 시간나면 한번 보게나.

4-4. 明飮食之節圖

소학선생: "'明飮食之節圖'는 '음식의 예절을 밝히는 것'인데 모두 6章으로 구성되었는데, 나는 이 編을 대상 층을 기준으로 하여 '他人 · 君子 · 食生活' 등으로 구분하여 설명했는데 자세히 알아보면,

먼저 '他人'를 보면 《禮記》〈曲禮〉에,

共食不飽(음식을 함께 먹을 때는 배불리 먹지 않으며)
共飯不澤手(함께 밥을 먹을 때에는 손때를 묻지 않게 한다)하여

15毋(열다섯 가지 금지사항)으로 다음과 같네.

毋搏飯(밥을 뭉치지 말며)　　　　毋放飯(밥을 크게 뜨지 말며)

毋流歠(물마시듯 마시지 말며)　　毋咤食(밥을 뱉지 말며)

毋齧骨(뼈를 씹지 말며)　　　　　毋反魚肉(고기를 다시 놓지 말며)

毋投與狗骨(뼈를 개에게 던지지 말며)　毋固獲(군이 먹으려 하지 말며)

毋揚飯(밥을 헤 젖지 말고)

飯黍毋以箸(기장밥을 먹을 때는 젓가락을 쓰지 마라)

毋嚃羹(나물국을 들여 마시지 말며)　毋絮羹(국에 調味하지 말며)

毋刺齒(이를 쑤시지 말며)　　　　毋歠醢(젓국을 마시지 말라)

　　　集解해보면, '食者'는 먹는 것이(所食) 한 가지 물품이 아니요(非一品), '飯者'는 所食이 다만 밥 뿐 인 것이다(止飯而已). 함께 음식을 먹으면서 배부름을 구함은(共食而求飽), 겸양의 도리가 아니다(非讓道). '不澤手'는 반드시 물건으로 음식물을 취하여(必有物以取之), 손을 젖지 않게 함이다(不使濡其手). 밥을 뜨면서 뭉치면(取飯作搏) 많이 얻기가 쉬우니(則易得多), 이는 배부름을 다투고자 함이다(是欲爭飽). '放飯'은 '大飯'요, '流歠'은 '長飲'라. '咤食'은 음식을 먹으면서 叱咤(크게 꾸짖음)하는 것이고(謂當食而叱咤), 혀로 입속에서 소리로 내는 것이요(謂以舌口中作聲), '毋咤'는 氣가 노여워함과 같음을 두려워해서요(恐似於氣之怒), '毋齧'은 그 소리가 들림에 혐의해서이고(嫌其聲之聞), '毋反魚肉'은 먹다 남은 고기를 도로 그릇에 되돌려놓지 않음이니(不以所餘反於器), 이미 입을 거쳐서(已歷口) 사람들이 더럽게 여기기 때문이다(人所穢).

　　'毋投與狗骨' 주인의 물건을 천박하게 할 수 없어서이다(不敢賤主人之物). '固獲'은 반드시 취하고자 함을 이른 것이다(謂必欲取之). '揚'은 그 더운 기운을 분산하는 것이니(謂散其熱氣) 먹기를 급히 하고자 함을

337

敬身

혐의해서이다(嫌於欲食之急). '毋以箸'는 숟가락의 편리함을 귀중하게 여겨서이다(貴其匕之便). 국에 나물이 있는 것은(羹之有菜) 젓가락을 사용하여야 하고(宜用梜) 입으로 들여 마셔 취해서는 안 된다(不宜以口嚌取食之). '絮'는 그릇 속에 나아가 調和(간을 맞춤)함이다(就器中調和). '口容止'니 물건으로 이를 쑤심은 마땅하지 않다(不宜以物刺於齒). 젓국을 짜야 하니(醢宜醎) 들여 마심은(歠之), 그 맛이 싱겁기 때문이다(以其味淡).

다음 '君子'를 보면 ≪禮記≫ 〈少儀〉에,

> 侍食於君子(군자를 모시고 음식을 먹을 때에는)
> 則先飯而後已(군자보다 먼저 밥을 먹고 뒤에 그친다)
> 毋放飯(밥숟가락을 크게 뜨지 말고)
> 毋流歠(국물을 물마시듯 마시지 말아야 하며)
> 小飯而亟之(적게 먹고 빨리 먹는다)
> 數噍(여러 번 씹어) 毋爲口容(입으로 시늉하지 않는다)

集解해보면, '君子'는 '三達尊'을 칭한다(三達尊之稱). 여기서 '尊達'이란 누구나 공통으로 높이는 것으로, ≪孟子≫ 〈公孫丑〉에 '鄕黨莫如齒, 朝廷莫如爵, 輔世長民莫如德'에 나오는 말로 연치와 작위, 그리고 學德을 가리키는 것이고, '先飯'은 먼저 먹어보는 예와 같은 것이요(猶嘗食之禮), '後已'는 밥 먹기를 권하는 뜻과 같은 것이다(猶勸食之意). '放飯流歠'은 '見前'이라 '小飯'이면 구역질하거나 목이 메일 근심이 없게 되고(則無噦噎之患), '亟之'는 밥을 빨리 삼켜 보냄을 이르니(謂速咽下), 혹시라도 묻는 말이 있을까 대비해서이다(備或有見問之言). 자주 씹어 입 모양을 내지 말라는 것은(數噍毋爲口容), 자주 자주 씹어서(數數嚼之) 입을 크게 놀려 모양을 내지 않음이다(不得弄口以爲容).

≪禮記≫〈玉藻〉에,

君無故(군주는 연고(理由)가 없으면)　　不殺牛(소를 잡지 않으며)

大夫無故(대부가 연고가 없으면)　　不殺羊(양을 잡지 않고)

士無故(선비가 연고가 없으면)　　不殺犬豕(개나 돼지를 잡지 않는다)

君子는 遠庖廚(푸줏간이나 부엌을 멀리하여)

凡有血氣之類(무릇 혈기가 있는 종류를)　弗身踐也(몸소 죽이지 않는다)

集解해보면, '故'는 제사와 빈객에게 음식을 접대하는 禮이다(謂祭祀
及賓客饗食之禮). '庖'는 도살하는 곳이요(宰殺之所), '廚'는 익히는 곳이요(烹
飪之所), '身'은 '親'이요, '踐'은 마땅히 翦이 되어야 하니(當作翦) '殺'이다.

다음 '食生活'를 보면 ≪論語≫〈鄕黨〉에,

食不厭精(밥은 도정(搗精)한 것을 싫어하지 않았으며)

膾不厭細(膾는 가는 것을 싫어하지 않았으며)

食饐而餲(밥이 쉬어서 맛이 변 한 것과)

魚餒而肉敗(魚物이 문드러지고 肉類가 부패한 것을) 不食하며

色惡不食(색깔이 나쁜 것을 먹지 않았으며)

臭惡不食(냄새가 나쁜 것을 먹지 않았으며)

失飪不食(잘 익지 않았으면 먹지 않았으며)

不時不食(제철의 것이 아니면 먹지 않았으며)

割不正(벤 것이 반듯하지 않으면) 不食하고

不得其醬(그 醬을 얻지 못하면) 不食하고

肉雖多(고기가 비록 많더라도)

不使勝食氣(밥 기운을 이기지 않게 하셨으며)

唯酒無量(술은 정해진 量은 없었으나)

不及亂(어지러움에 이르지 않으셨다)

沽酒市脯(사온 술과 肉脯는) 不食하고

不撤薑食(생강 먹는 일을 그치지 않았으나) 不多食이러시다

集解하기 전에 여기나오는 식생활 습관은 다름 아닌 공자님의 식습관이라네. 한번 자세히 관찰해 보게나. '食'는 '飯'요, '精'은 '쌀을 찧어 깎은 것이지(鑿).' 소와 양과 魚物의 날 것을(牛羊與魚之腥) 저며서 자른 것을 '膾'라 하며(聶而切之爲膾), 밥이 정밀하면 사람을 기르고(食精則能養人) 회가 거칠면 사람을 해친다(膾麤則能害人). '不厭'은 이것을 좋아한다는 말이요(言以是爲善), 반드시 이와 같고자 함을 이른 것은 아니다(非謂必欲如是).

'饐'는 밥이 열과 습기에 상한 것이요(飯傷熱濕),
'餲'는 맛이 변한 것이요(味變)라,
어물이 문드러진 것을 '餒'라 하고(魚爛曰餒),
육류가 부패한 것을 '敗'라 한다(肉腐曰敗).

빛깔이 나쁘고 냄새가 나쁜 것은(色惡臭惡) 부패하지는 않았으나 색깔과 냄새가 변한 것이다(未敗而色臭變). '飪'은 날 것과 익은 것을 조리하는 절도이다(烹調生熟之節). '不時'는 오곡이 익지 않았거나(五穀不成) 과실이 未熟한 따위이다(果實未熟之類). 此數者는 모두 사람을 傷하게 할 수 있으므로(皆足以傷人), 故로 不食이라. 고기를 썬 것이 반듯하지 않은 것을(割肉不方正者) 不食은, 조차(잠시)라도 바름에서 떠나지 않으려 해서이다(造次不離於正). 고기를 먹을 때 장을 사용함이(食肉用醬) 각각 마땅한 바가 있으니(各有所宜) 이것을 얻지 못하면 먹지 않음은(不得則不食), 구비되지 않음을 싫어해서이다(惡其不備). 此二者는 사람에게 해는 없고(無害於人), 다만 맛을 즐겨 구차히 먹지 않을 뿐이다(但不以嗜味而苟食耳). '食'은 곡식을 위주로 함으로(以穀爲主) 故로 고기로 하여금 밥 기운을 이기지 않게 한 것이고(不使肉勝食氣), '酒'는 사람들과 기쁨을 합하는 것이므로(以爲人合懽), 故로 일정한 양을 정하지 않고(不爲量) 다만 취하는 것을

기준(節)로 삼아 어지러움에 미치지 않을 뿐이다.(但以醉爲節而不及亂耳)
'沽'와 '市'는 '皆買'니, 정결하지 못해 혹 사람을 손상할까 염려해서 이지
(恐不精潔 或傷人). '薑'은 神明을 통하고 더러운 것과 나쁜 것을 제거하니
(通神明 去穢惡), 故로 그치지 않는 것(不撤)이요, '不多食'은 可함에 맞게
하고 그치는 것이다(適可而止).

이천태: "한 마디로 孔子님도 다른 것은 몰라도 입맛을 무척 까다
로운 사람이었던 같네요. 대개 보면 학자들의 그런 것처럼 말이에요. 聖
人이라고 하기에는 너무도. 제자들이 힘들어 했을 것 같아요. 이번 단락
에서는 유독 먹을 식(食)字가 있는 漢字가 연이어 나오는데요. 간단히
여러 글자를 효율적으로 익히 수 있는 방법이 있는지요?"

소학선생: "한자를 익히는데 지름길은 없다네. 보고 쓰고 익히면
언젠가는 大家가 될 수 있지. 食자와 관련된 생소한 한자가 많으나 앞
서 언급된 것만 간단히 복습해보지. 앞으로 자주 나오고 꼭 알아야 하는
한자니 꼭 익히도록 하게. 앞에 나온 것부터 보면,

'食'는 '飯'(밥)이라, '밥식'이요,
'饐'는 '飯傷熱濕'(밥이 열과 습기에 상한 것)이라, '쉴 의'요,
'餲'는 '味變'(맛이 변한 것)이라, '쉴 애'요,
'餒'는 '魚爛'(어물이 문드러진 것)이라, '문드러질 뇌'요,
'飪'은 '烹調生熟之節'(날 것과 익은 것을 조리하는 절도)라 '익힐 임'이지.

小學天道

魯城의 비밀…闕里祠

　　이천태가 사는 論山시 連山면 漁隱리는, 魯城면 邑內리 와 上月
면 大牛리의 경계이다. 3개 面을 접하고 있는 이곳은 東으로는 계룡산
이 막아섰고, 남쪽으로는 논산평야가, 서쪽으로는 노성천이 있어 천혜
의 풍수지리로 明堂중의 하나이다. 그는 계룡산 連陵의 하나인 '連山'
이라는 지명과, 계룡산 아래의 '上月'이라는 동네와, 계룡산을 바라보고
사는 '魯城'이라는 곳이 절묘한 三合을 이루고 있다고 늘 생각했다. 특
히 그는 '魯城'이라는 그저 평범하고 아름다운 시골에 대해 형언할 수
없는 애착을 지니고 있었다. 그것은 그곳이 왜, '魯' 라는 것과의 인연
을 맺었는가 하는 궁금증 때문이다. '魯'라는 것은 무엇인가? 이는 단
순히 '노둔하다'의 '魯'가 아닌 '나라이름 魯', 즉 '공자님의 魯나라'를
말하는 것이다. 조선팔도 수많은 곳에 왜 하필이면 그 어디에도 없는
魯나라의 지명을 사용하면서 지금까지 면면히 내려온 것일까? 인근에
살지 않는 사람이라도 한번쯤은 의아하게 여길만한데 하물며 이곳에
살고 있는 사람들이야. 필시 이곳은 공자님과 끊을 내야 끊을 수 없는
그 무슨 기막힌 사연이 있는 것이 분명하다.

이천태는 오랜만에 소학선생을 찾아 '魯城'이 왜 이곳에 있는지를 여쭈었다. 선생은 조용히 눈을 감고 있더니,

"魯城의 비밀은 闕里祠에 있지. 闕里祠에…."
　　"예, 闕里祠요. 처음 들어보는 이름인데. 鄕校와 書院이 아니고요."
　　"내 기력이 없으니. 해봉한테 자세한 것은 물어봐"

　　다음 날 이천태는 해봉한테 闕里祠에 대한 자세한 내용을 들었는데 요약하면 다음과 같다.

　　해봉: "闕里祠는 공자님의 影幀을 奉安한 靈堂입니다. '闕里祠'는 魯나라의 곡부(曲阜)에 공자님이 태어나고 자란 마을인 '闕里村'에서 유래한 것인데, 현재 전국에서 이곳 魯城闕里祠와 경기도 烏山闕里祠, 그리고 晉州闕里祠 등 세 곳만 있답니다. 晉州闕里祠는 유명무실하여 현재 우리나라에서 궐리사 하면 노성과 오산 두 곳을 알아주는데 가장 규모가 크고 잘 보존된 곳이 바로 이곳 노성 궐리사이지요. 노성 궐리사는 숙종 13년(1687) 尤庵 宋時烈이 세우려고 했으나 2년 뒤 세상을 떠나 뜻을 이루지 못하자, 그 뒤 1716년 그의 제자인 권상하(權尙夏)·김만준(金萬俊)·이건명(李健命)·이이명(李頤命)·김창집(金昌集) 등이 尼山(지금의 魯城山)아래에 궐리사를 세우고 다음해에 공자의 영정을 봉안하였지요.

궐리석주   공자영정

궐리사

　　궐리사가 노성으로 축조된 것은 尤庵선생이 제자들에게 "夫子의
皇皇(번쩍번쩍 빛나는 모양)하신 영혼이 다른 지역에는 맞지 않고 尼山과

闕里라는 이름 등이 夫子께서 降生하신 지역의 이름과 부합하며 또한 山勢의 형세가 龜蒙洙泗(龜山, 蒙羽山, 洙水, 泗水를 이르는 말로, 山東省 곡부 지역의 산과 하천이름)와 비슷하여, 이곳이 마땅히 祠宇를 지어 夫子의 영혼을 모실만한 곳이라 생각하니 魯國의 제도를 모방하여 존모하는 성의를 다하도록 하라"는 말씀이 있었기 때문이랍니다.

이후 1717년(숙종 43) 宰相 이경억(李慶億)을 따라 중국에 간 공징노(孔徵魯)·공은중(孔恩中) 등이 공부자유상(孔夫子遺像) 일체(一體)를 얻어와 봉안한 다음, 정조 15년(1791)에는 宋朝 5賢을 봉안하였답니다. 순조 5년(1805)에 관찰사 朴崙壽등이 예전 건물이 낡고 헐어서 지금 있는 자리로 이전 했지요. 지금의 건물은 중건 당시 규모가 축소된 것으로 일명 '춘추사(春秋祠)'라고도 합니다. 유림에서는 선인들을 높이 받들고 가르침을 지켜나가기 위하여 매년 음력 3월과 9월 초정일(初丁日)에 모여 석전(釋典)을 봉행하고 있답니다. 건물은 祠宇·강당(絃誦堂), 내·외 삼문, 모성재(慕聖齋)·관리사·문간채 등 7동이 있지요."

이천태: "아 그렇군요. 그럼 왜 다른 지역도 많은데 이곳에다 궐리사를 지었는지요. 혹시 이곳이 공자님의 고향과 인연이 있는 것이 아닌지요."

해봉: "현재의 魯城이 공자님과의 인연을 알기 위해서는 지금의 '魯城山'을 알아야 합니다. 원래 이 산은 옛날부터 '尼山', '城山'으로 불리웠지요. 원래 '尼山'이란 이름은 이 산의 형상이 '스님이 長衫을 입고 곱게 앉아 있는 모습이라'하여 부르게 되었지요. 그래서 신라시대부터 '尼山縣'이라 하여 조선 영조 때까지 줄 곳 이 지명을 유지했지요. '尼山'

이 '魯城'으로 변하게 된 것은 조선 효종 때 송시열의 제자들이 尼城山
下에 궐리사를 지은 일로 변하게 됐답니다. 무슨 인연인지 몰라도 공자
님의 고향이 '尼丘山'자락인데, 공자의 부모가 이곳에서 기도를 한 후
공자를 얻었다고 하여 공자의 이름을 '구(丘)', 자를 '중니(仲尼)'라고 하
였고, 후손들은 이 산을 '尼山'이라고 부르고 있지요. 우연치고는 정말
기막힌 인연이지요. 그래서 자연스럽게 이곳 '尼山'을 공자님의 탄생지
魯나라와 연관시켜 '魯城山'으로 개칭하게 되었답니다. 원래는 佛教를
상징하는 산이었다가 儒教를 대표하는 산으로 바뀌었던 것이지요.

　　이천태: "이런 연유로 지금의 魯城이 공자님의 고향이라는 지명
을 얻게 됐고 전국에서 유일하게 魯나라 지명을 간직하고 있군요. 이
에 관해 조선왕조실록 등 역사서에는 어떻게 기록되어 있는 지요."

　　해봉: "조선왕조실록에는 '1776년에는 충청도 尼城縣에 魯城山이
있고 산 아래 闕里村이 있는데 산 이름과 마을 이름이 공자님이 성장
한 鄕里와 비슷하다 하여 1717년(숙종43년)에 공사중(孔思中)등이 孔夫子
遺像一體를 얻어왔다'고 기록하고 있으며, 충청도읍지에 보면 〈尼山縣
의 壇, 廟, 社稷壇條〉에 '闕里祠 在縣北三里 肅宗丙申 孔性人得夫子
影幀 春秋享祀'라고 기록하고 있는데, 이 는 '궐리사는 縣 북쪽 삼리에
있는데 조선 조 숙종 42년(1716년)에 공성인이 공자님의 영정을 구한 뒤
봄과 가을에 제사를 지냈다'하여 이곳 니구산에 祠宇을 건립하고 봉안
했음을 정확히 알 수 있지요."

　　이천태: "이후에는 자연스럽게 이곳의 지명이나 건물들이 '魯'자
가 들어간 것이군요. 魯城縣, 魯城山城, 魯城鄕校, 魯岡書院 등 등.

다음 날 이천태는 소학선생과 해봉을 모시고 魯城의 궐리사를 찾았다. 선생이 궐리사를 천태에게 소개하기 위해서이다. 궐리사는 천태가 자주 찾던 尹拯 古宅의 인근 산 아래 조용히 숨 쉬고 있었다. 규모는 그리 크지는 않았지만 비교적 짜임새가 있는 건물들이다. 소학선생은 궐리사의 하나하나를 설명하기 시작했다.

"궐리사의 전반적인 내용에 대해서는 해봉이 자세히 설명했으니 두 번 말하지 않겠네. 궐리사에는 두 개의 건물이 있는데 앞에는 '絃誦堂'이, 뒤에는 궐리사가 있지. '絃誦堂'의 '絃誦'은 '거문고에 맞추어 詩를 읊는 다'는 뜻인데 전용되어 나중에는 '선비들이 학문을 수행하기 위해 글 읽는 소리가 아름답게 들 린다'는 의미로 널리 사용되고 있다네. 이곳 '絃誦堂'은 향교에서 보면 '明倫堂'으로 보면 되지. 자 보시게나."

현송당

'絃誦堂'안에는 별 시설물은 없었지만 사방 모든 곳에는 궐리사의 역사가 담긴 懸板 記文들이 쭉 나열하고 있었다. 줄잡아 사십여 개나 되었다. 한 바퀴 돌고 난 뒤 소학선생은 천태에게 많은 記文 중 '闕里祠重修文'을 가리키며 읊어보라고 했다.

천태는 기다렸다는 듯이 선생이 가리킨 기문에 대해 거침없이

解讀하기 시작했다. 마치 몇 해 전 해봉이 광산김씨 재실 碑閣에 있는 '漁隱洞遺墟碑陰記'를 해독 한 것처럼.

"엎드려 생각하건대, 민간인으로 태어난 사람 중 이보다 더 성대할 수는 없도다. 만고의 羹墻(사람을 우러러 사모하는 정)이 서린 집으로, 멀리서 친구가 찾아오면 또한 즐겁지 않겠는가? 俎豆(祭器)를 올리는 祠堂이 새롭게 되었도다. 아름답게 山川은 빛이 나는데, 사당 채는 우뚝 솟아 광채를 더하는구나. 예로부터 三韓은 예의의 나라인데, 지금도 노성은 絃誦을 익히는 邑이라네. 누를 따라 어느 길로 가던 連山, 恩津 사대부의 고장에 이르고, 이곳에서 낳아 이곳에서 자란 沙溪(金長生)선생과 尤庵(宋時烈)의 옛집이 가까운 곳이라네. 삼가 옛 사적을 상고하면, 궐리에 새로운 祠宇를 창설한 것은 도가 爲政斥邪보다 먼저 일수가 없고, 특별한 相臣들의 經筵(임금 앞에서 경서를 강론하는 자리)에서 간청한 것은, 이 지역은 명의로 보나 의의를 생각할 대 士林들의 疏章을 막기 어렵다는 것이었으며 한 폭의 영정에 해를 그린 뒤 하늘을 그린 듯한데, 완연하게도 夫子의 용모를 대하는 듯하였고, 두어 칸 사우에는 바람막이도 하고 비막이도 하였다는 것이었다.

궐리사중수문

- 중 략 -

道에 지극한 정성을 다 했도다. 우러러보면 더 높고, 뚫으려 하면 더 단

단하니 文彩(용모가 뛰어난 사람)로다. 문채가 찬란하고 빛나기도 하여 검게
물리려 해도 검지 않고, 갈아도 갈리지 않네. 이백 년 동안 周나라를 높
이는 義理는 화양동 옛사당과 아울러 전해오고, 三千里에 夏나라의 풍
속 받아들이니 箕太師(箕子)의 遺墟만을 서로 바라보았네. 계룡산 높고
높아 農山을 끼고 元氣가 길이 뻗쳤고, 금강도 도도히 흘러 泗水와 접
하니 淵源이 서로 이어졌도다. 시작도 있고 끝도 있으니, 한길(尋) 한자
(一尺) 한 궤도(度)의 방법을 보겠으며, 특별히 某年 某月 某日의 기문을
제시했으니 옛 것도 보고, 오늘의 것도 보도다. 엎드려 바라옵건대 중수
한 뒤에는 萬世의 높은 스승으로 一陽來復(궂은 일이 지나고 좋은 일이 옴)하
리라. 높고 밝으며 유구한 제사는 무궁하게 이어질 것이고, 鼓舞적으로
振作되는 유림의 풍속은 끊이지 않으리라.

이천태의 해독을 들은 소학선생은 마음속으로는 흐뭇해 하면서
도 별다른 표정을 짓지 않았다. 소학선생은 이천태에게 또 다른 記文
하나를 더 해독해 보라고 했다. 천태는 앞서 설명한 것처럼 거침없이
설명했다. 지난 5년 간 갈고 닦은 한문 실력을 유감없이 발휘했다. 소
학을 모든 외운 천태의 학문은 日就月將 된 것을 소학선생도 해봉도
인정하는 분위기였다. 일행은 밖으로 나오니, 絃誦堂 여섯 기둥에는
柱聯이 굵은 楷書體로 멋지게 걸려 있었다. 선생은 柱聯에 대해 간단
하게 설명하기 시작했다.

"柱聯은 주로 교훈적인 내용을 지니는 詩文이나 유교의 經典, 佛
經등의 句節을 기둥에 붙여놓는 장식물을 가리키지. 주로 한 구절만
독립적으로 붙이는 경우는 드물고 반드시 句, 즉 한 聯을 짝으로 하여
나란히 걸어 놓는 것이 일반적이지. 그래서 기둥(柱)에 붙이는 연구(聯
句)라는 의미에서 '柱聯'이라고 한다네. 주련의 내용은 인격수양에 도움

이 되는 것, 壽福康寧을 기원하는 것, 아름다운 풍경을 읊는 것, 자손들에 거는 희망, 부처나 공자의 가르침을 기록한 것등 다양하지. 주련은 한문의 순서에 따라 오른쪽에서 왼쪽으로 배치하는데 따라서 이 순서로 읽으면 되네. 천태가 한번 여기에 있는 여서 개의 주련을 읽고 내용을 말해 보시게나."

이천태: "예, 선생님. 여기 주련을 보니 3聯6句로 되어 있는데요. 한번 읽어보니 ≪管子≫ 〈弟子職〉에서 나오는 내용인데요. 선생님한테 배운 소학에도 나와 있는 내용입니다. ≪管子≫는 '관포지교(管鮑之交)'로 유명한 관중(管仲)과 포숙아(鮑叔牙)의 그 관중이 지은 작품으로, 주련의 내용은 가르치는 사람과 배우는 사람 모두 온순하고 공손하면 정직하여 마음을 다스려야 한다는 내용으로 풀이해보면,

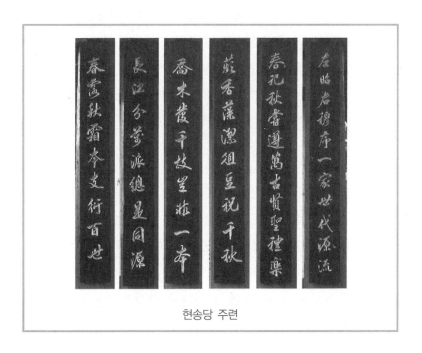

현송당 주련

先生施教하면 弟子是則하라(先生이 가르치시면 弟子는 본 받아라)
溫恭自虛하여 所受是極하라(溫恭하여 스스로 겸허히 받은 바를 극진하라)
見善從之하고 聞義則服하라(善을 보면 따르고 義를 들으면 복종하라)
志毋虛邪하고 行必正直하라(뜻을 虛事하게 말며 행실은 반드시 정직 하라)
顔色整齊하고 中心必式하라(顔色을 정제하고 마음속에 반드시 법식을 가지라)
朝益暮習하고 小心翼翼하라(아침에 더 배워 저녁에 익혀서 조심하고 삼가라)

원래 《管子》〈弟子職〉에는 5聯10句로 되어있는데 기둥이 여섯 개니 이것 중 일부를 뽑아 3聯6句로 만든 것 같아요. '絃誦堂'이 학문하고 시를 읊는 곳으로 이에 맞는 내용을 뽑아 주련으로 만든 것 같습니다. 글자에는 落款도 있는데 어느 때, 누구 글씨인가는 모르겠습니다.

선생과 일행은 뒤편의 궐리사로 향했다. 이천태의 자신 있는 공부에 선생은 더 설명 할 필요가 없었다. 궐리사에는 가운데에는 공자님 영정이, 왼편에는 주자의 영정이 반겨주었다. 가볍게 인사를 마친 소학 선생은 祠宇를 관리하고 있는 총무를 가볍게 격려하는 것을 제외하고는 다른 행동은 일체 하지 않으셨다. 祠堂 안에는 다소 복잡했는데 釋奠때 제사지내는 다소 오래된 용기들이 보였다.

선생께서는 '釋奠祭'에 대해 간단히 설명하셨다.

"釋奠祭는 다른 말로 '文廟大祭', '上丁祭'라고도 하지. 성균관과 전국의 향교, 궐리사의 大聖殿에서 공자를 비롯한 선성(先聖)과 선현(先賢)들에게 제사 지내는 의식으로, 모든 유교적 제사 의식의 전범(典範)이며, 가장 규모가 큰 제사이네. 이 때문에 釋奠을 가장 큰 제사라는 의미로 '석전대제(釋奠大祭)'라고 부르기도 하지. 석전과 유사한 제례 의

식으로는 '석채(釋菜)'가 있는데 이는 나물 종류만을 차려 올리는 단조로운 차림으로서 음악이 연주되지 않는 조촐한 의식이야. 이에 비해 석전은 희생(犧牲)과 폐백(幣帛), 그리고 합악(合樂)과 헌수(獻酬)가 있는 성대한 제사 의식이지. 석전대제에는 다섯 명의 헌관(獻官: 위패 앞에 잔을 올리는 제관)과 집례(執禮: 진행을 담당하는 제관), 대축(大祝: 제사의 축문을 읽는 제관)을 포함한 27명의 집사가 참여하며, 이와 더불어 문묘제례악(文廟祭禮樂)을 연주하는 41명의 악사, 팔일무(八佾舞)를 추는 64명, 모두 137명의 대규모 인원이 동원된다네. 석전의 봉행은 초헌관(初獻官)이 분향하고 폐백을 올리는 전폐례(奠幣禮)로 시작되며, 다음은 초헌관이 첫 잔을 올리고 대축이 축문을 읽는 초헌례(初獻禮), 아헌관(亞獻官)이 두 번째 잔을 올리는 아헌례(亞獻禮), 종헌관(終獻官)이 세 번째 잔을 올리는 종헌례(終獻禮), 분헌관(分獻官)이 종향위에 분향을 하고 잔을 올리는 분헌례(分獻禮)와 같은 헌작례(獻酌禮)가 차례로 진행되네. 이어 초헌관이 음복위(飲福位)에서 음복 잔을 마시는 음복례(飲福禮)가 끝나면 제기와 희생을 치우고 난 뒤, 초헌관이 폐백과 축문을 불사르고 땅에 묻는 망료례(望燎禮)를 끝으로 석전의 모든 의식 절차가 완료되지. 석전의 모든 절차는 종합 시나리오라고 할 수 있는 홀기(笏記)에 의거하여 진행되며, 국조오례의의 규격을 그 원형으로 하고 있다네."

明齋선생과 酉峯影堂

　퀼리사 갔다 온 이후 소학선생은 몸이 많이 편찮아 하셨다. 기침도 많으셨고 식사도 제대로 하지 못했다. 하지만 매일 새벽 이천태가 올 때면 衣冠을 갖추고 덕담도 많이 해 주셨다. 소학공부를 모두 마친 선생은 이천태에게 앞으로 일주일간의 여유를 줄 테니 그동안 소학의 모든 내용을 暗誦해야 한다고 했다. 천태는 학습하면서 암송을 위주로 했기 때문에 별 어려움은 없었다. 특히 선생께서 圖說을 만들고 가르쳐주어서 암송하기가 쉬웠다. 선생한테 전수 받은 소학도설 43개만 외우면 나머지는 그리 어렵지 않았기 때문이다. 실제로 그가 한문으로 된 경전을 외운다는 것은 결코 쉽지 않았다. 오랫동안 경전에 관심을 가졌지만 해독하는 데 급급했지, 암송한다는 것은 무리였다. 그런데 소학선생을 만나고 난 이후부터 해독은 물론이고 원만한 구절은 암송이 절로 되는 자신을 알았다. 천태는 이 모든 것이 다 선생이 그린 소학도설을 공부했기 때문 이라고 생각했다. 일주일 후 천태는 선생 앞에서 43개의 圖說 모두를 정확히 암송하였다. 아울러 소학의 내용을 처음부터 끝까지 외운 다음 해독까지 모두 무사히 끝냈다. 3시간동안 진행된 이날 행사는 사람이 노력하면 불가능이 없다는 사실을 말해 주고 있는 것이다. 小學童子의 再탄생을 알리는 순간이었다. 소학을 배운지 일 년만의 결실이었다.

다음 날 소학선생 일행은 다시 魯城面 丙舍里에 있는 酉峯影堂으로 향했다. 酉峯影堂은 소학선생이 제일 즐겨 찾던 곳이다. '酉峯'은 병사리 선생이 태어났던 고향의 뒤 봉우리를 말하는데, 明齋선생이 유봉 밑에 정사를 짓고 주변에 있는 선비들의 교육에 힘썼다고 한다. 명재선생은 그래서 자신의 호를 한동안 酉峯을 사용하기도 했다고 전한다. 酉峯은 바로 明齋 尹拯선생(1629~1714) 영정을 모시고 있는 影堂이다. 明齋선생이 떠난 뒤 1744년 유생들이 '影堂'과 '敬勝齋'를 건립하여 봄, 가을에 제사를 지내는 곳이다. 원래 이 자리는 명재선생의 古宅이 있었던 터라고 하는데 현재 마당에는 커다란 향나무가 명재선생을 지키고 있었다. 3백년은 족히 될 만한 지금까지 보지 못했던 나무였다. 주차장을 지나니 우측에 '敬勝齋'가 있고 그 왼쪽에는 유일하게 현판이 없는 影堂이 보였다. '敬勝'은 ≪丹書≫에 나오는 말로 '敬勝怠者吉하고 怠勝敬者滅하다'고 하여, '敬이 태만함을 이기는 자는 吉하고 태만함이 敬을 이기는 자는 滅한다'에서 유래된 말이다. '敬勝齋'라는 글씨는 우암 송시열이 쓴 것이라 전해지는데 윤증의 후손들이 게으르지 말고 부지런히 도와 학문을 닦을 것을 권하는 이름이다. 만약 우암의 글씨라면 당시 尹拯 家와 관계가 좋았을 때 써준 것이 분명하다. 影堂에는 두 개의 영정이 있었는데 하나는 정면을, 하나는 왼쪽 면을 바라 본 모습인데 인쇄물이라 실감나지 않았다.

❶ 윤증영정 ❷ 경승재 ❸ 유봉명당

유봉도   충남역사박물관소장

소학선생은 明齋선생에 대해 다음과 같은 말씀을 하셨다.

"우리 속담에 이런 말이 있지. '개천에서 龍난다'고. 이 속담은 지금은 옛날 이야기가 됐지. 우리가 살고 있는 지금 이 시대는 개천에서 용이 날 수 없는 사회야. 돈이 있어야 공부도 잘하고 돈이 있어야 해외 유학도 가고. 모든 것이 돈으로 시작해서 돈으로 끝나지. 너나 할 것 없이 출세해야 인정하는 이상한 나라가 된 거야. 그런데 이 좋은 출세를 거부한 사람이 우리 역사 속에 계셨네. 지금 여기에 계신 명재 선생님이 바로 그 분이시지. 그 분은 자그마치 스무 번이나 임금이 下賜한 관직을 거절하고 평생 벼슬길에 나가지 않았던 인물이야. 오죽했으면 白衣政丞이라고 했을까. 딱 한번 벼슬을 받으러 서울로 올라가던 중에 果川에서 朴世采를 만나 당시 時局에 대해 이야기를 나누다가 漢陽으로 올라가지 않고 다시 집으로 돌아온 유명한 逸話가 있지. 과천에서 집으로 다시 발길을 돌린 것은 당시 집권세력이었던 老論에 대한 불만이었지. 그 이유는 尤庵 宋時烈의 세도가 변하지 않을 것이고, 서인과 남인의 怨恨이 해소되지 않을 것이라는 당대 정치 현실에 대한 거부 때문이었지.

선생은 주자의 한천고사(寒泉故事: 주자가 어머니 묘소 곁에 寒泉精舍를 세워 학자들과 담론하고, 呂祖謙와 함께 ≪近思錄≫을 편찬한 일을 말함)를 모방하여 거상 중에 강학(講學)하기도 하였지. 居喪이 끝나자 아버지와 큰아버지를 추모하여 종약(宗約)을 만들고, 모임을 결성하여 학사(學事)를 제정하기도 하였지. 그러나 그는 "개인적 사정 이외에 나가서는 안 되는 명분이 있다. 오늘날 조정에 나가지 않는다면 모르되 나간다면 무언가 해야 하는 것이다. 만약 그렇게 한다면 우옹(尤翁: 송시열)의 세도가 변하지 않으면 안 되고, 서인과 남인의 원한이 해소되지 않으면 안 되고, 삼척 (三戚: 김석주(金錫冑)·김만기(金萬基)·민정중(閔鼎重)의 집안)의 문호(門戶)는 닫히지 않으면 안 된다. 우리들의 力量으로 그것을 할 수 있는가? 내 마음에 할 수 없을 것 같으므로 조정에 나갈 수 없는 것이다"라고 하였지. 박세채는 이 말을 듣고 더 이상 권하지 못했고 하지. 최신(崔愼)이 송시열을 변무(辨誣)하는 것을 핑계로 그의 書信을 공개하면서 그가 스승을 배반했다고 하였으며, 또 金壽恒·閔鼎重 등도 그가 私感으로 송시열을 헐뜯었다고 上奏하였지. 이로부터 선비 간에 논의가 비등하게 일어나 서인이 노론과 소론으로 갈라지게 되었는데, 송시열을 지지하는 자는 老論이 되고 그를 지지하는 자는 少論이 되었네. 그가 우암의 문하에서 수학할 때, 아버지 宣擧가 그에게 우암의 우뚝한 기상을 따라가기 힘드니 그의 장점만 배우되 단점도 알아두어야 한다고 가르친 적이 있지. 宣擧는 남의 말을 잘 듣지 않고 이기기를 좋아하는 것을 우암의 단점으로 보고, 여러 번 편지를 보내 깨우쳐 주려 하였지. 또한 윤휴(尹鑴)와 예송 문제(禮訟問題)로 怨讐之間이 되자 우암과 화해시키려고 하였는데, 우암은 선거가 자기에게 두 마음을 가진다고 의심하게 되었는데 선거가 죽은 후 1673년(현종 14) 그는 아버지의 연보와 박세채가 쓴 행장을 가지고 송시열을 찾아가서 묘지명을 부탁하였지.

　　그 때 우암은 강도(江都)의 일(병자호란 때 선거가 처자를 데리고 강화도로 피난하였는데, 청나라 군사가 입성하자 처자와 친구는 죽고 선거만 진원군(珍原君)의 종자(從者)가 되어 성을 탈출한 사실)과 윤휴와 절교하지 않은 일을 들먹이며, 묘지명을 짓는데 자기는 선거에 대해 잘 모르고 오직 박세채의 행장에 의거해 말할 뿐이라는 식으로 소홀히 하였지. 그는 죽은 이에 대한 定離가 아니라고 하여 고쳐주기를 청하였으나, 송시열은 字句만 수정하고 글의 내용은 고쳐주지 않았어. 이로부터 사제지간의 의리가 끊어졌으며, 그는 송시열의 인격 자체를 의심하고, 송시열을 '의리쌍행(義利雙行), 왕패병용(王覇幷用)'이라고 비난하기 시작하였지. 그는 사국(史局)에 편지를 보내 아버지 일을 변명하고, 다시 이이(李珥)가 초년에 불교에 입문한 사실을 인용하여 이이는 입산의 잘못이 있으나 자기 아버지는 처음부터 죽어야 될 의리가 없다고 하였지. 그러자 유생들이 궐기하여 先賢을 모독했다고 그를 성토함으로써 조정에서 시비가 크게 일어났지. 송시열이 辨明의 상소를 올려 죄의 太牛이 자기에게 있다고 하였으나 왕은 듣지 않고 그를 대우하지 말라는 教命을 내리게 되었지. 이것을 전후하여 사림과 간관 사이에 비난과 辨誣의 上疏가 계속되고, 양파의 갈등도 심화되었네. 黨派싸움이 본격 전개된 거지.

선생은 仁祖 대에 출생하여 孝宗, 顯宗, 肅宗까지 네 명의 임금 시대에 살았지만 왕의 얼굴을 한 번도 보지 않고 정승 반열에 오른 유일한 인물이지. 지금 말하면 기네스북감이야. 하지만 비록 벼슬길에 나가지는 않았으나 윤증선생이 당대 현실 정치에 끼친 영향은 막강했지. 선생의 생애를 논하면서 빠뜨릴 수 없는 사건이 바로 우암 송시열 선생과의 反目으로 지칭되는 '회니의 반목(懷泥의 反目)사건'이지. 즉 명재 윤증과 우암 송시열은 師弟之間이었음에도 불구하고 사상적 견해가 많이 달랐어. 그래서 두 사람은 함께 西人이면서도 나중에는 노론과 소론으로 갈라지게 됐지. 앞서 말한 '懷尼의 反目'이란 懷德에 살았던 송시열과 尼山(지금의 魯城)에 살았던 윤증의 반목이 있었기 때문이지. 송시열과 윤증은 모두 철저한 유교적 도덕정치를 내세웠지. 하지만 송시열을 비롯한 노론측은 현실과의 일정한 타협을 통하여 권력을 장악하려는 권력 지향적이었고, 윤증을 내세운 소론측은 현실과의 타협을 거부하고 명분을 고수하며 개혁 정치를 펼치려는 측면이 강했지. 숙종은 윤증이 죽었다는 소식을 듣고,

> 유림에서는 그의 도덕을 존경하고(儒林尊道德)
> 나 또한 그를 흠모하였네(小子亦嘗欽)
> 평생에 얼굴 한번 못 보았는데(平生不面識)
> 죽었다는 소식을 들으니 더욱 한스럽도다(沒日恨彌深).

라는 내용의 시를 적어 보냈다고 하니, 윤증 선생의 인물됨이 얼마나 출중했는지 짐작해볼 수 있는 대목이지. 저서로는 《明齋遺稿》·《明齋疑禮問答》·《明齋遺書》 등이 있다네. 선생의 《明齋遺稿》에는 경승재에서 학업하는 학생들에게 제시한 學規가 실려 있는데 명재선생이 기미년(1679, 숙종5)에 지은 것으로 제자들을 교육할 때 사용했던 규칙과 같은 것이지. 내가 그 내용이 너무 훌륭하여 소개해 보겠네.

示敬勝齋諸生

右白鹿洞規及十訓 °卽所謂己卯學者課程 °乃靜庵先生之所倡率也 °至於退溪之條 °栗谷之圖 °牛溪之儀 °亦莫不本於考亭 °而爲之準的 °有志於學者 °苟由是而之焉 °則庶乎不畔於道 °而崇德廣業 °希賢希聖 °將無所爲而不至矣 °拯少學於家庭 °爲之不力 °老而無得 °遠近朋友 °誤有聞而來者 °懟無以相告語 °謹揭諸先生之所以敎示人者如此 °願與之遵依成訓 °講明而服行焉 °若其立心之誠與不誠 °用力之敏勇與緩怠 °則在乎當人之身 °盍各勉之哉 °

每日朝食後 °則會于一堂 °相揖而罷 °若會食于一處 °則食時相揖而坐 °夕食後 °復會相揖而講誦所讀書 °訖或論文字義理 °或規責過失 °或勸勉程課 °以盡切磋之義 °程子曰 °朋友講習 °更莫如相觀 °而善工夫多苦散處各舍 °無相會之時 °則殊無麗澤相滋之樂 °而亦非親友之道矣 °玆爲會儀如右 °兩會之外 °亦不可紛紜往來 °以妨工曠業也 °群

居 °雖各自勤謹做工 °而亦不可無朝夕再會 °以講切磋之義 °既有會
則又不可無綱紀者 °以相檢攝 °可推齋中年長學優者一人 °爲齋長 °
又擇持身莊敬有法度者二人 °爲執禮 °又擇直諒能面言人過 °有益於
朋友者二人 °爲直日 °凡齋中朝夕會儀 °講書程課 °日用事宜 °皆執禮
主之 °凡點檢言行 °箴警闕失 °直日主之 °齋時稟于齋長而處之 °齋長
不必改易 °若有齒學之加長者則推之 °執禮 °一月相代 °

경승재(敬勝齋)의 여러 문도에게 제시하다

이것은 주자의 〈백록동규(白鹿洞規)〉와 십훈(十訓)이다. 이는 기묘년
(1519, 중종14)의 학자들이 행하던 과정(課程)으로, 정암(靜庵) 선생이 솔선
하여 행하던 방식이다. 퇴계의 육조(六條), 율곡의 〈위학지방도(爲學之方
圖)〉, 우계의 〈서실의(書室儀)〉의 경우도 모두 주자의 설을 바탕으로 하
여 표준으로 삼은 것이니, 학문에 뜻이 있는 자가 이를 토대로 하여 행
해 간다면 거의 도리에 어긋나지 않을 것이며, 이를 근거로 덕업(德業)
을 닦고 널리 행하여 성인이나 현자가 되기를 바란다면 장차 행하는 것
마다 거기에 이르지 않는 경우가 없을 것이다. 나는 어려서부터 집안에
서 배웠으나 그것을 행하는 데에 힘쓰지 않아 늙어서도 소득이 없는데,
원근(遠近)의 학우들이 잘못 듣고 찾아오는 경우가 있어도 말해 줄 것이
없어 부끄러웠다. 이에 삼가 여러 선생이 사람들에게 교시(敎示)해 준
이런 글들을 게시하여 그들과 함께 훈계를 준수하고 그 의미를 밝혀서
실천하기를 바라는 바이다. 만약 마음먹은 것이 진실한지 그렇지 못한
지와 힘쓰는 데에 민첩하고 용감한지, 느슨하고 게으른지는 그 당사자
자신에게 달려 있으니, 어찌 각자 힘쓰지 않을 수 있겠는가.

1. 매일 아침 식사 뒤에는 당(堂)에 모여 서로 읍(揖)을 한 뒤에 파하고,
   만약 한 곳에 모여 식사를 하는 경우에는 먹을 때 서로 읍하고 앉도
   록 한다.
2. 저녁 식사 뒤에 다시 모여 서로 읍한 뒤에 읽은 책을 강송(講誦)한다.
   그런 뒤에는 文字나 義理를 논하기도 하고 잘잘못을 거론하여 바로

잡기도 하고 공부 과정(課程)에 대해 勸勉하기도 하여 서로 切磋琢磨하는 도리를 다한다. 정자(程子)가 말하기를, "학우 간에 강론하는 것도 좋지만 그보다는 서로 보고 感化를 받아 그 심신을 선(善)하게 하는 공부의 유익함이 더 낫다." 하였는데, 만약 각자 재사(齋舍)에 흩어져 거처하면서 서로 모이는 때가 없다면 서로 도와 가며 學德을 닦아 성장해 가는 즐거움이 결코 없을 것이며, 그것이 또한 친구 간의 도리에도 맞지 않는 것이다. 그래서 이상과 같이 모임 규정을 만든 것이다. 두 번의 모임 이외에 여러번 왕래하여 공부에 지장을 주거나 학업을 못 하게 해서도 안 될 것이다.

3. 여럿이 거처하면서 비록 각자 신중하고 부지런히 공부를 해 나가지만, 또한 아침과 저녁으로 두 번 모여 절차탁마하는 도리를 강론하는 일이 없어서는 안 된다. 이미 모였으면 또 기강을 잡는 자를 두어 단속하고 감독하지 않아서는 안 된다. 재실 안에 나이가 많고 학문이 뛰어난 자 1인을 추대하여 재장(齋長)으로 삼고, 또 몸가짐이 단정하고 신중하며 법도가 있는 자 2인을 택하여 집례(執禮)로 삼고, 또 정직하고 신실하며 면전에서 남의 잘못을 말하여 학우들에게 유익한 도움을 줄 수 있는 자 2인을 택하여 직일(直日)로 삼는다. 그리하여 재실 안에서의 아침과 저녁 모임, 독서의 과정, 일상생활에서 당연히 해야 할 일 등은 모두 집례가 주관하고, 모든 언행을 점검하여 그 궐실(闕失)에 대해 경책하는 일은 직일이 주관하되 모여 재계할 때 재장에게 아뢰어 처리한다. 재장은 굳이 바꿀 필요는 없으나 만약 나이나 학문이 더 나은 사람이 있을 경우에는 그를 추대한다. 집례는 한 달을 주기로 교대하고 직일은 열흘을 주기로 교대한다.

'初學畵一之圖'와
'爲學之方圖'

소학선생의 병은 점점 더해 이젠 걷기조차 힘들어 했다. 어떤 때
는 하루 종일 누어있다가도 어떤 때는 밖에 나와 햇볕을 쬐기도 했다.
기력은 날로 쇠해 몸에 살이라곤 찾아볼 수 없을 정도였다. 해봉과 이
천태는 선생의 쇠약한 몸을 보고서 어쩔 줄 몰랐다. 하지만 그가 할 수
있는 것이라곤 病수발 드는 것 뿐이었다. 몸이 일시적으로 好轉된 어
느 날 선생은 魯城의 丙舍에 있는 宗學堂에 가보고 싶다고 했다. '종학
당'은 坡平 尹氏의 대표적인 門中書堂이었다. 선생은 젊은 시절 이곳
에서 訓長노릇을 했다고 했다. 종학당은 천혜의 자연조건을 가진 산
아래 정남향에 자리 잡고 있었다. 선생은 종학당의 모든 것을 소개하고
싶어 하셨다.

종학당

    '宗學'이란, '가장 으뜸가는 학문이라는 의미이며 동시에 門中에서 내려오는 규례와 법도'를 의미하기도 하지. 또 종학은 조선시대 왕족을 교육하는 교육기관의 이름이기도 하네. 종학당을 건립하고 초기의 기틀을 마련한 인물이 八松 尹煌선생의 둘째아들 尹舜擧인데 아우인 尹宣擧와 함께 건립했지. 이후 명재선생이 두 번째 학장을 맡아 門中의 인재 교육에 헌신했다네. 종학당에는 '宗約'이라는 규정을 만들어 놨는데 매우 체계적인 방식으로 교육을 했다는 증거이지. 종학당의 교육체제와 그 내용은 다음과 같네.

부(富)를 전하지 말고 학(學)을 꽃피워라

1. 10세 이상의 어린 자제들은 모두 한 곳에 모아 스승을 세우고 학문을 강의해 훌륭한 인재로 양성한다.

---

2. '擇師長'은 宗人중에 재주가 있고 학문이 깊은 사람을 스승으로 삼고, 자제 중에 글을 잘 터득한 자를 長으로 하여 자제를 가르치게 한다.

3. '書冊'은 五經과 四書를 비롯해 ≪朱子家禮≫·≪小學≫·≪心經≫·≪近思錄≫ 등의 책을 비치한다.

4. '贍養'은 스승에게 매월 쌀 9말을, 長에게는 쌀 7말을 지급한다. 受學者는 매월 쌀 6말과 소금, 간장, 채소를 바치고 학생의 의복과 급식은 의곡(義穀: 종중 토지에서 수입되는 곡식)에서 有司가 맡아 처리한다.

5. '課讀'은 10세 이상은 매일 과제로 공부하게 하고, 30세 이상은 매달 과제를 주어 학문하게 한다. 독서의 순서는 栗谷 선생이 가르치던 법에 따라 소학→대학→논어→맹자→중용→시경→역경→춘추→근사록→가례 등의 순서로 책을 읽는다. 異端雜類(유교에서 유교 외의 모든 학설이나 책에 대해 일컫는 말)는 부정한 책이니 보지 말고, **독서할 때 본래 과목은 100번에 걸쳐 暗誦하고 副讀本은 30~40번 암송한다. 史書는 반복해서 날마다 스승이나 택사장 앞에서 背誦한다. 책 1권을 외우고 난 뒤 의문점이 없게 된 다음에 다른 책으로 옮긴다. 修學의 성적을 조사하는 규정에 의하면 月講이라 하여 매월 초하루와 보름에 실시한다. 학생은 독서한 책을 들고 이른 아침에 시험을 본다. 이 때 성적이 좋으면 침착하지만 성적이 나쁘면 벌을 내린다.** 또 바른 행실과 가정을 다스리는 일, 재화를 유리하게 운용하는 일, 종회의 예법 등에 대해 토의하는 시간을 갖도록 한다.

6. '齋儀'는 매일 스승과 擇師長은 아침 일찍 기상해 의관을 정제하고 자제들을 인솔하여 先祖 산소를 향해 두 번 절 한다.

소학선생은 젊은 시절 종학당에서 訓長하던 시절을 한동안 회상에 젖으시더니 이윽고 말문을 여셨다.

"내가 세상에서 가장 존경하는 분이 명재 尹拯선생님이시었네. 평생 동안 벼슬을 하지 않고 후학들을 양성한 것도 나에게는 엄청난 영향을 주었지. 하지만 내가 명제선생을 정말로 존경한 것은 그분이 학문을 하면서 실천을 했다는 거야. 내가 칠십 평생 경전을 공부하면서 결론을 내린 것은 ≪童蒙訓≫〈宋史隱逸傳〉에 나오는 다음의 句節이지.

言其所善, 行其所善, 思其所善, 如此而不爲君子未之有也.
言其不善, 行其不善, 思其不善, 如此而不爲小人, 未之有也.

(선한 일을 말하고, 선한 일을 행하며, 선한 일을 생각하고서도 군자가 되지 않는 사람은
없다. 또한 선하지 않은 일을 말하고, 선하지 않은 일을 행하며, 선하지 않은 일을 생각하
고도 소인이 되지 않은 사람은 없다.)

선생님은 또 자신의 학문을 몰두하면서 '初學畫一之圖'와 '爲學
之方圖'를 그리셨지. '初學畫一之圖'는 '처음 공부를 시작한 어린 학생
들이 한결같이 지켜야 할 규범을 정리해 놓은 것'이고, '爲學之方圖'는
'학문에 뜻을 둔 사람이 간직해야 할 마음가짐과 행동을 제시해 놓은

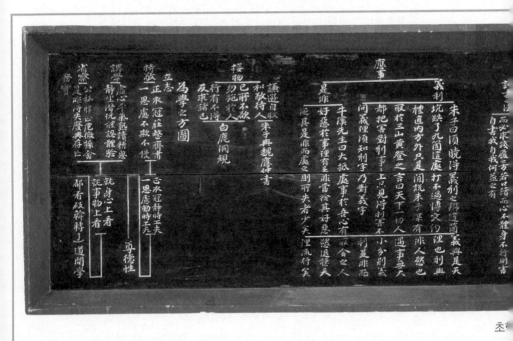

것'이지. 이 두 가지를 자세히 알아보면 명재선생이 인식하고 있던 깊은 학문의 실상과 학문을 추구하는 방법을 알 수 있다네. 천태야 네가 그동안 공부한 것을 바탕으로 여기 종학당 안에 있는 '初學畫一之圖'와 '爲學之方圖'를 설명할 수 있겠니.

"예, 제가 한번 명재 선생님을 追慕하면서 부족한 실력이지만 한번 해 보겠습니다"

천태는 '初學畫一之圖'와 '爲學之方圖' 그림을 한동안 응시하더니 대충 줄거리를 정리하자마자, 이내 설명을 겸한 해석을 하기 시작했다.

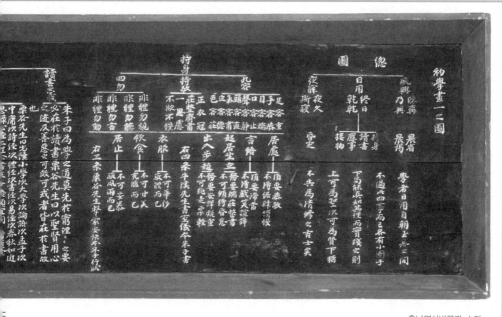

먼저 '初學畵一之圖'를 보면서 설명 드리겠습니다,

먼저 '總圖'이라는 제목아래 夙興(아침 일찍 일어남), 日用(하루를 보냄), 夜寐(밤에 잠을 잠)의 세 가지 항목으로 구분해 놓았지요. 그리고 日用을 다시 持身, 讀書, 應事, 接物의 네 가지로 분류하여 설명하였고 따라서 크게 보면 그림이 두 가지이지만, 실제로는 日用에 속하는 네 가지 항목을 집중적으로 설명해 놓은 것임을 알 수 있습니다.

세 가지 항목 중

먼저 '夙興'을 설명하면,

> 昧爽乃興(아침 기운이 나가든 일어나고)
> 晨省晨謁(어버이가 간밤에 잘 주무셨는지 살피며 인사하고)

다음 日用은,

> 終日乾乾(종일토록 부지런히 힘써야 할 것을 말하고)
> 방법으로는 **持身**(몸가짐), **讀書**(책읽기), **應事**(일을 처리함), **接物**(사물을 접함)등 네 가지를 제시했으며,

이것에 대하여 '배우는 자들이 날마다 해야 될 일이 아침에서 저녁에 이르기까지 이 네 가지밖에 없을 뿐이다. 각각 아래에 작은 그림을 붙여 놓았으니 진실로 능히 참으로 그 이치를 알아서 실천한다면, 위로는 聖人이 될 수 있고, 다음으로는 賢人이 될 수 있으며, 밑으로도 오히려 자신의 몸을 깨끗이 닦는 길한 선비가 됨을 잃지 않는다' 설명

하셨으며,

（學者日用 自朝至暮之間 不過此四事而已 各有小圖于下 苟能眞知基理而實踐之 則上可聖 次可爲賢 不猶不失爲淸 修之吉士矣.)

다음 夜寐는,

夜久斯寢(밤이 깊으면 잠을 잘 것이며)
昏定(어버이의 잠자리를 정리해야 하며)

다시 日用에 들어가서 보면 항목을
다시 九容, 持敬, 四物의 세 가지를 나누었는데,

'九容'은 ≪禮記≫ 〈玉藻〉에 나오는 말로,

군자가 일상생활에서 지켜야 할 아홉 가지의 몸가짐을 말하며,

足容重(발모양은 무겁게 하며),
手容恭(손모양은 공손하게 하며)
目容端(눈 모양을 단정하게 하며),
口容止(입모양은 그치며)
聲容靜(소리 모양은 고요하게 하며),
頭容直(머리 모양은 곧게 하며)
氣容肅(숨 쉬는 모양은 엄숙하게 하며),
立容德(서있는 모양은 덕스럽게 하며)
色容莊(얼굴모양은 장엄하게 해야 한다) 등이며,

'持敬'은,

의관을 바르게 하여 몸가짐을 장엄하게 정리하여 가지런하고 엄숙해야 할 것(正衣冠 莊整齊肅)과 똑같이 하여 속이거나 게을리 해서는

小學天道

안 된다는 것(一思慮 不欺不慢)을 말했으며,

'四物'은 ≪論語≫ 〈顔淵〉 편에 나오는 말로,

> 일상생활에서 지켜야 할 네 가지 덕목으로 말한 것인데,
> 非禮勿視(禮가 아니면 보지 말며),
> 非禮勿聽(禮가 아니면 듣지 말며)
> 非禮勿言(禮가 아니면 말하지 말며),
> 非禮勿動(禮가 아니면 움직이지 말라)

日用은 앞서 持身(몸가짐), 讀書(책읽기), 應事(일을 처리함), 接物(사물을 접함)등으로 구분했었는데, 정확히 설명하면,

첫 번째 持身은,

九容, 持敬, 四物의 세 가지를 종합하여,

居處, 言語, 起居坐立, 出入步趨의 네 종목과
衣服, 飮食, 居止의 세 종목 등 모두 일곱 가지로 설명했는데,

1) 居處는

공손하고 삼가며 거만하거나 나태하지 않아야 하며,

(須要恭敬 不得倨肆惰慢)

2) 言語는

분명하고 적절하게 하며 농담하거나 떠들지 않아야 하며,

(須要諦當 不得戲笑喧譁)

總圖

夙興 ─ 昧爽晨省 / 乃興晨謁

日用終日乾乾

夜寐 ─ 夜久斯寢 / 昏定

日用乾乾 ─ 持身 / 讀書 / 應事 / 接物

學者日用自朝至暮之間不過此四事而已必各有小圖于下苟能真知其理而實踐之則上可為聖次可為賢下猶不失為清修之吉士矣。

持身持敬

九容

足容重
手容恭
目容端
口容止
聲容靜
頭容直
氣容肅
立容德
色容莊

居處須要恭敬。不得倨肆惰慢。
言語須要諦當。不得戲笑喧譁。
起居坐立務要端莊整肅。不可傾倚恣睢昏怠。
出入步趨務要安詳徐重。不可跳走票輕。
右四條牛溪先生書室儀。本朱子書。

正衣冠。
莊整齊肅。
一思慮。
不欺不慢。

衣服蔽體而已。不可華侈。
飲食充腹而已。不可甘美。
居止蔽風雨而已。不可安素。
右三條栗谷先生擊蒙要訣本朱子行狀。

四勿
非禮勿視。
非禮勿聽。
非禮勿言。
非禮勿動。

초학화일지도

3) **起居坐立**는

단정하고 엄숙한 태도를 지니도록 힘쓰며, 기대거나 늘어져서는
안 되며(務要端莊整肅 不可傾倚昏怠)

4) **出入步趨**는

침착하고 듬직한 태도를 지니도록 힘쓰며,
뛰거나 경망스러워서는 안 되며(務要安詳凝重 不可跳走票輕)

이상 네 조목은 우계(牛溪) 선생의 〈書室儀〉에 나오는 말로, 1571
년(선조4)에 우계가 파산(坡山)에 우계서실(牛溪書室)을 완성하고 문도를
가르칠 때에 서실에서 학생들이 지켜야 할 규칙 22개 조항을 만들었는

데, 이것을 말하며 본래는 주자(朱子) 편지의 한 구절이며,

5) 衣服은

화려하거나 사치해서는 안 되고 몸을 가릴 정도면 되며,

(不可華侈 蔽體而已)

6) 飮食은

감미로운 맛을 추구해서는 안 되고 배를 채울 정도면 되며,

(不可甘美 充腹而已)

7) 居止는

너무 안락하게 꾸며서는 안 되고 비바람을 가릴 정도면 되며

(不可安泰 蔽風雨而已)

이상 세 조목은 율곡(栗谷) 선생의 ≪擊蒙要訣≫에 나오는 말로, 본래는 〈朱子行狀〉의 한 구절이며.

두 번째 讀書는,

'讀書之義'에 대해 朱子선생이 말하기를,

為學之道莫先於窮理, 窮理之要必在於讀書
(학문하는 방도는 이치를 연구하는 것보다 우선적으로 해야 할 일이 없고, 이치를 연구하는 요체는 반드시 독서하는 데에 달려 있다.) 하였는데,

율곡 선생이 이와 관련하여 말하기를,

以聖賢用心之迹及 善惡之可效可戒者 皆在於書故也
(聖人과 賢人의 마음 쓴 자취는 물론, 본받아야 할 善과 경계해야 할 惡에 대한 내용이
모두 책에 쓰여 있기 때문이다.)고 말했으며,

'讀書之序'에 대해 栗谷 선생이 말하기를,

先讀小學 次大學 次論語 次孟子 次中庸 次詩經 次禮經 次書經 次易
經 次春秋 如近思錄 家禮 心經 二程全書 朱子語類 宜間間精讀餘力
亦讀史書通古今達事變.
(먼저 《小學》을 읽고 그 다음은 《大學》, 다음은 《論語》, 다음은 《孟子》, 다음
은 《中庸》, 다음은 《詩經》, 다음은 《禮經》, 다음은 《書經》, 다음은 《易經》,
다음은 《春秋》를 읽는다. 《近思錄》・《朱子家禮》・《心經》・《二程全書》・
《朱子語類》 같은 책은 간간이 정독하고 여력이 있으면 또 史書를 읽어서 고금의 역사
와 사물의 변화에 통달 한다.) 하였으며,

牛溪 선생이 말하기를,

所當讀之書小學 大學 大學或問 論語 孟子 中庸 中庸或問 近思錄 家
禮 心經 詩經 書經 易經 春秋 禮記 二程全書 朱子大全 伊洛淵源錄
延平答問理學通錄 資治通鑑綱目 資治通鑑綱目 皇明通紀, 程子言 精
神長子博取之 氣衰者必須節約之功 心經以上節約之書也.
(읽어야 할 책은 《소학》・《대학》・《大學或問》・《논어》・《맹자》・《중용》・
《中庸或問》・《근사록》・《주자가례》・《심경》・《시경》・《서경》・《역경》・
《춘추》・《예기》・《이정전서》・《朱子大全》・《이락연원록(伊洛淵源錄)》・
《연평답문(延平答問)》, 《이학통록(理學通錄)》・《자치통감강목(資治通鑑綱目)》・
《속자치통감강목(續資治通鑑綱目)》・《황명통기(皇明通紀)》 등이다. 정자(程子)는

말하기를, '정신력이 뛰어난 자는 널리 취하고 기운이 부족한 자는 반드시 절약하는 공부를 하라.' 하였는데, ≪심경≫ 이상은 모두 절약하는 책이다.)라고 하였으며,

'讀書之法을 주자 선생이 말하기를,

讀書之法 莫貴於循序而致精
(독서하는 방법은 순서대로 해 나가면서 정밀하게 연구하는 것이 가장 중요하다.) 고 하였고,

율곡 선생이 말하기를,

讀書者 專心致知熟讀精思深解義 趣而必求踐履之方 若口讀而心不體 身不行則 書自書 我自我 何益之有)
(독서하는 자는 마음과 뜻을 전일하게 가지고 충분히 읽고 정밀하게 생각하면서 당연히 그 의미를 깊이 이해해야 하며, 구절마다 반드시 그 실천 방법을 탐구해야 할 것이다. 만일 마음으로 체득하며 몸으로 실행하지 못하고 단지 입으로만 책을 읽는다면 책은 책 대로이고 나는 나 대로일 것이니, 무슨 이익이 있겠는가.) 하였으며,

세 번째 應事는.

의리(義利)를 주자 선생이 말하기를,

須?得義利之辨 這箇坑趺了九箇 這處打不過博文約禮 直內方外只是閑 說 朱子深有取於三山黃登之言曰 天下一切人都把害對利事 事上只見 得利害不問義理 須知利字乃對義字 義與是天理也利與非人慾也 遇事 無大小分別義理是非而取捨之人 慾退聽而天理流行矣)

(모름지기 義와 利의 구분을 알아야 한다. 이 구덩이에 열에 아홉은 넘어지니 이곳을 해결하지 못하면 본연의 예로 돌아가는 일[博文約禮]이나 敬으로써 내면을 곧게 하고 義로써 외면을 바르게 하는 일[直內方外]은 단지 쓸데없는 말이 될 뿐이다." 하였고, 주자는 또 삼산(三山) 황등(黃登)의 말에서 크게 취한 점이 있어 말하기를, "천하의 모든 사람들은 모두 해(害)를 이(利)와 연결 지어 보고 있다. 결국 일마다 단지 이해의 관점으로만 보고 의리(義理)는 따지지 않는다. 그러나 모름지기 이(利) 자는 바로 의(義) 자의 상대적 개념이라는 것을 알아야 한다." 하였다. 의(義)와 시(是)는 천리(天理)이고 이(利)와 비(非)는 인욕(人慾)이다. 큰일이든 작은 일이든 어떤 일을 만나더라도 의리(義利)와 시비(是非)를 잘 분별하여 취사선택한다면 인욕을 물리칠 수 있어 천리가 흘러넘치게 될 것이다.) 라고 하였으며,

시비(是非)를 우계 선생이 말하기를,

大抵處事於 吾心有好惡於事理有是非 當捨其好惡從其是非而處之 則所失者少矣.
(대체로 일 처리는 이렇게 해야 한다. 내 마음에는 호오(好惡)가 있으나 사리에는 옳고 그름이 있으니, 자신의 호오를 버리고 그 일의 시비를 따라 일 처리를 해야 할 것이다. 그렇게 하면 잃는 게 적을 것이다.) 하였으며,

네 번째 '接物'은,

謙遜自牧 和敬待人(겸손한 태도로 자신을 다스리고 온화한 자세로 남을 대한다.) 이는 ≪주자대전≫ 권39 〈魏應仲에게 준 편지〉에 있는 구절이고, 己所不欲 勿施於人(자기가 하고 싶지 않은 일을 남에게 행하지 말라)는 〈白鹿洞規〉에 있고, 行有不得 反求諸己(행했을 때 상대가 받아들이지 않으면 자신에게 돌이켜 그 원인을 찾아본다.)라 했으며,

위의 내용을 종합하면서 명재선생은 다시 율곡선생의 말을 인용하여 자신이 왜 이러한 그림을 만들게 되었는가를 대한 설명을 다음과 같이 해 놓았는데,(한국고전번역원 명재유고 참고)

栗谷先生曰 °所謂學問者 °非異常別件物事也 °只是人倫日用動靜之間 °隨事各得其當而已 °今人不知學問在於日用 °推與別人 °自安暴棄 °豈不可哀也哉 °今爲此圖者 °欲使人人 °知所謂學問者 °不過如斯 °初非難知而難行者也 °若人人講習於此 °則人人皆爲學問之士 °豈不美哉 °不然而隨行逐隊 °朔望課誦而已 °則亦一文具而已 °何益之有哉 °幸各寫一本潛玩而體行之如何.

율곡 선생이 말하기를, "이른바 학문이라는 것은 특별히 이상하거나 별다른 것이 아니다. 그것은 단지 관계를 맺고 일상생활을 해 나가는 사이에서 사안에 따라 각각 합리적인 방도를 찾는 것일 뿐이다. 그런데 요즘 사람들은 학문이 일상생활에 있다는 것을 모른 채 특별한 사람의 일로 미루어 버리고는 자신은 편안하게 자포자기해 버리니, 어찌 슬프다 아니할 수 있겠는가." 하였다. 지금 내가 이 도표를 제시한 것은, 사람들로 하여금 이른바 학문이라는 것이 이와 같은 데 불과하므로 애당초 알기 어렵고 행하기 어려운 일이 아님을 알게 해 주려는 뜻에서이다. 만약 사람들이 이 도표에 제시된 대로 공부하고 실행한다면 한 사람 한 사람이 모두 학문하는 선비가 될 것이니, 어찌 아름답지 않겠는가. 그런데 그렇게 하지 않고 그냥 남의 뒤를 따라 초하루와 보름에 일과로 글을 암송하는 데에서 그친다면, 그것은 단지 하나의 학문적 허울에 지나지 않을 것이니, 무슨 도움이 되겠는가. 부디 각각 한 본(本)씩 베껴서 마음을 차분히 가라앉히고 음미하면서 체행해 보는 것이 어떻겠는가?

위의 내용에서 알 수 있듯이 명재선생은 처음 학문에 들어선 초학자들이 간직해야 할 마음가짐과 지켜야 할 행동강령, 그리고 구체적으로 순서에 따라 읽어야 할 도서목록을 제시해놓고 실천했던 것입니다. 이는 유학의 전통적인 가치인 '學問과 行動의 일치'의 중요성을 闡明한 것이며, 외적인 학문보다는 내적인 도덕의 완성임을 강조한 것으로 보이고요. 유학자로서의 명재선생이 갖고 있던 교육철학 및 교육방식이 드러난 것이고, 이로 인해 파평윤씨 후손들이 조선사회에서 관직에 등용해 나라에 공헌하는 역할을 톡톡히 하게하는 원동력이 됐음은 두말할 나위가 없다고 하겠습니다.

다시 옆에 있는 '爲學之方圖'에 대해 설명 드리면,

명재선생은 '初學畵一之圖'에 이어 학문을 함에 있어서 반드시 마음속에 간직해야 할 것을 그림으로 만든 것이 '爲學之方圖'인데요. 이 도설을 살펴보면 立志와 務實, 그리고 그 과정을 설명한 세 가지 규범을 설명하였으며 그는 '學者 °學此而已 三者 °廢其一 °非學也'라 하여 이 규범 중 하나라도 온전하지 못하다면 학문이 될 수 없다고 단정하였습니다.

세 가지 규범은 持敬, 講學, 省察등 인데,

持敬에서는,

> 正衣冠 莊整齊肅 一思慮 不欺不慢
> (의관을 바르게 하여 단정하고 엄숙한 태도를 지니며 생각을 전일하게 하여 속이지 않고 태만하지 않으며)

위학지방도

선생은 의관을 바르게 하는 것은 조용히 있을 때의 공부를 靜時工夫에 해당된다고 하시고, 생각을 전일하게 하는 것은 움직일 때의 공부를 動時工夫에 해당한다고 하셨으며, 이것이 德性을 함양하는 것으로 尊德性이라 하셨으며,

講學은,

虛心平氣 熟讀精思 靜坐潛玩 體認體驗
(마음을 비우고 기운을 고르게 하며, 충분히 읽고 정밀하게 생각하며, 정좌하여 잠심(潛心)하고 음미하며, 체인하고 체험하며,)

省察은,

講學과 省察을 한꺼번에 설명하면서,

위의 도표를 다시 한 번 살펴보면, 명재선생은 학문의 시작이 학
문에 대한 뜻을 세우는 것 이라고 보았으며, 특히 그는 학문에 뜻을 세
운 뒤 持敬, 講學, 省察의 과정을 거쳐 학문을 완성하게 되는데 그 완
성의 목표는 務實로 여긴다고 여겼으며, '務實'이란 학문이 단지 학문
으로 그치는 것이 아니라 현실에 활용할 수 있는 것을 말하며 또 구체
적인 성과까지 동반하야 한다고 했으며, 다시 말해 학문이 空理空論이
나 曲學阿世하여 출세의 수단으로 삼아서는 안 되고 인간의 삶에 진정
으로 도움을 줄 수 있어야 한다는 것으로 여겼으며, 선생은 이 도표는
율곡선생이 만든 것이고 우계선생이 주자선생의 책 제목에서 뽑아 '爲
人之方'이라고 이름을 붙인 것이라 하시며 이 도설에 나오는 개념들이
전통적인 유학자들의 생각에서 유래된 것임을 밝히기 위하여 주자선생
과 퇴계선생의 일화를 여러 개 인용해 놓았는데 소개하면 다음과 같습
니다.

朱子答林伯和書曰 °今日之計 °莫若且以持敬爲先 °而加以講學省察之
功 °蓋人心之病 °不放縱卽昏惰 °若日用之間 °務以整齊 °嚴肅自持 °
常加警策 °卽不至昏惰矣 °講學吳先於語孟 °而讀語孟者 °又須逐章熟
讀 °切己深思 °如二程先生說 °得親切處 °直須看得爛熟 °與經文一
般 °成誦在心 °乃可加省察之功 °蓋與講學互相發明 °但日用應接思慮
隱微之間 °每每加察 °不使有頃刻悠悠 °則爲學之本立矣.

주자선생이 林伯和에게 답한 편지에서 말하기를, "오늘날의 대책을 말
한다면, 먼저 지경(持敬)으로 우선을 삼은 다음에, 여기에다 '강학과 성
찰의 공부를 더하는 것[加以講學省察之功]'만 한 것이 없습니다. 대체
로 사람 마음의 병통은 방종이 아니면 혼타(昏惰)라고 할 수 있습니다.
그러니 만약 일상생활에서 단정하고 엄숙한 태도를 지니면서 스스로를
지켜 가는 데에 힘쓰고 여기에 항상 경책(警策)을 가한다면 결코 혼타한
데에 이르지 않을 것입니다. 강학하는 책으로는 ≪논어≫와 ≪맹자≫보
다 우선할 책이 없습니다. ≪논어≫와 ≪맹자≫를 읽는 자는 먼저 장(章)
마다 숙독해 가면서 자신에게 절실한 문제를 깊이 생각해야 할 것입니
다. 그 중에 정호(程顥)와 정이(程頤) 두 선생이 친절하게 말한 대목들을
무르익을 만큼 충분히 읽어 그 경문(經文)과 마찬가지로 암송해야만 비
로소 마음에 성찰의 공부를 더할 수 있을 것이니, 이것이 강학과 함께
서로 보완하여 실체를 밝히는 방법이 될 것입니다. 그리고 일상생활에
서 사물을 대하고 생각하는 은미(隱微)한 사이에 언제나 더욱 성찰하여
잠시라도 안일한 생각이 끼어드는 일이 없도록 한다면 학문하는 근본이
확립될 것입니다." 하였으며,

朱子答曾光祖書曰 °爲學大綱 °且得以敬自守 °而就其間講論省察 °便
見致知 °知得一分 °便有一分工夫 °節節進去 °自見欲罷不能 °不待刻
苦加勵而後得也.

주자선생이 曾光祖에게 답한 편지에서 말하기를, "학문의 대강(大綱)은 경(敬)으로 자신을 지키며 그 사이에 강론하고 성찰하는 것인데, 그렇게 하면 치지(致知)의 효과를 보게 되어 1분(分)을 알면 곧 1분의 공부가 되는 것입니다. 그런 식으로 한 단계 한 단계씩 나아가다 보면 뼈를 깎는 노력을 하지 않아도 되는 '욕파불능(欲罷不能)'의 단계에 자연히 이르게 될 것입니다." 하였으며,

여기서 '欲罷不能'은 공자의 제자(顔淵) 이른 공부의 경지인데, 안연이 공자에게 처음 배울 때에는 공자의 道가 "우러러볼수록 더욱 높고, 파고들수록 더욱 견고하며, 바라보면 앞에 있는 듯 하다가 홀연히 뒤에 있다."라고 느꼈는데, 공자가 차근차근 순서대로 가르치면서 학문으로 지식을 넓혀 주고 중정(中正)한 예(禮)로 행동을 단속하게 해 주자, 공부를 그만두려 해도 그만둘 수 없을 만큼 자연스럽게 공부에 심취해 들어가게 되었고 마침내 공자의 도가 우뚝하게 자신의 앞에 서 있는 게 보이는 단계에 이르게 되었는데, 이는 성인(聖人)의 경지에는 아직 한 칸 정도 미달된 상태지만 역시 도의 실체를 깨달은 단계라고 할 수 있고,

朱子答方耕道書曰 °所謂敬者 °亦不過曰正衣冠 °一思慮 °莊整齊肅 °不欺不慢而已.

주자선생이 방경도(方耕道)에게 답한 편지에서 말하기를, "이른바 경(敬)이라는 것도 의관을 바르게 하고 생각을 전일하게 하여, 단정하고 엄숙한 태도를 지니며 속이지 않고 태만하지 않는 것에 불과하다 하겠

습니다." 하였으며,

退溪先生答李宏仲曰 °正衣冠 °莊整齊肅 °是以靜言 °然而動時衣冠 °
豈可不正 °容止事物 °豈可不莊整齊肅乎 °一思慮 °不欺不慢 °是以動
言 °然而靜時 °尤不可不主於一 °又豈容有一毫欺慢乎

퇴계선생이 李宏仲에게 답한 편지에서 말하기를, "대개 '의관을 바르게
한다.'거나 '장중하고 엄숙하게 한다.'라는 말은 정적(靜的)인 측면에서
말한 것이지만, 동(動)할 때에도 의관을 어찌 바르지 않게 할 수 있겠으
며, 사물을 접하는 데 있어서도 어찌 단정하고 엄숙하게 하지 않을 수
있겠습니까. '생각을 전일하게 한다.'거나 '속이지 않고 태만하지 않는
다.'라는 말은 동적(動的)인 측면에서 말한 것이지만, 고요히 있을 때에
도 이 마음은 더욱 본원(本原)의 자리에 전일하게 있지 않아서는 안 되
는데, 또 어찌 털끝만큼이라도 속이거나 태만히 할 수 있겠습니까." 하
였으며,

朱子答宋容之書曰 °讀書 °先要虛心平氣 °熟讀精思 °然後可以較其是
非 °以求聖賢之本意 °ㅇ語類 °體認便是致知 °ㅇ問如何是體認 °曰 °
體認 °是把那聽得底 °自去心裏 °重複思繹過 °ㅇ又曰 °體驗 °是自心
裏暗自講量一次

주자선생이 宋容之에게 답한 편지에서 말하기를, "독서는 먼저 마음을
비우고 기운을 고르고 나서 충분히 읽고 정밀하게 생각해야 합니다. 그
런 뒤에야 그 옳고 그름을 따져서 성현의 본의(本意)를 구할 수 있을 것
입니다." 하였으며, ≪朱子語類≫에 "체인(體認)하는 것이 바로 치지(致

知)이다." 하였으며, ○ 문인(門人)이 묻기를, "어떻게 하는 것이 체인입니까?" 하니, 주자가 답하기를, "체인은 들은 것을 자연스레 마음으로 가져와서 반복하여 생각하고 실마리를 찾는 것이다." 하였으며, ○ 또 주자가 말하기를, "체험(體驗)은 마음속으로 조용히 혼자 한번 연구하고 생각해 보는 것이다." 하였으며,

退溪先生答李平叔書曰 °仁義禮智 °須將四箇字做題目 °入思議 °靜坐潛心 °研究玩味 °體認 認辨識也 °體驗 °驗考視也 °仁在吾心 °若何而爲心之德 °若何而爲愛之理 °若何而爲溫和慈愛底道理 °於義禮智 °亦當如此

퇴계선생이 李平叔에게 답한 편지에서 말하기를, "모름지기 '仁義禮智'라는 이 네 글자로 제목을 붙여 그것을 생각 속으로 들여놓고는 고요히 앉아서 마음을 차분히 가라앉히고 깊이 연구하고 음미하는 동시에 스스로 體認의 '인(認)' 자는 구분하여 식별한다는 뜻이다. 體驗의 驗자는 시험한다는 뜻이다. 다시 말하면 '인(仁)'이 내 마음에 있는데, 어떻게 마음의 덕이 되고 어떻게 사랑의 이치가 되며 어떻게 온화하고 자애로운 도리가 되는지를 체인하고 체험하라는 것입니다. 그리고 '의(義)'와 '예(禮)'와 '지(智)'에 대해서도 이와 같이 해야 합니다." 하였으며,

朱子答劉子澄書曰 °通書 °極力說幾字 °儘有警發人處 °近則公私邪正 °遠則興廢存亡 °只於此處看破 °便幹轉了 °此是日用第一親切工夫

주자선생이 劉子澄에게 답한 편지에서 말하기를, "≪通書≫에 '기(幾)' 字를 자세히 설명한 것을 보았는데, 참으로 사람을 경계시키고 일깨워 주는 대목입니다. 가까이로는 공사(公私)와 사정(邪正), 멀리로는 흥폐(興廢)와

존망(存亡)을 이를 통해 간파한다면 인식의 전환이 이루어지게 될 것입니다. 이것은 일상생활에서 제일 절실한 공부라 하겠습니다." 하였으며,

朱子答余正叔書曰 °所論正謂敬義二字 °不可偏廢 °專言主敬 °而不知就日用間念慮處 °分別其公私義利之所在 °而決取捨之幾焉 °則恐亦未免於昏憒雜擾 °而所謂敬者 °有非其敬矣 °且所謂集義 °正是要得看破那邊物慾之私 °却來這下認得天理之正 °事事物物頭頭處處 °無不如此 °體察觸手 °便作兩片 °則天理日見分明.

주자선생이 余正叔에게 답한 편지에서 말하기를, "지난번에 논한 것은 바로 경(敬)과 의(義) 두 글자 중에 어느 한쪽도 폐해서는 안 된다는 것이었습니다. 전적으로 경을 위주로 한다고 하면서도 일상생활 하는 사이에 생각이 일어날 때마다 공사(公私)와 의리(義利)의 소재를 분별하여 이를 취할 것인지 버릴 것인지의 기미를 판단할 줄 모른다면 아마도 머릿속이 복잡하고 혼란스러움을 면치 못하여 이른바 경이라는 것이 진정한 경이 아닐 것입니다. 그리고 이른바 의를 축적한다는 것은 바로 저쪽에 있는 사사로운 물욕을 간파하고 이쪽으로 와서 올바른 천리를 인식하여, 모든 사물을 각각의 방면에서 모두 이렇게 체찰(體察)하여 대하는 것마다 천리와 인욕을 구분하는 것이니, 그렇게 되면 천리가 날마다 분명해질 것입니다." 하였으며,

이와 같이 명재선생은 자신의 생각을 증명하기 위하여 선현들의 말씀을 증거로 제시해놓고 이 圖說을 마무리하면서 다음과 같은 글을 남기셨는데,

右卽栗谷先生所爲圖也 °而牛溪先生嘗抄朱子書題曰爲學之方 °其中有

答林伯和一書 °此圖卽因此書而爲之者 °而亦以爲學之方爲目 °則兩先生之所共訂定 °可見也 °原圖道問學三字 °倒書之 °說者以爲與尊德性相對爲首尾 °故象其相向也 °然恐太涉安排 °故直書之 °所謂立志務實二目 °則拯之僭取兩先生之意而添之者也 °蓋非立志則無以始 °非務實則無以終 °此擊蒙要訣及聖學輯要 °皆以立志爲首章 °而學方所摭諸書 °無非實下工夫之意故也 °至於下方諸說 °皆此圖之所本 °故輒復聚而書之 °以明圖意 °此圖雖初學之士 °皆可曉然可見 °而該遍的當 °徹上徹下 °眞爲學之要方也 °學者其盡心焉 °歲辛巳孟冬 °後學坡平尹拯謹書.

이상은 율곡선생이 그린 도표이다. 우계 선생이 일찍이 주자 선생의 편지글을 필사하여 '학문하는 방도[爲學之方]'라는 제목을 붙인 책이 있는데, 그 안에 주자가 林伯和에게 답한 편지 한 통도 있다. 이 도표는 바로 이 편지를 토대로 작성된 것인데, 역시 '학문하는 방도'라는 제목을 붙였으니, 이를 통해 보면 두 선생이 함께 의논하여 정한 것임을 알 수 있다. 원도(原圖)에는 '道問學' 세 글자가 거꾸로 쓰여 있는데, 해설하는 자가 말하기를, "尊德性과 상대하여 서로 수미(首尾)를 이루고 있기 때문에, 그 서로 향하는 바를 형상하려고 한 것이다." 하였다. 그러나 너무 인위적으로 안배한 점이 있다는 생각이 들어 글자를 바로 세워 기록하였다. 이른바 '뜻을 세운다[立志]'는 조목과 '실제에 힘쓴다[務實]'는 조목은 내가[拯] 외람되이 두 선생의 뜻을 취하여 추가한 것이다. 대체로 뜻을 세우지 않으면 시작할 수 없고 실제에 힘쓰지 않으면 끝날 수 없다. 이는 ≪擊蒙要訣≫이나 ≪聖學輯要≫에서 모두 뜻을 세운다는 항목을 첫 장으로 삼았고, 우계의 '학문하는 방도'라는 책에서 모은 주자의 여러 편지 역시 모두 실제로 공부해 나가는 뜻을 담고 있기 때문이다. 아랫부분의 여러 설은 모두 이 도표의 근거가 되는 글이다. 그래서 다시 모아 기록하여 도표의 의미를 밝힌 것이다. 이 도표는 비록 초학자라도 분명하게 알 수 있고 위아래에 모두 통하는 보편타당한 조목이라 할 수 있다. 실로 학문하는 중요한 方道가 될 수 있으니, 학자들은 거기에 마음을 다해야 할 것이다. 신사년(1701, 숙종27) 초겨울에 후학 파평 윤증은 삼가 쓴다. 하셨으며,

끝으로 제가 알기로는 명재선생이 이 글을 쓰게 된 시기는 그의 나이 73세 되던 辛巳년(숙종27, 1701)이었으며, 이 때는 명재선생이 자신의 학문이 완성의 시기로 선생의 학문 본질과 방법에 대해 명쾌하게 설명하고 있는 이 '爲學之方圖'는 평생 나아가야 할 학문의 徵表로 손색이 없다 할 것입니다. 지금 현세를 살고 있는 우리들에게 학문을 어떻게 해야 하는가를 알려주는 큰 지침으로 시사 하는바가 크다고 하겠습니다.

進小學四三圖箚
(小學四三圖를 올리는 箚)

　　대저 사람은 태워나 죽는 것은 하늘의 理致로 알고 있습니다. 사
람이 존재함은 위에는 하늘이요, 아래는 땅이며, 그 가운데에 있기 때
문입니다. 해서 인간을 보고 '萬物의 靈長'이라고 하는 것은 이 原理입
니다. 다른 모든 事物들처럼 인간은 生老病死와는 끊을 수 없는 불가
분의 관계며, 나서 죽을 때까지 한 인간으로서 한평생 살아간다는 것은
쉽고도 어렵습니다. 아니, 사는 것이 문제가 아니라, 어떻게 사는 것인
가 하는 문제이지요.

　　저는 한 평생 계룡산아래 시골에서 평생 농사를 지으면서 늘 자연
을 憧憬하며 지금까지 살아왔습니다. 농사일을 하면서 틈틈이 經典공부
하는 것도 게을리 하지 않았습니다. 단순히 孔孟思想에 얽매이기 싫어
老莊思想도 관심을 가졌으며 한 동안은 佛敎學에도 심취하기도 하였습
니다. 참다운 선비가 되기 위해 詩·書·畵, 文·史·哲을 평생 座右銘
으로 삼았습니다. 옛 선인의 훌륭한 자질은 결코 따라갈 수 없어도 그
분들의 그림자만 되면 된다는 정신으로 홀로 邁進하였습니다.

栗谷선생의 **讀書 章**에 따라,

　　단정히 손을 모으고 무릎을 꿇고 공경히 책을 대하여 마음을 오
로지 하고 뜻을 다하며 자세히 생각하고 涵泳하여 깊이 義趣를 이해하
고 구절마다 반드시 실천할 방법을 구했으며, 입으로만 읽어서 마음에
體得하지 않고 몸으로 실행하지 않기 위해 책은 我이고, 나는 冊이다
는 信念으로 독서를 專念하였습니다. 먼저 ≪小學≫을 읽어, 어버이를
섬기고 형을 공경하며, 임금에게 충성하고, 어른을 공경하며, 스승을
높이고 벗을 친히 하는 도리에 대해 일일이 자세히 익혔으며, 이어 ≪大
學≫과 ≪或問≫을 읽어, 이치를 궁구하고 마음을 바르게 하며, 자기
몸을 닦고 남을 다스리는 도리에 대해 성실히 실천해야 할 것을 배웠
으며, 이어 ≪論語≫를 읽어, 仁을 구하고 자신을 위한 학문을 하며, 本
原을 함양하는 공부에 대해 일일이 자세히 생각하고 깊이 체득했으며,
이어 ≪孟子≫를 읽어, 의리와 이익을 밝게 분별함과 人慾을 막고 天理
를 보존하는 말에 대해 일일이 밝게 살폈으며, 이어 ≪中庸≫을 읽어,
性情의 德과 미루어 지극히 하는 공부와 천지가 제자리를 얻고 만물이
生育하는 미묘한 이치에 대해 일일이 그 뜻을 탐색하여 터득했으며, 다
음에 ≪詩經≫을 읽어, 성정의 바름과 선악의 칭찬하고 징계함에 대해
일일이 깊이 생각하여 선한 마음을 感發하고 악한 마음을 징계했으며,
다음에 ≪禮經≫을 읽어, 天理의 節文과 사람이 행해야 할 儀則의 度
數에 대해 일일이 강구하고자 했으며, 다음에 ≪書經≫을 읽어, 二帝
(堯·舜)와 三王(禹·湯·文·武)이 천하를 다스린 大經大法(원리원칙)에 대
해 일일이 요령을 알아 근본을 거슬러 올라가야 할 바를 알았으며, 다
음에 ≪易經≫을 읽어, 길흉과 존망, 진퇴와 消長의 幾微에 대해 관찰
하여 깊이 연구한 바 있으며, 다음에 ≪春秋≫를 읽어, 성인이 善을 기

리고 惡을 벌주며, 抑揚하고 操縱한 隱微한 말씀과 오묘한 뜻에 대해 일일이 자세히 연구하여 깨달았으며,

이상의 五書五經을 돌려가며 익숙히 읽어 理會하기를 마지않아서 뜻과 이치로 하여금 날로 밝아지게 하고, 宋나라의 선현들이 지은 책에 《近思錄》·《家禮》·《心經》·《二程全書》·《朱子大全》·《語類》 및 기타 性理 說 같은 것을 마땅히 정독해서 뜻과 이치로 하여금 항상 내 마음에 젖어들어 어느 때고 間斷함이 없도록 하고, 남은 여가에 또한 역사책을 읽어 옛날과 지금에 일에 통하고 사물에 변을 통달하여 識見을 신장시켰습니다.

이렇게 공부를 하여 저는 원만한 한문지식은 물론 남들이 힘들어하는 漢詩 3백 여編과 계룡산에 대한 論考, 碑文, 노래가사, 筆寫 本飜譯 등을 실은 〈龍山九老酬唱錄〉을 발행하기도 했으며, 이로 인해 나름대로 지역에서 한문학의 최고의 경지라는 稱頌을 받기도 했답니다. 하지만 제가 이 글을 쓰게 된 동기와 원인은 제 개인적인 한문학 수준을 자랑하기 위한 것이 아니라, 모든 諸賢 들에게 제가 한문을 접하고 공부하면서 느낀 좌절감과 특히 한문학에게 관심이 있으신 후학들에게 꼭하고자 하는 바램이 있어서입니다.

그것은 다름 아닌 《小學》이란 책의 중요성입니다.

소학의 중요성에 대해서는 제가 앞서 이 책을 쓰면서 종종 언급하기도 했지만 다시 한 번 말씀드리면 소학이야 말로 修身齊家의 최고의 規範이라는 사실입니다. 무릇 남자라면 '修身齊家治國平天下'를 꿈

꾸는데 治國平天下이전에 修身이 먼저요, 다음이 齊家입니다. 修身이 되지 않은 것은 아무것도 안됐다는 것과 일치하지요. 聖賢의 말을 빌리면, 朱子선생은 "大學은 小學에 벗어나지 아니 하는데 소학을 읽어 지식을 겸비하면서 修身의 규범이 다 여기에 있다"고 하여 "소학을 잘 이해하고 存養하면 성숙하여 기본 소양을 이미 두텁기 때문에 大學등 다른 경전은 조금만 上考하면 정밀해질 것이다." 하였습니다. 또 許衡은 ≪小學大義≫를 통해 소학의 중요성을 설명하고 "小學을 나는 神明처럼 믿고 父母처럼 공경한다."고 말했으며, 이외에도 수많은 학자들이 소학의 중요성을 강조하고 이에 관한 많은 글을 남기기도 하였습니다.

소학은 후일 올바른 인간을 만드는 표준서로 평가 받으면서 우리나라의 道學을 일으킨 冶隱 吉再는 江湖 金淑滋에게 소학을 학습시키기도 했습니다. 이후 佔畢齋 金宗直과 寒暄堂 金宏弼과 靜菴 趙光祖로 이어가면서 소학을 인간의 근본을 배양하는 기본교과서로서 뿐만 아니라 性理學 입문서로 정착시켰습니다. 이런 영향으로 조선 역대 왕조에서도 소학 책을 발간해 배포하는 등 소학을 최고의 예절교양서로 자리 잡았지요. 하지만 세월이 흘러 이 책이 현실과의 乖離가 있다고 하여 언제부터인가 외면을 받았습니다. 경전하면 四書五經을 말하는데 여기에도 들어가 있지 않습니다. 이런 실정이 조선후기부터 지금까지 약 3백여 년 동안 계속되다 보니까 지금은 이 소학 책을 배우는 사람도 없을뿐더러 이 책을 강의할 학자도 없을 정도입니다.

해서 저는 이 같은 잘못된 폐단을 알고 안타까워하면서 다른 경전보다도 소학 책 학습에 매진하여 이번에 〈小學四十三圖〉를 그려 세상에 내놓게 되었습니다. 이 〈小學四十三圖〉는 크게 1. 小學基本圖 2. 立教 3. 明倫 4. 敬身으로 구분했으며 이것을 그림으로 보면 다음과 같습니다.

立教

- 立胎孕之教
- 立保傅之教
- 年教育之目
- 立學校君政之教
  - 學校階層之圖
  - 司徒典樂倫樂
  - 三物之圖
  - 六禮之教
    - 五禮圖
    - 六樂圖
    - 五射圖
    - 五御圖
    - 六書圖
    - 九數圖
  - 四術四教之圖
- 立師弟子之教

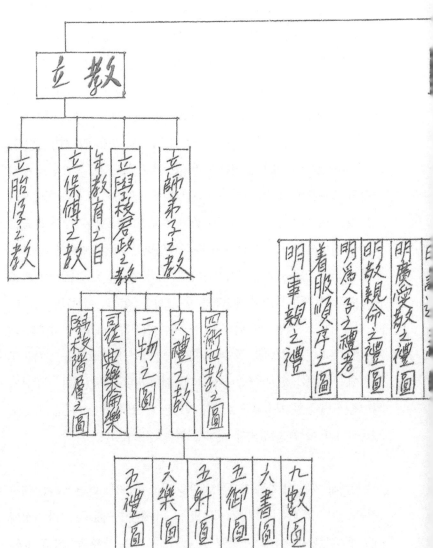

明慶愛敎之禮圖
明敬愛敎之禮圖
明敬親命之禮圖
明為人子之禮者
著服順序之圖
明事親之禮

三圖

圖

。小學　　　圖
。三綱、四道　　圖
。天道、八　性圖

敬身

君臣之義　　夫婦之別　　長幼之序　　朋友之交　　通論

言莫大於不教
言教親之道（層別）

身行坐之禮
灑掃飲食燕
明進退應對
明敬兒之禮

明三事之圖
明禮之善物事之事

明事君之禮
明為臣之節

明婚姻之禮
明男女之別
明夫取之義
明賓婦之子

明心術之要
明威儀之則
明衣服之制
明飲食之節

2014 春

제가 그린 圖說을 설명해 드리면,

小學基本圖에는

小學圖, 三節·四道圖, 天道·人性圖를 구분했는데,

☯ 小學圖는

소학에 관한 基本圖로 退溪 선생님의 聖學十圖중 小學圖를 다시 그린 것 입니다. 退溪 선생은 立敎 편에 '立胎育保養之敎'·'立小大始終之敎'·'立三物四術之敎'·'立師弟授受之敎'로 되어 있는 것을, '立胎孕之敎'·'立保傅之敎'·'立學校敎育之敎'·'立師弟子之敎'로 바로 잡았습니다. 이것은 小學總目에 있는 것으로 하였지요. 잘 알다시피 聖學十圖는 태극도(太極圖)·서명도(西銘圖)·소학도(小學圖)·대학도(大學圖)·백록동규도(白鹿洞規圖)·심통성정도(心統性情圖)·인설도(人說圖)·심학도(心學圖)·경재잠도(敬齋箴圖)·숙흥야매잠도(夙興夜寐箴圖)등으로 되었는데 한국철학의 보고(寶庫)로 여겨 질만큼 잘 정리된 圖說이지요. 시간이 나면 한번 꼭 공부하기를 부탁드립니다.

☯ 三節·四道圖는

주자선생이 제자들과 함께 소학 책을 완성하고 머리말로 쓴 것이 '小學書題'인데 여기서 나오는 말로, 소학에서 제일 강조하는 말인 '灑掃·應對·進退之節과 愛親·敬長·隆師·親友之道'를 분석해 그린 것 입니다. 소학에서 三節 즉 세 가지 예절은 '灑掃·應對·進退'라고 하고, 四道 즉 네 가지 方道는 '愛親·敬長·隆師·親友'라고 하는데 두 개를 합해서 '三節·四道'라고 합니다. 흔히 소학을 한 마디로 표현하면 '做人底樣子, 修身大法'(사람을 만드는 틀(상자)로 몸을 닦는 큰 법)'이라는 말인데, 바로 三節·四道를 익히기 때문이지요.

☯ 天道 · 人性圖는

이 글은 주자선생의 '小學題辭'의 내용 중 '元亨利貞은 天道之常이요, 仁義禮智는 人性之綱이니라'를 풀이 한 것입니다. '元 · 亨 · 利 · 貞'은 '하늘이 갖추고 있는 4가지 德, 또는 사물의 근본 원리'를 말하며, '元者는 生物之始'라 하고(生物의 시초), '亨者는 生物之通'이라 하고(생물의 통함), '利者는 生物之遂'라 하고(生物의 이룸), '貞者는 生物之成'라 하여(生物의 완성) 하늘의 불변의 진리를 말해주고 있습니다. 이에 반해 人性의 기본이 되는 것은 '仁 · 義 · 禮 · 智'로, '仁者는 愛之理'라 하고(사랑하는 이치), '義者는 宜之理'라 하고(마땅히 하는 이치), '禮者는 恭之理'라 하고(공손히 하는 이치), '智者는 別之理'라 하여(분별하는 이치) 사람의 마음속에 갖춰져 있는 天理로서 모든 선을 통괄하여 빠트리지 않는다고 했습니다. 아울러 孟子선생의 四端七情論과 연계하여 의미를 정리 하였습니다.

다음 立敎편은,

'立은 建也'요 '敎者는 古昔聖人敎人之法也'라 했으니 '立'은 세움이고 '敎'는 옛날 성인을 가르치던 법으로 나는 이것을 立胎孕之敎圖, 立保傅之敎(年敎育之目)圖, 立學校君政之敎, 立師弟子之敎圖로 구분했는데,

☯ 立胎孕之敎圖은

'잉태할 때의 가르침을 세우는 그림'인데 옛날에는 부인이 姙娠을 하면 産婦가 처신해야 할 가르침을 적고 있습니다. 임신초기는 감화 받는 시기니, 한번 자고 한번 앉고 한번 보고 한번 듣는 것이 실로 淸 · 濁과 美 · 惡의 관건이 되고 智 · 愚와 賢 · 不肖의 根底가 된다는 것을 설명하고 있지요. (姙娠之初는 感化之際니 一寢 一坐 一食 一視 一聽이

實淸濁美惡之機括이요 智愚賢不肖之根柢也라)

☯ 立保傅之敎(年敎育之目)圖은

소학총목에서는 '立保傅之敎'라고 했는데, 나는 이것을 '年敎育之目'으로 해서 그림을 그렸습니다. '立保傅之敎'는 '보호하는 사람과 스승의 가르침을 세우는 것'인데 '年敎育之目'은 '나이가 맞게 공부하는 세부내용'으로 거의 같다고 볼 수 있습니다. 저는 이 글을 보면서 지금의 공부내용보다도 예전의 공부내용이 더 세밀하고 다양했던 것을 알았습니다. '敎育之目'은 여섯 살부터 마흔 때까지 학문해야 할 내용을 적어놨는데 참 재미있는 내용입니다.

☯ 立學校君政之敎은

퇴계선생이 小學圖를 그리면서 '立學校君政之敎'라 하지 않고 '三物四術之敎'라고 했던 것으로 '三物'은 '六德'·'六行'·'六藝'를 말하고, '四術'은 '詩'·'書'·'禮'·'樂'을 말하는 것으로, 나는 이것을 學校階層之圖, 司徒·典樂倫樂圖, 三物之圖, 六禮之敎, 四術四敎之圖로 세분화하였는데 '三物四術'을 알기 위해서는 이것이 형성되어 지는 과정을 알아야 하는데, 먼저 옛날 학교를 알기위해 '學校階層之圖'를 그렸고, 다음에 공부를 가르치는 首長이 어떤 것을 主眼點을 두었는가를 알기위해 '司徒·典樂倫樂圖'를 그렸고, 나머지는 큰 틀에서의 '三物之圖'와 그 속에 있는 '六禮之敎'와 마지막으로 '四術四敎之圖'를 그렸는데,

1. 學校階層之圖는

'古之敎者는 家有塾하며 黨有庠하며 術有序하며 國有學이니라'라는 말이 있는데, 이것이 옛날의 학교제도를 설명한 것으로, 이에 대한

자세한 유래와 변천과정을 소개했으며,

2. 司徒 · 典樂倫樂圖는

　'司徒'는 교육을 맡아보는 관리로 堯임금이 '司徒'인 '契'로 하여금 人倫을 가르치게 하였으니, 이것이 五品 즉 五倫의 탄생을 설명했으며, 또 夔에게 명령하여 典樂(음악을 맡은 벼슬)으로 임명하고, 天子로부터 경대부의 嫡子까지 음악을 가르치는데 5聲12律8音의 조화를 이루는 방법을 자세하게 소개했으며,

3. 三物之圖는

　'三物'은 ≪周禮≫ (地官)에 나오는 말로 '六德', '六行', '六藝'인데, 一曰 六德이니 知仁聖義忠和요, 二曰 六行이니 孝友睦婣任恤이요, 三曰 六藝니 禮樂射御書數니라. 以鄕八刑으로 糾萬民한다 하여 '六德', '六行', '六藝' '八刑'의 내용을 일목요연하게 정리했으며,

4. 六禮之敎는

　'六藝'는 예(禮)·악(樂)·사(射)·어(御)·서(書)·수(數) 등 6종류의 기술로, 예는 예용(禮容), 악은 음악(音樂), 사는 궁술(弓術), 어는 마술(馬術), 서는 서도(書道), 수는 수학(數學)인바 이 六禮之敎를 다시 세부항목인 '五禮圖'·'六樂圖'·'五射圖'·'五御圖'·'六書圖'·'九數圖'를 그렸는데,

1) 五禮圖를 보면

　五禮는 王朝禮의 다섯 가지 예를 한정하여 일컫는 말로, 오례에서 吉禮는 宗廟社稷과 山川·祈雨·先農 등 국가에서 행하는 의례 및 관료와 일반백성의 시향행사(時享行事)를, 凶禮는 국장(國葬)을 포함하

는 상례를, 軍禮는 군사의식을, 賓禮는 외국사신을 접대하는 의식을, 嘉
禮는 사대례(事大禮)와 궁중의식절차 · 혼례 등을 말하는 것으로 조선시
대 禮學의 근본이 되었는데 이에 대한 자세한 원칙을 소개했으며,

2) 六樂圖는

≪禮記≫ 〈樂記〉에 나오는 말로, 事得其序之謂禮요(일이 그 순
서를 얻는 것을 예라 하고) 物得其和之謂樂이니(사물이 그 화함을 얻는
것을 악이라 한다) 事不成이면 則無序而不和라(일이 이루어지지 않는
것은 순서가 없고 조화되지 못했기 때문이다) 하는데, 이에는 樂에는 여
섯 가지가 있으니, 雲門 · 咸池 · 咸池 · 大夏 · 大濩 · 大武를 차례로 소
개했으며,

3) 五射圖는

고대부터 활쏘기는 인격수양의 한 단계이고, 정진하는 모습 바로
그것이었는데 예(藝)의 한 경지로 사예(射藝)니 사기(射技)니 했던 것으
로, 射에는 다섯 가지가 있으니, 白矢 · 參連 · 剡注 · 襄尺 · 井儀를 정리
했으며,

4) 五御圖는

말 부리는 것은 下人이나 전문 관리가 책임지는 것이 아니고 모
든 군자라면 마땅히 말을 부릴 줄 알아야 하는데, 이것도 일정한 기준과
원칙 다섯 가지가 있으니, 鳴和鸞 · 逐水曲 · 過君表 · 舞交衢 · 逐禽左
을 알아봤으며,

5) 六書圖는

한자의 조자(造字) 원리를 말하는 것으로, 한문공부 할 때마다 맨

먼저 배우는 것으로 한자의 자형을 바탕으로 한자의 '본의(本義)'를 도출하기 위하여 상형(象形)·지사(指事)·회의(會意)·형성(形聲)·전주(轉注)·가차(假借)라는 6종류의 원칙, 즉 '육서(六書)'의 방법을 체계적으로 설명했으며,

6) 九數圖는

'九章算術'의 준말로 전통 계산법으로 논밭의 측량법, 미전·교역·매매 등의 계산법, 貴賤혼합법, 평방·立方의 산법, 工力·工程의 산법, 배·수레·인마의 운임 계산법, 按分比例, 방정식, 삼각법 등을 말하는데 자세히 알아보면, 數에는 아홉 가지가 있으니. 方田·粟布·衰分·少廣·商功·均輸·盈朒·方程 등을 소개했으며,

5. 四術四敎之圖는

詩·書·禮·樂을 말하는데 '네 가지 道로 가는 이름'이니, '詩는 樂章之章'이고 '書는 書道'이며, '禮는 天理之節文'이요, '樂은 八音之器'이라고 했으며 禮樂은 옛날 군자는 心身을 다스리는 근본으로 삼는 것을 계절에 따라 공부하는 방법을 이야기 했으며,

☯ 立師弟子之敎圖는

'스승과 제자간의 가르침을 세운다'는 뜻으로 옛날에는 스승과 제자간의 관계가 보통 이상의 관계로, '先生施敎 弟子是則'를 비롯한 스승과 제자가 해야 할 지침을 소개했으며,

다음 明倫편은.

'인간사회의 倫理를 밝힌다는 뜻'으로 이를 실현하기 위해서는 "庠·序·學·校를 세워 교육을 행해야 모두 인륜을 밝히는 것이다."라

하여 五倫을 근본으로 해서 나는 父子之親, 君臣之義, 夫婦之別, 長幼 之序, 朋友之交, 通論 등으로 구분했는데,

☯ 父子之親은

앞서 밝혔듯 明事親之禮圖, 着服順序之圖, 爲人子之禮圖, 明敬 親命之禮圖, 明廣愛敬之禮圖, 明諫過之禮圖, 明侍養疾病之禮圖, 明謹 身之禮圖, 明祭享大意(君子之祭)圖, 言孝親之道(層別)圖, 不孝之道圖 등으로 구분했으며

1. 明事親之禮圖은

'어버이를 섬기는 禮를 밝힌 것'으로 이것을 有命之(命함이 있거 든)로 보았는데, 이는 부모가 命令하는 것은 불멸의 진리로 보고 이에 내용을 소개했으며,

2. 着服順序之圖은

머리(首), 몸(身), 발(足)으로 구분해서 설명했는데, 먼저 머리(首) 는 빗질(櫛髮)→머리싸개 쓰고(加縰)→비녀를 꽂고(加笄)→묶는데(加 總)→다발머리 하고(加髦)→관을 쓰고(著冠)→갓끈을 매고(結纓)→남은 끈을 늘어뜨림(垂緌) 순서이고, 몸의 복장은 현단복(玄端服)→슬갑(著 韠)→띠를 매고(加紳)→홀을 꽂고(搢笏)→좌우패용(左右佩用)을, 발(足) 은, 먼저 행전(邪幅)을 매고, 신(屨)을 신고, 신 끈을 매면(綦) 순서를 일 목요연하게 설명했으며,

3. 明爲人子之禮(孝)圖는

'사람의 자식 된 자의 예절을 밝히는 것'인데 이것을 축약해서 '孝道' 로 보았는데, 그래서 '明爲人子之禮(孝)圖'라고 변경했는데 禮도 크게 보

기에는 孝안에 포함되기 때문입니다. 나는 孝에 禮(예절)·容(용모)·行 (행실)·五備(다섯 가지 갖추어야 할 것)로 구분해 설명했으며,

4. 明敬親命之禮圖는

'어버이 명령을 공경하는 예절을 밝히는 것'으로 대략 네 가지로 구분 할 수 있는데, 이를 大人言(사대부의 말할 때)·父命(부모의 명령)·親老(어버이가 늙음)·父母沒(부모가 사망) 등으로 구분해서 설명했으며,

5. 明廣愛敬之禮圖는

'사랑과 공경을 넓히는 예절을 밝히는 것'으로 이것에는 대상을 두 가지로 보았는데, 증자선생이 말한 孝子之養老와 適子庶子인데 이에 대해 어떻게 행동해야 하는가를 간략히 정리 하였으며,

6. 明諫過之禮圖는

'잘못을 간하는 예절을 밝히는 것'인데 임금이나 부모에게 잘못을 諫한다는 것이 결코 쉽지 않는데 어떻게 諫해야 한다는 것을 간단히 정리 했으며,

7. 明侍養疾病之禮圖는

'질병을 모시고 봉양하는 예절을 밝히는 것'인데 이것도 앞의 것처럼 부모와 임금의 경우에 해당 되는 것으로 부모와 임금이 병이 있으면 어떻게 해야 하는가를 밝혔으며,

8. 明謹身之禮圖는

'몸을 삼가는 예절을 밝히는 것'인데 父在(아버지가 살아계실 때)

와 父沒(아버지가 돌아가셨을 때)을 때 아들이 어떻게 해야 하는가의 문제를 살폈으며,

9. 明祭享大意(君子之祭)圖는

'祭享의 큰 뜻을 밝히는 것'으로 이것을 '君子之祭'로 여겨 정리했으며, 예전에는 서민을 위하는 제사가 아니라 전부 君子 즉, 士大夫를 위한 군자로 보면 되는 것으로 군자의 祭享에 있어서 致祭 · 入出室 · 先王之孝 등 세 가지로 세분하여 정리했으며,

10. 言孝親之道(層別)圖는

'어버이에게 효도하는 도리를 말한 것'으로 이것을 '天子 · 諸侯 · 卿大夫 · 士 · 庶人'등 層別로 구분해서 어떻게 효도해야 하는 가를 설명했으며,

11. 言莫大於不孝圖는

'불효보다 더 큰 것이 없음을 말한 것'으로 흔히 不孝子에 대해 말한 것으로 孟子五者, 曾子五者, 孔子 不孝五刑을 차례로 설명했으며,

☯ 君臣之義은

앞서 밝혔듯 明事君之禮圖, 明爲臣之節圖 등으로 구분했으며,

1. 明事君之禮圖는

'임금의 섬기는 예절을 밝힌 것'으로 임금을 섬기는 곳을 公所 · 君使者 · 君賜 등 세 곳으로 구분하여 설명했으며,

2. 明爲臣之節圖는

'신하가 된 예절을 밝힌 것'으로 君子가 임금을 어떻게 섬겨야 하는 문제를 말한 것으로 예전에는 임금이 단순히 백성의 지도자 차원을 넘어 철학이나 종교적으로도 숭배대상이었던 것을 이해해 정리했으며,

☯ 夫婦之別은

앞서 밝혔듯 明婚姻之禮圖, 明男女之別圖, 明去取之義圖, 明寡婦之子圖 등으로 구분해 정리했으며,

1. 明婚姻之禮圖은

'婚姻의 예절을 밝힌 것'으로 이것을 取於異性 · 六禮 · 親迎을 순서로 정리했는데, 먼저 결혼하기 전에 異姓을 선택하고(取於異性) 그런 다음 六禮에 맞춰 순서를 행하고, 마지막으로 남자가 여자를 친히 맞이하는 것(親迎)을 설명했으며,

2. 明男女之別圖은

'男女의 구별을 밝힌 것'으로 '夫婦有別'과 거의 같다고 보고, 남녀 유별은 어렸을 때 행동지침으로 보면 되고, 부부유별은 부부간의 행동 규범으로 보며 이에 대해 정리했으며,

3. 明去取之義圖는

'버리고 취하는 뜻을 밝힌 것'으로 이것을 三從之道 · 五不取 · 七去 · 三不去등을 순서로 정리했으며,

4. 明寡婦之子圖는

'寡婦 자식에 대한 밝힌 것'으로 어떤 과부자식과 사귀는가를 밝

혔으며,

☯ 長幼之序은

앞서 밝혔듯 '明敬兄之禮圖'와 '明凡進退·應對·灑掃·飮食燕·射行坐之禮圖'와 두 가지로 구분해서 설명하였고,

1. 明敬兄之禮圖는

'兄을 恭敬하는 예절을 밝힌 것'을 정리해 설명했으며,

2. 明凡進退·應對·灑掃·飮食燕·射行坐之禮圖는

'무릇 나아가고 물러나며, 응하고 대답하고, 물 뿌리고 쓸며, 마시며 먹으며 연회하며, 활 쏘며 다니고 앉는 예절을 밝힌 것'으로 나는 이것은 進退·應對·灑掃·飮食燕·射行坐로 구분하여 설명했으며,

☯ 朋友之交圖는

'친구와 사귐'으로 이것을 輔仁之職·責善之義·不可則止·取友之義·辭受賓主之儀 등을 순서로 정리했으며 '輔仁之職'은 '仁을 돕는 직책'이고 '責善之義'은 '善을 책하는 道理'이고, '不可則止'은 '불가하면 그만두어야 함'이고, '取友之義'는 '친구를 취하는 도리'이고, '辭受賓主之儀'은 '사양하고 받으며 賓主가 되는 예의' 등을 순서로 정리했으며,

☯ 通論은

明三事之圖, 明禮之善物(事)之道 등으로 구분하여 설명했으며,

1. 明三事之圖는

'세 가지 섬김을 밝힌 것'으로 나는 이것을 事親(어버이 섬김)·事君

(임금을 섬김) · 事師(스승을 섬김) 등 세 부류로 구분해 설명했으며,

2. 明禮之善物(事)之道는

'예의 아름다움을 밝힌 것'으로 나는 이것을 君臣 · 父子 · 兄弟 · 夫妻 · 姑婦등으로 분류하여 설명했으며,

<u>다음 敬身은,</u>

'몸가짐을 공경히 하는 것'을 말하는데, 몸은 어버이에 있어(身之 於親) 나무에 가지가 있음과 같고(猶木之有枝) 어버이는 자신에게 있어 (親之於身) 마치 나무에 뿌리가 있음과 같아(猶木之有本) 서로 필요로 하고 體를 함께 하니(相須而共體) 이 때문에 감히 공경하지 않을 수 없 는 것이다(此所以不敢不敬也) 하여, 心術 · 威儀 · 飲食 · 服의 네 가지 를 구분했으며,

☯ 明心術之要圖는

'마음가짐을 요체를 밝히는 것'인데 이 編을 '明敬有畏懼之義', '明敬乃禮之本', '明涵養本原' '明持敬之功'과 여기에다 따로 '九思'를 포 함시켜 자세히 설명했으며,

☯ 明威儀之則圖는

'예의를 본 받는 법칙을 밝히는 것'인데 이 編을 '威儀之始', '威儀 之敬', '威儀心術文'과 여기에다 따로 '九容'을 포함시켜 설명했으며,

☯ 明衣服之制圖는

'의복의 제도를 밝히는 것'인데 ≪儀禮≫에 나오는 〈士冠禮〉에

따라 '始加(首服)·再加(皮弁)·三加(爵弁)'의 순서를 정하고 謹於衣服을 설명하였으며,

☯ 明飮食之節圖는

'음식의 예절을 밝히는 것'인데 이 編을 대상 층을 기준으로 하여 '他人·君子·食生活' 등으로 구분하여 설명했습니다.

이상으로 제가 그린 〈小學四十三圖〉를 간략하게 설명했으며 혹 미미한 점이 있다면 앞의 내용을 보충하시면 크게 도움이 될 것입니다. 다시 한 번 제가 이 도설을 그리게 된 이유는 지금도 동양고전에 관심을 갖고 있지만, 학습하면서 漢文이란 難題를 만나 고생하시는 분들께 조금이라도 도움을 드리기 위해 감히 이 책을 올립니다. 다소 어려움이 있더라도 玉篇과 함께 이 책과 圖說을 3번 이상 精讀하시기를 권합니다. 제가 밑줄 친 것이나 굵은 글씨로 쓴 것은 중요한 용어나 한문에 자주 나오는 용어이므로 되도록 暗誦을 권합니다. 이렇게 하신다면 한문에 대한 기초소양과 기본 용어를 익히게 되어 四書三經이나 기타 경전을 읽는데 크게 도움이 될 것입니다.

또한 이 책은 점차 사라져가는 우리의 전통문화인 '孝'문화 창달에 크게 기여 할 것입니다. 제가 그린 도설 43개 중 대부분이 禮나 孝를 강조한 것입니다. 만약 소학 책을 많은 사람들이 읽거나 관심을 가진다면 人性이 크게 신장되어 사회전반에 걸쳐 忠孝思想이 증대됨은 물론 공정한 사회가 될 것을 확신합니다. 현재의 세계문화를 흔히 東道西器(동양의 도덕과 서양의 기계문명)라고 합니다. 서구의 기계(과학)문명도 배워야 할 점이 많지만 인간이 살고 있는 세상에 윤리도덕이 없다면 禽獸와 다를 바가 없을 것입니다. 聖人의 말씀에 내가 낳은 자식도 소중

하지만 나를 낳아주신 부모님을 더욱 소중하게 섬기라고 하셨습니다. 왜냐하면 부모는 과거로 돌아가고 자식은 미래에 속해 과거는 지나가므로 잊어버리기 쉽고 미래는 다가오므로 생각하기 쉽기 때문입니다. 그래서 잊어버리기 쉬운 근본인 부모 섬기기를 强調하였습니다. 내가 나의 근본인 부모를 잘 섬김으로써 나의 자식도 나의 행동에 본받아 나의 노후를 잘 보살필 것입니다. 그러므로 聖人들의 교육이란 말보다 행동과 실천을 소중히 하였습니다. 역대 출중한 孝子의 행적을 보면 상상을 초월한 수많은 기적들이 많이 있는데 모두 몸을 아끼지 않는 孝行이 있었기 때문입니다. 이는 三綱行實圖나 二倫行實圖, 五倫行實圖 등 역대 古典에 통해 잘 증명해주고 있습니다. 다행히도 孝를 비롯한 三綱五倫 등 인간이 살면서 행하여야 할 모든 규범이 小學 책에 모두 들어있습니다. 만약 소학 책 읽기 붐이 일어난다면 앞서 말한 모든 문제가 저절로 해결될 것임을 저는 확신합니다.

덧붙여 저는 小學만이 '天道'라고 감히 주장합니다. 만약 소학공부를 한다면, 소학공부를 하여 실천한다면, 세상 그 어느 것 보다도 가장 존귀한 가치임을 저는 확신합니다. 소학 안에는 사람이 무엇이고 어떻게 살아야 하는 진리를 모두 담겨져 있습니다. 그래서 저는 이 책 제목을 '小學天道' 라 했습니다. 배달민족의 자손 모두가 소학공부를 하여 心性을 쌓고 하늘의 진리를 알아 참다운 聖人이 되었으면 합니다. 성인은 태어나는 것이 아니라, 참다운 공부를 하여 만들어 지는 것입니다. 누구든지 孔子님, 孟子님 이상 가는 성인이 될 수 있습니다. 서로서로 聖人이 되어 하늘나라에서 만나길 진심으로 기원합니다.

끝으로 이 책이 나오기 까지는 많은 先輩諸賢의 도움이 너무나 컸습니다. 먼저 소학에 一家見이신 선배님의 책과 연구서적을 토대로 제가 이 '小學四三圖'를 완성할 수 있었습니다. 특히 내용 일부는 특정 연구서적의 상당수를 引用하기도 했습니다. 이는 저보다 훨씬 역량이 높은 분이라, 제가 감히 손 될 수 없는 영역이기에 그냥 인용 한 것입니다. 또 일부는 인터넷의 자료도 활용했습니다. 일일이 찾아 양해를 구해야 하지만 그렇지 못한 현실을 넓은 아량으로 이해를 부탁드리는 바입니다. 이 책이 나오기까지 힘들 때마다 나를 격려해주던 계룡산과 주변의 산과들, 항시 나를 반기는 우리 집 주변의 木(모과)·木(배롱)·木(느티)와 다양한 꽃들, 나의 안식처이자 유토피아를 꿈꾸는 나의 작은 書齋, 아침에 눈을 떠서 밤늦게까지 꿈속에 갈 때까지 날 하나의 생명체로 움직이게 한 天·雲·雨·雪·月·日·風, 그리고 이름 모를 石들과 약간의 人間들에 깊은 감사를 드립니다.

2014. 봄

李 吉 九

孝　忠

유정인　사도것　북하게　효만행　사은것　열심히　충이란

부록1. 주례경 도록(周禮經 圖錄)

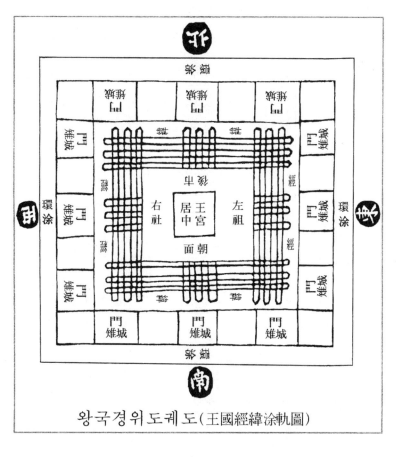

왕국경위도궤도(王國經緯涂軌圖)

조위침묘사직도(朝位寢廟社稷圖)

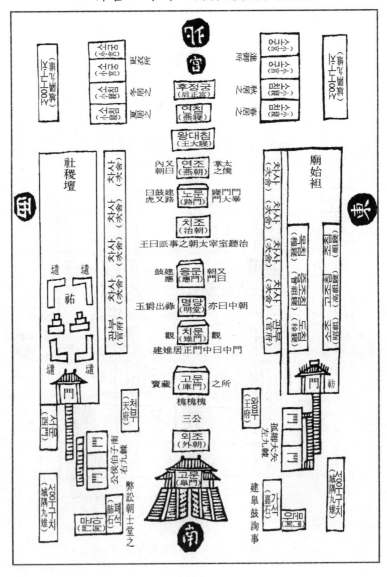

차의연궤도(次扆筵几圖)

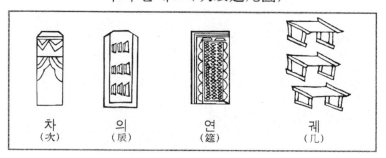

차
(次)

의
(扆)

연
(筵)

궤
(几)

왕오면지도(王五冕之圖)

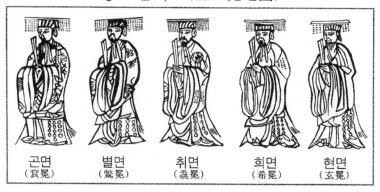

곤면
(袞冕)

별면
(鷩冕)

취면
(毳冕)

희면
(希冕)

현면
(玄冕)

변복지도(弁服之圖)

작변
(爵弁)

위변
(韋弁)

왕피변
(王皮弁)

왕후육복지도(王后六服之圖)

| 휘의
(褘衣) | 유적
(揄狄) | 알적
(闕狄) | 국의
(鞠衣) | 전의
(展衣) | 연의
(緣衣) |

천자옥로도(天子玉路圖)

왕후적거도(王后翟車圖)

육기도(六器圖)

창벽	황종	청규	적장	백호	현황
(蒼璧)	(黃琮)	(靑圭)	(赤璋)	(白虎)	(玄璜)

육무지도(六舞之圖)

불무	우무	황무	모무	인무	간무
(帗舞)	(羽舞)	(皇舞)	(旄舞)	(人舞)	(干舞)

구서도(龜簭圖)

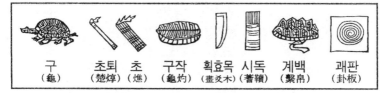

구	초퇴	초	구작	획효목	시독	계백	괘판
(龜)	(楚焞)	(燋)	(龜灼)	(畫爻木)	(蓍櫝)	(繫帛)	(卦板)

제신규벽조자지도(諸臣圭璧繅藉之圖)

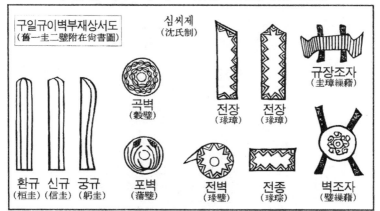

구일규이벽부재상서도
(舊一圭二璧附在尙書圖)

심씨제
(沈氏制)

환규	신규	궁규
(桓圭)	(信圭)	(躬圭)

곡벽
(穀璧)

포벽
(蒲璧)

전장
(瑑璋)

전장
(瑑璋)

전벽
(瑑璧)

전종
(瑑琮)

규장조자
(圭璋繅藉)

벽조자
(璧繅藉)

주례경 도록(周禮經 圖錄)

육준도(六尊圖) – 삼례도(三禮圖)

대준
(大尊)

저준
(著尊)

산준
(山尊)

호준
(壺尊)

희준
(犧尊)

상준
(象尊)

준뢰도(尊罍圖) – 예국양(禮局樣)

대준
(大尊)

저뢰
(著罍)

산준
(山尊)

산뢰
(山罍)

저준
(著尊)

대뢰
(大罍)

희준
(犧尊)

희뢰
(犧罍)

호준
(壺尊)

호뢰
(壺罍)

상준
(象尊)

상뢰
(象罍)

규장찬도(圭璋瓚圖)

규찬
(圭瓚)

대장찬
(大璋瓚)

중장찬
(中璋瓚)

변장찬
(邊璋瓚)

예신옥도(禮神玉圖)

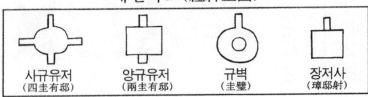

사규유저
(四圭有邸)

양규유저
(兩圭有邸)

규벽
(圭璧)

장저사
(璋邸射)

신구정조지도(新舊鼎俎之圖)

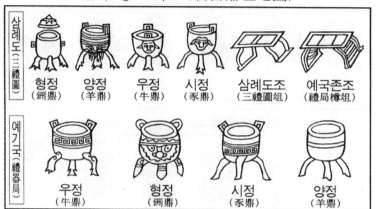

삼례도(三禮圖)

형정	양정	우정	시정	삼례도조	예국존조
(鉶鼎)	(羊鼎)	(牛鼎)	(豕鼎)	(三禮圖俎)	(禮局樽俎)

예기국(禮器局)

우정	형정	시정	양정
(牛鼎)	(鉶鼎)	(豕鼎)	(羊鼎)

변두보궤등작지도(籩豆簠簋登爵之圖)

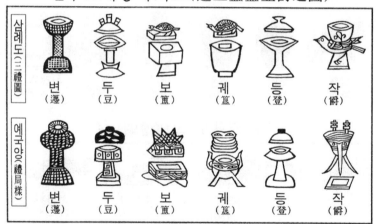

삼례도(三禮圖)

변	두	보	궤	등	작
(籩)	(豆)	(簠)	(簋)	(登)	(爵)

예국양(禮局樣)

변	두	보	궤	등	작
(籩)	(豆)	(簠)	(簋)	(登)	(爵)

뇌세작비도(罍洗勺篚圖)

삼례도세	예국양세	삼례도수뢰	예국수뢰	삼례도작	예국작	비
(三禮圖洗)	(禮局樣洗)	(三禮圖水罍)	(禮局水罍)	(三禮圖勺)	(禮局勺)	(篚)

신개산수도(蜃槪散脩圖)

구도(舊圖)
신(蜃)　개(槪)　산(散)　수(脩)

예국양(禮局樣)
신(蜃)　개(槪)　산(散)

예서양(禮書樣)
수(脩)

제예기도(諸禮器圖)

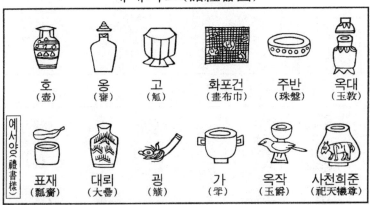

예서양(禮書樣)

호(壺)　옹(罋)　고(瓴)　화포건(畫布巾)　주반(珠盤)　옥대(玉敦)

표재(瓢齋)　대뢰(大罍)　굉(觥)　가(斝)　옥작(玉爵)　사천희준(祀天犧尊)

천자규장조자지도(天子圭璋繅藉之圖)

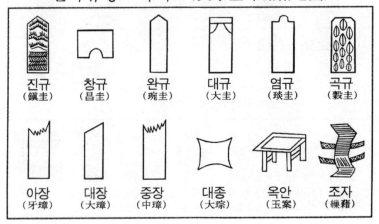

진규(鎭圭)　창규(昌圭)　완규(琬圭)　대규(大圭)　염규(琰圭)　곡규(穀圭)

아장(牙璋)　대장(大璋)　중장(中璋)　대종(大琮)　옥안(玉案)　조자(繅藉)

420
小學天道

희생도(犧牲圖)

우생
(牛牲)

식고
(飾羔)

척생
(滌牲)

기용지도(器用之圖)

분료
(盆簝)

확
(鑊)

호
(互)

벽선
(璧羨)

조종
(俎琮)

언
(甗)

분
(盆)

유
(庾)

격
(鬲)

증
(甑)

거
(筥)

개량
(㮣量)

승두
(升斗)

수
(籔)

권형
(權衡)

부씨위종도
(鳧氏爲鍾圖)

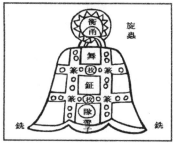

경씨위경도
(磬氏爲磬圖)

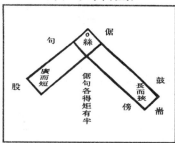

421

종경총도(鐘磬聰圖)

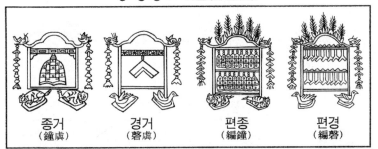

종거
(鐘虡)

경거
(磬虡)

편종
(編鐘)

편경
(編磬)

고제도 상(鼓制圖上)

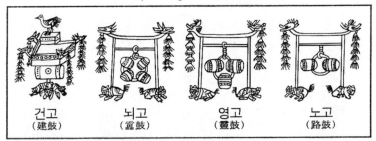

건고
(建鼓)

뇌고
(靁鼓)

영고
(靈鼓)

노고
(路鼓)

고제도 하(鼓制圖下)

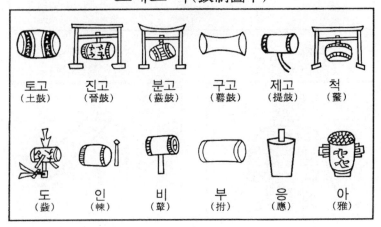

토고
(土鼓)

진고
(晉鼓)

분고
(鼖鼓)

구고
(鼛鼓)

제고
(提鼓)

척
(鼗)

도
(鼗)

인
(敕)

비
(鼙)

부
(拊)

응
(應)

아
(雅)

악기지도(樂器之圖)

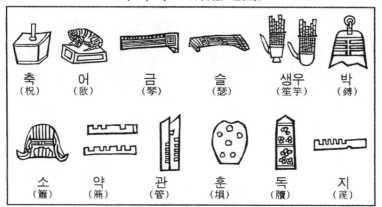

축	어	금	슬	생우	박
(柷)	(敔)	(琴)	(瑟)	(笙竽)	(鎛)

소	약	관	훈	독	지
(簫)	(籥)	(管)	(塤)	(牘)	(篪)

육폐도(六幣圖)

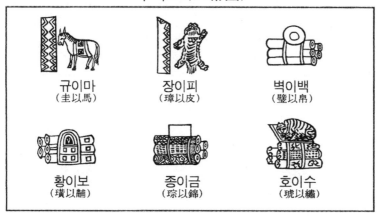

규이마	장이피	벽이백
(圭以馬)	(璋以皮)	(璧以帛)

황이보	종이금	호이수
(璜以黼)	(琮以錦)	(琥以繡)

팔절도(八節圖)

옥절(玉節) 각절(角節)

부절	호절	관절	인절	정절	용절	영탕
(符節)	(虎節)	(管節)	(人節)	(旌節)	(龍節)	(英蕩)

구기제도(九旗制圖)

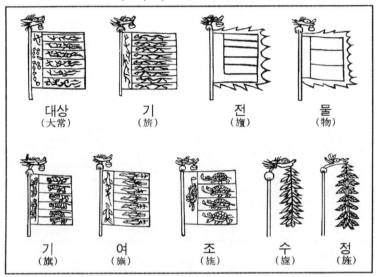

대상 (大常)	기 (旂)	전 (旜)	물 (物)

기 (旗)	여 (旟)	조 (旐)	수 (旞)	정 (旌)

병기총도(兵器總圖)

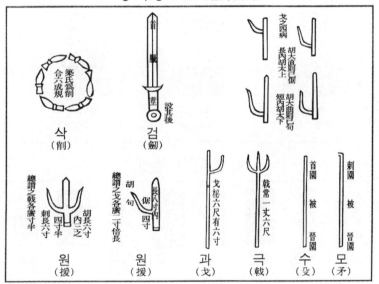

삭 (削)	검 (劍)		

원 (援)	원 (援)	과 (戈)	극 (戟)	수 (殳)	모 (矛)

병갑지도(兵甲之圖)

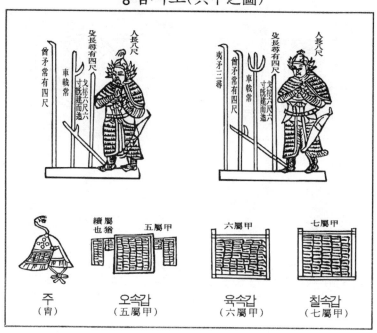

주
(冑)

오속갑
(五屬甲)

육속갑
(六屬甲)

칠속갑
(七屬甲)

개뢰도(蓋耒圖)

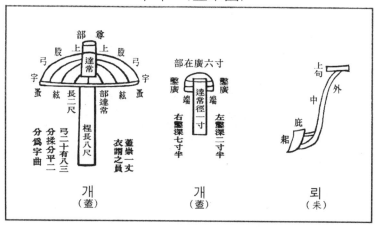

개
(蓋)

개
(蓋)

뢰
(耒)

거제지도(車制之圖)

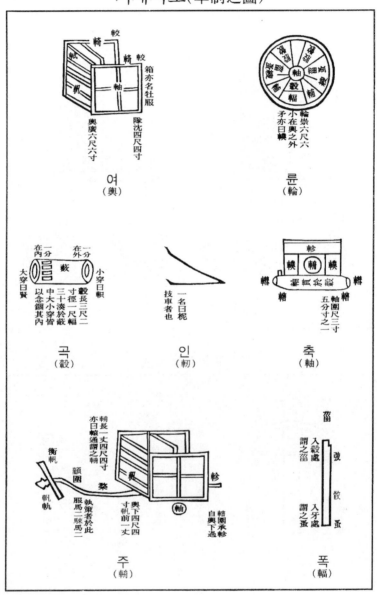

여
(輿)

륜
(輪)

곡
(轂)

인
(軔)

축
(軸)

주
(輈)

폭
(輻)

국연도(輂輦圖)

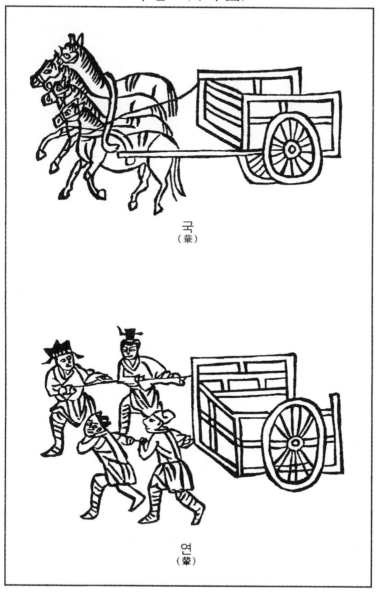

국
(輂)

연
(輦)

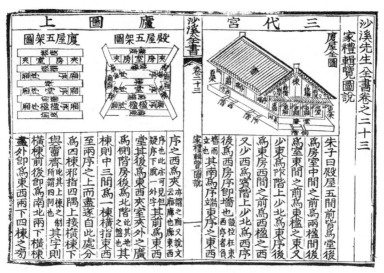

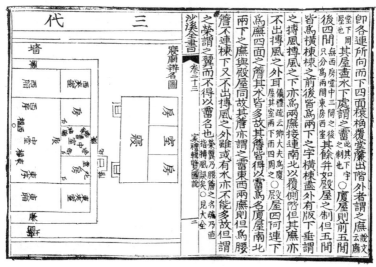

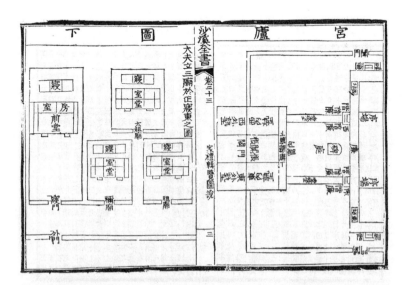

下圖　宮廬圖

大夫立三廟於正寢東之圖

家禮輯覽圖說

寢

室　房　前堂

寢室堂　六禮廟

寢室堂　禰廟

寢室堂　祖廟

寢門

外門

三

門闌

沙溪全書　卷二十三

家禮輯覽圖說

四

朱子曰宮室之名制不盡見於經其可攷者宮必南
向廟在寢東皆有室有門其外有大門其外有
室之屋南

堂之屋南

北五架中脊之架曰棟次棟之架曰榰

士東房西室而已

中西南隅謂之奧

東南隅謂之屋漏

室其戶東而牖西

室

堂

430

房中半以北曰北堂有北階

外房南壁亦當戶近東於

其天子諸侯士當

西戶南其義則大

尊設處以一扇而

鄉之間

戶牖之間謂之扆

戶牖之間謂之依

戶東曰房

西曰房

曰兩楹閒

南北之中曰中堂

東西之中

房中半以北曰北堂

堂之上東西有

升堂兩階其東階曰阼階

堂之側邊曰堂廉

堂角有坫

夾室

東堂下西堂下曰堂東堂西

亦曰東堂西堂

夾室之前曰箱

庭三分庭一在北設碑

堂下至門謂之

431

가례집람도설(家禮輯覽圖說)

堂深堂深謂從堂廉北至房室之壁三分庭一在北設碑而碑如堂深則庭蓋三堂之深也又按鄉射之
侯去堂三十丈大射之侯去堂五十四丈則庭之深可知而其隆殺之度從可推矣○補孫氏何日古之
所謂碑者乃葬祭饗聘之際所植一大木耳而其字從石者將取其堅且久乎堂塗謂之陳
郭氏曰堂下至門徑也其北屬階其南接門內霤按凡入門之後皆三揖至階昏禮注三揖者至內霤將
曲揖既曲北面揖當碑揖賈氏曰至內霤將曲者至門內霤主人將東賓將西賓主相背時也既曲北面
者賓主各至堂塗北行向堂時也又按聘禮饔鼎設于西階前陪鼎當內廉注碑堂塗也則堂塗在階廉
之內矣中門屋爲門門之中有闑士冠禮注闑橜也釋宮曰橛在地者謂之
臬郭氏曰卽門橜也然則臬者門中所樹短木在地者也其東曰闑東其西曰闑西門限謂之
閾釋宮曰柣謂之閾郭氏曰閾門限邢昺曰謂門下橫木爲內外之限也其門之兩旁木則謂之棖棖
闑之閒則謂之中門闔謂之扉邢昺曰闔門扉也其東扉曰左扉門之廣狹按士昏禮納徵儷

皮記曰執皮左首隨入注隨入爲門中阨狹匠人云廟門容大扃七箇大扃牛鼎之扃長三尺七箇二丈
一尺彼天子廟門此士之廟門降殺甚小故云阨狹也推此則自士以上宮室之制雖同而其廣狹則異
矣夾門之堂謂之塾釋宮曰門側之堂謂之塾郭氏曰夾門堂也門之內外其東西
皆有塾一門而塾四其外塾南向內塾北向也凡門之內兩塾之間謂之宁謂之宁者以人君門外有正
朝視朝則於此宁立故耳周人門與堂脩廣之數不著於經按匠人云夏后氏世室堂脩二七廣四脩一
堂脩謂堂南北之深其廣則益以四分脩之一也門堂三之二室三之一門堂通謂門與塾其廣與脩取
數於堂得其三之二室三之一者兩室與門各居一分也以夏后氏之制推之則周人之門殺於堂之數
亦可得而知矣門之內外東方曰門東西方曰門西特牲饋食禮注
凡向內以入爲左右向外以出爲左右士冠禮注又曰以入爲左右則門西爲左門東爲右以出爲左右
則門東爲左門西爲右天子諸侯門外之制其見於經者天子有屛諸侯有朝釋宮曰屛謂之樹郭氏曰

小牆當門中曲禮正義天子外屛屛在路門之外諸侯內屛屛在路門之內釋宮又曰門屛之間謂之宁
謂宁在門之內屛之外此屛據諸侯內屛而言也諸侯路寢門外則有正朝大門外則有外朝諸侯三朝
其燕朝在寢燕禮是也正朝與外朝之制度不見於經蓋不可得而考矣寢之後有下室
士喪禮注下室如今之內堂正寢聽事賈氏曰下室燕寢也然則士之下室於天子諸侯則爲小寢也又
按喪服傳有東宮有西宮有南宮有北宮異宮而同財內則由命士以上父子皆異宮賈氏釋士昏禮異
宮者別有寢若不命之士父子雖大院同居其中亦隔別各有門戶則下室之外又有異宮也自門
以北皆周以墻按墻者墻壁之總名室中謂之墉房與夾亦謂之墉堂上謂之序室房與
夾謂之墉堂下謂之壁謂之墻其實一也隨所在而異其名爾堂下之壁闈門在焉士虞禮注闈門如今
東西掖門釋宮曰宮中之門謂之闈郭氏曰謂相通小門也是正門之外又有闈門而在旁壁也人
君之堂屋爲四注大夫士則南北兩下而已按考工記殷四

阿重屋注四阿若今之四注屋殷人始爲四注則夏后氏之屋南北兩下而已周制天子諸侯得爲殿屋
四注卿大夫以下但爲夏屋兩下四注則南北東西皆有霤兩下則惟南北有霤而東西有榮霤者說文
屋水流也徐鍇曰屋簷滴處榮者說文屋梠之兩頭起者爲榮又曰梠齊謂之檐楚謂之梠郭璞注上林
賦曰南榮屋南檐也然則檐之東西起者曰榮謂之榮者爲屋之榮飾謂之屋翼者言其軒㠘如翬斯飛
耳門之屋雖人君亦兩下爲之凡屋之檐亦謂之宇士喪禮注宇梠也說文宇屋邊也釋宮曰檐謂之樀
郭氏曰屋梠邢昺曰屋檐一名樀一名梠又名宇皆屋之四垂也宇西階上者西階之上上當宇也階之
上當宇則堂廉與坫亦當宇矣特牲饋食禮主婦視饎爨于西堂下注南齊于坫其記又注曰南北直屋
梠是也階上當宇故階當霤此其著於經而可考者也禮經雖亡闕然於觀
見天子之禮於燕射聘食見諸侯之禮餘則見大夫士之禮宮室之名制不見其有異特其廣狹隆殺不
可考耳按書多士傳天子之堂廣九雉三分其廣以二爲內五分內以一爲高東房西房北堂各三雉公

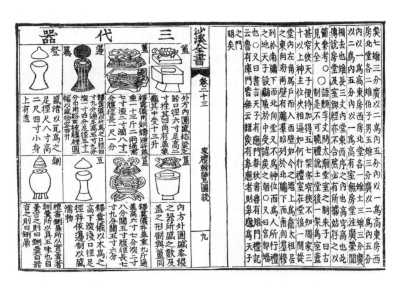

沙溪全書 卷二十三　家禮輯覽圖說　九

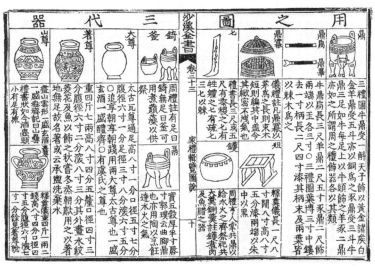

沙溪全書 卷二十三　家禮輯覽圖說　十

가례집람도설(家禮輯覽圖說)

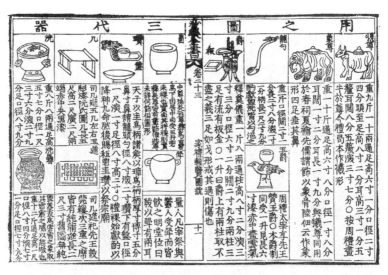

器　代　三　　圖　之　用

家禮輯覽圖說　十一

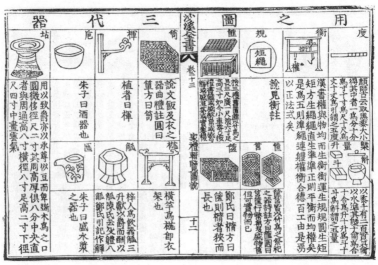

器　代　三　　圖　之　用

家禮輯覽圖說　十二

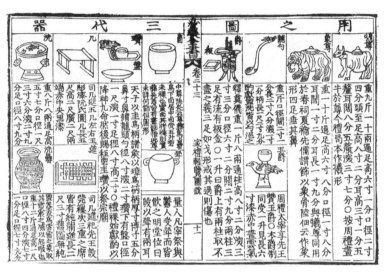

器　　　代　　　三　　　圖　　　之　　　用

司几筵氏圖几五雕漆院氏廣二尺高二尺彤漆尺高三尺廣二尺端亦中央黒漆

重八斤八兩通足高五寸七分口徑一尺三寸六分淺二寸九分足口徑八寸九分

天子以圭瓚柄諸矦以璋瓚柄大夫以璧以授尸以瓚祼降神九命然後得賜圭瓚以祼未賜圭瓚則以鬱鬯一尺以圭瓚一尺○禮祼始獻以祼神中回屈居中央深五分圖形

量入凡宰祭典鬱人受斝而皆獻以祼獻之明堂位以禮始獻的

釋奠儀重一斤十二兩通柱高八寸二分淺三足三分口徑二寸九分淺二寸一升日爵上有兩柱取三寸漆亦垂其鼻形

周禮太宰享王○木爵制同受一升日爵上有兩柱取三寸漆亦垂其鼻

重九斤二十兩通足高六寸一分口徑二寸四分頭至足高八寸三分耳高三寸一分五髦淺三寸七分口徑一分五○按周禮牛於尊今禮局本作犧形

沙溪全書 卷二十三

家禮輯覽圖說

十一

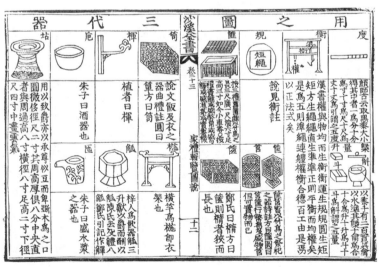

器　　　代　　　三　　　圖　　　之　　　用

用以致爵亦以承尊似豆而圓微修徑尺二寸其周通高八寸厚俱二寸者與周通高八寸橫徑八寸足高二寸下徑尺四寸中畫雲氣

朱子曰酒器也

椸者曰楎植者曰桁

說文飯及衣之器曲禮註圓曰簞方曰筐

匜　瓵
朱子曰盛水漿之器也

梓人爲飲器瓝三升曰觶鄭氏云爵觶觚皆飲酒器匜陳氏云爲觶作鱓

横竿爲桁卻衣架也

鄭氏曰楮方曰俟則楢者狹而長也

漢書權與物均而衡矩方生繩直生準準正平衡運圭規圓生矩矩方則是爲五則準繩連體權衡合德百工由是爲憑以正法式矣

詮見衡註

顔師古云取黍累大小絫得其中者一黍爲一分十分爲寸十寸爲尺十尺爲丈十丈爲引以五度審矣○量十合爲升十升爲斗十斗爲斛以五量嘉矣○衡二十四銖爲兩十六兩爲斤三十斤爲鈞四鈞爲石

沙溪全書 卷二十三

家禮輯覽圖說

十二

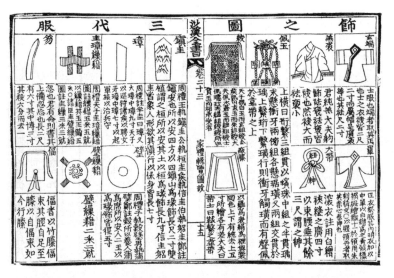

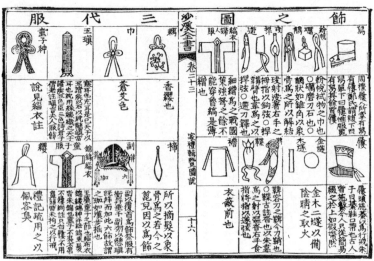

飾之圖

右三代宮廬器服之圖雜出於經傳中者也家禮序
文雖曰其制皆已不立於世而至於逐條引用其制
者多矣附註又有其說今弁著于此必備參考

沙溪全書

卷二十三

家禮輯覽圖說

十七

沙溪先生全書卷之二十三

家禮輯覽圖說

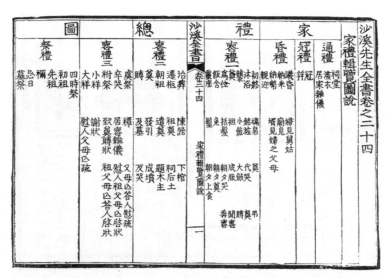

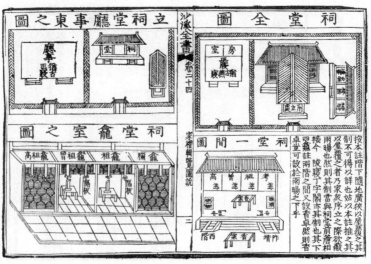

立祠堂於廳事之東圖

祠堂全圖

祠堂龕室之圖

祠堂一間圖

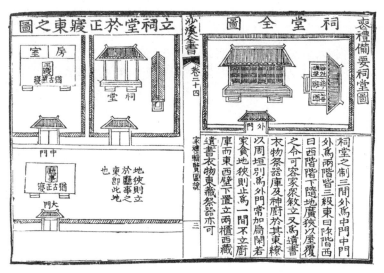

圖之東寢正於堂祠立　　祠堂全圖　喪禮備要祠堂圖

房室

祠堂

神櫝寢猶古者

廳事寢猶古者正廳事

門中

門大

地狹則立於廳事之東即此地也

祠堂之制三間外爲中門中門
外爲兩階皆三級東曰阼階西
曰西階階下隨地廣狹以屋覆
之令可容家衆敘立又爲遺書
衣物祭器庫及神廚於其東繚
以周垣別爲外門常加扃閉若
家貧地狹則止爲一間不立厨
庫而東西壁下置立兩櫃西藏
遺書衣物東藏祭器亦可

門外

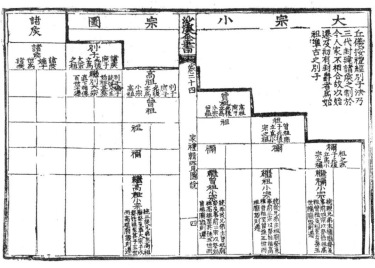

諸庶　　宗法圖　　小宗　　大宗

別子

高祖　曾祖　別子

祖　禰

禰　　禰

繼高祖小宗　繼曾祖小宗　繼祖小宗　繼禰小宗

丘儀按禮經別子法乃
三代封建諸侯之制於
今人家不相合故必始
祖及初有封爵者此始
祖準古之別子

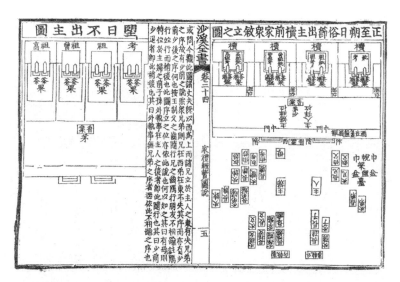

望日不出主圖

高祖　曾祖　祖　考

茶果　茶果　茶果　茶果

案香茅

正至朝日俗節出主前家眾敘立之圖

檟　檟　檟　檟

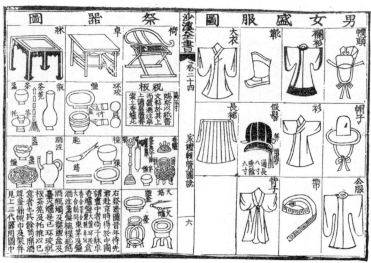

祭器圖

男女盛服圖

大衣　靴　襦衫　幞頭

長裙　假髻　衫　帽子

裳　帶　公服

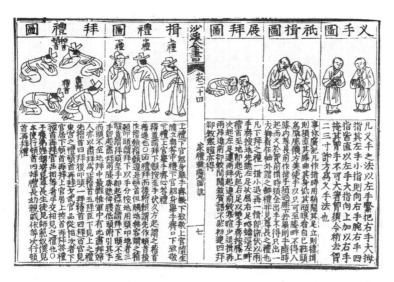

沙溪全書 卷二十四

家禮輯覽圖說

七

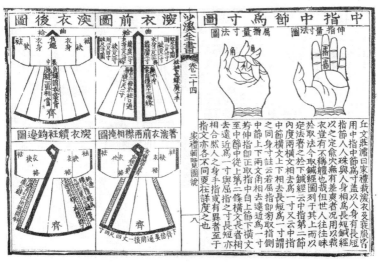

沙溪全書 卷二十四

家禮輯覽圖說

八

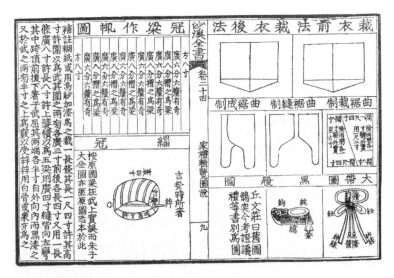

裁衣前法　裁衣後法

冠梁作帆圖

曲裾裁制　曲裾縫制　曲裾成制

大帶圖　黑履圖

方八寸
廣六分六釐有奇
廣六分六釐爲烏梁
廣六分六釐有奇
廣六分六釐爲烏梁
廣六分六釐有奇
廣六分六釐之烏梁
廣六分六釐有奇
廣六分六釐之烏梁
廣六分六釐有奇
方八寸

冠　緅

吉祭時所著

丘文莊曰舊
韜突今考證議
禮等書別爲
圖

補註糊紙或用烏紗加漆爲之裁
寸許廣八寸以爲其圓之兩旁各廣三寸前後各廣
條廣八寸許長八寸許橫又爲五梁則廣四寸許又用一長
其中頂前後著于武屈其兩端各半寸
又於武之兩旁半寸之上爲緅以受
拜拜用白骨或象牙骨爲其高

按原圖梁柱武上實長四寸而朱子
大全圖亦照原圖恐本於此

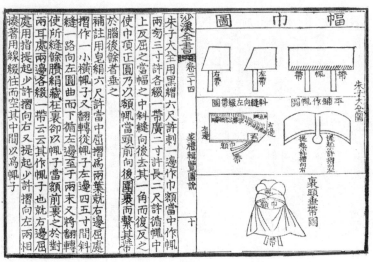

幅巾圖

右帶　左帶　帆帶

圓帶綴左向縫斜

圓帆作鋪平

朱子大全圖

裹頭垂帶圖

朱子大全用黑繒六尺許剌一邊作巾額當中作帆
兩旁屈三寸許各綴一帶廣二寸許長二尺許循巾中
上反屈之當正圓乃以額帆縫當向後去其一角而復反之
使巾頂正圓乃以額帆當頭前向後圍裹而繫其巾
於腦後餘者垂之

補註用皂絹六尺許當中屈摺爲兩葉就右邊屈處
摺作一小橫帆子又翻轉從帆子左邊四五寸間斜
縫一路向左圓曲而下循左至兩末又將翻轉
使所縫餘絹絹藏柱裹卻以一帶云其帆子也就右邊屈
兩耳處兩邊各綴一帶云云於對
處用指提起少許摺向右又提起少許摺向左兩相
摝著用線綴住而空其中間以爲帆子

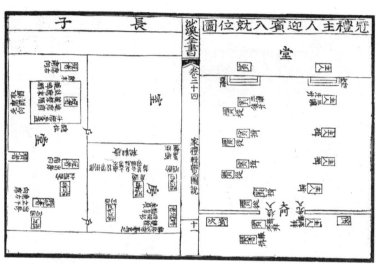

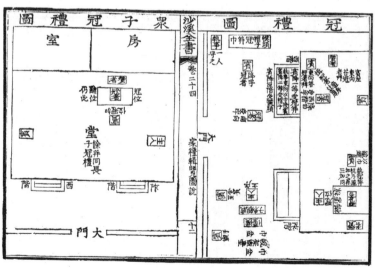

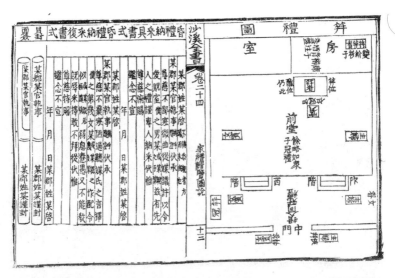

沙溪全書　卷二十四　家禮輯覽圖說

昏禮納采書式　復書式

舅禮圖

室　房
前堂　俗略如家禮　子弟禮
西階　階
中門

十三

某郡某官執事

某郡姓某啓
尊慈不宣
年　月　日某郡姓某啓
謙念特賜
過念
似惟
償念
某郡某官執事

某郡姓某啓
尊慈不宣
年　月　日某郡姓某啓
發書
入之禮謹率奠人納采某
親某室

某郡姓某啓
某官執事
尊慈不宣
年　月　日某郡姓某啓
伏承嘉禮承許以令
女弱室之作配令
似惟之言擇以先令
不能教

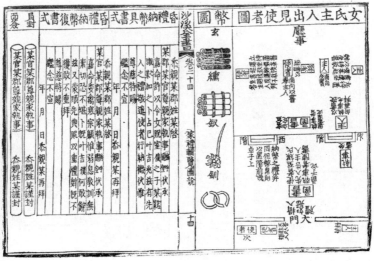

沙溪全書　卷二十四　家禮輯覽圖說

昏禮納幣書式　復書式

納幣圖　女氏主人入出見使者圖

廳事
西階　階
中門　大門

玄　纁

十四

某官某郡尊親家執事

奉親姓某再拜
尊慈不宣
年　月　日奉親某再拜
復蒙
兹辱
鑒念特賜
奉親姓某再拜

某官某郡尊親家執事

奉親姓某再拜
尊慈不宣
年　月　日奉親某再拜
嘉命詒以令
入占已吉兹有先
人之禮謹率
使者行納幣伏承

某親某郡姓某家執事

添親某郡姓某再拜
尊慈不宣
年　月　日添親某再拜
恭惟

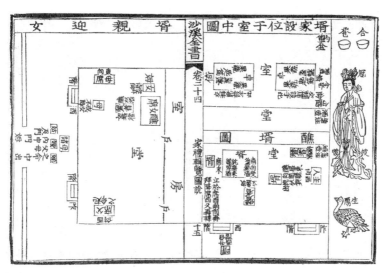

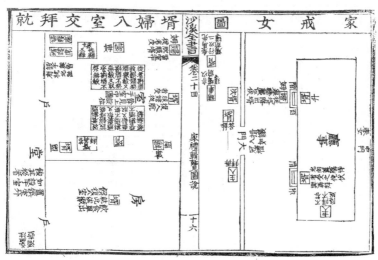

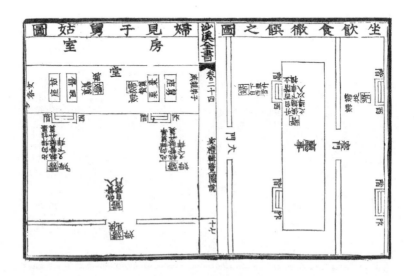

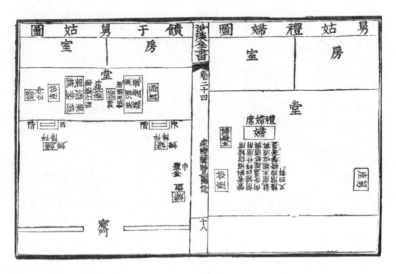

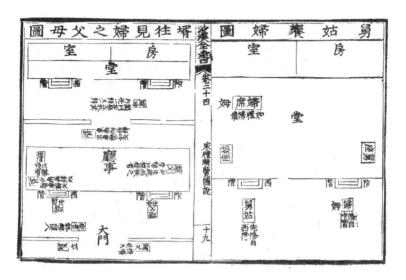

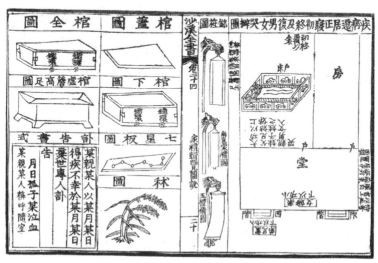

447
가례집람도설(家禮輯覽圖說)

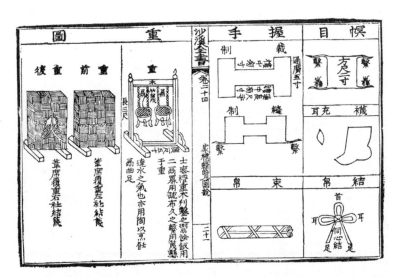

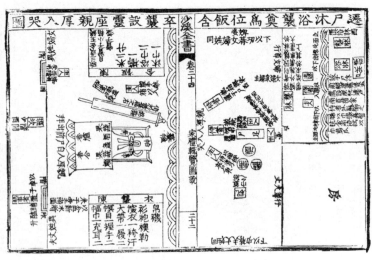

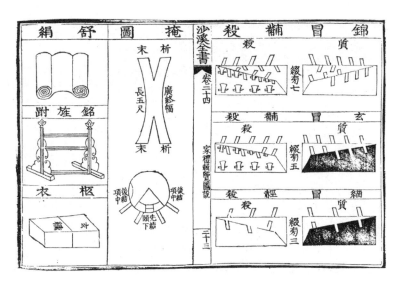

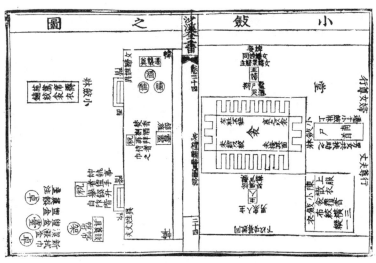

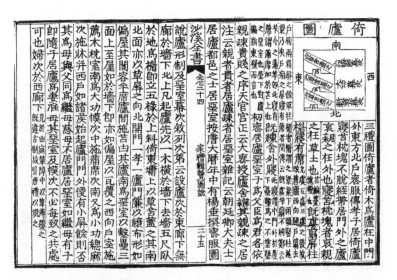

倚廬圖

沙溪全書 卷三十四　家禮輯覽圖說　三十五

三禮圖倚廬者倚木為廬柱在中門
外東方北戶喪服傳孝子居倚廬
寢苫枕塊不脱絰帶居門外倚廬
哀親之在草土也既寢苫枕塊者哀親

親疏貴賤之序天官宮正云大喪授廬舍雜記云諸廬疏者居堊室雜記云朝廷卿大夫士
居廬都邑之士居堊室按唐六暦年中有楊垂撰喪圖

注云親者貴者居廬疏者居堊室

說廬形制及堊室幕次敘列次第云設廬於於東廊下無
廊於墻下凡起廬先以一木橫於墻去墻五尺臥
於地為楣即立五椽於上斜倚東墉上以草苫蓋之其南
北面亦草屏之向北開門一孝一廬門以縗布設如
偏屋其闔容半席廬問施苦以偏蒲南為室以縗布三
面上至屋如於墻下即亦如偏次其廬南為室以縗疊三
蔫木枕室南大功麻次中施蒲席次南又為小功總麻
次施姊昇西戶如諸庚始起廬門外傻有小屏餘則否
其為母及父廬如繼母未居廬堊室如繼母子
卽隨子居廬為妻准毌其堊室及慞次不必為之共處
可也婦次於西廊下依遵古制故唐禮以簨商規之

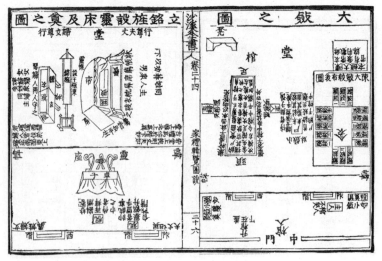

立銘旌設靈床及奠之圖　　　大斂之圖堂

沙溪全書 卷三十四　家禮輯覽圖說　三十六

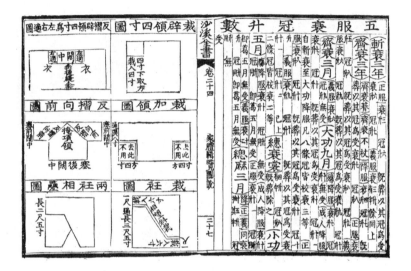

沙溪全書 卷二十四 家禮輯覽圖說 三十七

沙溪全書 卷二十四 家禮輯覽圖說 三十八

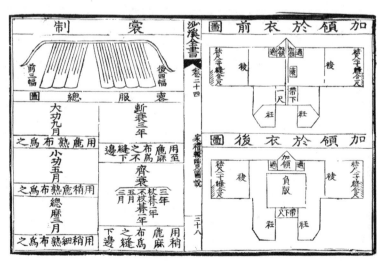

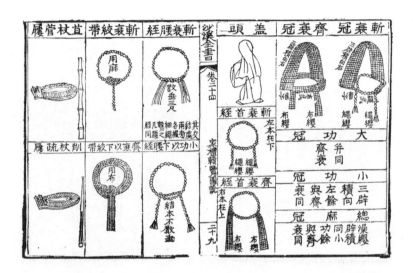

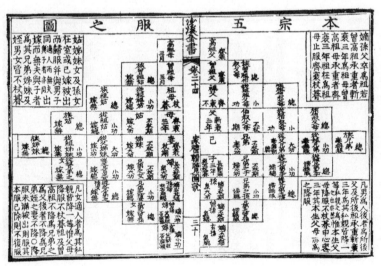

右側 圖之服三
從祖祖姑　姑

從祖姑　長緦

從祖姊妹　長緦

降殤三
從祖祖父　長緦
叔父　長大功　中七月小功　下小功
從祖父　長緦
己
從祖兄弟　長緦

大功之殤中從上
小功之殤中從下

齊衰之殤中從上
大功之殤中從下
此主謂妻為夫之親服也

母服圖
沙溪全書 卷三十四
家禮輯覽圖說
三十一

三父八母
同居繼父　齊衰三月
嫡母　齊衰三年
生母　本服
乳母　緦麻
嫁母　齊衰三年
出母　齊衰三年
庶母　小功
養母
慈母
父妾

總麻

下段

左側 黨服圖
婦從夫服　降夫一等

夫祖姑　總

夫伯叔祖姑

凡婦服夫黨當喪而出則除之

夫為妻
沙溪全書 卷二十四
家禮輯覽圖說
三十二

外黨妻黨服之圖
外黨　妻黨　親雖適人不降　惡服疏外不降

舅　母之兄弟　小功
姨　母之姊妹　小功
妻之父母　緦
外祖父母　小功
己
壻　緦
甥　小功
外孫　緦

已爲姑姊妹女子女孫適人者服圖

出嫁女爲本宗降服圖

兩女各出
不再降

丈夫婦人爲大宗服圖

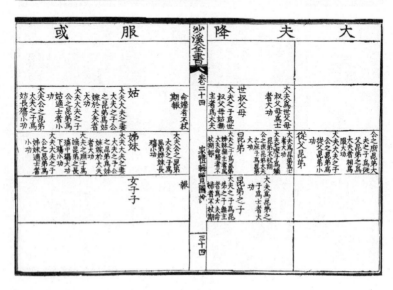

大夫降服或

不降圖

曾祖父母爲士者如衆人
曾祖父母爲大夫者
祖父母爲大夫
祖父母爲士者如衆人
父母

公之庶昆弟大夫之庶子爲母妻昆弟庶子爲母大功
世叔父母大功
大夫之適子爲妻不杖
其妻大夫妻昆弟庶子爲母大功
公之庶昆弟大夫之庶子爲妻

巳

大夫爲昆弟之長殤大功
大夫之庶子爲適昆弟大夫之子爲世叔父母大功
女子子爲昆弟之爲大夫者
大夫之妾爲君之庶子大功
大夫之子爲兄弟之爲大夫者
公之昆弟爲庶子女子子嫁者未嫁者

大夫爲適孫爲士者不杖大夫之適子爲庶子女子子爲大夫命婦者唯子不報
大夫爲庶孫小功
公之昆弟爲嫡孫
庶孫緦

孫

妾服圖

妾爲其私親服與女子子適人者同

君　斬衰三年

君之父母　按儀禮妾爲君之黨服得與女君同

女君　齊衰不杖朞

卿大夫爲貴妾緦　士妾有子緦

女君於妾無服

君之長子　齊衰三年

君之衆子　齊衰不杖朞

其子　齊衰不杖朞

爲人後者爲本宗降服圖

曾祖父母緦
兩男各爲人後不再降

祖父母功大
從祖祖父母緦

世叔父母不杖碁巳
姑嫁大功
從祖姑緦
伯叔父母大功
從祖父母緦

兄弟不杖碁
姊妹嫁大功
從父姊妹嫁小功
從父兄弟大功
兄弟妻緦
從祖兄弟小功
從祖兄弟之婦無

兄弟之女嫁小功
從父兄弟之女嫁無
兄弟之子大功
從父兄弟之子小功
兄弟之孫緦
兄弟之子之婦無
兄弟之孫之婦無

五服沿革圖

	儀禮	家禮	皇朝制	國制
子爲父	斬衰三年	同	同	同
父卒爲祖承重	斬衰三年	同書從服曾高祖同	碁	同
父爲長子	斬衰三年 子斬 庶子不爲長	同	碁	同
爲人後者爲所後祖承重	斬衰三年	同書後服	同	同
爲人後者爲父人後者爲父人後者	斬衰三年	同	同	軍士及庶人服百日母同軍士顏行三年者爲婚
妻爲夫	斬衰三年	同	同	同

沙溪全書 卷三十四　家禮輯覽圖說　三十七

婦爲姑	父在爲母 / 妾爲君之長子	嫁母	出母	慈母	母爲長子	爲後者爲所後母	繼母	嫡孫爲祖母承重	子爲母	嬪爲舅	妾爲君
朞	杖朞	無	杖朞	齊衰三年	齊衰三年	齊衰三年	齊衰三年	齊衰三年	齊衰三年	朞	斬衰三年
齊衰三年	杖朞	杖朞	同	同	朞	斬衰三年	斬衰三年	斬衰三年	同	斬衰三年	同
齊衰三年	齊衰三年	同	同	齊衰三年	齊衰三年	齊衰三年	齊衰三年	齊衰三年	同	同	同

沙溪全書 卷三十四　家禮輯覽圖說　三十八

繼父同居者	爲父後者爲其母	女子子嫁爲父母	夫爲妻	爲人後者爲本父母	養父母	妻爲夫	妾爲夫之嫡母	妻爲夫之繼母	妾爲夫之長子	妾子爲其母	妾子爲嫡母	父卒祖在爲其母	父卒祖在爲祖母
不杖朞	不杖朞	杖朞	杖朞	無	斬衰三年	斬衰三年					斬衰三年		杖朞
同	同	同	同	同	齊衰三年	齊衰三年					齊衰三年		同
同	同	同	朞	同	齊衰三年	齊衰三年							同

	下同			
爲祖父母 繼祖母同	朞 女適人不降下同	同	同	同
庶子之子爲其父之母	無	朞 爲祖後則不服	無	同
爲伯叔父母 姑同嫁降	朞 姑嫁而無夫與子者	同	同	同
	同下同			
昆弟 姊妹同嫁降	朞 姊妹嫁而無夫與子	同	同	同
	者同			
爲衆子女	朞	同	同	同
	女嫁降嫁而無夫與子者不降	上同		
爲昆弟之子女	朞 女嫁大功	同	同	同

爲嫡孫當爲後者	朞 曾玄孫同	同	同	同
妾爲其父母	朞	同	同	同
	妾爲其伯叔父母姑姊妹大功	凡妾爲其私親如衆人		
	爲私兄弟如邦人註私兄弟目			
	其族親			
妾爲女君	朞	同	同	無
爲夫之兄弟之子	朞 女嫁則大功	同 女嫁則大功	同	同
妾爲君之衆子	朞 爲其子同下同	同	同	同
妾爲君之父母	朞		同 會典儀節	同 大典
舅姑爲嫡婦	大功	朞 魏徵奏升爲朞	同	同

		家禮因之		
爲曾祖父母 繼祖母同	齊衰三月	齊衰五月	同	同
爲所後之曾祖父母同	女適人不降下同	魏徵建議升爲五月家禮因之		
爲高祖父母 繼祖母同	齊衰三月	同	同	同
爲所後之高祖父母同				
族人爲宗子母妻	齊衰三月			
爲從父兄弟 姊妹在室同	大功 嫁小功	同	同	同
爲衆孫男女	大功 女嫁小功	同	同	同
爲衆子婦	小功	大功 魏徵奏升爲大	同	同
		功家禮因之		

爲兄弟子之婦	大功	同	同	同
爲夫祖父母	大功	同	同	同
爲夫伯叔父母	大功	同	同	同
爲夫兄弟子之婦		大功	同	同
爲人後者之妻爲本生舅姑		大功	同	
爲從祖祖父母 四寸	小功	同	同	同
大父母				
爲從祖祖姑 四寸大姑	緦 歸孫	小功	同	同
爲兄弟之孫	小功 女嫁緦	同	同	同
爲從叔父母 五寸叔	小功	同	同	同

爲甥姊妹之子	爲舅母之兄弟	爲從兄弟之母	爲外祖父母	爲從祖父母	爲從祖兄弟六寸	爲從兄弟之女	爲從兄弟之子姪	爲從兄弟之子五寸	爲從祖姑五寸叔
緦妻緦	小功	小功妻亦緦	小功妻亦緦	小功	小功孫珠嫁緦	小功嫁則緦	小功女嫁緦	小功妻緦女	小功嫁則緦
小功妻亦緦	小功								

爲後孫婦同	爲嫡孫婦曾玄孫冨同	爲庶母慈已者	爲庶母	娣姒婦相爲	爲夫之姑姊妹	爲夫兄弟之孫	爲嫡母嫡母烏	庶子爲嫡母父	母兄弟姊妹
小功	小功	小功	小功	小功	小功降適人不	小功適人不	小功	小功則不服	從母小功之父
同	同	同其姑在	同	同	同	同	同	同則不姑在	從母之兄弟
同	無	同	同	同	同	無	同	同	同

爲兄弟之妻	爲夫之兄弟		爲族曾祖姑大父	爲族祖姑	爲族祖父母	爲族父母	爲族姑	爲族父母之曾孫	爲族曾祖姑	爲族曾祖姑父	母出爲繼母之父兄	女爲兄弟子之妻	同母異父兄弟	弟烱妹
無	無	唐太宗朝小功家禮因之	緦	緦	緦七寸叔父	緦	緦	緦妻編女嫁無	緦	緦	小功	大功	同	小功
同	同	小功唐太宗朝小功家禮因之	緦嫁無	緦嫁無	緦嫁無	緦嫁無	緦嫁無	緦	緦	緦嫁無	小功適人不大功	大功降	同	小功
同	同	小功	同	同	同	同	同	同	同	同	同	同	同	同
同	同	小功	同	同	同	同	同	同	同	同	小功	同	同	同

관계	1	2	3	4
爲族父之子〈兄弟八寸〉〈總 女嫁無下同妻無〉	總		同	同
爲夫從兄弟之孫〈五寸孫〉		總	同	同
爲兄弟之曾孫	總	同	同	同
爲夫兄弟之曾孫	總婦無	同	同	同
爲兩姨兄弟之子〈從母〉	總	同	同	同
爲內兄弟之子〈舅之子〉	總	同	同	同
爲外兄弟姊妹父之姊妹之子	總	同	同	同
爲內兄弟〈父之男之子〉	總	同	同	同
爲外孫	總	同	同	同
爲玄孫	總婦無	總婦無	同	同
爲曾孫	同	同	同	同
六寸孫				同
七寸姪	總	同	同	同
爲夫從祖兄弟之子	總	總	杖期	同
爲庶母有子者	總	同	同	同
爲乳母	總〈母難嫁同〉	同	同	同
爲妻父母〈聖亦同凶別〉	無	總〈出亦同母始爲總〉	同	同
爲夫之曾祖父母	無	總〈榮朝因之爲〉	同	同
爲夫之高祖父母	無	總	同	同

諸祖父母者夫之所爲小功從祖祖父母外祖父母或
曰曾祖父母曾祖父면此면服父〇按此下別有夫之從
之外祖父母二條惟不宠有而此註說似當參考故幷本條

관계	1	2	3	4
爲兄弟之孫之婦	總			同
爲夫兄弟之孫之婦	總	同	同	同
爲夫從祖祖母	總	同	同	同
爲夫從祖父母〈姑同〉	總	同	同	同
爲從祖父母〈姑同〉	總	同	同	同
爲從兄弟之子婦	總	總	同	同
爲從兄弟之子婦	總	總	同	同
爲寶及從母	總	總	同	無
爲夫之外祖父母〈總〉	總	同	同	同
爲外孫婦	總	同	同	同
爲壻	總			無
女爲姊妹之子婦	總	同	同	同
爲甥婦		總〈朱子曰舅於甥之妻有服妻無服於夫之貞縟服可疑盖易是從父身上〉	總	同
爲從母有子者〈朱子曰舅於甥之妻有服妻無服夫推將去故廣甥之妻從夫身上推將來故狹〉	總	同	同	同
爲夫之從父兄弟妻	總	同	同	同
爲夫之從父兄弟妻	總	同	同	同
從父姊妹爲從父兄弟之妻	總〈雖適人文乃適編也〉	同〈總不降〉	同〈而家禮今制〉	同〈國制幷無明〉

459

가례집람도설(家禮輯覽圖說)

朋友

關係			
從父兄弟之妻	總	同	同
為夫從父兄弟	無		同
同爨	總	同	總
改葬應服三年			
為所後母父母	總	同	
為人後者為父母	無		
外祖父母	小功	小功	
為人後者為生	無	總	總
為母舅			
繼母嫁而前之無	碁	碁	同
子從己者	一	無	無
為所後母之兄弟	總	小功	同
為所後母之從母		小功	同
妻為夫之從祖姑			總
舅妻			同

按緦為舅
則舅妻當有服
緦妻既有服
之報而不書為
浩是闕文

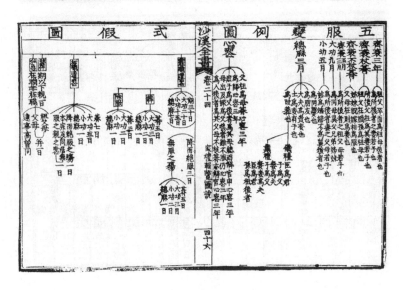

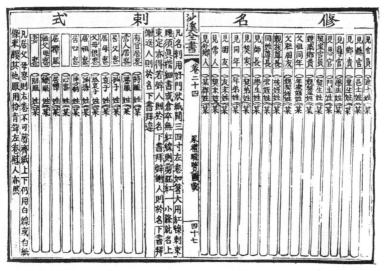

修名剌式

沙溪全書　卷二十四　家禮輯覽圖說　四十七

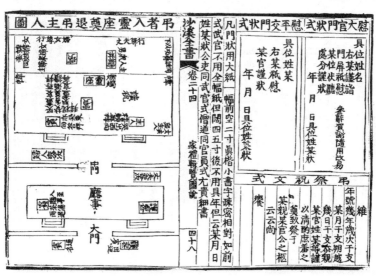

沙溪全書　卷二十四　家禮輯覽圖說　四十八

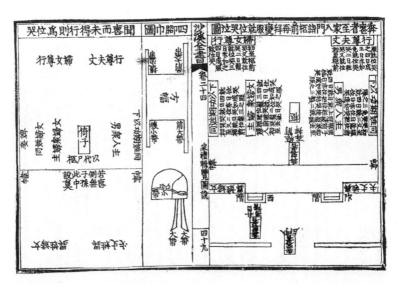

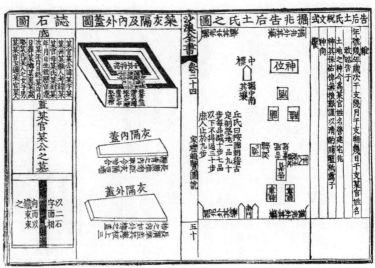

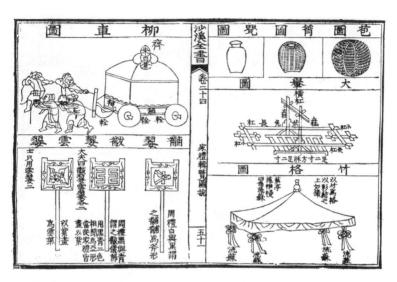

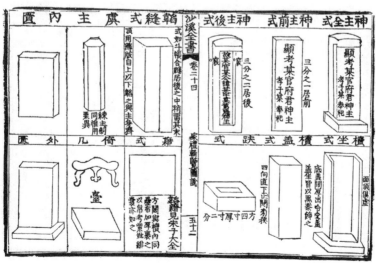

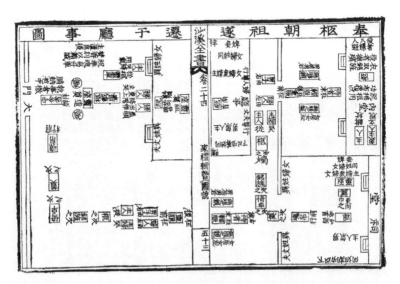

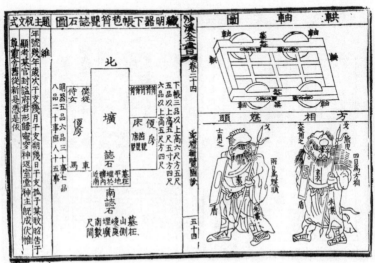

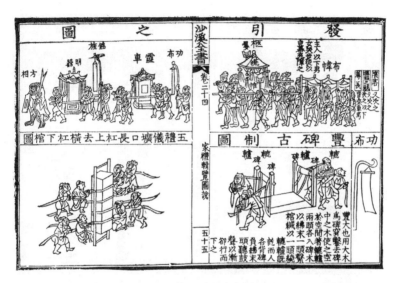

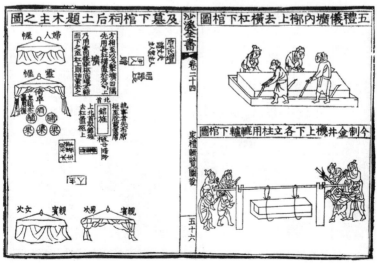

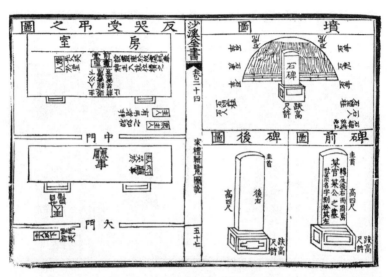

反哭受弔之圖　墳圖　碑後圖　碑前圖

房室
中廳事
大門

石碑
趺高尺許

高四尺
後右
趺高尺許

某官某公之墓
高四尺
趺高尺許

沙溪全書　卷二十四　家禮輯覽圖說　五十七

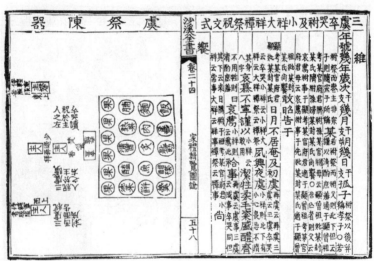

虞祭陳器　三年喪卒哭及祔并小祥大祥禫祭祝文式

沙溪全書　卷二十四　家禮輯覽圖說　五十八

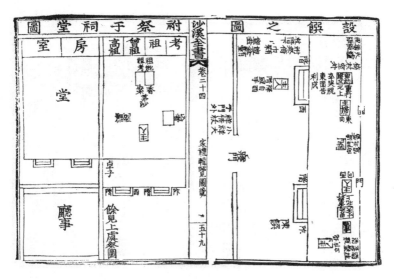

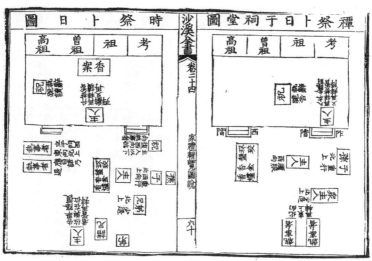

가례집람도설(家禮輯覽圖說)

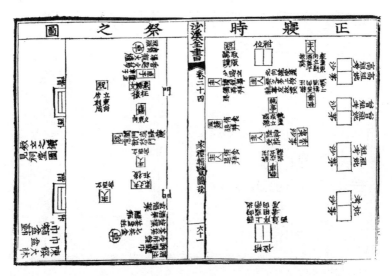

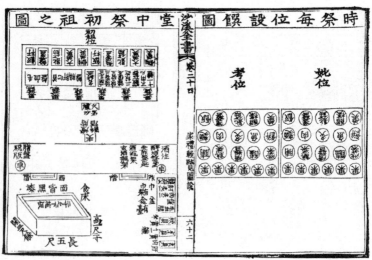

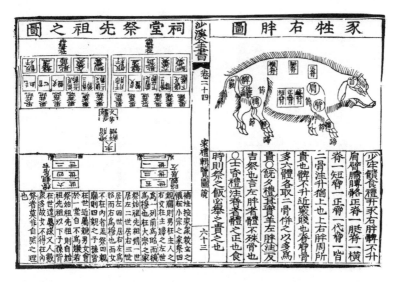

沙溪全書 卷二十四 家禮輯覽圖說 六十三

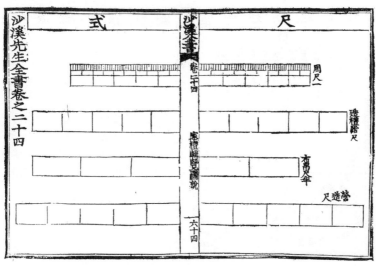

沙溪先生全書卷之二十四

式　尺

沙溪全書 卷五十四 家禮輯覽圖說 六十四

부록3. 소학원문(小學原文)

〈立敎第一〉

子思子曰, 天命之謂性, 率性之謂道, 修道之謂敎. 則天明, 遵聖法, 述此篇. 俾爲師者, 知所以敎. 而弟子知所以學.

1. 列女傳曰, 古者, 婦人妊子, 寢不側. 坐不邊. 立不蹕. 不食邪味. 割不正不食. 席不正不坐. 目不視邪色. 耳不聽淫聲. 夜則令瞽誦詩. 道正事. 如此則生子, 形容端正. 才過人矣.

2. 內則曰, 凡生子, 擇於諸母與可者, 必求其寬裕慈惠溫良恭敬愼而寡言者, 使爲子師. 子能食食敎以右手. 能言男唯女兪. 男鞶革, 女鞶絲. 六年敎之數與方名. 七年男女不同席, 不共食. 八年出入門戶及卽席飮食, 必後長者, 始敎之讓. 九年敎之數日. 十年出就外傅, 居宿於外, 學書計, 衣不帛襦袴, 禮帥初, 朝夕學幼儀, 請肄簡諒. 十有三年學樂誦詩, 舞勺, 成童舞象, 學射御. 二十而冠, 始學禮, 可以衣裘帛, 舞大夏, 惇行孝悌, 博學不敎, 內而不出. 三十而有室, 始理男事, 博學無方, 孫友視志. 四十始仕, 方物出謀發慮, 道合則服從, 不可則去. 五十命爲大夫, 服官政, 七十致事. 女子十年不出, 姆敎婉娩聽從, 執麻枲, 治絲繭. 織紝組紃, 學女事, 以共衣服, 觀於祭祀, 納酒漿籩豆菹醢, 禮相助奠. 十有五年而笄, 二十而嫁. 有故二十三而嫁. 聘則爲妻, 奔則爲妾.

3. 曲禮曰, 幼子常視毋誑, 立必正方, 不傾聽.

4. 學記曰, 古之敎者, 家有塾, 黨有庠, 術有序, 國有學.

5. 孟子曰, 人之有道也, 飽食暖衣, 逸居而無敎, 則近於禽獸. 聖人有憂之, 使契爲司徒, 敎以人倫, 父子有親, 君臣有義, 夫婦有別, 長幼有序, 朋友有信.

6. 舜命契曰, 百姓不親, 五品不遜, 汝作司徒, 敬敷五教, 在寬. 命夔曰, 命汝典樂. 教冑子, 直而溫, 寬而栗, 剛而無虐, 簡而無傲. 詩言志, 歌永言, 聲依永, 律和聲. 八音克諧, 無相奪倫, 神人以和.

7. 周禮, 大司徒以鄉三物, 教萬民而賓興之. 一曰, 六德, 知仁聖義忠和. 二曰, 六行, 孝友睦婣任恤. 三曰, 六藝, 禮樂射御書數. 以鄉八刑, 糾萬民. 一曰, 不孝之刑. 二曰, 不睦之刑. 三曰, 不婣之刑. 四曰, 不弟之刑. 五曰, 不任之刑. 六曰, 不恤之刑. 七曰, 造言之刑. 八曰, 亂民之刑.

8. 王制曰, 樂正, 崇四術, 立四教. 順先王詩書禮樂以造士. 春秋教以禮樂. 冬夏教以詩書.

9. 弟子職曰, 先生施教, 弟子是則, 溫恭自虛, 所受是極. 見善從之, 聞義則服, 溫柔孝弟, 毋驕恃力. 志毋虛邪, 行必正直, 游居有常, 必就有德. 顏色整齊, 中心必式. 夙興夜寐, 衣帶必飭. 朝益暮習, 小心翼翼. 一此不懈是謂學則.

10. 孔子曰, 弟子入則孝, 出則弟, 謹而信, 汎愛衆, 而親仁. 行有餘力, 則以學文.

11. 興於詩, 立於禮, 成於樂.

12. 樂記曰, 禮樂不可斯須去身.

13. 子夏曰, 賢賢, 易色, 事父母, 能竭其力, 事君能致其身, 與朋友交, 言而有信, 雖曰未學, 吾必謂之學矣.

〈明倫第二〉

孟子曰, 設爲庠序學校, 以教之. 皆所以明人倫也. 稽聖經, 訂賢傳, 述此篇, 以訓蒙士.

1. 內則曰, 子事父母, 鷄初鳴, 咸盥漱, 櫛縰笄總, 拂髦冠緌纓, 端韠紳, 搢笏, 左右佩用, 偪屨著綦. 婦事舅姑如事父母, 鷄初鳴, 咸盥漱, 櫛縰笄總, 衣紳, 左右佩用, 衿纓綦屨. 以適父母舅姑之所, 及所, 下氣怡聲, 問衣燠寒, 疾痛苛癢, 而敬抑搔之, 出入則或先或後, 而敬扶持之. 進盥, 少者奉槃, 長者奉水, 請沃盥, 盥卒授巾. 問所欲而敬進之, 柔色以溫之, 父母舅姑, 必嘗之而後退. 男女未冠笄者, 鷄初鳴, 咸盥漱, 櫛縰, 拂髦, 總角, 衿纓, 皆佩容臭, 昧爽而朝, 問何食飲矣. 若已食則退, 若未食則佐長者視具.

2. 凡內外鷄初鳴, 咸盥漱, 衣服, 斂枕簟, 灑掃室堂及庭, 布席. 各從其事.

3. 父母舅姑, 將坐, 奉席請何鄕. 將衽, 長者奉席請何趾, 少者執牀與坐. 御者舉几, 斂席與簟. 縣衾篋枕, 斂簟而襡之. 父母舅姑之衣衾簟席枕几不傳. 杖屨, 祗敬之, 勿敢近. 敦牟巵匜, 非餕, 莫敢用. 與恒飲食, 非餕, 莫之敢飲食.

4. 在父母舅姑之所, 有命之, 應唯敬對. 進退周旋, 愼齊. 升降出入, 揖遊. 不敢噦噫嚏咳欠伸跛倚睇視. 不敢唾洟. 寒不敢襲, 癢不敢搔, 不有敬事, 不敢袒裼, 不涉不撅, 褻衣衾, 不見裏. 父母唾洟不見, 冠帶垢, 和灰請漱, 衣裳垢, 和灰請澣, 衣裳綻裂, 紉箴請補綴. 少事長, 賤事貴共帥時.

5. 曲禮曰, 凡爲人子之禮, 冬溫而夏凊, 昏定而晨省, 出必告, 反必面, 所遊必有常, 所習必有業, 恒言不稱老.

6. 禮記曰, 孝子之有深愛者, 必有和氣. 有和氣者, 必有愉色. 有愉色者, 必有婉容. 孝子如執玉, 如奉盈, 洞洞屬屬然, 如弗勝, 如將失之. 嚴威儼恪, 非所以事親也.

7. 曲禮曰, 凡爲人子者, 居不主奧, 坐不中席, 行不中道, 立不中門. 食饗不爲槪, 祭祀不爲尸. 聽於無聲, 視於無形. 不登高, 不臨深. 不苟訾, 不苟笑.

8. 孔子曰, 父母在, 不遠遊. 遊必有方.

9. 曲禮曰, 父母存, 不許友以死.

10. 禮記曰, 父母在, 不敢有其身, 不敢私其財. 示民有上下也. 父母在, 饋獻不及車馬. 示民不敢專也.

11. 內則曰, 子婦孝子敬者, 父母舅姑之命, 勿逆勿怠. 若飲食之, 雖不嗜, 必嘗而待. 加之衣服, 雖不欲, 必服而待. 加之事, 人代之, 己雖不欲, 姑與之, 而姑使之, 而後復之.

12. 子婦無私貨, 無私蓄, 無私器. 不敢私假, 不敢私與. 婦或賜之飲食衣服布帛佩帨茝蘭, 則受而獻諸舅姑. 舅姑受之則喜, 如新受賜, 若反賜之則辭, 不得命, 如更受賜, 藏以待乏. 婦若有私親兄弟, 將與之, 則必復請其故, 賜而後與之.

13. 曲禮曰, 父召, 無諾. 先生召, 無諾. 唯而起.

14. 士相見禮曰, 凡與大人言, 始視面, 中視抱, 卒視面. 毋改. 衆皆若是. 若父則遊目, 毋上於面, 毋下於帶. 若不言, 立則視足. 坐則視膝.

15. 禮記曰, 父命呼, 唯而不諾, 手執業則投之, 食在口則吐之, 走而不趨. 親老, 出不易方, 復不過時. 親癠, 色容不盛, 此孝子之疏節也. 父沒而不能讀父之書, 手澤存焉爾. 母沒而杯圈不能飲焉, 口澤之氣存焉爾.

16. 內則曰, 父母有婢子若庶子庶孫, 甚愛之, 雖父母沒, 沒身敬之不衰. 子有二妾, 父母愛一人焉, 子愛一人焉, 由衣服飲食, 由執事毋敢視父母所愛, 雖父母沒不衰.

17. 子甚宜其妻, 父母不說出. 子不宜其妻, 父母曰, 是善事我, 子行夫婦之禮焉. 沒身不衰.

18. 曾子曰, 孝子之養老也, 樂其心, 不違其志, 樂其耳目, 安其寢處, 以其飲食, 忠養之. 是故父母之所愛亦愛之, 父母之所敬亦敬之. 至於犬馬盡然, 而況於人乎.

19. 內則曰, 舅沒則姑老, 冢婦所祭祀賓客, 每事必請於姑, 介婦, 請於
冢婦. 舅姑使冢婦, 毋怠. 不友無禮於介婦. 舅姑, 若事介婦, 毋敢敵
耦於冢婦. 不敢並行, 不敢並命, 不敢並坐. 凡婦不命適私室, 不敢
退. 婦將有事, 大小必請於舅姑.

20. 適子庶子祗事宗子宗婦, 雖貴富, 不敢以貴富, 入宗子之家, 雖衆車
徒, 舍於外, 以寡約入, 不敢以貴富, 加於父兄宗族.

21. 曾子曰, 父母愛之, 喜而弗忘. 父母惡之, 懼而無怨. 父母有過, 諫而
不逆.

22. 內則曰, 父母有過, 下氣怡色柔聲以諫. 諫若不入, 起敬起孝, 說則
復諫. 不悅與其得罪於鄕黨州閭, 寧孰諫. 父母怒不悅, 而撻之流血,
不敢疾怨, 起敬起孝.

23. 曲禮曰, 子之事親也, 三諫而不聽, 則號泣而隨之.

24. 父母有疾, 冠者不櫛, 行不翔, 言不惰, 琴瑟不御, 食肉不至變味, 飲
酒不至變貌, 笑不至矧, 怒不至詈. 疾止, 復故.

25. 君有疾飮藥, 臣先嘗之. 親有疾飮藥, 子先嘗之. 醫不三世, 不服其藥.

26. 孔子曰, 父在觀其志, 父沒觀其行. 三年無改於父之道, 可謂孝矣.

27. 內則曰, 父母雖沒, 將爲善, 思貽父母令名, 必果. 將爲不善, 思貽父
母羞辱, 必不果.

28. 祭義曰, 霜露旣降, 君子履之, 必有悽愴之心. 非其寒之謂也. 春雨
露旣濡, 君子履之, 必有怵惕之心, 如將見之.

29. 祭統曰, 夫祭也者, 必夫婦親之. 所以備外內之官也. 官備則具備.

30. 君子之祭也, 必身親莅之. 有故則使人可也.

31. 祭義曰, 致齊於內, 散齊於外, 齊之日, 思其居處, 思其笑語, 思其志
意, 思其所樂, 思其所嗜, 齊三日, 乃見其所爲齊者. 祭之日, 入室優
然必有見乎其位, 周還出戶, 肅然必有聞乎其容聲, 出戶而聽, 愾然
必有聞乎其嘆息之聲. 是故先王之孝也, 色不忘乎目, 聲不絶乎耳,

心志嗜欲不忘乎心. 致愛則存, 致慇則著. 著存不忘乎心. 未安得不敬乎.

32. 曲禮曰, 君子雖貧, 不粥祭器, 雖寒, 不衣祭服, 爲宮室, 不斬於丘木.

33. 王制曰, 大夫祭器不假. 祭器未成, 不造燕器.

34. 孔子謂曾子曰, 身體髮膚, 受之父母. 不敢毀傷, 孝之始也. 立身行道, 揚名於後世, 以顯父母, 孝之終也. 夫孝始於事親, 中於事君, 終於立身. 愛親者, 不敢惡於人. 敬親者, 不敢慢於人. 愛敬盡於事親, 而德敎加於百姓, 刑于四海. 此天子之孝也. 在上不驕, 高而不危. 制節謹度, 滿而不溢. 然後能保其社稷, 而和其民人. 此諸侯之孝也. 非先王之法服, 不敢服. 非先王之法言, 不敢道. 非先王之德行, 不敢行, 然後能保其宗廟. 此卿大夫之孝也. 以孝事君則忠, 以敬事長則順. 忠順不失, 以事其上, 然後能守其祭祀. 此士之孝也. 用天之道, 因地之利, 謹身節用, 以養父母. 此庶人之孝也. 故自天子之於庶人, 孝無終始, 而患不及者, 未之有也.

35. 孔子曰, 父母生之, 續莫大焉. 君親臨之, 厚莫重焉. 是故不愛其親, 而愛他人者, 謂之悖德. 不敬其親, 而敬他人者, 謂之悖禮.

36. 孝子之事親, 居則致其敬, 養則致其樂, 病則致其憂, 喪則致其哀, 祭則致其嚴. 五者備矣, 然後能事親. 事親者, 居上不驕, 爲下不亂, 在醜不爭. 居上而驕則亡, 爲下而亂則刑, 在醜而爭則兵. 三者不除, 雖日用三牲之養, 猶爲不孝也.

37. 孟子曰, 世俗所謂不孝者, 五. 惰其四支, 不顧父母之養, 一不孝也. 博奕, 好飲酒, 不顧父母之養, 二不孝也. 好貨財, 私妻子, 不顧父母之養, 三不孝也. 從耳目之欲, 以爲父母戮, 四不孝也. 好勇鬪狠, 以危父母, 五不孝也.

38. 曾子曰, 身也者, 父母之遺體也. 行父母之遺體, 敢不敬乎. 居處不莊, 非孝也. 事君不忠, 非孝也. 莅官不敬, 非孝也. 朋友不信, 非孝也. 戰陳無勇, 非孝也. 五者不遂, 災及其親. 敢不敬乎. 右, 明父子之親.

39. 孔子曰, 五刑之屬三千, 而罪莫大於不孝.

40. 禮記曰, 將適公所, 宿齊戒, 居外寢, 沐浴, 史進象笏, 書思對命. 旣服, 習容觀玉聲, 及出.

41. 曲禮曰, 凡爲君使者, 已受命, 君言不宿於家. 君言至, 則主人出拜君言之辱, 使者, 歸, 則必拜送于門外. 若使人於君所, 則必朝服而命之, 使者, 反, 則必下堂而受命.

42. 論語曰, 君召使擯, 色勃如也, 足躩如也. 揖所與立, 左右手. 衣前後, 襜如也. 趨進, 翼如也. 賓退, 必復命曰, 賓不顧矣.

43. 入公門, 鞠躬如也. 如不容. 立不中門. 行不履閾. 過位, 色勃如也, 足躩如也. 其言似不足者. 攝齊升堂, 鞠躬如也. 屏氣似不息者. 出降一等, 逞顏色, 怡怡如也. 沒階趨進, 翼如也. 復其位, 踧踖如也.

44. 禮記曰, 君賜車馬, 乘以拜賜. 衣服, 服以拜賜. 君未有命, 弗敢卽乘服也.

45. 曲禮曰, 賜果於君前, 其有核者, 懷其核.

46. 御食於君, 君賜餘, 器之漑者, 不寫, 其餘皆寫.

47. 論語曰, 君賜食, 必正席先嘗之. 君賜腥, 必熟而薦之. 君賜生, 必畜之.

48. 侍食於君, 君祭, 先飯.

49. 疾君視之, 東首, 加朝服拖紳.

50. 君命召, 不俟駕行矣.

51. 吉月必朝服而朝.

52. 孔子曰, 君子事君, 進思盡忠, 退思補過, 將順其美, 匡救其惡. 故上下能相親也.

53. 君使臣以禮, 臣事君以忠.

54. 大臣以道事君, 不可則止.

55. 子路問事君. 子曰, 勿欺也. 而犯之.

56. 鄙夫可與事君也與哉. 其未得之也, 患得之. 旣得之, 患失之. 苟患失之, 無所不至矣.

57. 孟子曰, 責難於君, 謂之恭. 陳善閉邪, 謂之敬. 吾君不能, 謂之賊.

58. 有官守者, 不得其職則去. 有言責者, 不得其言則去.

59. 王蠋曰, 忠臣不事二君, 烈女不更二夫. 右, 明君臣之義.

60. 曲禮曰, 男女非有行媒, 不相知名. 非受幣, 不交不親. 故日月以告君, 齊戒以告鬼神, 爲酒食以召鄕黨僚友. 以厚其別也. 取妻, 不取同姓, 故買妾, 不知其姓則卜之.

61. 士昏禮曰, 父醮子, 命之曰, 往迎爾相, 承我宗事, 勗帥以敬, 先妣之嗣. 若則有常. 子曰, 諾. 唯恐不堪, 不敢忘命. 父送女, 命之曰, 戒之敬之, 夙夜無違命. 母施衿結帨曰, 勉之敬之, 夙夜無違宮事. 庶母及門內, 施鞶, 申之以父母之命, 命之曰, 敬恭聽, 宗爾父母之言, 夙夜無愆, 視諸衿鞶.

62. 禮記曰, 夫昏禮, 萬世之始也. 取於異姓, 所以附遠厚別也. 幣必誠, 辭無不腆, 告之以直信. 信事人也, 信婦德也. 一與之齊, 終身不改. 故夫死不嫁. 男女親迎, 男先於女, 剛柔之義也. 天先乎地, 君先乎臣, 其義一也. 執摯以相見, 敬章別也. 男女有別, 然後父子親, 父子親, 然後義生, 義生, 然後禮作, 禮作, 然後萬物安. 無別無義, 禽獸之道也.

63. 取婦之家, 三日不擧樂, 思嗣親也.

64. 昏禮不賀, 人之序也.

65. 內則曰, 禮始於謹夫婦, 爲宮室, 辨內外, 男子居外, 女子居內, 深宮固門, 閣寺守之, 男不入, 女不出. 男女不同椸枷, 不敢縣於夫之楎椸, 不敢藏於夫之篋笥, 不敢共湢浴, 夫不在, 斂枕篋, 簟席襡, 器而藏之. 少事長, 賤事貴咸如之. 雖婢妾, 衣服飮食, 必後長者. 妻不在, 妾御莫敢當夕.

66. 男不言內, 女不言外. 非祭非喪, 不相授器. 其相授則女受以篚, 其
無篚則皆坐奠之, 而後取之. 外內不共井, 不共湢浴, 不通寢席, 不
通乞假, 男女不通衣裳. 男子入內, 不嘯不指, 夜行以燭, 無燭則止.
女子出門, 必擁蔽其面, 夜行以燭, 無燭則止. 道路男子由右, 女子
由左.

67. 孔子曰, 婦人伏於人也. 是故無專制之義, 有三從之道. 在家從父,
適人從夫, 夫死從子, 無所敢自遂也. 教令不出閨門, 事在饋食之間
而已矣. 是故女及日乎閨門之內, 不百里而奔喪, 事無擅爲, 行無獨
成. 參知而後動, 可驗而後言, 晝不遊庭, 夜行以火. 所以正婦德也.
女有五不取, 逆家子, 不取, 亂家子, 不取, 世有刑人, 不取, 世有惡
疾, 不取, 喪父長子, 不取. 婦有七去, 不順父母去, 無子去, 淫去,
妬去, 有惡疾去, 多言去, 竊盜去. 有三不去, 有所取, 無所歸, 不去.
與更三年喪, 不去. 前貧賤後富貴, 不去. 凡此聖人所以順男女之際,
重婚姻之始也.

68. 曲禮曰, 寡婦之子, 非有見焉, 弗與爲友. 右, 明夫婦之別.

69. 孟子曰, 孩提之童, 無不知愛其親, 及其長也, 無不知敬其兄也.

70. 徐行後長者, 謂之弟. 疾行先長者, 謂之不弟.

71. 曲禮曰, 見父之執, 不謂之進, 不敢進. 不謂之退, 不敢退. 不問, 不
敢對.

72. 年長以倍, 則父事之, 十年以長, 則兄事之, 五年以長, 則肩隨之.

73. 謀於長者. 必操几杖以從之. 長者問, 不辭讓而對非禮也.

74. 從於先生. 不越路而與人言, 遭先生於道, 趨而進, 正立拱手. 先生
與之言, 則對. 不與之言, 則趨而退. 從長者而上丘陵, 則必鄕長者
所視.

75. 長者與之提携, 則兩手奉長者之手. 負劒辟咡詔之, 則掩口而對.

76. 凡爲長者糞之禮, 必加帚於箕上. 以袂拘而退, 其塵不及長者. 以箕自鄉而扱之.

77. 將卽席. 容毋怍, 兩手摳衣, 去齊尺, 衣毋撥, 足毋蹶. 先生書策琴瑟在前, 坐而遷之, 戒勿越. 坐必安, 執爾顔, 長者不及, 毋儳言. 正爾容, 聽必恭, 毋勦說, 毋雷同, 必則古昔, 稱先王.

78. 侍坐於先生. 先生問焉, 終則對. 請業則起. 請益則起.

79. 尊客之前, 不叱狗, 讓食不唾. 侍坐於君子. 君子欠伸, 撰杖屨, 視日蚤莫, 侍坐者請出矣.

80. 侍坐於君子. 君子問更端, 則起而對.

81. 侍坐於君子. 若有告者曰, 少閒, 願有復也, 則左右屛而侍.

82. 侍飮於長者. 酒進則起, 拜受於尊所, 長者, 辭, 少者, 反席而飮. 長者, 擧未釂, 少者, 不敢飮.

83. 長者, 賜, 少者賤者, 不敢辭.

84. 御同於長者. 雖貳, 不辭, 偶坐不辭.

85. 侍於君子, 不顧望而對, 非禮也.

86. 少儀曰, 尊長於己, 踰等, 不敢問其年. 燕見, 不將命, 遇於道, 見則面. 不請所之. 侍坐弗使, 不執琴瑟, 不畫地, 手無容, 不翣也, 寢則坐而將命. 侍射則約矢, 侍投則擁矢, 勝則洗而以請.

87. 王制曰, 父之齒隨行, 兄之齒鴈行, 朋友不相踰. 輕任幷, 重任分, 頒白者不提挈. 君子耆老, 不徒行, 庶人耆老不徒食.

88. 論語曰, 鄉人飮酒, 杖者出, 斯出矣. 右, 明長幼之序.

89. 曾子曰, 君子以文會友, 以友輔仁.

90. 孔子曰, 朋友切切偲偲, 兄弟怡怡.

91. 孟子曰, 責善, 朋友道也.

92. 子貢問友. 孔子曰, 忠告而善道之, 不可則止, 毋自辱焉.

93. 孔子曰, 居是邦也, 事其大夫之賢者, 友其士之仁者.

94. 益者三友, 損者三友. 友直, 友諒, 友多聞, 益矣. 友便辟, 友善柔, 友便佞, 損矣.

95. 孟子曰, 不挾長, 不挾貴, 不挾兄弟而友. 友也者, 友其德也. 不可以有挾也.

96. 曲禮曰, 君子不盡人之歡, 不竭人之忠, 以全交也.

97. 凡與客人者, 每門讓於客, 客至寢門, 主人請入爲席, 然後出迎客, 客固辭, 主人肅客而入. 主人入門而右, 客入門而左, 主人就東階, 客就西階, 客若降等, 則就主人之階. 主人固辭, 然後客復就西階. 主人與客讓登, 主人先登, 客從之, 拾級聚足, 連步以上, 上於東階, 則先右足, 上於西階, 則先左足.

98. 大夫士相見, 雖貴賤不敵. 主人敬客, 則先拜客. 客敬主人, 則先拜主人.

99. 主人不問, 客不先擧. 右, 明朋友之交.

100. 孔子曰, 君子之事親孝, 故忠可移於君. 事兄弟, 故順可移於長. 居家理, 故治可移於官. 是以行成於內, 而名立於後世矣.

101. 天子有爭臣七人, 雖無道, 不失其天下. 諸侯有爭臣五人, 雖無道, 不失其國. 大夫有爭臣三人, 雖無道, 不失其家. 士有爭友, 則身不離於令名. 父有爭子, 則身不陷於不義. 故當不義, 則子不可以弗爭於父, 臣不可以弗爭於君.

102. 禮記曰, 事親, 有隱而無犯, 左右就養, 無方, 服勤至死, 致喪三年. 事君, 有犯而無隱, 左右就養, 有方, 服勤至死, 方喪三年. 事師, 無犯無隱, 左右就養, 無方, 服勤至死, 心喪三年.

103. 欒共子曰, 民生於三. 事之如一. 父生之, 師敎之, 君食之. 非父不生, 非食不長, 非敎不知. 生之族也. 故一事之, 唯其所在, 則致死焉. 報生以死, 服賜以力, 人之道也.

104. 晏子曰, 君令臣共, 父慈子孝, 兄愛弟敬, 夫和妻柔, 姑慈婦聽, 禮也. 君令而不違, 臣共而不貳, 父慈而敎, 子孝而箴, 兄愛而友, 弟敬而順, 夫和而義, 妻柔而正, 姑慈而從, 婦聽而婉, 禮之善物也.

105. 曾子曰, 親戚不說, 不敢外交. 近者不親, 不敢求遠. 小者不審, 不敢言大. 故人之生也, 百歲之中, 有疾病焉, 有老幼焉. 故君子思其不可復者, 而先施焉. 親戚旣沒, 雖欲孝, 誰爲孝. 年旣耆艾, 雖欲悌, 誰爲悌. 故孝有不及, 悌有不時. 其此之謂歟.

106. 官怠於宦成, 病加於小愈, 禍生於懈惰, 孝衰於妻子. 察此四者, 愼終如始. 詩曰, 靡不有初, 鮮克有終.

107. 荀子曰, 人有三不祥. 幼而不肯事長, 賤而不肯事貴, 不肖而不肯事賢, 是人之三不祥也.

108. 無用之辯, 不急之察, 棄而不治. 若夫君臣之義, 父子之親, 夫婦之別, 則日切磋而不舍也. 右, 通論.

〈敬身第三〉

孔子曰, 君子無不敬也, 敬身爲大. 身也者, 親之枝也. 敢不敬與. 不能敬其身, 是傷其親. 傷其親, 是傷其本. 傷其本, 枝從而亡. 仰聖模, 景賢範, 述此篇, 以訓蒙士.

1. 丹書曰, 敬勝怠者, 吉. 怠勝敬者, 滅. 義勝欲者, 從. 欲勝義者, 凶.

2. 曲禮曰, 毋不敬, 儼若思, 安定辭, 安民哉. 敖不可長, 欲不可從, 志不可滿, 樂不可極. 賢者, 狎而敬之, 畏而愛之, 愛而知其惡, 憎而知其善, 積而能散, 安安而能遷. 臨財毋苟得, 臨難毋苟免, 狠毋求勝, 分毋求多. 疑事毋質, 直而勿有.

3. 孔子曰, 非禮勿視. 非禮勿聽. 非禮勿言. 非禮勿動.

4. 出門如見大賓, 使民如承大祭. 己所不欲, 勿施於人.

5. 居處恭, 執事敬, 與人忠雖之夷狄, 不可棄也.

6. 言忠信, 行篤敬, 雖蠻貊之邦行矣. 言不忠信, 行不篤敬, 雖州里行乎哉.

7. 君子有九思. 視思明, 聽思聰, 色思溫. 貌思恭, 言思忠, 事思敬, 疑思問, 忿思難, 見得思義.

8. 曾子曰, 君子所貴乎道者三. 動容貌斯遠暴慢矣, 正顏色斯近信矣, 出辭氣斯遠鄙倍矣.

9. 曲禮曰, 禮不踰節, 不侵侮, 不好狎. 修身踐言, 謂之善行.

10. 樂記曰, 君子姦聲亂色, 不留聰明, 淫樂慝禮, 不接心術, 惰慢邪辟之氣, 不設於身體, 使耳目鼻口, 心知百體, 皆由順正, 以行其義.

11. 孔子曰, 君子, 食無求飽, 居無求安, 敏於事而愼於言, 就有道而正焉. 可謂好學也已.

12. 管敬仲曰, 畏威如疾, 民之上也. 從懷如流, 民之下也. 見懷思威, 民之中也. 右, 明心術之要.

13. 冠義曰, 凡人之所以爲人者, 禮義也. 禮義之始, 在於正容體, 齊顏色, 順辭令. 容體正, 顏色齊, 辭令順, 而後禮義備. 以正君臣, 親父子, 和長幼. 君臣正, 父子親, 長幼和, 而後禮義立.

14. 曲禮曰, 毋側聽, 毋噭應, 毋淫視, 毋怠荒, 遊毋倨, 立毋跛, 坐毋箕, 寢毋伏, 斂髮毋髢, 冠毋免, 勞毋袒, 暑毋褰裳.

15. 登城不指, 城上不呼. 將適舍, 求毋固. 將上堂, 聲必揚. 戶外有二屨, 言聞則入, 言不聞則不入. 將入戶, 視必下, 入戶奉扃, 視瞻毋回, 戶開亦開. 戶闔亦闔, 有後入者, 闔而勿遂. 毋踐屨, 毋踖席, 摳衣趨隅, 必愼唯諾.

16. 禮記曰, 君子之容, 舒遲. 見所尊者, 齊邀. 足容重, 手容恭, 目容端, 口容止, 聲容靜, 頭容直, 氣容肅, 立容德, 色容莊.

17. 曲禮曰, 坐如尸, 立如齊.

18. 少儀曰, 不窺密, 不旁狎, 不道舊故, 不戱色, 毋拔來, 毋報往, 毋瀆神, 毋循枉, 毋測未至. 毋訾衣服成器, 毋身質言語.

19. 論語曰, 車中不內顧, 不疾言, 不親指.

20. 曲禮曰, 凡視上於面則敖, 下於帶則憂, 傾則姦.

21. 論語曰, 孔子於鄉黨恂恂如也. 似不能言者. 其在宗廟朝廷, 便便言. 唯謹爾. 朝與下大夫言, 侃侃如也. 與上大夫言, 誾誾如也.

22. 孔子食不語. 寢不言.

23. 士相見禮曰, 與君言, 言使臣. 與大人言, 言事君. 與老者言, 言使弟子. 與幼者言, 言孝悌于父兄. 與衆言, 言忠信慈祥. 與居官者言, 言忠信.

24. 論語曰, 席不正, 不坐.

25. 子見, 齊衰者, 雖狎必變. 見冕者與瞽者, 雖褻必以貌. 凶服者式之. 式負版者.

26. 禮記曰, 若有疾風迅雷甚雨, 則必變, 雖夜必興, 衣服冠而坐.

27. 論語曰, 寢不尸. 居不容.

28. 子之燕居, 申申如也, 夭夭如也.

29. 曲禮曰, 並坐不橫肱, 授立不跪, 授坐不立.

30. 入國不馳, 入里必式.

31. 少儀曰, 執虛, 如執盈. 入虛, 如有人.

32. 禮記曰, 古之君子, 必佩玉. 右徵角, 左宮羽. 趨以采齊, 行以肆夏. 周還中規, 折還中矩. 進則揖之, 退則揚之. 然後玉*장鳴也. 故君子在車, 則聞鸞和之聲, 行, 則鳴佩玉. 是以非辟之心, 無自入也.

33. 射義曰, 射者, 進退周還, 必中禮. 內志正, 外體直, 然後持弓矢審固, 持弓矢審固, 然後可以言中. 此可以觀德行矣. 右, 明威儀之則.

34. 士冠禮始加, 祝曰, 令月吉日, 始加元服. 棄爾幼志, 順爾成德, 壽考維祺, 介爾景福. 再加. 曰, 吉月令辰, 乃申爾服. 敬爾威儀, 淑愼爾德, 眉壽萬年, 永受胡福. 三加. 曰, 以歲之正, 以月之令, 咸加爾服.

兄弟具在, 以成厥德, 萬耉無疆, 受天之慶.

35. 曲禮曰, 爲人子者, 父母存, 冠衣不純素, 孤子當室, 冠衣不純采.

36. 論語曰, 君子不以紺緅飾. 紅紫不以爲褻服. 當暑袗絺綌, 必表而出之.

37. 去喪無所不佩.

38. 孔子羔裘玄冠, 不以弔.

39. 禮記曰, 童子不裘不帛, 不屨絇.

40. 孔子曰, 士志於道, 而耻惡衣惡食者, 未足與議也. 右, 明衣服之制.

41. 曲禮曰, 共食不飽, 共飯不澤手, 毋摶飯, 毋放飯, 毋流歠, 毋咤食, 毋齧骨, 毋反魚肉, 毋投與狗骨, 毋固獲, 毋揚飯, 飯黍毋以箸, 毋嚃羹, 毋絮羹, 毋刺齒, 毋歠醢, 客絮羹, 主人辭不能亨, 客歠醢, 主人辭以窶. 濡肉齒決, 乾肉不齒決, 毋嘬炙.

42. 少儀曰, 侍食於君子, 則先飯而後已. 毋放飯, 毋流歠, 小飯而亟之, 數噍, 毋爲口容.

43. 論語曰, 食不厭精. 膾不厭細. 食饐而餲, 魚餒而肉敗, 不食. 色惡不食. 臭惡不食. 失飪不食. 不時不食. 割不正不食. 不得其醬不食. 肉雖多, 不使勝食氣. 唯酒無量, 不及亂. 沽酒市脯不食. 不撤薑食, 不多食.

44. 禮記曰, 君無故不殺牛. 大夫無故不殺羊. 士無故不殺犬豕. 君子遠庖廚, 凡有血氣之類弗身踐也.

45. 樂記曰, 豢豕爲酒, 非以爲禍也. 而獄訟益繁, 則酒之流, 生禍也. 是故, 先生因爲酒禮, 一獻之禮, 賓主百拜, 終日飮酒, 而不得醉焉. 此先王之所以備酒禍也.

46. 孟子曰, 飮食之人, 則人賤之矣. 爲其養小以失大也. 右, 明飮食之節.

〈稽古第四〉

孟子道性善, 言必稱堯舜. 其言曰, 舜爲法於天下, 可傳於後世, 我猶未免爲鄕人也. 是則可憂也. 憂之如何, 如舜而已矣. 撫往行實前言, 述此篇, 使讀者, 有所興起.

1. 太任, 文王之母. 摯任氏之中女也. 王季娶以爲妃. 太任之性, 端一誠莊, 惟德之行. 及其娠文王, 目不視惡色, 耳不聽淫聲, 口不出敖言. 生文王而明聖, 太任敎之以一而識百. 卒爲周宗. 君子謂太任爲能胎敎.

2. 孟軻之母, 其舍近墓. 孟子之少也, 嬉戲爲墓間之事, 踊躍築埋, 孟母曰, 此非所以居子也. 乃去舍市. 其嬉戲爲賈衒, 孟母曰, 此非所以居子也. 乃徙舍學宮之旁. 其嬉戲乃設俎豆, 揖讓進退, 孟母曰, 此眞可以居子矣. 遂居之. 孟子幼時, 問東家殺猪何爲. 母曰, 欲啖汝. 旣而悔曰, 吾聞古有胎敎. 今適有知而欺之, 是敎之不信. 乃買猪肉, 以食之. 旣長就學, 遂成大儒.

3. 孔子嘗獨立, 鯉趨而過庭. 曰, 學詩乎. 對曰, 未也. 不學詩無以言. 鯉退而學詩. 他日又獨立, 鯉趨而過庭. 曰, 學禮乎. 對曰, 未也. 不學禮無以立. 鯉退而學禮.

4. 孔子謂伯魚曰, 女爲周南召南矣乎. 人而不爲周南召南, 其猶正墻面而立與也. 右, 立敎.

5. 虞舜父頑母嚚, 象傲, 克諧以孝, 烝烝乂, 不格姦.

6. 萬章問曰, 舜往于田, 號泣于旻天. 何爲其號泣也. 孟子曰, 怨慕也. 我竭力耕田, 共爲子職而已矣. 父母之不我愛, 於我何哉. 帝使其子九男二女, 百官牛羊倉廩備, 以事舜於畎畝之中. 天下之士多就之者, 帝將胥天下而遷之焉. 爲不順於父母, 如窮人無所歸. 天下之士悅之, 人之所欲也, 而不足以解憂, 好色, 人之所欲, 妻帝之二女, 而不足以解憂, 富, 人之所欲, 富有天下, 而不足以解憂. 貴, 人之所欲, 貴爲天子, 而不足以解憂. 人悅之, 好色, 富貴, 無足以解憂者,

惟順於父母, 可以解憂. 人少則慕父母, 知好色則慕少艾, 有妻子則
慕妻子, 仕則慕君, 不得於君則熱中. 大孝終身慕父母. 五十而慕者,
子於大舜見之矣.

7. 楊子曰, 事父母, 自知不足者, 其舜乎. 不可得而久者, 事親之謂也.
孝子愛日.

8. 文王之爲世子, 朝於王季日三. 鷄初鳴而衣服. 至於寢門外, 問內竪
之御者曰, 今日安否何如. 內竪曰, 安, 文王乃喜. 及日中又至, 亦如
之. 及莫又至, 亦如之. 其有不安節, 則內竪以告文王, 文王色憂, 行
不能正履. 王季復膳然後亦復初. 食上, 必在視寒暖之節, 食下, 問
所膳, 命膳宰曰, 末有原, 應曰, 諾然後退.

9. 文王有疾, 武王不說冠帶而養. 文王一飯, 亦一飯. 文王再飯, 亦再飯.

10. 孔子曰, 武王, 周公, 其達孝矣乎. 夫孝者, 善繼人之志, 善述人之事
者也. 踐其位, 行其禮, 奏其樂, 敬其所尊, 愛其所親, 事死如事生,
事亡如事存, 孝之至也.

11. 淮南子曰, 周公之事文王也, 行無專制, 事無由己, 身若不勝衣, 言若不
出口. 有奏持於文王, 洞洞屬屬, 如將不勝, 如恐失之. 可謂能子矣.

12. 孟子曰, 曾子養曾晢, 必有酒肉. 將徹, 必請所與. 問有餘, 必曰有.
曾晢死, 曾元養曾子, 必有酒肉. 將徹, 不請所與. 問有餘, 曰亡矣.
將以復進也. 此所謂養口體者也. 若曾子, 則可謂養志也. 事親, 若
曾子者, 可也.

13. 孔子曰, 孝哉, 閔子騫. 人不間於其父母昆弟之言.

14. 老萊子孝奉二親. 行年七十, 作嬰兒戲, 身著五色斑斕之衣. 嘗取水
上堂, 詐跌仆臥地, 爲小兒啼. 弄雛於親側, 欲親之喜.

15. 樂正子春下堂而傷其足, 數月不出, 猶有憂色. 門弟子曰, 夫子之足
瘳矣. 數月不出, 猶有憂色何也. 樂正子春曰, 善如, 爾之問也. 善
如, 爾之問也. 吾聞諸曾子, 曾子聞諸夫子. 曰, 天之所生, 地之所

養, 惟人爲大. 父母全而生之. 子全而歸之, 可謂孝矣. 不虧其體, 不辱其身, 可謂全矣. 故君子頃步而不敢忘孝也. 今予忘孝之道. 予是以有憂色也. 一擧足而不敢忘父母. 是故道而不徑, 舟而不游, 不敢以先父母之遺體, 行殆, 一出言而不敢忘父母. 是故惡言不出於口, 忿言不反於身. 不辱其身, 不羞其親, 可謂孝矣.

16. 伯兪有過, 其母笞之, 泣. 其母曰, 他日笞子, 未嘗泣, 今泣何也. 對曰, 兪得罪笞常痛. 今母之力不能使痛. 是以泣. 故曰, 父母怒之, 不作於意. 不見於色, 深受其罪, 使可哀憐上也. 父母怒之, 不作於意. 不見於色, 其次也. 父母怒之, 作於意. 見於色下也.

17. 公明宣學於曾子, 三年不讀書. 曾子曰, 宣而居參之門三年, 不學何也. 公明宣曰, 安敢不學. 宣見夫子居庭. 親在, 叱咤之聲未嘗之於犬馬, 宣說之, 學而未能, 宣見夫子之應賓客. 恭儉而不解惰, 宣說之, 學而未能, 宣見夫子之居朝廷. 嚴臨下而不毁傷, 宣說之, 學而未能. 宣說此三者, 學而未能. 宣安敢不學而居夫子之門乎.

18. 少連大連, 善居喪, 三日不怠, 三月不解, 期悲哀, 三年憂, 東夷之子也.

19. 高子皋之執親之喪也, 泣血三年, 未嘗見齒. 君子以爲難.

20. 顔丁善居喪, 始死皇皇焉如有求而弗得. 旣殯望望焉如有從而弗及. 旣葬慨然如不及其反而息.

21. 曾子有疾. 召門弟子曰, 啓予足. 啓予手. 詩云, 戰戰兢兢, 如臨深淵, 如履薄冰. 而今而後, 吾知免夫. 小子.

22. 箕子者紂親戚也. 紂始爲象箸, 箕子嘆曰, 彼爲象箸, 必爲玉杯. 爲玉杯, 則必思遠方珍怪之物, 而御之矣. 輿馬宮室之漸, 自此始不可振也. 紂爲淫泆, 箕子諫. 紂不聽而囚之. 人或曰, 可以去矣. 箕子曰, 爲人臣, 諫不聽而去, 是彰君之惡, 而自說於民. 吾不忍爲也. 乃被髮佯狂而爲奴, 遂隱而鼓琴, 以自悲. 故傳之曰, 箕子操. 王子比干者, 亦紂之親戚也. 見箕子諫不聽, 而爲奴, 則曰, 君有過, 而不以死爭, 則百姓何辜. 乃直言諫紂, 紂怒曰, 吾聞聖人之心, 有七竅. 信有諸乎. 乃遂殺王子比干, 剖視其心. 微子曰, 父子有骨肉, 而臣主以義屬, 故父有過, 子三諫而不聽則隨而號之. 人臣三諫而不聽, 則其義可以去矣. 於是遂行. 孔子曰, 殷有三仁焉.

23. 武王伐紂, 伯夷叔齊叩馬而諫. 左右欲兵之. 太公曰, 此義人也. 扶而去之. 武王已平殷亂. 天下宗周, 而伯夷叔齊恥之, 義不食周粟. 隱於首陽山, 採薇而食之. 遂餓而死.

24. 衛靈公與夫人夜坐. 聞車聲轔轔, 至闕而止, 過闕復有聲. 公問夫人曰, 知此爲誰. 夫人曰, 此蘧伯玉也. 公曰, 何以知之. 夫人曰, 妾聞, 禮下公門, 式路馬, 所以廣敬也. 夫忠臣與孝子, 不爲昭昭信節, 不爲冥冥惰行. 蘧伯玉衛之賢大夫也. 仁而有智, 敬於事上. 此其人必不以闇昧廢禮. 是以知之. 公使人視之, 果伯玉也.

25. 趙襄子殺知伯, 漆其頭, 以爲飮器. 知懿之臣豫讓欲爲之報仇, 乃詐爲刑人, 挾匕首, 入襄子宮中, 塗厠左右欲殺之. 襄子曰, 知伯死無後, 而此人欲爲報仇. 眞義士也. 吾謹避之耳. 讓又漆身爲癩, 吞炭爲啞, 行乞於市. 其妻不識也, 其友識之, 爲之泣曰, 以子之才, 臣事趙孟, 必得近幸. 子乃爲所欲爲願不易邪, 何乃自苦如此. 讓曰, 委質爲臣, 而求殺之, 是二心也. 吾所以爲此者, 將以愧天下後世之爲人臣而懷二心者也. 後又伏於橋下, 欲殺襄子, 襄子殺之.

26. 王孫賈事齊閔王. 王出走, 賈失王之處. 其母曰, 女朝去而晚來, 則吾倚門而望. 女莫出而不還, 則吾倚閭而望. 女今事王. 王出走, 女不知其處. 女尙何歸. 王孫賈乃入市中. 曰, 淖齒亂齊國, 殺閔王. 欲與我誅齒者, 袒右. 市人從之者, 四百人. 與誅淖齒, 刺而殺之.

27. 臼季使過冀, 見冀缺耨, 其妻饁之, 敬, 相待如賓, 與之歸, 言諸文公曰, 敬德之聚也. 能敬, 必有德. 德以治民. 君請用之. 臣聞, 出門如賓, 承事如祭, 仁之則也. 文公以爲下軍大夫.

28. 公父文伯之母季康子之從祖叔母也. 康子往焉*위門而與之言, 皆不
    踰閾. 仲尼聞之, 以爲別於男女之禮矣.

29. 衛共姜者, 衛世子共伯之妻也. 共伯蚤死, 共姜守義. 父母欲奪而嫁
    之, 共姜不許, 作栢舟之詩, 以死自誓.

30. 蔡人妻宋人之女也. 旣嫁而夫有惡疾, 其母將改嫁之. 女曰, 夫之不
    幸乃妾之不幸也. 奈何去之. 適人之道, 一與之醮, 終身不改. 不幸
    遇惡疾, 彼無大故, 又不遣妾. 何以得去. 終不聽.

31. 萬章問曰, 象日以殺舜爲事, 立爲天子, 則放之何也. 孟子曰, 封之
    也, 或曰放焉. 仁人之於弟也, 不藏怒焉, 不宿怨焉. 親愛之而已矣.

32. 伯夷叔齊, 孤竹君之二子也. 父欲立叔齊, 及父卒, 叔齊讓伯夷. 伯
    夷曰, 父命也. 遂逃去, 叔齊亦不肯立而逃之, 國人立其中子.

33. 虞芮之君, 相與爭田, 久而不平. 乃相謂曰, 西伯仁人也. 盍往質焉.
    乃相與朝周. 入其境, 則耕者讓畔, 行者讓路. 入其邑, 男女異路, 斑
    白者不提挈. 入其朝, 士讓爲大夫, 大夫讓爲卿. 二國之君感而相謂
    曰, 我等小人, 不可以履君子之庭. 乃相讓, 以其所爭田, 爲閒田而
    退. 天下聞而歸之者, 四十餘國.

34. 曾子曰, 以能問於不能, 以多問於寡, 有若無, 實若虛, 犯而不校. 昔
    者吾友, 嘗從事於斯矣.

35. 孔子曰, 晏平仲, 善與人交. 久而敬之. 右, 明倫.

36. 孟子曰, 伯夷目不視惡色, 耳不聽惡聲.

37. 子游爲武城宰. 子曰, 女得人焉爾乎. 曰, 有澹臺滅明者. 行不由徑,
    非公事, 未嘗至於偃之室也.

38. 高柴自見孔子, 足不履影, 啓蟄不殺, 方長不折. 衛輒之難, 出而門
    閉. 或曰, 此有徑. 子羔曰, 吾聞之, 君子不徑. 曰, 此有竇. 子羔曰,
    吾聞之, 君子不竇. 有間使者至, 門啓而出.

39. 南容三復白圭. 孔子以其兄之子妻之.

40. 子路無宿諾.

41. 孔子曰, 衣敝縕袍, 與衣狐貉者立而不恥者, 其由也與.

42. 鄭子臧出奔宋. 好聚鷸冠, 鄭伯聞而惡之, 使盜殺之. 君子曰, 服之不衷, 身之灾也. 詩曰, 彼己之子, 不稱其服. 子臧之服, 不稱也夫.

43. 公父文伯退朝, 朝其母. 其母方績. 文伯曰, 以歜之家而主猶績乎. 其母嘆曰, 魯其亡乎. 使僮子備官, 而未之聞邪. 居. 吾語女. 民勞則思. 思則善心生, 逸則淫. 淫則忘善, 忘善則惡心生. 沃土之民不材淫也. 瘠土之民莫不嚮義勞也. 是故王后親織玄紞, 公侯之夫人加以紘綖, 卿之內子爲大帶, 命婦成祭服, 列士之妻加之以朝服, 自庶士以下皆衣其夫. 社而賦事, 烝而獻功, 男女效績, 愆則有辟古之制也. 吾冀而朝夕修我曰, 必無廢先人. 爾今曰, 胡不自安. 以是承君之官, 子懼穆伯之絶嗣也.

44. 孔子曰, 賢哉回也. 一簞食, 一瓢飮, 在陋巷. 人不堪其憂. 回也不改其樂. 賢哉回也. 右, 敬身.

45. 衛莊公娶于齊東宮得臣之妹. 曰, 莊姜. 美而無子. 其娣戴嬀生桓公, 莊姜以爲己子. 公子州吁嬖人之子也. 有寵以好兵, 公弗禁. 莊姜惡之. 石碏諫曰, 臣聞愛子, 敎之以義方, 弗納於邪. 驕奢淫佚, 所自邪也. 四者謹來, 寵祿過也. 夫寵而不驕, 驕而能降, 降而不憾, 憾而能眕者鮮矣. 且夫賤妨貴, 少陵長, 遠間親, 新間舊, 小加大, 淫破義, 所謂六逆也. 君義臣行, 父慈子孝, 兄愛弟敬, 所謂六順也. 去順效逆, 所以速禍也. 君人者, 將禍是務去, 而速之. 無乃不可乎.

46. 劉康公成肅公會晉侯, 伐秦. 成子受脤于社, 不敬. 劉子曰, 吾聞之. 民受天地之中, 以生. 所謂命也. 是以有動作禮義威儀之則. 以定命也. 能子養之以福, 不能者敗以取禍. 是故君子勤禮, 小人盡力. 勤禮莫如敦敬, 盡力莫如敦篤. 敬在養神, 篤在守業. 國之大事, 在祀與戎. 祀有執膰, 戎有受脤, 神之大節也. 今成子惰. 棄其命矣. 其不反乎.

47. 衛侯在楚. 北宮文子, 見令尹圍之威儀. 言於衛侯曰, 令尹其將不免. 詩云, 敬愼威儀, 維民之則. 令尹無威儀. 民無則焉. 民所不則. 以在民上, 不可以終. 公曰, 善哉何謂威儀. 對曰, 有威而可畏謂之威. 有儀而可象謂之儀. 君有君之威儀, 其臣, 畏而愛之, 則而象之, 故能有其國家, 令聞, 長世, 臣, 有臣之威儀, 其下, 畏而愛之, 故能守其官職, 保族宜家. 順是以下皆如是. 是以上下, 能相固也. 衛詩曰, 威儀棣棣, 不可選也. 言君臣上下父子兄弟內外大小, 皆有威儀也. 周詩曰, 朋友攸攝, 攝以威儀. 言朋友之道, 必相敎訓以威儀也. 故君子在位可畏, 施舍可愛, 進退可度, 周旋可則, 容止可觀, 作事可法, 德行可象, 聲氣可樂, 動作有文, 言語有章, 以臨其下. 謂之有威儀也. 右, 通論.

〈嘉言第五〉

詩曰, 天生烝民, 有物有則. 民之秉彝, 好是懿德孔子曰, 爲此詩者, 其知道乎. 故有物必有則. 民之秉彝也. 故好詩懿德. 歷傳記, 接見聞, 述嘉言, 紀善行, 爲小學外篇.

1. 橫渠張先生曰, 敎小兒, 先要安詳恭敬. 今世學不講, 男女從幼便驕惰壞了, 到長益凶狠. 只爲未嘗爲子弟之事. 則於其親, 已有物我, 不肯屈下, 病根常在, 又隨所居而長, 至死只依舊. 爲子弟則不能安灑掃應對, 接朋友則不能下朋友, 有官長則不能下官長, 爲宰相則不能下天下之賢. 甚則至於徇私意, 義理都喪也. 只爲病根不去, 隨所居所接而長.

2. 楊文公家訓曰, 童穉之學, 不止記誦. 養其良知良能. 當以先之言爲主. 日記故事, 不拘今古, 必先以孝弟忠信禮義廉恥等事. 如黃香扇

枕, 陸積懷橘, 叔敖陰德, 子路負米之類, 只如俗說, 便曉此道理. 久
久成熟, 德性若自然矣.

3. 明道程先生曰, 憂子弟之輕俊者, 只教以經學念書. 不得令作文字.
子弟凡百玩好, 皆奪志. 至於書札, 於儒者事最近, 然, 一向好著, 亦
自喪志.

4. 伊川程先生曰, 教人, 未見意趣, 必不樂學. 且教之歌舞. 如古詩三
百篇, 皆古人作之. 如關雎之類, 正家之始. 故用之鄕人, 用之邦國,
日使人聞之. 此等詩, 其言簡奧, 今人未易曉. 別欲作詩, 略言教童
子灑掃應對事長之節, 今朝夕歌之. 似當有助.

5. 陳忠肅公曰, 幼學之士, 先要分別人品之上下. 何者是聖賢所爲之事,
何者是下愚所爲之事. 向善背惡, 去彼取此, 此幼學所當先也. 顔子
孟子亞聖也. 學之雖未至. 亦可爲賢人. 今學者, 若能知此, 則顔孟
之事, 我亦可學. 言溫而氣和, 則顔子之不遷, 漸可學矣. 過而能悔,
又不憚改, 則顔子之不貳, 漸可學矣. 知埋甕之戲, 不如俎豆, 今慈
母之愛, 至於三遷, 自幼至老, 不厭不改, 終始一意, 則我之不動心,
亦可以如孟子矣. 若夫立志不高, 則其學, 皆常人之事. 語及顔孟,
則不敢當也. 其心必曰, 我爲孩童. 豈敢學顔孟哉. 此人不可以語上
矣. 先生長者, 見其卑下, 豈肯與之語哉. 先生長者, 不肯與之語, 則
其所與語, 皆下等人也. 言不忠信, 下等人也. 行不篤敬, 下等人也.
過而不知悔, 下等人也. 悔而不知改, 下等人也. 聞下等之語, 爲下
等之事, 譬如坐於房舍之中, 四面皆墻壁也. 雖欲開明, 不可得矣.

6. 馬援兄子嚴敦, 並喜譏議而通輕俠客. 援在交趾, 還書誡之曰, 吾欲
汝曹, 聞人過失, 如聞父母之名, 耳可得聞, 口不可得言也. 好議論
人長短, 妄是非政法, 此吾所大惡也. 寧死, 不願聞子孫, 有此行也.
龍伯高敦厚周愼, 口無擇言, 謙約節儉, 廉公有威. 吾愛之重之, 願
汝曹效之. 杜季良豪俠好義, 憂人之憂, 樂人之樂, 清濁無所失, 父

喪致客, 數郡畢至. 吾愛之重之, 不願汝曹效也. 效伯高不得, 猶爲謹敕之士. 所謂刻鵠不成, 尙類鶩者也, 效季良不得, 陷爲天下輕薄者. 所謂畫虎不成, 反類狗子也.

7. 漢昭烈將終, 勅後主曰, 勿以惡小而爲之. 勿以善小而不爲.

8. 諸葛武侯戒子書曰, 君子之行, 靜以修身. 儉以養德. 非澹泊, 無以明志. 非寧靜, 無以致遠. 夫學須靜也. 才須學也. 非學, 無以廣才. 非靜, 無以成學. 慆慢, 則不能硏精. 險躁, 則不能理性. 年如時馳, 意與歲去, 遂成枯落, 悲歎窮廬, 將復何及也.

9. 柳玭嘗著書, 戒其子弟曰, 壞名災己, 辱先喪家, 其失尤大者五. 宜深誌之. 其一, 自求安逸, 靡甘澹泊, 苟利於己, 不恤人言. 其二, 不知儒術, 不悅古道, 懵前經而不恥, 論當世而解頤, 身旣寡知, 惡人有學. 其三, 勝己者厭之, 佞己者悅之, 唯樂戲談, 莫思古道, 聞人之善嫉之, 聞人之惡揚之, 浸漬頗僻, 銷刻德義, 簪裾徒在, 廝養何殊. 其四, 崇好優游, 耽嗜麴蘗, 以啣盃爲高致, 以勤事爲俗流. 習之易荒. 覺已難悔. 其五, 急於名宦, 匿近權要, 一資半級, 雖或得之, 衆怒群猜, 鮮有存者. 余見名門右族, 莫不由祖先忠孝勤儉, 以成立之, 莫不由子孫頑率奢傲, 以覆墜之. 成立之難如升天, 覆墜之易如燎毛. 言之痛心. 爾宜刻骨.

10. 范魯公質爲宰相. 從子杲嘗求奏遷秩, 質作詩曉之. 其略曰, 戒爾學立身, 莫若先孝悌. 怡怡奉親長, 不敢生驕易. 戰戰復兢兢, 造次必於是. 戒爾學干祿, 莫若勤道藝. 嘗聞諸格言, 學而優則仕. 不患人不知, 惟患學不至. 戒爾遠恥辱, 恭則近乎禮. 自卑而尊人, 先彼而後己. 相鼠與茅鴟, 宜鑑詩人刺. 戒爾勿放曠, 放曠非端士. 周孔垂名敎, 齊梁尙淸議. 南朝稱八達, 千載穢靑史. 戒爾勿嗜酒, 狂藥非佳味. 能移謹厚性, 化爲凶險類. 古今傾敗者, 歷歷皆可記. 戒爾勿多言, 多言衆所忌. 苟不愼樞機, 災厄從此始. 是非毁譽間, 適足爲

身累. 擧世重交游, 擬結金蘭契. 忿怨容易生, 風波當時起. 所以君
子心, 汪汪淡如水. 擧世好承奉, 昂昂增意氣. 不知承奉者, 以爾爲
玩戲. 所以古人疾, 蘧篨與戚施. 擧世重游俠, 俗呼爲氣義. 爲人赴
急難, 往往陷囚繫. 所以馬援書, 殷勤戒諸子. 擧世賤淸素, 奉身好
華侈. 肥馬衣輕裘, 揚揚過閭里. 雖得市童憐, 還爲識者鄙. 我本羈
旅臣, 遭逢堯舜理, 位重才不充. 戚戚懷憂畏, 深淵與薄冰, 蹈之唯
恐墜. 爾曹當憫我, 勿使增罪戾. 閉門斂蹤跡, 縮首避名勢. 勢位難
久居, 畢竟何足恃. 物盛則必衰, 有隆還有替. 速成不堅牢, 亟走多
顚躓. 灼灼園中花, 早發還先萎. 遲遲澗畔松, 鬱鬱含晩翠. 賦命有
疾徐, 靑雲難力致. 寄語謝諸郞, 躁進徒爲耳.

11. 康節邵先生誡子孫曰, 上品之人, 不敎而善. 中品之人, 敎而後善.
下品之人, 敎亦不善. 不敎而善, 非聖而何. 敎而後善, 非賢而何. 敎
亦不善, 非愚而何. 是知善也者, 吉之謂也. 不善也者, 凶之謂也. 吉
也者, 目不觀非禮之色, 耳不聽非禮之聲, 口不道非禮之言, 足不踐
非禮之地, 人非善不交, 物非義不取, 親賢如就芝蘭, 避惡如畏蛇蠍.
或曰, 不謂之吉人, 則吾不信也. 凶也者語言詭譎, 動止陰險, 好利
飾非, 貪淫樂禍, 疾良善如讐隙, 犯刑憲如飮食, 小則隕身滅性, 大
則覆宗絕嗣. 或曰, 不謂之凶人, 則吾不信也. 傳有之. 曰, 吉人爲
善, 惟日不足, 凶人爲不善, 亦惟日不足. 汝等欲爲吉人乎. 欲爲凶
人乎.

12. 節孝徐先生訓學者曰, 諸君欲爲君子而使勞己之力, 費己之財, 如此
而不爲君子猶可也. 不勞己之力, 不費己之財, 諸君何不爲君子. 鄕
人賤之, 父母惡之, 如此而不爲君子猶可也. 父母欲之, 鄕人榮之,
諸君何不爲君子. 又曰, 言其所善, 行其所善, 思其所善, 如此而不
爲君子未之有也. 言其所不善, 行其所不善, 思其所不善, 如此而不
爲小人未之有也.

13. 胡文定公與子書曰, 立志以明道希文, 自期待. 立心以忠信不欺, 爲主本. 行己以端莊清愼, 見操執. 臨事以明敏果斷, 辨是非. 又謹三尺, 考求立法之意而操縱之, 斯可爲政, 不在人後矣. 汝勉之哉. 治心修身, 以飮食男女, 爲切要. 從古聖賢, 自這裏做工夫. 其可忽乎.

14. 古靈陳先生爲仙居令, 敎其民曰, 爲吾民者, 父義母慈, 兄友弟恭, 子孝, 夫婦有恩, 男女有別, 子弟有學, 鄕閭有禮, 貧窮患難, 親戚相救, 婚姻死喪, 隣保相助, 無墮農業, 無作盜賤, 無學賭博, 無好爭訟, 無以惡陵善, 無以富呑貧, 行者讓路, 耕者讓畔, 斑白者不負戴於道路, 則爲禮義之俗矣. 右, 廣立敎.

15. 司馬溫公曰, 凡諸卑幼, 事無大小, 毋得專行, 必咨稟於家長.

16. 凡子愛父母之命, 必籍記而佩之, 時省而速行之, 事畢則返命焉. 或所命有不可行者, 則和色柔聲, 具是非利害而白之, 待父母之許, 然後改之, 若不許, 苟於事無大害者, 亦當曲從. 若以父母之命, 爲非而直遂己志, 雖所執皆是, 猶爲不順之子. 況未必是乎.

17. 橫渠先生曰, 舜之事親, 有不悅者, 爲父頑母嚚, 不近人情. 若中人之性, 其愛惡若無害理, 必姑順之. 若親之故舊所喜當極力招致, 賓客之奉當極力營辨, 務以悅親爲事, 不可計家之有無. 然, 又須使之不知其勉强勞苦. 苟使見其爲而不易, 則亦不安矣.

18. 羅仲素, 論瞽瞍厎豫而天下之爲父子者定, 云, 只爲天下無不是底父母. 了翁聞而善之曰, 唯如此而後天下之爲父子者定, 彼臣弑其君, 子弑其父, 常始於見其有不是處耳.

19. 伊川先生曰, 病臥於床, 委之庸醫比之不慈不孝. 事親者亦不可不知醫.

20. 橫渠先生嘗曰, 事親奉祭, 豈可使人爲之.

21. 伊川先生曰, 冠昏喪祭, 禮之大者, 今人都不理會. 豺獺皆知報本, 今士大夫家, 多忽此, 厚於奉養而薄於先祖. 甚不可也. 某嘗修六禮大略, 家必有廟, 廟必有主, 月朔必薦新, 時祭用仲月, 冬至祭始祖,

立春祭先祖, 季秋祭禰, 忌日遷主, 祭於正寢. 凡事死之禮, 當厚於
奉生者. 人家能存得此等事數件, 雖幼者, 可使漸知禮義.

22. 司馬溫公曰, 冠者成人之道也. 成人者, 將責爲人子, 爲人弟, 爲人
臣, 爲人少者之行也. 將責四者之行於人. 其禮可不重與. 冠禮之廢
久矣. 近世以來, 人情尤爲輕薄, 生子猶飮乳, 已加巾帽, 有官者或
爲之製公服而弄之. 過十歲猶總角者, 蓋鮮矣. 彼責以四者之行, 豈
能知之. 故往往自幼至長, 愚騃如一. 有不知成人之道故也. 古禮雖
稱二十而冠, 然, 世俗之弊, 不可猝變. 若敦厚好古之君子, 俟其子
年十五以上, 能通孝經論語, 粗知禮義之方, 然後冠之, 斯其美矣.

23. 古者父母之喪, 旣殯, 食粥. 齋衰, 疏食水飮, 不食菜果. 父母之喪旣
虞卒哭, 疏食水飮, 不食菜果. 期而小祥, 食菜果. 又期而大祥, 食醯
醬. 中月而禫, 禫而飮醴酒. 始飮酒者, 先飮醴酒. 始食肉者, 先食乾
肉. 古人居喪, 無敢公然食肉飮酒者. 漢昌邑王奔昭帝之喪. 居道上,
不素食, 霍光數其罪而廢之. 晉阮籍負才放誕, 居喪無禮, 何曾面質
籍於文帝坐曰, 卿敗俗之人. 不可長也. 因言於帝曰, 公方以孝治天
下而聽阮籍以重哀飮酒食肉於公座. 宜擯四裔, 無令汚染華夏. 宋盧
陵王義眞居武帝憂, 使左右賈魚肉珍羞, 於齋內, 別立廚帳. 會長史
劉湛入, 因命臑酒炙車螯, 湛正色曰, 公當今不宜有此設. 義眞曰,
且甚寒. 長史事同一家. 望不爲異. 酒至, 湛起曰, 旣不能以禮自處,
又不能以禮處人. 隋煬帝爲太子, 居文獻皇后喪. 每朝令進二溢米,
而令外取肥肉脯鮓, 置竹筒中, 以蠟閉口, 衣襆裹而納之. 湖南楚王
馬希聲, 葬其父武穆王之日, 猶食雞臛, 其官屬潘起譏之曰, 昔阮籍
喪居, 食蒸肫. 何代無賢. 然則五代之時居喪食肉者, 人猶以爲異事.
是流俗之弊, 其來甚近也. 今之士大夫, 居喪食肉飮酒, 無異平日,
又相從宴集, 靦然無愧, 人亦恬不爲怪. 禮俗之壞, 習以爲常. 悲夫.
乃至鄙野之人, 或初未斂, 親賓則齎酒饌往勞之, 主人亦自備酒饌,

相與飲啜, 醉飽連日, 及葬, 亦如之, 甚者初喪作樂以娛尸, 及殯葬,
則以樂導輀車而號泣隨之, 亦有乘喪卽嫁娶者. 噫, 習俗之難變, 愚
夫之難曉, 乃至此乎. 凡居父母之喪者, 大祥之前, 皆未可飲酒食肉.
若有疾, 暫須食飲. 疾止, 亦當復初. 必若素食, 不能下咽, 久而羸
憊, 恐成疾者, 可以肉汁及脯醢或肉少許, 助其滋味, 不可恣食珍羞
盛饌及與人燕樂. 是則雖被衰麻, 其實不行喪也. 唯五十以上, 血氣
旣衰, 必資酒肉扶養者, 則不必然耳. 其居喪聽樂及嫁娶者, 國有正
法. 此不復論.

24. 父母之喪, 中門外擇樸陋之室, 爲丈夫喪次, 斬衰寢苫, 枕塊, 不脫経
帶, 不與人坐焉. 婦人次於中門之內別室, 撤去帷帳衾褥華麗之物.
男子無故, 不入中門, 婦人不得輒室男子喪次. 晉陳壽遭父喪, 有疾
使婢丸藥. 客往見, 鄉黨以爲貶議. 坐是沈滯, 坎坷終身. 嫌疑之際,
不可不愼.

25. 父母之喪, 不當出. 若爲喪事及有故, 不得已而出, 則乘樸馬, 布裹
鞍轡.

26. 世俗信浮屠誑誘, 凡有喪事, 無不供佛飯僧, 云, 爲死者, 滅罪資福,
使生天堂, 受諸快樂. 不爲者必入地獄, 剉燒舂磨, 受諸苦楚. 殊不
知死者, 形旣朽滅, 神亦飄散. 雖有剉燒舂磨, 且無所施. 又況佛法,
未入中國之前, 人固有死而復生者. 何故都無一人誤入地獄, 見所謂
十王者耶. 此其無有而不足信也, 明矣.

27. 顏氏家訓曰, 吾家巫覡符章, 絶於言議, 女曹所見. 勿爲妖妄.

28. 伊川先生曰, 人無父母, 生日當倍悲痛. 更安忍置酒張樂, 以爲樂.
若具慶者, 可矣.

29. 呂氏童蒙訓曰, 事君如事親, 事官長如事兄, 與同僚如家人, 待群吏
如奴僕, 愛百姓如妻子, 處官事如家事, 然後能盡吾之心. 如有毫末
不至, 皆吾心有所未盡也.

30. 或問簿佐令者也. 簿所欲爲, 令或不終, 奈何. 伊川先生曰, 當以誠意動之. 今令與簿不和, 只是爭私意. 令是邑之長. 若能以事父兄之道事之, 過則歸己, 善則惟恐不歸於令, 積此誠意, 豈有不動得人.

31. 明道先生曰, 一命之士, 苟存心於愛物, 於人必有所濟.

32. 劉安禮問臨民. 明道先生曰, 使民各得輸其情. 問御吏曰, 正己以格物.

33. 伊川先生曰, 居是邦, 不非其大夫, 此理最好.

34. 童蒙訓曰, 當官之法唯有三事. 曰淸, 曰愼, 曰勤. 知此三者, 則知所以持身矣.

35. 當官者, 凡異色人, 皆不宜與之相接. 巫祝尼媼之類, 尤宜疎絕. 要以淸心省事爲本.

36. 後生少年乍到官守, 多爲猾吏所餌, 不自省察, 所得毫末, 而一任之間不復敢擧動. 大抵作官嗜利, 所得甚少而吏人所盜不貲矣. 以此被重譴. 良可惜也.

37. 當官者, 先以暴怒爲戒, 事有不可, 當詳處之. 必無不中. 若先暴怒, 只能自害. 豈能害人.

38. 當官處事, 但務著實. 如塗*게文字, 追改日月, 重易押字, 萬一敗露, 得罪反重. 亦非所以養誠心事君不欺之道也.

39. 王吉上疏曰, 夫婦人倫大網. 夭壽之萌也. 世俗嫁娶太蚤, 未知爲人父母之道而有子. 是而敎化不明而民多夭.

40. 文中子曰, 婚娶而論財, 夷虜之道也. 君子不入其鄕. 古者男女之族, 各擇德焉. 不以財爲禮.

41. 早婚少聘, 敎人以偸. 妾媵無數, 敎人以亂. 且貴賤有等. 一夫一婦, 庶人之職也.

42. 司馬溫公曰, 凡議婚姻, 當先察其婿與婦之性行及家法何如. 勿苟慕其富貴. 婿苟賢矣, 今雖貧賤, 安知異時不富貴乎. 苟爲不肖, 今雖不盛, 安知異時不貧賤乎. 婦者家之所由盛衰也. 苟慕一時之富貴而

娶之, 彼挾其富貴, 鮮有不輕其夫而傲其舅姑, 養成驕妒之性. 異日
爲患, 庸有極乎. 借使因婦財以致富, 依婦勢以取貴, 苟有丈夫之志
氣者, 能無愧乎.

43. 安定胡先牲曰, 嫁女必須勝吾家者. 勝吾家, 則女之事人, 必欽必戒.
娶婦必須不若吾家者. 不若吾家, 則婦之事舅姑, 必執婦道.

44. 或問, 孀婦於理, 似不可取. 如何. 伊川先生曰, 然. 凡取以配身也.
若取失節者, 以配身, 是己失節也. 又問, 或有孤孀, 貧窮無託者, 可
再嫁否. 曰, 只是後世, 怕寒餓死, 故有是說. 然, 餓死事極小, 失節
事極大.

45. 安氏家訓曰, 婦主中饋. 唯事酒食衣服之禮耳. 國不可使預政, 家不
可使軒蠱. 如有聰明才智識達古今, 正當輔佐君子, 勸其不足. 必無
牝鷄晨鳴, 以致禍也.

46. 江東婦女, 略無交遊, 其婚姻之家, 或十數年間, 未相識者. 唯以信
命贈遺, 致慇懃焉. 鄴下風俗, 專以婦持門戶, 爭訟曲直, 造請逢迎,
代子求官. 爲夫訴屈. 此乃恒代遺風乎.

47. 夫有人民, 而後有夫婦, 有夫婦, 而後有父子, 有父子, 而後有兄弟.
一家之親, 此三者而已矣. 自玆以往, 至于九族, 皆本於三親焉. 故
於人倫爲重也. 不可不篤. 兄弟者, 分形連氣之人也. 方其幼也, 父
母左提右挈, 前襟後裾, 食則同案, 衣則傳服, 學則連業, 遊則共方.
雖有悖亂之人, 不能不相愛也. 及其壯也, 各妻其妻, 各子其子. 雖
有篤厚之人, 不能不少衰也. 娣姒之比兄弟, 則疎薄矣. 今使疎薄之
人, 而節量親厚之恩. 猶方底而圓蓋. 必不合矣. 唯友悌深至, 不爲
傍人之所移者, 免夫.

48. 柳開仲塗曰, 皇考治家, 孝且嚴. 朝望弟婦等, 拜堂下畢, 卽上手低
面, 聽我皇考訓誡. 曰, 人家兄弟, 無不義者, 盡因娶婦入門, 異姓相
聚, 爭長競短, 漸漬日聞, 偏愛私藏, 以致背戾, 分門割戶, 患若賊

讐. 皆汝婦人所作. 男子剛腸者幾人, 能不爲婦人言所或. 吾見多矣.
若等寧有是耶. 退則慊慊, 不敢出一語爲不孝事. 開輩抵此賴之, 得
全其家云.

49. 伊川先生曰, 今人多不知兄弟之愛. 且如閭閻小人, 得一食, 必先以
食父母. 夫何故. 以父母之口, 重於己之口也. 得一衣, 必先以衣父
母. 夫何故. 以父母之體, 重於己之體也. 至於犬馬, 亦然. 待父母
之犬馬, 必異乎己之犬馬也. 獨愛父母之子, 却輕於己之子, 甚者至
若仇敵, 擧世皆如此. 惑之甚矣.

50. 橫渠先生曰, 斯于詩言, 兄及弟矣, 式相好矣. 無相猶矣. 言兄弟宜
相好, 不要相學. 猶似也. 人情大抵, 患在施之不見報, 則輟. 故恩不
能終. 不要相學, 己施之而已.

51. 伊川先生曰, 近世淺薄, 以相歡狎, 爲相與, 以無圭角, 爲相歡愛. 如
此者, 安能久, 須是恭敬. 君臣朋友, 皆當以敬爲主也.

52. 橫渠先生曰, 今之朋友, 擇其善柔, 以相與, 拍肩執袂, 以爲氣合, 一
言不合, 怒氣相加. 朋友之際, 欲其相下不倦. 故於朋友之間, 主其
敬者, 日相親與, 得效最速.

53. 童蒙訓曰, 同僚之契, 交承之分, 有兄弟之義. 至其子孫, 亦世講之.
前輩專以此爲務. 今人知之者蓋少矣. 又如舊擧將及嘗爲舊任按察
官者, 後己官雖在上, 前輩皆辭避, 坐下坐. 風俗如此, 安得不厚乎.

54. 范文正公爲參知政事時, 告諸子曰, 吾貧時與汝母養吾親. 汝母躬執
爨, 而吾親甘旨, 未嘗充也. 今而得厚祿, 欲以養親, 親不在矣. 汝母
亦已早世. 吾所最恨者, 忍令若曹享富貴之樂也. 吾吳中宗族甚衆.
於吾固有親疏, 然, 吾祖宗視之, 則均是子孫. 固無親疏也. 苟祖宗
之意, 無親疏, 則饑寒者, 吾安得不恤也. 自祖宗來, 積德百餘年, 而
始發於吾, 得至大官. 若獨享富貴, 而不恤宗族, 異日何以見祖宗於
地下, 今何顔入家廟乎. 於是恩例俸賜, 常均於族人, 并置義田宅云.

55. 司馬溫公曰, 凡愛家長, 必謹守禮法, 以於群子弟及家衆. 分之以職, 援之以事, 而責其成功, 制財用之節, 量入以爲出, 稱家之有無, 以 給上下之衣食及吉凶之費, 皆有品節, 而莫不均一, 裁省冗費, 禁止 奢華, 常須稍存贏餘, 以備不虞. 右, 廣明倫.

56. 董仲舒曰, 仁人者, 正其誼不謀其利, 明其道不計其功.

57. 孫思邈曰, 膽欲大, 而心欲小, 智欲圓, 而行欲方.

58. 古語云從善如登. 從惡如崩.

59. 孝友先生朱仁軌隱居養親. 嘗誨子弟曰, 終身讓路, 不枉百步. 終身 讓畔, 不失一段.

60. 濂溪周先生曰, 聖希天, 賢希聖, 士希賢. 伊尹顔淵大賢也. 伊尹恥 其君不爲堯舜, 一夫不得其所, 若撻于市. 顔淵不遷怒, 不貳過, 三 月不違仁. 志伊尹之所志, 學顔淵之所學. 過則聖, 及則賢, 不及則 亦不失於令名.

61. 聖人之道, 入乎耳存乎心, 蘊之爲德行, 行之爲事業. 彼以文辭而已 者, 陋矣.

62. 仲由喜聞過. 令名無窮焉. 今人有過, 不喜人規. 如護疾, 而忌醫, 寧 滅其身, 而無悟也. 噫.

63. 明道先生曰, 聖賢千語萬語, 只是欲人將已放之心約之, 使反復入身 來. 自能向上去, 下學而上達也.

64. 心要在腔子裏.

65. 伊川先生曰, 只整齊嚴肅, 則心便一. 一則自無非辟之干.

66. 伊川先生甚愛表記, 君子莊敬日彊, 安肆日偸之語. 盖常人之情, 纔 放肆, 則日就曠蕩, 自檢束, 則日就規矩.

67. 人於外物奉身者, 事事要好. 只有自家一箇身與心, 却不要好. 苟得 外物好時, 却不知道自家身與心, 已自先不好了也.

68. 伊川先生曰, 顔淵問克己復禮之目. 孔子曰, 非禮勿視, 非禮勿聽,

非禮勿言, 非禮勿動. 四者身之用也. 由乎中而應乎外. 制乎外所以
養其中也. 顏淵事斯語. 所以進於聖人. 後之學聖人者, 宜服膺而勿
失也. 因箴以自警. 其視箴曰, 心兮本虛. 應物無迹. 操之有要. 視
爲之則. 蔽交於前, 其中則遷. 制之於外, 以安其內. 克己復禮, 久而
誠矣. 其聽箴曰, 人有秉彝, 本乎天性. 知誘物化, 遂亡其正. 卓彼先
覺, 知止有定. 閑邪存誠, 非禮勿聽. 其言箴曰, 人心之動, 因言以
宣. 發禁躁妄. 內斯靜專. 矧是樞機. 興戎出好. 吉凶榮辱, 惟其所
召. 傷易則誕. 傷煩則支. 己肆物忤, 出悖來違. 非法不道, 欽哉訓
辭. 其動箴曰, 哲人知幾, 誠之於思, 志士勵行. 守之於爲. 順理則
裕, 從欲惟危. 造次克念, 戰兢自持. 習與性成, 聖賢同歸.

69. 伊川先生言, 人有三不幸. 少年登高科, 一不幸. 席父兄弟之勢, 爲
美官, 二不幸. 有高才能文章, 三不幸也.

70. 橫渠先生曰, 學者捨禮義, 則飽食終日, 無所猷爲, 與下民一致. 所
事不踰衣食之間, 燕遊之樂耳.

71. 范忠宣公戒子弟曰, 人雖至愚, 責人則明, 雖有聰明, 恕己則昏. 爾
曹但常以責人之心責己, 恕己之心恕人, 不患不到聖賢地位也.

72. 呂滎公嘗言, 後生初學, 且須理會氣象. 氣象好時, 百事是當. 氣象
者, 辭令容止輕重疾徐, 足以見之矣. 不惟君子小人, 於此焉分. 亦
貴賤壽夭之所由定也.

73. 攻其惡, 無攻人之惡. 日夜且自點檢, 絲毫不盡, 則慊於心矣. 豈有
工夫點檢他人也.

74. 大要. 前輩作事, 多周詳. 後輩作事, 多闕略.

75. 恩讎分明此四者, 非有道者之言也. 無好人三字, 非有德者之言也.
後生戒之.

76. 張思叔座右銘曰, 凡語必忠信, 凡行必篤敬, 飲食必愼節, 字畫必楷
正, 容貌必端莊, 衣冠必肅整, 步履必安詳, 居處必正靜, 作事必謀

始, 出言必顧行, 常德必固持, 然諾必重應, 見善如己出, 見惡如己病. 凡此十四者, 我皆未深省. 書此當坐隅. 朝夕視爲警.

77. 胡文定公曰, 人須是一切世味, 淡薄方好. 不要有富貴相. 孟子謂, 堂高數仭, 食前方丈, 侍妾數百人, 我得志不爲. 學子須先除去此等. 常自激昂, 便不到墮墮. 常愛諸葛孔明當漢末, 躬耕南陽, 不求聞達. 後來雖應劉先主之聘. 宰割山河, 三分天下, 身都將相, 手握重兵. 亦何求不得, 何欲不遂. 乃與後主言, 成都有桑八百株, 薄田十五頃. 子孫衣食自有餘饒. 臣身在外, 別無調度. 不別治生, 以長尺寸. 若死之日, 不使廩有餘粟, 庫有餘財, 以負陛下. 及卒, 果如其言. 如此輩人, 眞可謂大丈夫矣.

78. 范益謙座右戒曰, 一不言朝廷利害邊報差除. 二不言州縣官員長短得失. 三不言衆人所作過惡之事. 四不言仕進官職趨時附勢. 五不言財利多少厭貧求富. 六不言淫媒戲慢評論女色. 七不言求覓人物干索酒食. 又曰, 一人附書信, 不可開坼沈滯. 二與人並坐, 不可窺人私書. 三凡入人家, 不可看人文字. 四凡借人物, 不可損壞不還. 五凡喫飮食, 不可揀擇去取. 六與人同處, 不可自擇便利. 七見人富貴, 不可歎羨詆毀. 凡此數事有犯之者, 足以見用意之不肖. 於存心修身大有所害. 因書以自警.

79. 胡子曰, 今之儒者, 移學文藝干仕進之心, 以收其放心, 而美其身, 則何古人之不可及哉. 父兄以文藝令其子弟, 朋友以仕進相招, 往而不返, 則心始荒而不治, 萬事之成, 咸不逮古先矣.

80. 顔氏家訓曰, 夫所以讀書學問, 本欲開心明目, 利於行耳. 未知養親者, 欲其觀古人之先意承顔, 怡聲下氣, 不憚劬勞, 以致甘*연, 惕然慙懼, 起而行之也. 未知事君者, 欲其觀古人之守職無侵, 見危授命, 不忘誠諫, 以利社稷, 惻然自念, 思欲効之也. 素驕奢者, 欲其觀古人之恭儉節用, 卑以自牧, 禮爲敎本, 敬者身基, 瞿然自失, 斂容抑

志也. 素鄙悋者, 欲其觀古人之貴義輕財, 少私寡慾, 忌盈惡滿, 賙窮卹匱, 赧然悔恥, 積而能散也. 素暴悍者, 欲其觀古人之小心黜己, 齒敝舌存, 含垢藏疾, 尊賢容衆, 苶然沮喪, 若不勝衣也. 素怯懦者, 欲其觀古人之達生委命, 强毅正直, 立言必信, 求福不回, 勃然奮厲, 不可恐懼也. 歷玆以往, 百行皆然. 雖不能淳, 去泰去甚, 學之所知, 施無不達. 世人讀書, 但能言之, 不能行之. 武人俗吏, 所共嗤詆, 良由是耳. 又有讀數十卷書, 便自高大, 凌忽長者, 輕慢同列, 人疾之如讎敵, 惡之如鴟梟. 如此以學求益, 今反自損. 不如無學也.

81. 伊川先生曰, 大學孔氏之遺書, 而初學入德之門也. 於今可見古人爲學次第者, 獨賴此篇之存, 而其他則未有如論孟者. 故學者必由是而學焉, 則庶乎其不差矣.

82. 凡看語孟, 且須熟讀玩味, 將聖人之言語, 切己. 不可只作一場話說. 看得此二書, 切己, 終身儘多也.

83. 讀論語者, 但將弟子問處, 便作己問, 將聖人答處, 便作今日耳聞, 自然有得. 若能於論孟中, 深求玩味, 將來涵養, 成甚生氣質.

84. 橫渠先生曰, 中庸文字輩, 直須句句理會過, 使其言互相發明.

85. 六經須循環理會. 儘無窮. 待自家長得一格, 則又見得別.

86. 呂舍人曰, 大抵, 後生爲學, 先須理會所而爲學者, 何事. 一行一住一語一嘿須要盡合道理. 學業則須是嚴立課程, 不可一日放慢. 每日須讀一般經書一般子書, 不須多. 只要令精熟. 須靜室危坐, 讀取二三百遍, 字字句句須要分明. 又每日須連前三五授, 通讀五七十遍, 須令成誦. 不可一字放過也. 史書每日須讀取一卷或半卷以上. 始見功. 須是從人授讀, 疑難處便質問, 求古聖賢用心, 竭力從之. 夫指引者, 師之功也. 行有不至, 從容規戒者, 朋友之任也. 決意而往, 則須用己力, 難仰他人矣.

87. 呂氏童蒙訓曰, 今日記一事, 明日記一事, 久則自然貫穿. 今日辨一

理, 明日辨一理, 久則自然浹洽. 今日行一難事, 明日行一難事, 久
則自然堅固. 渙然冰釋, 怡然理順, 久自得之. 非偶然也.

88. 前輩嘗說, 後生才性過人者, 不足畏, 惟讀書尋思推究者, 爲可畏耳.
又云, 讀書只怕尋思. 盖義理精深. 惟尋思用意, 爲可以得之. 鹵莽
厭煩者, 決無有成之理.

89. 顔氏家訓曰, 借人典籍, 皆須愛護, 先有缺壞, 就爲補治. 此亦士大
夫百行之一也. 濟陽江祿讀書未竟, 雖有急速, 必待卷束整齊, 然後
得起, 故無損敗. 人不厭其求假焉. 或有狼藉几案, 分散部秩, 多爲
童幼婢妾所點汚, 風雨蟲鼠所毁傷. 實爲累德. 吾每讀聖人書, 未嘗
不肅敬對之, 其故紙有五經詞義及聖賢姓名, 不敢他用也.

90. 明道先生曰, 君子教人有序. 先傳以小者近者, 而後教以大者遠者.
非是先傳以近小, 而後不教以遠大也.

91. 明道先生曰, 道之不明, 異端害之也. 昔之害, 近而易知. 今之害, 深
而難辨. 昔之惑人也, 乘其迷暗. 今之入人也, 因其高明. 自謂之窮
神知化, 而不足以開物成務, 言爲無不周徧, 實則外於倫理, 窮深極
微, 而不可以入堯舜之道. 天下之學, 非淺陋固滯, 則必入於此. 自
道之不明也, 邪誕妖妄之說競起, 塗生民之耳目, 溺天下於汚濁. 雖
高才明智, 膠於見聞, 醉生夢死, 不自覺也. 是皆正路之蓁蕪, 聖門
之蔽塞. 闢之而後, 可以入道. 右, 廣敬身.

〈善行第六〉

1. 呂滎公名希哲, 字原明. 申國正獻公之長子. 正獻公居家, 簡重寡黙,
不以事物經心, 而申國夫人, 性嚴有法度, 雖甚愛公, 然, 教公, 事事
循蹈規矩. 甫十歲, 祁寒暑雨, 侍立終日, 不命之坐, 不敢坐也. 日必
冠帶, 以見長者, 平居雖甚熱, 在父母長者之側, 不得去巾襪縛袴,
衣服唯謹. 行步出入, 無得入茶肆酒肆, 市井里巷之語, 鄭衛之音,

未嘗一經於耳, 不正之書, 非禮之色, 未嘗一接於目. 正獻公通判潁州, 歐陽公適知州事. 焦先生千之伯强, 客文忠公所, 嚴毅方正, 正獻公招延之, 使教諸子. 諸生小有過差, 先生端坐, 召與相對, 終日竟夕, 不與之語, 諸生恐懼畏伏, 先生方略降辭色. 時公方十餘歲. 內則正獻公與申國夫人教訓, 如此之嚴, 外則焦先生化導, 如此之篤. 故公德器成就, 大異衆人. 公嘗言, 人生內無賢父兄, 外無嚴師友, 而能成者, 少矣.

2. 呂滎公長夫人, 待制諱昷之之幼女也. 最鍾愛, 然, 居常至微細事, 敎之必有法度. 如飮食之類, 飯羹許更益, 魚肉不更進也. 時張公已爲待制河北都轉運使矣. 及夫人嫁呂氏, 夫人之母, 申國夫人姊也. 一日來視女. 見舍後有鍋釜之類, 大不樂, 謂申國夫人曰, 豈可使小兒輩私作飮食, 壞家法耶. 其嚴如此.

3. 康陽城爲國子司業, 引諸生告之曰, 凡學者, 所以學爲忠與孝也. 諸生有久不省親者乎. 明日謁城還養者, 二十輩. 有三年不歸侍者, 斥之.

4. 安定先生胡瑗, 字翼之. 患隋唐以來, 仕進尙文辭而遺經業, 苟趨祿利. 及爲蘇湖二州敎授, 嚴條約, 以身先之, 雖大暑, 必公服終日, 以見諸生, 嚴師弟子之禮, 解經至有要義, 懇懇爲諸生, 言其所以治己, 而後治乎人者. 學徒千數. 日月刮劚, 爲文章, 皆傅經義, 必以理勝, 信其師說, 敎尙行實. 後爲太學, 四方歸之. 庠舍不能容. 其在湖學, 置經義齋治事齋. 經義齋者, 擇疏通有器局者居之, 治事齋者, 人各治一事, 又兼一事. 如治民治兵水利算數之類. 其在太學亦然. 其弟子散在四方, 隨其人賢愚, 皆循循雅飭. 其言談擧止, 遇之不問可知爲先生弟子. 其學者, 相語稱先生, 不問可知爲胡公也.

5. 明道先生言於朝曰, 治天下, 以正風俗得賢才, 爲本. 宜先禮命近侍賢儒及百執事, 悉心推訪, 有德業充備足爲師表者, 其次有篤志好學材良行修者, 延聘敦遣, 萃於京師, 俾朝夕相與講明正學. 其道必本於人倫, 明乎物理, 其敎自小學灑掃應對以往, 脩其孝悌忠信, 周旋禮樂. 其所以誘掖激勵漸摩成就之道, 皆有節序. 其要在於擇善脩身, 至於化成天下, 自鄉人而可至於聖人之道. 其學行皆中於是者, 爲成德. 取材識明達可進於善者, 使日受其業, 擇其學明德尊者, 爲太學之師, 次以分敎天下之學. 擇士入學, 縣升之州, 州賓興於太學, 太學聚而敎之, 歲論其賢者能者於朝. 凡選士之法, 皆以性行端潔, 居家孝悌, 有廉恥禮讓, 通明學業, 曉達治道者.

6. 伊川先生看詳學制. 大槪以爲學校, 禮義相先之地, 而月使之爭, 殊非敎養之道. 請改試爲課, 有所未至, 則學官召而敎之, 更不考定高下. 制尊賢堂, 以延天下道德之士, 鐫解額, 以去利誘, 省繁文, 以專委任, 勵行檢, 以厚風敎, 及置待賓吏師齋, 立觀光法. 如是者, 亦數十條.

7. 藍田呂氏鄉約曰, 凡同約者, 德業相勸. 過失相規. 禮俗相交. 患難相恤. 有善則書于籍, 有過若違約者, 亦書之, 三犯而行罰, 不悛者絶之.

8. 明道先生敎人. 自致知至於知止, 誠意至於平天下, 灑掃應對至於窮理盡性, 循循有序. 病世之學者, 捨近而趨遠, 處不而闚高. 所以輕自大而卒無得也. 右, 實立敎.

9. 江革少失父, 獨如母居. 遭天下亂, 盜賊並起, 革負母逃難, 備經險阻, 常採拾以爲養. 數遇賊, 或劫欲將去. 革輒悌泣求哀, 言有老母. 辭氣愿款, 有足感動人者. 賊以是不忍犯之, 或乃指避兵之方. 遂得俱全於難. 轉客下邳, 貧窮裸跣, 行傭以供母, 便身之物莫不畢給.

10. 薛包好學篤行. 父娶後妻而憎包, 分出之, 包日夜號泣不能去. 至被毆杖, 不得已廬于舍外, 且入而灑掃, 父怒, 又逐之, 乃廬於里門, 晨昏不廢. 積歲餘父母慚而還之. 後服喪過哀. 旣而弟子, 求分財異居, 包不能止, 乃中分其財, 奴婢引其老者曰, 與我共事久. 若不能使也.

田廬取其荒頓者曰, 吾少時所理. 意所戀也. 器物取其朽敗者曰, 我
素所服食. 身口所安也. 弟子數破其産. 輒復賑給.

11. 王祥性孝. 蚤喪親, 繼母朱氏不慈, 數譖之. 由是失愛於父, 每使掃
除牛下, 祥愈恭謹, 父母有疾, 衣不解帶, 湯藥必親嘗, 母嘗欲生魚.
時天寒冰凍, 祥解衣, 將剖冰求之. 冰忽自解, 雙鯉躍出, 持之而歸.
母又思黃雀炙. 復有雀數十, 飛入其幕, 復以供母. 鄉里驚嘆, 以爲
孝感所致. 有丹柰結實, 母命守之, 每風雨祥輒抱樹而泣, 其篤孝純
至如此.

12. 王裒字偉元. 父儀爲魏安東將軍司馬昭司馬. 東關之敗, 昭問於衆曰,
近日之事誰任其咎. 儀對曰, 責任元帥. 昭怒曰, 司馬欲委罪於孤耶.
遂引出斬之. 裒痛父非命, 於是隱居敎授, 三徵七辟, 皆不就, 廬于
墓側, 旦夕, 常至墓所, 拜跪, 攀栢悲號, 涕淚著樹. 樹爲之枯. 讀詩,
至哀哀父母, 生我劬勞, 未嘗不三復流涕. 門人受業者, 並廢蓼莪之
篇. 家貧躬耕, 計口而田, 度身而蠶. 或有密助之者, 裒皆不聽. 及司
馬氏簒魏, 裒終身未嘗西向而坐, 以示不臣于晉.

13. 晉西河人王延事親色養. 夏則扇枕席, 冬則以身溫被, 隆冬盛寒, 體
常無全衣, 而親極滋味.

14. 柳玭曰, 崔山南昆弟子孫之盛, 鄉族罕比. 山南曾祖王母長孫夫人,
年高無齒, 祖母唐夫人, 事姑孝, 每旦櫛縰笄, 拜於階下, 卽升堂, 乳
其姑. 長孫夫人, 不粒食數年而康寧. 一日疾病, 長幼咸萃. 宣言無
以報新婦恩. 願新婦有子有孫, 皆得如新婦, 孝敬, 則崔之門, 安得
不昌大乎.

15. 南齊庾黔婁爲孱陵令, 到縣未旬父易在家遘疾. 黔婁忽心驚, 舉身流
汗, 卽日棄官歸家. 家人悉驚其忽至. 時易疾始二日. 醫云, 欲知差
劇, 但嘗糞甛苦. 易泄利, 黔婁輒取嘗之. 味轉甛滑, 心愈憂苦, 至夕
每稽顙北辰, 求以身代.

16. 海虞令何子平, 母喪去官, 哀毀踰禮, 每哭踊頓絶方蘇. 屬大明末東土饑荒, 繼以師旅. 八年下得營葬, 晝夜號哭, 常如袒括之日, 冬不衣絮, 夏不就淸凉, 一日以米數合, 爲粥, 不進鹽菜. 所居屋敗, 不蔽風日, 兄子伯興欲爲葺理, 子平不肯曰, 我情事未申. 天地一罪人耳. 屋何宜覆. 蔡興宗爲會稽太守, 甚加矜賞, 爲營塚壙.

17. 朱壽昌生七歲, 父守雍. 出其母劉氏, 嫁民間. 母子不相知者, 五十年. 壽昌行四方, 求之不已, 飲食罕御酒肉, 與人言輒流涕. 熙寧初棄官入奏, 與家人訣, 誓不見母, 不得還. 行次同州, 得焉. 劉氏時年七十餘矣. 雍守錢明逸以事聞, 詔壽昌還就官. 繇是天下皆知其孝. 壽昌再爲郡守. 至是, 以母故通判河中府, 迎其同母弟妹以歸. 居數歲母卒, 涕泣幾喪明. 拊其弟妹益篤, 爲買田宅居之, 其於宗族, 尤盡恩意. 嫁兄弟之孤女二人, 葬其不能葬者十餘喪. 盖其天性如此.

18. 伊川先生家, 治喪. 不用浮屠. 在洛亦有一二人家化之.

19. 霍光出入禁闥二十餘年, 小心謹愼, 未嘗有過. 爲人沈靜祥審, 每出入下殿門, 進止有常處. 郎僕射竊識視之. 不失尺寸.

20. 汲黯景帝時, 爲太子洗馬, 以嚴見憚. 武帝卽位, 召爲主爵都尉. 以數直諫, 不得久居位. 是時太后弟武安侯田蚡爲丞相. 中二千石拜謁, 蚡弗爲禮. 黯見蚡未嘗拜, 揖之. 上方招文學儒者, 上曰, 吾欲云云. 黯對曰, 陛下內多欲而外施仁義. 奈何欲效唐虞之治乎. 上怒變色而罷朝. 公卿皆爲黯懼. 上退謂人曰, 甚矣. 汲黯之戇也. 群臣或數黯, 黯曰, 天子置公卿輔弼之臣, 寧令從諛承意, 陷主於不義乎. 且已在其位. 縱愛身, 奈辱朝廷何. 黯多病, 病且滿三月, 上常賜告者, 數, 終不瘉. 最後嚴助爲請告. 上曰, 汲黯何如人也. 曰, 使黯任職居官, 亡以瘉人, 然至其輔少主守成, 雖自謂賁育, 弗能奪也. 上曰, 然. 古有社稷之臣. 至如汲黯, 近之矣. 大將軍靑侍中上踞厠視之, 丞相弘宴見, 上或時不冠, 至如見黯, 不冠而見也. 上嘗坐武帳黯前奏事. 上不冠, 望見黯避帷中, 使人可其奏. 其見敬禮如此.

21. 初魏遼東公翟黑子, 有寵於太武. 奉使幷州, 受布千疋. 事覺, 黑子謀於著作郎高允曰, 主上問我, 當以實告. 爲當諱之. 允曰, 公帷幄寵臣. 有罪首實, 庶或見原, 不可重爲欺罔也. 中書侍郎崔鑑公孫質曰, 若首實, 罪不可測. 不如姑諱之. 黑子怨允曰, 君奈何誘人就死地. 入見帝, 不以實對, 帝怒, 殺之. 帝使允授太子經. 及崔浩以史事被收, 太子謂允曰, 入見至尊, 吾自導卿. 脫已尊有問, 但依吾語. 太子見帝言, 高允小心愼密, 且微賤. 制由崔浩. 請赦其死. 帝召允問曰, 國書皆浩所爲乎. 對曰, 臣與浩共爲之. 然浩所領事多. 總裁而已, 至於著述, 臣多於浩. 帝怒曰, 允罪甚於浩. 何以得生. 太子懼曰, 天威嚴重. 允小臣. 迷亂失次耳. 臣曏問. 皆云, 浩所爲. 帝問允, 信如東宮所言乎. 對曰, 臣罪當滅族. 不敢虛妄. 殿下以臣侍講日久. 哀臣, 欲丐其生耳, 實不問臣, 臣亦無此言. 不敢迷亂. 帝顧謂太子曰, 直哉. 此人情所難, 而允能爲之. 臨事不易辭信也. 爲臣不欺君貞也. 宜特除其罪, 以旌之. 遂赦之. 他日太子讓允曰, 吾欲爲卿脫死, 而卿不從何也. 允曰, 臣與崔浩實同史事. 死生榮辱, 義無獨殊. 誠荷殿下再造之慈, 違心苟免, 非臣所願也. 太子動容稱嘆. 允退謂人曰, 我不奉東宮導者, 恐負翟黑子故也.

22. 李君行先生名潛. 虔州人. 入京師. 至泗州, 留止. 其子弟請先往, 君行問其故. 曰, 科場近. 欲先至京師, 貫開封戶籍, 取應. 君行不許曰, 汝虔州人, 而貫開封戶籍, 欲求事君, 而先欺君, 可乎. 寧遲緩數年, 不可行也.

23. 崔玄暐母盧氏嘗誡玄暐曰, 吾見姨兄屯田郎中辛玄馭. 曰, 兒子從宦者, 有人來云, 貧乏不能存. 此是好消息, 若聞貨貨充足, 衣馬輕肥. 此惡消息. 吾嘗以爲確論. 比見親表中仕宦者, 將錢物, 上其父母父母但知喜悅, 竟不問此物, 從可而來. 必是祿俸餘資, 誠亦善事, 如

511

其非理所得, 此如盜賊何別. 縱無大咎, 獨不內愧於心. 玄暐遵奉教誠, 以淸謹見稱.

24. 劉器之待制初登科, 與二同年, 謁張觀參政. 三人同起身, 請教, 張曰, 某自守官以來常持四字. 勤謹和緩. 中間一後生應聲曰, 勤謹和旣聞命矣. 緩之一字某所未聞. 張正色作氣曰, 何嘗教賢緩不及事. 且道世間甚事不因忙後錯了.

25. 伊川先生曰, 安定之門人, 往往知稽古愛民矣. 則於爲政也何有.

26. 呂滎公自少官守處, 未嘗干人擧薦. 其子舜從守官會稽, 人或譏其不求知者, 舜從對曰, 勤於職事, 其他不敢不愼. 乃所以求知也.

27. 漢陳孝婦年十六而嫁, 未有子. 其夫當行戍, 且行時屬孝婦曰, 我生死未可知. 幸有老母. 無他兄弟備養. 吾不還, 汝肯養吾母乎. 婦應曰, 諾. 夫果死不還, 婦養姑不衰, 慈愛愈固, 紡績織紝, 以爲家業, 終無嫁意. 居喪三年, 其父母哀其少無子, 而早寡也, 將取嫁之. 孝婦曰, 夫去時, 屬妾以供養老母, 妾旣許諾之. 夫養人老母, 而不能卒, 許人以諾, 而不能信, 將何以立於世. 欲自殺, 其父母懼, 而不敢嫁也, 遂使養其姑. 二十八年姑八十餘. 以天年終, 盡賣其田宅財物, 以葬之, 終奉祭祀. 淮陽太守以聞, 聞使使者, 賜黃金四十斤, 復之, 終身無所與. 號曰, 孝婦.

28. 漢鮑宣妻桓氏, 字少君. 宣嘗就少君父學. 父奇其淸苦, 故以女妻之. 將送資賄甚盛, 宣不悅, 謂妻曰, 少君生富驕, 習美飾. 而吾實貧賤. 不敢當禮. 妻曰, 大人以先生修德守約, 故使賤妾侍執巾櫛. 旣奉承君子, 惟命是從. 宣笑曰, 能如是, 是吾志也. 妻乃悉歸侍御服飾, 更著短布裳. 與宣共挽鹿車. 歸鄉里, 拜姑禮畢, 提甕出汲, 修行婦道. 鄉邦稱之.

29. 曹爽從弟文叔妻, 譙郡夏侯文寧之女. 名令女. 文叔蚤死, 服闋, 自以年少無子. 恐家必嫁己, 乃斷髮爲信. 其後家果欲嫁之, 令女聞,

卽復以刀截兩耳, 居止常依爽. 及爽被誅, 曹氏盡死, 令女叔父上書,
與曹氏絶婚, 彊迎令女歸. 時文寧爲梁相一作州. 憐其少執義, 又曹
氏無遺類. 冀其意阻, 乃微使人一諷之, 令女嘆且泣曰, 吾亦惟之. 許
之是也. 家以爲信, 防之少懈, 令女於是竊入寢室, 以刀斷鼻, 蒙席
而臥, 其母呼與語, 不應, 發被視之. 血流滿床席, 擧家驚惶, 往視
之, 莫不酸鼻. 或謂之曰, 人生世間, 如輕塵棲弱草耳. 何辛苦乃爾.
且夫家夷滅已盡. 守此欲誰爲哉. 令女曰, 聞仁者, 不以盛衰改節,
義者, 不以存亡易心. 曹氏全盛之時, 尙欲保終, 況今衰亡. 何忍棄
之. 禽獸之行, 吾豈爲乎.

30. 唐鄭義宗妻, 盧氏略涉書史, 事舅姑, 甚得婦道. 嘗夜有强盜數十,
持杖鼓噪, 踰垣而入. 家人悉奔竄, 唯有姑自在室, 盧冒白刃, 往至
姑側, 爲賊捶擊, 幾死. 賊去後家人問, 何獨不懼. 盧氏曰, 人所以異
於禽獸者, 以其有仁義也. 隣里有急, 尙相赴救, 況在於姑, 而可委
棄乎. 若萬一危禍, 豈宜獨生.

31. 唐奉天竇氏二女, 生長草野, 幼有志操. 永泰中群盜數千人, 剽掠其
村落, 二女皆有容色, 長者年十九. 幼者年十六. 匿巖穴間, 曳出之,
驅迫以前, 臨壑谷深數百尺, 其姊先曰, 吾寧就死, 義不受辱. 卽投
崖下而死, 盜方驚駭. 其妹繼之自投, 折足破面流血, 群盜乃捨之而
去. 京兆尹第五琦, 嘉其貞烈, 奏之, 詔旌表其門閭, 永蠲其家丁役.

32. 穆肜少孤, 兄弟四人, 皆同財業. 及各取妻, 諸婦遂求分異, 又數有
鬪爭之言, 肜深懷忿嘆, 乃掩戶自撾曰, 穆肜汝修身謹行, 學聖人之
法, 將以齊整風俗. 奈何不能正其家乎. 弟及諸婦聞之, 悉叩頭謝罪,
遂更爲敦睦之行.

33. 蘇瓊除南淸河太守. 有百姓乙普明兄弟爭田, 積年不斷, 各相援據.
乃至百人. 瓊召普明兄弟, 諭之曰, 天下難得者兄弟. 易求者田地.
假令得田地, 失兄弟心, 如何. 因而下淚, 諸證人莫不灑泣. 普明兄

弟叩頭, 乞外更思, 分異十年, 遂還同住.

34. 王祥弟覽母朱氏, 遇祥無道. 覽年數歲, 見祥被楚撻, 輒涕泣抱持, 至于成童, 每諫其母. 其母少止凶虐. 朱屢以非理使祥, 覽與祥俱, 又虐使祥妻, 覽妻亦趨而共之. 朱患之, 乃止.

35. 晉右僕射鄧攸永嘉末沒于石勒, 過泗水. 攸以牛馬負妻子而逃, 又遇賊, 掠其牛馬, 步走, 擔其兒及其弟子綏. 度不能全, 乃謂其妻曰, 吾弟早亡, 唯有一息. 理不可絶. 止應自棄我兒耳. 幸而得存, 我後當有子. 妻泣而從之, 乃棄其子而去之. 卒以無嗣. 時人義而哀之, 爲之語曰, 天道無知, 使鄧伯道無兒. 弟子綏服攸喪三年.

36. 晉咸寧中大疫. 庾袞二兄俱亡, 次兄毗復危殆, 癘氣方熾, 父母諸弟皆出次于外, 袞獨留不去, 諸父兄强之, 乃曰, 袞性不畏病. 遂親自扶持, 晝夜不眠, 其間復無柩, 哀臨不輟. 如此十有餘旬, 疫勢旣歇, 家人乃反. 毗病得差, 袞亦無恙. 父老咸曰, 異哉. 此子. 守人所不能守, 行人所不能行, 歲寒, 然後知松柏之後凋. 始知疫癘之不能相染也.

37. 楊播家世純厚, 並敦義讓, 昆季相事, 有如父子. 椿津恭謙, 兄弟旦則聚於廳堂, 終日相對, 未嘗入內, 有一美味, 不集不食. 廳堂間往往幃幔隔障, 爲寢息之所, 時就休偃, 還共談笑. 椿年老, 曾他處醉歸, 津扶持還室, 假寢閤前, 承候安否. 椿津年過六十, 並登台鼎, 而津常旦莫參問, 子姪羅列階下. 椿不命坐, 津不敢坐. 椿每近出, 或日斜不至, 津不先飯, 椿還然後共食. 食則津親授匙箸, 味皆先嘗, 椿命食然後食. 津爲肆州椿在京宅. 每有四時嘉味, 輒因使次, 附之, 若或未寄, 不先入口. 一家之內男女百口. 緦服同爨, 庭無間言.

38. 隋吏部尙書牛弘弟弼, 好酒而酗. 嘗醉, 射殺弘駕車牛, 弘還宅, 其妻迎謂弘曰, 叔射殺牛. 弘聞, 無所怪問. 直答曰, 作脯. 坐定, 其妻又曰, 叔射殺牛. 大是異事. 弘曰, 已知. 顔色自若, 讀書不輟.

39. 唐英公李勣, 貴爲僕射, 其姊病, 必親爲然火煮粥. 火焚其鬚, 姊曰,僕妾多矣. 何爲自若如此. 勳曰, 豈爲無人耶. 顧今姊年老, 勳亦老. 雖欲數爲姊煮粥, 復可得乎.

40. 司馬溫公與其兄伯康, 友愛尤篤. 伯康年將八十. 公奉之如嚴父, 保之如嬰兒, 每食少頃則問曰, 得無饑乎. 天少冷則拊其背曰, 衣得無薄乎.

41. 近世故家惟晁氏, 因以道申戒子弟, 皆有法度. 群居相呼, 外姓尊長, 必曰, 某姓第幾叔若兄. 諸姑尊姑之夫, 必曰, 某姓姑夫某姓尊姑夫. 未嘗敢呼字也, 其言父黨交游必曰, 某姓幾丈. 亦未嘗敢呼字也. 當時故家舊族, 皆不能若是.

42. 包孝肅公尹京時, 民有自言, 以白金百兩, 寄我者死矣, 予其子. 不肯受. 願召其子, 予之. 尹召其子, 辭曰, 亡父未嘗以白金委人也. 兩人相讓久之. 呂滎公聞之曰, 世人喜言無好人三字者, 可謂自賊者矣. 古人言, 人皆可以爲堯舜. 蓋觀於此而知之.

43. 萬石君石奮歸老于家. 過宮門闕, 必下車趨, 見路馬, 必軾焉. 子孫爲小吏來歸謁, 萬石君必朝服見之, 不名. 子孫有過失, 不誚讓, 爲便坐, 對案不食, 然後諸子相責, 因長老, 肉袒, 固謝罪改之, 乃許. 子孫勝冠者在側, 雖燕必冠, 申申如也, 僮僕訢訢如也, 唯謹. 上時賜食於家, 必稽首俯伏而食, 如在上前, 其執喪哀戚甚. 子孫遵敎, 亦如之. 萬石君家以孝謹, 聞乎郡國. 雖齊魯諸儒, 質行皆自以爲不及也. 長子建爲郎中令, 少子慶爲內史. 建老白首, 萬石君尙無恙. 每五日洗沐歸謁, 親入子舍, 竊問侍者, 取親中裙厠牏, 身自浣滌, 每與侍者言, 不敢令萬石君知之以爲常. 內史慶醉歸, 入外門, 不下車, 萬石君聞之, 不食, 慶恐, 肉袒謝罪, 不許, 擧宗及兄建肉袒, 萬石君讓曰, 內史貴人. 入閭里. 里中長老皆走匿, 而內史坐車中自如. 固當. 乃謝罷慶, 慶及諸子入里門, 趨至家.

44. 疏廣爲太子太傅. 上疏乞骸骨, 加賜黃金二十斤, 太子贈五十斤, 歸鄉里, 日令家供具設酒食, 請族人故舊賓客, 相與娛樂, 數問其家,

金餘尙有幾斤. 趣賣以供具. 居歲餘廣子孫竊謂其昆弟老人廣所信
愛者, 曰, 子孫冀及君時, 頗立産業基址. 今日飲食費且盡. 宜從丈
人所, 勸說君, 置田宅. 老人卽以閒暇時爲廣言此計, 廣曰, 吾豈老
悖, 不念子孫哉. 顧自有舊田廬. 令子孫勤力其中, 足以共衣食, 與
凡人齊. 今復增益之, 以爲嬴餘, 但敎子孫怠惰耳. 賢而多財, 則損
其志, 愚而多財, 則益其過也. 且夫富者, 衆之怨也. 吾旣無以敎化子
孫. 不欲益其過而生怨. 又此金者, 聖主所以惠養老臣也. 故樂與鄕
黨宗族, 共享其賜, 以盡吾餘日. 不亦可乎.

45. 龐公未嘗入城府, 夫妻相敬如賓. 劉表候之. 龐公釋耕於壟上, 而妻
子耘於前, 表指而問曰, 先生若居畎畝而不肯官祿. 後世何以遺子孫
乎. 龐公曰, 世人皆遺之以危, 今獨遺之以安. 雖所遺不同, 未爲無
所遺也. 表嘆息而去.

46. 陶淵明爲彭澤令, 不以家累自隨. 送一力, 給其子, 書曰, 汝旦夕之
費, 自給爲難, 今遺此力, 助汝薪水之勞. 此亦人子也. 可善遇之.

47. 崔孝芬兄弟, 孝義慈厚. 弟孝暐等奉孝芬, 盡恭順之禮, 坐食進退,
孝芬不命則不敢也, 鷄鳴而起, 且溫顔色, 一錢尺帛, 不入私房, 吉
凶有須, 聚對分給. 諸婦亦相親愛, 有無共之. 孝芬叔振旣亡後, 孝
芬等承奉叔母李氏, 若事所生, 旦夕溫凊, 出入啓覲, 家事巨細一以
咨決, 每兄弟出行, 有獲則尺寸以上皆入李之庫, 四時分賚李氏自裁
之. 如此二十餘歲.

48. 王凝常居慄如也. 子弟非公服, 不見, 閨門之內若朝廷焉. 御家以四
敎. 勤儉恭恕. 正家以四禮. 冠婚喪祭. 聖人之書及公服禮器不假,
垣屋什物必堅朴, 曰, 無苟費也. 門巷果木必方列曰, 無苟亂也.

49. 張公藝九世同居. 北齊隋唐, 皆旌表其門. 麟德中, 高宗封泰山, 幸
其宅, 召見公藝, 問其所以能睦族之道, 公藝請紙筆以對, 乃書忍字
百餘以進. 其意以爲宗族所以不協, 由尊長衣食, 或有不均, 卑幼禮

節, 或有不備, 更相責望, 遂爲乖爭. 苟能相與忍之, 則家道雍睦矣.

50. 韓文公作董生行曰, 淮水出桐栢山, 東馳遙遙, 千里不能休, 泚水出其側, 不能千里, 百里入淮流. 壽州屬縣有安豊. 唐貞元年時, 縣人董生召南, 隱居行義於其中. 刺史不能薦. 天子不聞名聲. 爵祿不及門. 門外惟有吏, 日來徵租更索錢. 嗟哉董生. 朝出耕, 夜歸讀古人書. 盡日不得息, 或山而樵, 或水而漁. 入廚具甘旨, 上堂問起居. 父母不慼慼, 妻子不咨咨. 嗟哉董生. 孝且慈人不識, 唯有天翁知, 生祥下瑞無時期. 家有狗乳出求食, 雞來哺其兒, 啄啄庭中拾蟲蟻, 哺之不食鳴聲悲, 彷徨躑躅久不去, 以翼來覆待狗歸. 嗟哉董生. 誰將與儔. 時之人夫妻相虐, 兄弟爲讐, 食君之祿, 而令父母愁. 亦獨何心. 嗟哉董生, 無與儔.

51. 唐河東節度使柳公綽在公卿間, 最名有家法. 中門東有小齋. 自非朝謁之日, 每平旦輒出至小齋, 諸子仲郢皆束帶, 晨省於中文之北. 公綽決私事, 接賓客, 與弟公權及群從弟再會食, 自朝至莫不離小齋, 燭至則命一人子弟, 執經史, 躬讀一過訖, 乃講議居官治家之法, 或論文, 或聽琴, 至人定鍾, 然後歸寢, 諸子復昏定於中門之北. 凡二十餘年, 未嘗一日變易. 其遇飢歲, 則諸子皆蔬食. 曰, 昔吾兄弟侍先君爲丹州刺史, 以學業未成不聽食肉. 吾不敢忘也. 姑姊妹姪有孤嫠者, 雖疎遠, 必爲擇壻嫁之, 皆用刻木粧奩, 縑文絹爲資裝. 常言, 必待資粧豊備, 何如嫁不失時. 及公綽卒, 仲郢一遵其法, 事公權如事公綽, 非甚病, 見公權未嘗不束帶. 爲京兆尹鹽鐵使, 出遇公權於通衢, 必下馬端笏立, 候公權過, 乃上馬, 公權莫歸, 必束帶迎候於馬首. 公權屢以爲言, 仲郢終不以官達有小改. 公綽妻韓氏相國休之曾孫. 家法嚴肅儉約, 爲搢紳家楷範. 歸柳氏三年無少長未嘗見其啓齒, 常衣絹素, 不用綾羅錦繡, 每歸覲不乘金碧輿, 祇乘竹兜子, 二靑衣, 步屜以隨. 常命粉苦蔘黃連熊膽, 和爲丸, 賜諸子, 每永夜習學含之, 以資勤苦.

52. 江州陳氏, 宗族七百口. 每食設廣席, 長幼以次坐, 而共食之. 有畜犬百餘, 共一牢食. 一犬不至, 諸犬爲之不食.

53. 溫公曰, 國朝公卿能守先法, 久而不衰者, 唯故李相家. 子孫數世至二百餘口, 猶同居共爨, 田園邸舍所收及有官者俸祿, 皆聚之一庫, 計口日給餉, 婚姻喪葬所費, 皆有常數, 分命子弟, 掌其事. 其規模大抵出於翰林學士宗諤所制也. 右, 實明倫.

54. 或問第五倫曰, 公有私乎. 對曰, 昔人有與吾千里馬者, 吾雖不受, 每三公有所選擧, 必不能忘, 而亦終不用也, 吾兄子嘗病, 一夜十往, 退而安寢, 吾子有疾, 雖不省視, 而竟夕不眠. 若是者, 豈可謂無私乎.

55. 劉寬雖居倉卒, 未嘗疾言遽色. 夫人欲試寬令恚, 伺當朝會, 裝嚴已訖, 使侍婢奉肉羹, 翻汚朝服, 婢遽收之. 寬神色不異, 乃徐言曰, 羹爛汝手乎. 其性度如此.

56. 張湛矜嚴好禮, 動止有則, 居處幽室, 必自修整, 雖遇妻子, 若嚴君焉. 及在鄉黨, 祥言正色. 三輔以爲儀表. 建武初爲左馮翊. 告歸平陵, 望寺門而步, 主薄進曰, 明府位尊德重. 不宜自輕. 湛曰, 禮下公門, 軾路馬, 孔子於鄉黨恂恂如也. 父母之國, 所宜盡禮. 何爲輕哉.

57. 楊震所擧荊州茂才王密爲昌邑令. 謁見, 懷金十斤, 以遺震, 震曰, 故人知君, 君不知故人何也. 密曰, 莫夜. 無知者. 震曰, 天知神知我知子知. 何謂無知. 密愧而去.

58. 茅容與等輩避雨樹下. 衆皆夷踞相對, 容獨危坐愈恭, 郭林宗行見之而奇其異, 遂與共言, 因請寓宿. 旦日容殺鷄爲饌, 林宗謂, 爲己設. 旣而以供其母, 自以草蔬與客同飯, 林宗起, 拜之曰, 卿賢乎哉. 因勸令學, 卒以成德.

59. 陶侃爲廣州刺史, 在州無事, 輒朝運百甓於齋外, 暮運於齋內. 入問其故. 答曰, 吾方致力中原. 過爾優逸, 恐不堪事. 其勵志勤力, 皆此類

也. 後爲荊州刺史. 侃性聰敏, 勤於吏職, 恭而近禮, 愛好人倫. 終日
斂膝危坐, 閫外多事, 千諸萬端, 罔有遺漏, 遠近書疏, 莫不手答, 筆翰
如流, 未嘗壅滯, 引接疏遠, 門無停客. 常語人曰, 大禹聖人, 乃惜寸
陰. 至於衆人, 當惜分陰. 豈可逸遊荒醉, 生無益於時, 死無聞於後.
是自棄也. 諸參佐或以談戲廢事者, 乃命取其酒器蒲博之具, 悉投之
于江, 吏將則加鞭扑, 樗蒲者, 牧猪奴戲耳. 老莊浮華, 非先王之法言.
不可行也. 君子當正其衣冠, 攝其威儀. 何有亂頭養望, 自謂弘達耶.

60. 王勃楊炯盧照鄰駱賓王, 皆有文名. 謂之四傑. 裴行儉曰, 士之致遠,
先器識, 而後文藝. 勃等雖有文才, 而浮躁淺露. 豈享爵祿之器耶.
楊子沈靜, 應得令長, 餘得令終爲幸. 其後, 勃溺南海, 照鄰投潁水,
賓王被誅, 炯終盈川令. 皆如儉之言.

61. 孔戡於爲義, 若嗜慾, 不顧前後, 於利與祿, 則畏避退怯, 如懦夫然.

62. 柳公綽居外藩. 其子每入境, 都邑未嘗知, 旣至, 每出入, 常於戟門
外下馬, 呼幕賓爲丈, 皆許納拜, 未嘗笑語款洽.

63. 柳仲郢以禮律身, 居家無事, 亦端坐拱手, 出內齋未嘗不束帶. 三爲
大鎭, 廐無良馬, 衣不薰香, 公退必讀書, 手不釋卷. 家法在官, 不奏
祥瑞, 不度僧道, 不貸贓吏法, 凡理藩府, 急於濟貧卹孤, 有水旱, 必
先期假貸, 廩軍食, 必精豐, 逋租必貰免, 舘傳必增飾, 宴賓犒軍必
華盛, 而交代之際, 食儲帑藏, 必盈溢於始至, 境內有孤貧衣纓家女,
及笄者, 皆爲選壻, 出俸金爲資裝, 嫁之.

64. 柳玭曰, 王相國涯, 方居相位, 掌利權. 竇氏女歸, 請曰, 玉工貨一
釵. 奇巧. 須七十萬錢. 王曰, 七十萬錢我一月俸金耳. 豈於女惜.
但一釵七十萬. 此妖物也. 必與禍相隨. 女子不復敢言. 數月女自婚
姻會歸, 告王曰, 前時釵 爲馮外郎妻首飾矣. 乃馮球也. 王嘆曰, 馮
爲郎吏, 妻之首飾有七十萬錢. 其可久乎. 馮爲賈相餗門人. 最密.
賈有蒼頭頗張威福, 馮召而勗之. 未浹旬馮晨謁賈, 有二靑衣捧地黃

酒, 出飲之, 食頃而終. 賈爲出涕, 竟不知其由. 又明年王賈皆遘禍.
噫, 王以珍玩奇貨爲物之妖. 信知言矣. 徒知物之妖, 而不知恩權隆
赫之妖, 甚於物耶. 馮以卑位貪寶貨, 已不能正其家, 盡忠所事, 而
不能保其身. 斯亦不足言矣. 賈之臧獲, 害門客于牆廡之間, 而不知.
欲終始富貴, 其可得乎. 此雖一事, 戒臧數端.

65. 王文正公發解南省廷試, 皆爲首冠. 或戲之曰, 狀元試三場. 一生喫
著不盡. 公正色曰, 曾平生之志, 不在溫飽.

66. 范文正公少有大節. 其於富貴貧賤, 毀譽歡戚, 不一動其心, 而慨然有
志於天下. 嘗自誦曰, 士當先天下之憂而憂, 後天下之樂而樂也. 其
事上, 遇人, 一以自信, 不擇利害爲趨捨. 其有所爲, 必盡其方, 曰, 爲
之自我者, 當如是. 其成與否, 有不在我者. 雖聖賢不能必. 吾豈苟哉.

67. 司馬溫公嘗言, 吾無過人者. 但平生所爲, 未嘗有不可對人言者耳.

68. 管寧嘗坐一木榻. 積五十餘年, 未嘗箕股. 其榻上當膝處皆穿.

69. 呂正獻公自少謹學, 卽以治心養性, 爲本, 寡嗜慾, 薄滋味, 無疾言
遽色, 無窘步, 無惰容, 凡嬉笑俚近之語, 未嘗出諸口, 於世利紛華
聲伎游宴, 以至於博奕奇玩, 淡然無所好.

70. 明道先生終日端坐, 如泥塑人. 及至接人, 則渾是一團和氣.

71. 明道先生作字時, 甚敬. 嘗謂人曰, 非欲字好. 卽此是學.

72. 劉忠定公見溫公, 問盡心行己之要, 可以終身行之者. 公曰, 其誠乎.
劉公問, 行之何先. 公曰, 自不妄語始. 劉公初甚易之. 及退而自櫽
栝日之所行與凡所言. 自相掣肘矛盾者多矣. 力行七年以後成. 自
此言行一致, 表裏相應, 遇事坦然, 常有餘裕.

73. 劉公見賓客, 談論踰時, 體無攲側, 肩背竦直, 身不少動, 至手足, 亦
不移.

74. 徐積仲車初從安定胡先生學. 潛心力行, 不復仕進. 其學以至誠爲
本, 事母至孝. 自言, 初見安定先生, 退頭容少偏. 安定忽厲聲云, 頭

容直, 某因自思, 不獨頭容直. 心亦要直也. 自此不敢有邪心. 卒諡
節孝先生.

75. 文中子之服儉以絜, 無長物焉. 綺羅錦繡不入于室, 曰, 君子非黃白
不御. 婦人則有靑碧.

76. 柳玭曰, 高侍郎兄弟三人, 俱居淸列, 非速客, 不二羹胾, 夕食乾蔔
匏而已.

77. 李文靖公治居第於封丘門外, 廳事前僅容旋馬. 或言, 其太隘, 公笑
曰, 居第當傳子孫. 此爲宰輔廳事誠隘, 爲太祝奉禮廳事, 則已寬矣.

78. 張文節公爲相, 自奉如河陽掌書記時. 所親故規之曰, 今公受俸不
少, 而自奉若此. 雖自信淸約, 外人頗有公孫布被之譏. 公宜少從衆.
公嘆曰, 吾今日之俸, 雖擧家錦衣玉食, 何患不能. 顧人之常情, 由
儉入奢易, 由奢入儉難. 吾今日之俸, 豈能常有, 身豈能常存. 一旦
異於今日, 家人習奢已久. 不能頓儉, 必至失所. 豈若吾居位去位身
存身亡如一日乎.

79. 溫公曰, 先公爲群牧判官, 客至, 未嘗不置酒. 或三行, 或五行, 不過
七行, 酒沽於市, 果止梨栗棗柿. 肴止脯醢菜羹. 器用*자漆. 當時士
大夫皆然. 人不相非也. 會數而禮勤, 物薄而情厚. 近日士大夫家,
酒非內法, 果非遠方珍異, 食非多品, 器皿非滿案, 不敢會賓友, 常
數日營聚, 然後敢發書. 苟或不然, 人爭非之, 以爲鄙吝. 故不隨俗
奢靡者鮮矣. 嗟乎, 風俗頹弊如是. 居位者, 雖不能禁, 忍助之乎.

80. 溫公曰, 吾家本寒族. 世以淸白相承, 吾性不喜華靡, 自爲乳兒時,
長者加以金銀華美之服, 輒羞赧棄去之. 年二十忝科名, 聞喜宴獨不
戴花. 同年曰, 君賜. 不可違也. 乃簪一花. 平生衣取蔽寒, 食取充
腹, 亦不敢服垢弊, 以矯俗干名. 但順吾性而已.

81. 汪信民嘗言, 人常咬得菜根, 則百事可做. 胡康侯聞之, 擊節嘆賞.
右, 實敬身.

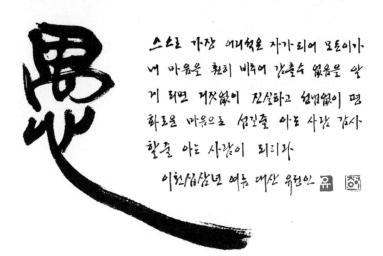

스스로 가장 어리석은 자가 되어 모든이가
내 마음은 훤히 비추어 감출수 없음을 알
기 되면 거짓없이 진실하고 숨김없이 떳
떳하고 맑은 마음으로 섬길줄 아는 사람 감사
할줄 아는 사람이 되리라

이천九십삼년 여름 대산 유현인 [印] [印]

物盛則必衰(만물이 성하면 반드시 쇠하고)

有隆還有替(융성함이 있으면 다시 폐함이 있으니)

速成不堅牢(빨리 이루면 견고하지 못하고)

亟走多顚躓(빨리 달아나면 넘어짐이 많다)

灼灼園中花(활짝 핀 정원 가운데 꽃은)

早發還先萎(일찍 피어서 도리어 일찍 시들어 지고)

遲遲澗畔松(더디 자란 도랑가에 솔은)

鬱鬱含晩翠(늦도록 푸르름을 머금는다)

賦命有疾徐(天命을 받음에 빠르고 더딤이 있으니)

靑雲難力致(靑雲을 힘으로 이루기 어려우니라)

寄語謝諸郞(말을 붙여 諸郞들에게 이르노니)

躁進徒爲耳(빨리 나아감이 헛된 짓일 뿐이다.)

〈宋史范質列傳宋文鑑〉

소 학 사

소

입 교

입배잉지교 | 입복부지교 | 연교육지□ / 입학교군정지교 | 입사제자지교

학교제중지도 | 사도전악원락 | 삼물지도 | 육례지교 | 사술사교지도

오례도 | 육악도 | 오사도 | 오예도 | 육서도 | 구수도

명사친지례 | 친복순서지도 | 명인인지지예(□) | 명겸친명지례도 | 명광애경지례도 | 명건교집□□

도

별도
- 소학도
- 삼절. 사도도
- 천도. 인성도

정신

군신지의 | 부부지별 | 장유지서 | 붕우지교 | 통론

명제형대의도 군자지제
연교친지도송별
연막대어불교

명계의행지례
명범진퇴응대
신행차지례
해소음식면

명례지선물(사)지사
명사신사지도

명사군지예 | 명의신지절 | 명혼인지례 | 명남녀지별 | 명거지지의 | 명관복지자 | 명상출진오 | 명이의지칙 | 명의복지제 | 명음식지절

2014. 春 12.